青春筑梦之旅

大学生创新创业教育指南

何 丹 李锦宏 徐 刚 主编

九州出版社
JIUZHOUPRESS

图书在版编目（CIP）数据

青春筑梦之旅：大学生创新创业教育指南 / 何丹，
李锦宏，徐刚主编 .-- 北京：九州出版社，2022.12
ISBN 978-7-5225-1448-2

Ⅰ.①青… Ⅱ.①何… ②李… ③徐… Ⅲ.①大学生
—创业—指南 Ⅳ.① G647.38-62

中国版本图书馆 CIP 数据核字 (2022) 第 224731 号

青春筑梦之旅：大学生创新创业教育指南

作　　者	何丹　李锦宏　徐刚　主编
责任编辑	周红斌
出版发行	九州出版社
地　　址	北京市西城区阜外大街甲 35 号 (100037)
发行电话	（010）68992190/3/5/6
网　　址	www.jiuzhoupress.com
印　　刷	河北赛文印刷有限公司
开　　本	710 毫米 ×1000 毫米　16 开
印　　张	26
字　　数	450 千字
版　　次	2024 年 4 月第一版
印　　次	2024 年 4 月第一次印刷
书　　号	ISBN 978-7-5225-1448-2
定　　价	78.00 元

序

贵州大学旅游与文化产业学院是贵州省培养旅游与文化产业管理专门化人才的重要阵地，也是全省最早具有旅游管理学术型硕士学位授权点的培养单位。现有学术型硕士学位点 1 个，下设"旅游经济可持续""旅游规划与开发""文化旅游产业"三个特色研究方向，有国家级一流本科专业 2 个（旅游管理、文化产业管理）、中法国际校际交流"3+1"项目 1 个（旅游管理 – 法旅方向）、中外合作办学"3+1"项目 1 个（旅游管理），形成了集"本科 + 国际化本科 + 硕士"的多层次、多元化国际教育体系。

长期以来，学院始终坚持"立德树人，面向世界，服务国家战略，践行知行合一"为理念，以"汇聚全球教育资源，培育国际精英人才"为特色，以"2026·赢在未来"贵州精英人才培养计划为载体，以培养具有"深厚的人文底蕴、强烈的创新意识、宽广的国际视野、扎实的专业知识""通专兼备、知行合一"的国际化创新型人才为目标，积极适应国家文化和旅游强国战略对高层次人才的需要。在中共中央、教育部提出"新文科"概念之初，学院就不断的明确了新文科建设任务，开启了新文科建设新征程。2018 年学院积极引进国际优质教育资源、优秀课程师资和先进教育理念，瞄准国家战略需求，优化专业人才培养目标，突出国际化办学特色，探索政产学研协同育人机制。在 2012 年旅游管理（法旅方向）国际校交流"3+1"本科双学位教育项目的基础上，2019 年旅游管理专业（中外合作办项目）正式获中华人民共和国教育部批准招生（证书编号：MOE52UK2A20181968N），成为贵州省首个获批招生的一本批次中外合作办学项目，在全省率先跨出了旅游管理专业本科教育国际化的步伐。2021 年旅游管理专业入选国家级一流专业，2022 年文化产业管理专业入选国家级一流专业，实现了全院国家级一流专业全覆盖。

五年来，学院积极发挥国家级专业人才培养模式的设计者和建设者作用，以敏锐的触觉、大胆的设想、果敢的行动、超强的合力，早起步，迈大步，以"继承与创新、交叉与融合、协同与共享"为途径，积极探索新文科建设新理念、新经验，迈出了新文科建设的坚实步伐，形成了贵大亮点，彰显了贵大风格。表现在：一是深化"2026·赢在未来"贵州精英人才培养计划，持续推进政产学研协同育人合作。截止目前，学院共与贵安国家级新区、贵阳市人民政府、安顺市西秀区人民政府、黄果树旅游集团、贵州省旅游投资集团、西江千户苗寨文化旅游有限公司、贵州中国青年旅行社有限公司、贵州天悦旅游集团等地方政府及文旅龙头企业签订战略合作协议，共搭建政产学研协同育人平台15个，建立校外实习（训）基地25个，聘请"双师型"行业导师12人，建立精英人才奖学金5项，设立大学生创新创业"天使投资基金"100万元。二是持续打造线下、线上、混合式、虚拟仿真、社会实践等5类金课。2019年《旅游学概论》《旅游资源学》《旅游人类学》《公共关系》等11门课程入选双语课程；2020年《导游实务》入选校级线上线下混动课程；2021年《旅游学概论》《旅游经济学》《旅游规划与开发》《旅游政策与法规》等7门课程入选精品课程，《旅游文学》入选校级一流课程；2022年《贵州旅游发展专题》入选省级金课。三是推进"课程思政"与"思政课程"无缝对接。围绕落实立德树人根本任务，以学生成长发展为中心，充分发挥哲学社会科学育人功能，依托阳明文化发祥地的资源优势和国家级一流专业优势，深化思政教育教学改革，以文化人、以德润心，强化课程思政和专业思政建设，以"思政课程外围课程"，实现由"思政课程"向"课程思政"的顺利过渡，以春风化雨，润物无声的方式，提升学生的文化品位、人文素养，树立学生正确的人生观、价值观和世界观，形成了"旅途问道大讲堂"第二课堂品牌；四是坚持"以立项促教改，以教改促创新，以创新促内涵提升"。2021年，《旅游管理专业政产学研协同育人机制创新与实践》获教育部首批新文科改革与实践项目立项，《旅游经济》获省级教学改革与课程内容体系项目立项，旅游管理国家一流本科专业的6部专业核心课程教材与贵州大学出版社签约出版，同年还获得校级教学成果奖二等奖1项、三等奖1项。2022年《旅游规划与开发》获省级教学改革与课程内容体系项目批准立项。

　　《青春筑梦之旅——大学生创新创业教育指南》一书是由2021年李锦宏教授主持的教育部首批新文科改革与实践项目《旅游管理专业政产学研协同育人机制创新与实践》的阶段性研究成果，由课题组核心成员何丹博士牵头编著完成。全书融理论、政策与实践于一体，既有定性的理论探讨，又有实际的操作指引，并在编著中突出以下特点：第一，体例创新性。本书结构以大学生创业者在各阶段的实际操作内容为主线进行编排，对大学生创新创业的基本知识、基本理论、政策依据与实务操作进行系统分析和全面讲解，有助于大学生按照本书展示的创业路径完成创业过程中的基本任务；第二，内容实用性。本书内容按照每个创业步骤的基本要素、基本环节和基本技能进行设计和安排，注重理论与实践的结合，提供系统的理论知识，提供实用工具和技能，为成功创业提供系统的创业知识与实际操作技能；第三，立足新时期对大学生创新创业人才的需求和挑战，注重新形势下大学生创新创业研究新理念、新观点和新模式的引入，从而使该书具有较强的理论性、科学性、系统性和应用性。该书立足于新时代现代文旅产业发展与创新人才需求，充分吸收和借鉴了相关学科研究的最新成果，既是一部关于经管类专业创新创业教育的实践著作，又是经管类专业开展创新创业教育教学的教科书。相信该书对培养具有深厚的人文底蕴、强烈的创新意识、宽广的国际视野、扎实的专业知识"通专兼备、知行合一"的专业化、创新型人才必将产生积极指导价值。

溪山如黛，百年贵大，承阳明精神，继文脉蔚然。立足新发展起点，学院势当只争朝夕，聚焦政产学研协同育人机制创新与实践，凝文化之息，聚各方合力，展浩然之气，现一流魅力，真抓实干，深化改革，集成创新，为天下储才。

李锦宏

2022 年 6 月 17 日

引　言

2018 年 8 月，中共中央发文提出"高等教育要努力发展新工科、新医科、新农科、新文科"，正式提出"新文科"这一概念。2019 年 4 月，教育部召开"六卓越一拔尖"2.0 启动大会，全国新文科建设正式拉开帷幕。为积极适应旅游管理专业实习教学改革与实践的需要，在教育部旅游管理教学指导委员会的指导和九州出版社的关心支持下，结合 2021 年贵州大学旅游与文化产业学院院长李锦宏教授主持的教育部首批新文科改革与实践项目《旅游管理专业政产学研协同育人机制创新与实践》（课题编号：2022090083）研究成果，由课题组核心成员何丹博士牵头编著撰写了《青春筑梦之旅——大学生创新创业教育指南》一书。本书立足于新时代现代文化旅游产业发展与人才需求，充分吸收和借鉴了相关学科研究的最新成果，是课题组成员长期从事旅游管理教学研究与实践的系统思考和心得积累，既是一部关于旅游管理专业创新创业教育实践论著，又是旅游管理专业开展创新创业教育教学的教科书。

本书运用多学科知识与方法，全面系统地阐述了大学生创新创业教育教学的基本理论、政策依据与操作方法。全书分为三个阶段，即创业准备阶段、创业实战阶段和创业实践阶段，主要内容包括：创业环境、创业素质与能力培养、创业机会、创业风险与评估、创业项目、创业项目市场、商业模式、创业团队、创业资源、创业计划书、大学生创新创业渠道、大学生创新创业案例分析等。全书融理论、政策与实践于一体，既有定性的理论探讨，又有实际的操作指引，并在编著中突出以下特点：第一，体例创新性。本书结构以大学生创业者在各阶段的实际操作内容为主线进行编排，对大学生创新创业的基本知识、基本理论、政策依据与实务操作进行系统分析和全面讲解，有助于大学生按照本书展示的创业路径完成创业过程中的基本任务；第二，内容实用性。本书内容按照每个创业步骤的基本要素、基本环节和基本技能进行设计和安排，注重理论与实践的结合，提供系统的理论知识，提供实用工具和技能，为成功创业提供系统的创业知识与实际操作技能；第三，立足新时期对大学生创新创业人才的需求和挑战，注重新形势下大学生创新创业研究新理念、新观点和新模式的引入，从而使该书具有较强的理论性、科学性、系统性和应用性。

本书由 2021 年教育部首批新文科改革与实践项目《旅游管理专业政产学研协同育人机制创新与实践》课题组核心成员何丹博士牵头编著，在贵州大学旅游与文化产业学院李锦宏院长的指导下完成。本书凝聚了多校一线教师多年的教学研究与创新创业教育经验，更有效地吸纳了创新创业精英的丰富实践，同时在创新创业大赛中多次获奖的学生参与了相关资料的收集整理工作。具体编写分工如下：第 1、3 章由贵州大学旅游与文化产业学院何丹和山东大学旅游管理学院田煜编写，第 2、6、7、8、9 章由贵州大学旅游与文化产业学院何丹编写，第 4 章由贵阳人文科技学院陈玮编写，第 5 章由贵州大学旅游与文化产业学院罗阳编写，第 10 章由贵州大学人武学院袁晓莉编写，第 11 章由贵阳人文科技学院胡勇强和贵州大学旅游与文化产业学院何丹编写，第 12 章由贵州大学化工学院吕梦岚、贵州大学旅游与文化产业学院徐刚、贵州大学精细化工研究开发中心郭声鑫、贵州大学农学院韦建明共同完成。全书由何丹统稿和校对，李锦宏教授审稿，山东大学管理学院硕士研究生田煜参与统稿工作，云南大学民族学与社会学院硕士研究生周涛、天津南开大学旅游与服务学院硕士研究生管文正则、贵州大学旅游与文化产业学院本科生杨文碟、张思雨、杨浩、吴金米参与了资料和案例的收集、整理等工作。

本书得以顺利出版，尤其要感谢九州出版社的支持，出版社的编辑为本书的出版付出了辛苦的劳动，出版社在签订合同中的支持、在本书修撰中的鼓励、在书稿校对中的严谨，令人敬佩！在此亦表示诚挚的谢意。

此外，在编写过程中，编者借鉴和参考了国内外创新创业教育和理论研究方面的研究成果和著作，在此对本书所涉及的所有专家和机构表示衷心感谢。在本书的编写过程中还得到吕梦岚（贵州大学化学与化工学院）、吴剑（贵州大学精细化工开发中心）、王恋（贵州民族大学）、胡永强（贵阳人文科技学院）等专家的帮助，在此一并感谢。

时代发展不断为创新创业教育提出新要求，编者囿于知识水平，不能完全系统地呈现这一动态过程，编写中难免存在疏漏与不足，恳请广大读者、专家批评指正。

目　录

筑梦：大学生创业准备篇

逐梦：大学生创业实战篇（一）

助梦：大学生创业实战篇（二）

祝梦：大学生创业实践篇

筑梦

大学生创业准备篇

不要害怕梦想，梦想是最好的伙伴，它会带你走向远方。
梦想是生活的翅膀，让我们翱翔在无限可能的天空。

第一章 大学生创业环境

本章目标

1. 了解创业环境的概念、要素和作用
2. 了解大学生创业环境
3. 掌握创业者分析创业环境的方法

案例导入

职业农民邱杰波："造出属于我的'梦想稻田'"

连日天气晴好，"85后"职业农民邱杰波忙了起来。今年，他种了100亩油菜，还准备种100亩早稻。

2022年2月24日上午7点多，在浙江省慈溪市龙泉村的一块农田里，邱杰波站在路边，按下无人机"开始"按钮，机子"轰"地一下呼啸升空，田野里一排排油菜被吹起"绿浪"。

这架A22升级版植保无人机，是这个春天邱杰波花了5万元买来的"好帮手"。

"喷药是老大难问题。过去纯靠人工，手脚麻利的，一天也不过能喷十几亩。现在，我一个人，一台无人机，两三天就能搞定100亩。"邱杰波说。他还算了一笔账：如果请工人，人工成本算200元一天，插秧、喷药、施肥全过程要耗费四五十天，还不一定有人愿意干。现如今，这台无人机包下全部"家务"。

操控无人机如同驾驶汽车一样，需要考"驾照"。邱杰波说："5年前，我买第一台无人机的时候就拿到了证，当时还专门跑到上海去培训学习。"

邱杰波是土生土长的慈溪市秦堰村村民，标准的"农二代""稻二代"。2009年，他大专毕业后到一家企业上班，但两年后，他不想再"朝九晚五"，便萌生了创业的念头。

"想创业？那就来当农民，跟你爸一起种稻！"父亲邱幸桥种了一辈子粮，跟儿子开了一句玩笑。可就是这一句玩笑话，被儿子当了真。"搞农业，就要搞出名堂！"邱杰波接过接力棒，辞职回家，当了农民。

邱杰波赶上了好政策。慈溪市对 35 岁以下大学生返乡创业，每年给予 3 万元左右的扶持资金。机械专业出身的他，似乎对农业机械有着天然的兴趣，他把这些钱都花到了购置农机上。在慈溪市横河镇秦堰村新桥农机服务专业合作社的农用库房里，无人驾驶插秧机、无人植保飞机、耕地拖拉机、打米机、收割机、烘干机等各色农机一应俱全。

"现代农业不再像父辈那样单靠人、纯靠天，我觉得主要还得靠科学、靠技术。"享受大学生创业扶助政策，他贷款 30 万元注册成立了以自己名字命名的水稻种植场，并一直走在农业科技现代化的道路上：2012 年第一台大型拖拉机、2013 年第一台插秧机、2014 年收割机、2016 年 4 台烘干机、2017 年第一台无人植保机……去年 6 月，他买来全慈溪第一台无人驾驶插秧机，依托北斗定位系统和物联网技术，为传统插秧机进行智能升级。

10 年来，邱杰波累计投入 200 多万元用来添置和升级装备，近一半来自各级政府政策补贴。多年积累让邱杰波"家底"日渐丰厚，可作为新时代的"85后"，他并不满足于传统种植，他要的是规模经营。

2016 年，他办起烘干中心、轧米厂，从最初的单纯种植发展到农机服务、种植、加工、服务一条龙，还为周边农民散户提供农事服务。装备足、价格公道，他成了乡邻眼里"年纪轻、脑子活、经验足"的新型职业农民。也是那一年，横河镇农合联牵头组建全市首家农机专业合作社——慈溪市金穗农机服务专业合作社联合社，使全镇粮食生产实现机械翻耕、直播、统防统治、收割、烘干、初加工"六位一体"全覆盖，邱杰波被大家推举为牵头负责人。"这不仅能提升水稻种植的效率和收益，而且能一定程度上带动稻农共同致富。"邱杰波说。

去年，邱杰波种出的 2000 斤优质大米"嘉禾 218"供不应求。"一半卖给粮库，卖出了好价钱；还有一半卖到市场，真是卖得一粒不剩，效益蛮不错。"

这两年，邱杰波还搞起"体验农场"，与社会组织合作，面向小朋友开展稻田文化体验活动，听他介绍现代农机，在稻田里体验收割的快乐。"到明年，准备再拓展规模，造出属于我的'梦想稻田'。"邱杰波一边收起无人机，一边骑上电瓶车，往下一块田奔去。

资料来源：《光明日报》（2022年02月27日02版）

讨论一下

邱杰波在创业过程中为何得到了多方面的支持？

创业环境于创业者有何重要意义？

在创业实践时，你如何面对创业环境？

第一节　创业环境概述

一、创业环境的概念

（一）创业环境的定义

人类所有的实践活动都受到特定的环境要素影响，创业活动也不例外。创业环境即创业者实施创业项目时，影响创业项目发展的内外部因素的集合。从外部环境看，创业环境可分为宏观环境和微观环境，宏观环境包括经济、法律政策、自然地理、社会文化、科学技术等一系列环境因素，微观环境包括产业环境和市场环境等环境因素。从内部环境看，创业环境包括了创业者素质、团队建设、管理制度等内部约束条件。各种环境相互影响、相互交织，贯穿整个创业活动之中，构成一个有机整体。

（二）大学生创业环境定义

相对来说，大学生作为受过高等教育的群体，拥有较高的知识水平和综合能力，因此，大学生创新创业一直备受全社会的重视和关注。早在2002年，国务院就审批通过了教育部、公安部、人事部、劳动保障部《关于进一步深化普通高等学校毕业生就业制度改革有关问题的意见》，其中明确提出要鼓励和支持高校毕业生自主创业，而作为创业活动来讲，大学生创业也同样受到环境因素的影响和制约。所谓大学生创业环境就是指影响大学生创业的一切因素的总和。目前，我国各部门、各地区都针对大学生创业提供了一系列的优惠政策，为大学生创业提供了一个更为宽松的创业环境。

二、创业环境的构成要素

（一）宏观环境

任何创业活动都必然处于国家的宏观环境之中。创业的宏观环境是创业者自身难以把握和不可控制的变量因素，它是一个复杂的、多层次的、多主体的主体结构系统。因此，创业者必须对社会大环境有一个整体的把握。一般来说，创业的宏观环境主要是以下五个方面。

1. 政治环境

政治环境指直接或间接作用于企业经营活动的政治力量系统，同时也包括党和国家制定的相关政策及与企业相关的社会法律系统。具体来说，政治环境包括：国家政治制度、政治的稳定性、政府对创业活动的态度、工商政策、税收优惠政策、金融政策、贸易政策、法律条例等。政治环境对创业活动具有十分重大的影响，创业者要给予足够的关注和了解。

2. 经济环境

经济环境指企业所在国家或地区的宏观经济运行状况，包括经济发展水平、经济体制、社会经济结构、物价水平、劳动力情况、居民收入及消费水平，以及货币和财政政策等。一般来说，宏观经济运行良好，居民收入增加，消费需求上升，市场不断扩大，企业发展的机会和空间就越大，同理反之。值得关注的是，随着经济全球化的不断深入，创业者不仅要关注本国本地区的宏观经济运行状况，还要关注全球经济发展的情况和态势，并适时做出调整以适应变化。

3. 社会文化环境

社会文化环境指人们在长期生活学习所形成的有别于其他群体的精神文化和价值体系，反映出集体的思维模式，不会轻易地发生改变。社会文化环境主要包括了企业所处的社会结构、社会风俗和习惯、宗教信仰、价值观念、行为规范、生活方式、文化传统、教育程度、人口规模与地理分布等因素。这些因素对消费者的影响是潜移默化和深刻长远的，使得消费者形成不同的消费行为和价值判断。创业者需要深入了解消费者的社会文化背景，并甄别由此带来的市场机会，从而有效地开展创业活动。

4. 科学技术环境

科学技术环境指与企业产销有关的一切技术的发展情况和未来趋势，它包括技术发展动态、国家的技术投资重点和倾斜政策、竞争对手应用技术的情况、专利保护、技术转移及商品化速度、技术创新带来的经济效益等因素。科学技术是第一生产力，在如今这个竞争异常激烈的市场环境中，谁能不断进行技术创新，并将新技术商业化应用以满足市场需求，谁就能立于不败之地。同时，在产品日趋丰盈的时代，技术已不仅限于产品的生产技术，还指产品进行市场营销的所使用的一系列技术和策略。

5. 自然地理环境

自然地理环境是指企业所在地域的全部自然资源和区位条件所组成的环境。在进行创业活动时，创业者不仅要考虑社会经济环境等，还应综合考虑当地自然资源的丰富程度和分布状况、气候条件、地理位置、地势地貌等因素。自然地理环境不仅影响着企业的生产经营，同时对创业者及其团队也有着较大的影响。同时，创业者在选择创业项目时还要注意环保问题，坚持可持续发展。

（二）微观环境

微观环境主要包含了产业环境和市场环境。相较于宏观环境来说，创业的微观环境与企业的经营活动联系更为密切，对企业的影响作用是直接的、具体的，也更具有特殊性。

1. 产业环境

产业环境属于创业环境中最为直接的内容，它主要包括分析该产业的发展现状、未来趋势、产业结构、产业壁垒、产业生命周期、产品竞争力等因素，同时还包括该产业中企业的竞争格局以及该产业与其他产业之间的关系、产业中的竞争原则和企业可能采取的战略等。因此，产业环境分析是企业制定战略的最主要的基础。

2. 市场环境

市场是企业获利的来源，是企业生存的根本。市场环境就是市场中消费者、公众等一系列人群所构成的集合。创业者及其企业需要分析所进入行业的消费者需求及其消费偏好，即分析消费者市场，发现潜在需求，锁定目标市场，尤其要关注和分析潜在消费者对处在行业周期不同阶段的产品或服务的不同需求。满足消费者需求是企业经营活动的起点和归宿。同时，企业的经营行为会直接或间接地影响其他人和群体的利益，这些人和群体就成为有意义的公众。创业者及其企业面临的公众环境包括：政府机构（主管部门、工商、税务、财政、物价等）、媒体（报纸、杂志、电台、电视台、网络）、社会团体（行业协会、权益保护组织、环保组织等）、地方大众（地方官员、居民群众、社区组织等）、网民群体等。创业者在实施创业活动的过程中，必须知道受益的广大公众赞同或不赞同其经营模式，是否会侵害公众的权益等问题。

三、"大众创业、万众创新"的时代背景和意义

（一）"大众创业、万众创新"的时代背景

"大众创业、万众创新"是我国社会经济发展新态势，也是我国在目前严峻的政治、经济形势下的必然选择。

2008 年美国金融危机引发了全球性经济危机，导致全球经济震荡。随后世界经济虽逐渐恢复，但总体呈现复苏乏力、增长放缓的现象，甚至部分国家出现"滞胀"现象，全球经济下行压力较大。我国虽然受影响较小，但经济增长速度总体上持续下滑，且多年经济高速增长所积累的各种矛盾和多种风险逐步显现。同时，我国经济转型过程中受到了许多因素的制约，经济面临转型之困。此外，内外部环境也在发生深刻变化，国际形势日益严峻，各国科学技术发展日新月异，产业成果迭代加速，但我国科技成果转化率持续低迷，创新能力不强，又进入了一个发展的"十字路口"。

而我国领导层充分认识到了我国经济社会发展所面临内外部困境与威胁，提出了实行创新驱动战略，将创新作为关系国计民生的全局而重大的战略任务，这就把创新摆在国家重要战略地位，为之后提出"大众创业、万众创新"提供了理论准备。

2014 年习近平总书记在中央经济工作会议上强调，市场要活、创新要实、政策要宽，要营造有利于大众创业、市场主体创新的政策制度环境。2014 年 9 月，李克强总理在夏季达沃斯论坛上发表讲话，他提出，要在 960 万平方公里土地上掀起"大众创业""草根创业"的新浪潮，形成"万众创新""人人创新"的新势态。随后李克强总理在 2015 年《政府工作报告》中提出，打造大众创业、万众创新和增加公共产品、公共服务"双引擎"，推动发展调速不减势、量增质更优，实现中国经济提质增效升级。各级行政单位也陆续出台了一系列政策文件支持推进这项工作，足以显示出政府对"双创"的高度关注。

"大众创业，万众创新"的提出，紧贴时代脉络，完全符合中国发展状况，具有必然性及紧迫性。

（二）"大众创业、万众创新"的意义

"大众创业、万众创新"这一政策理论是在研判我国经济发展所面临的内外之困，总结和吸收国内外先进的经济发展理论与实践经验基础之上所提出的，对我国经济社会发展具有重大的意义。

一方面，"双创"有助于推动我国经济结构调整、打造发展新引擎、增强发展新动力、走创新驱动发展道路。我国改革开放的实践证明了广大人民群众都是创新创业的中坚力量。要使经济实现健康持续发展，离不开大量的市场参与者、灵活高效的调节机制和竞争有序的市场格局。因此，在中国这个拥有庞大人口数量的经济体中，"众"才是关键，集众人的智慧和力量，创新赋能创业，将让人力资源转化为人才优势，更好地发挥我国人力资源雄厚的优势。

另一方面，"双创"也是提高人民生活水平，满足群众过上更好生活愿望的必然要求。改革开放以后，人民的生活水平得到了极大的改善和提高，但城乡差距、东西差距等问题日益加剧。开展"大众创业、万众创新"工作，使得社会资源和财富的自由流动，允许和鼓励全社会勇于创造，大力解放和发展生产力，有助于社会最终实现共同富裕，同时，也促进一个个具有大智慧的群众百姓实现人生价值。在全面深化改革的征途上，推进大众创业、万众创新，是中国发展的动力之源，也是富民之道、公平之计、强国之策，具有重大的意义。

四、创业环境的作用

任何创业活动都必须面对一定的创业环境。创业环境于创业活动而言十分重要，一定程度上决定了创业活动的前景与命脉，需要创业者实施创业活动时要"审时度势"。具体来说，创业环境的作用表现在以下三个方面。

（一）创业环境为创业项目奠定基础

万丈高楼平地起，所有的创业项目都需要创业环境的支撑作为基底才能运作。从项目最初的萌芽阶段开始，创业者就需要全盘考虑国家相关的法律政策、经济状况、科学技术、自然地理、社会文化等先决条件，同时对产业发展趋势、竞争态势、供需状况等因素进行分析，识别可利用的创业机会，综合利用创业环境为创业活动提供立足之地，筑起坚固的地基。

（二）创业环境为创业项目提供资源

创业活动离不开人和物，环境就是创业活动的后方基地，为其顺利实施提供

相应的资源。一方面，优越的创业环境，激发了大众创业的热情和信心，调动了各类人才积极主动地涌入其中，为创业环境提供了强大的精神动力和不竭的人才资源。另一方面，创业活动需要物质资源做支撑，从启动项目时需要的资金、技术、信息，到实施项目时所需的设备、原料、动力、交通等条件，都需要所处创业环境来提供，而宽松的创业环境，就为创业者带来了丰厚的物质资源。创业环境就是创业活动得以实施所要依靠的大后方。

（三）创业环境为创业项目指引方向

创业环境是一个指向标，指引创业者如何制定战略，使创业项目长远发展。创业环境发生改变，如国家政策的调整、经济形势的变化、社会心理的变迁等都会对创业活动具有重大的影响。创业者需要谨慎仔细地分析，紧紧把握环境变化的趋势，根据分析结果制定出相应的创业战略，创业活动才能持续取得良好的绩效，发展壮大，否则就会被时代所淘汰。

第二节　我国大学生创业环境分析

一、我国大学生创业环境分析

（一）中央高度重视，政策大力支持

大学生是创新创业的有生力量，是大众创新，万众创业的生力军。习近平总书记高度重视大学生创新创业工作，他强调要让广大青年在创新创业中焕发出更加夺目的青春光彩。2015 年 10 月，首届中国"互联网+"大学生创新创业大赛总决赛在吉林长春举行。李克强总理对大赛做出重要批示。批示指出：大学生是实施创新驱动发展战略和推进大众创业、万众创新的生力军，既要认真扎实学习、掌握更多知识，也要投身创新创业、提高实践能力。

各级政府单位也高度重视大学生创新创业工作，相关职能部门纷纷出台支持大学生创新创业政策文件。2021 年 10 月，由国务院（办公厅）首次出台专门针对支持大学生创新创业的政策文件，即《关于进一步支持大学生创新创业的指导意见》。从扶持资金、社会保障、税费减免等方面，全方位、多层次地支持大学生创新创业，而其余的相关政策文件多达几十个，大学生创新创业的政策环境非

常优越。

（二）经济环境优越，金融资金支持

一方面，从宏观经济环境看，我国国内生产总值持续增长，国民总收入和人均可支配收入不断增加，为带动消费创造了良好的经济基础。产销所需的诸要素，如劳动力、机械设备、原材料等都比较充足，交通物流条件也十分优渥。同时，在构建双循环格局和建设全国统一大市场的要求下，扩大内需，进一步激发和挖掘国内市场消费潜力成为经济工作的主抓手，为需求引导下的创新创业提供了广阔的市场空间。但是，我们也要看到，当前国际国内形势十分复杂，为实施创业活动带来了诸多不确定的风险。

另一方面，从创业资金来看，创业资金分为私人权益资本、创业资本融资和上市融资。而对于大学生而言，一般以私人权益资本为主，包括自有资金、亲戚朋友借贷和引入私人股权筹集资金。近些年，国家大力倡导大学生创业，在创业资金方面，国务院出台文件《关于进一步支持大学生创新创业的指导意见》明确指出要加强对大学生创新创业的金融政策支持，其中除了提到加大政府金融扶持力度外，还指出要构建多元投融资平台，引导社会资本支持大学生创新创业。

（三）创新创业教育蓬勃发展

创新离不开高素质人才，创新创业更是离不开复合型高素质人才。党和国家十分重视对大学生进行创新创业教育。早在1999年，国务院就转批了教育部文件《面向21世纪教育振兴行动计划》，其中明确提出要"加强对教师和学生的创业教育，鼓励他们自主创办高新技术企业"。2021年国务院发布的文件中也明确表示要"深化高校创新创业教育改革，将创新创业教育贯穿人才培养全过程"。同时，国家积极推进"以赛促教，以赛促学，以赛促改，以赛促建"改革工作，举办了中国"互联网+"大学生创新创业大赛、"挑战杯"中国大学生创业计划竞赛、全国大学生电子商务"创新、创意及创业"挑战赛等双创比赛，推动大学生双创教育蓬勃发展。

（四）政府项目兴起，优化创业环境

政府项目支持作为创业环境的独立要素，是政府政策的具体化。近年来，各级政府部门为大学生创业提供了一系列优惠政策并采取了一些行之有效的措施，大学生创业孵化器、创业园、科技园、创客空间等平台建设取得了明显的效果，最大限度地整合了政府、学校、社会三方有利资源，促进创业环境不断优化。

下一步，国务院出台文件《关于进一步支持大学生创新创业的指导意见》明确提出要加强大学生创新创业服务平台建设。一方面，要建强高校创新创业实践平台，充分发挥大学科技园、大学生创业园、大学生创客空间等校内创新创业实践平台作用；另一方面，要提升大众创业万众创新示范基地带动作用，为大学生建设集研发、孵化、投资等于一体的创业基地。政府、学校、社会共同发力，给大学生创业提供一个更优质、更宽松的环境，让大学生施展才华。

二、大学生创业环境特点

（一）客观性

创业环境是客观存在的，是不以人的意志为转移的。无论创业主体是谁，创业主体进行怎样的创业活动，都必然会受到一定的创业环境所影响。一般来说，创业环境对创业活动的影响是强制的、不可控的，尤其是政治环境、经济环境、社会文化环境、人口环境等宏观环境，创业者难以按照自己的意愿和要求随意地改变它们，但是，面对这些环境条件，创业者也不是无能为力的。创业者可以主动适应环境的变化和要求，并制定相应的战略和计划，才能不断推进创业项目的发展。

（二）动态性

创业环境是一个诸多要素相互作用、相互影响、相互联系而组成的有机整体。这些要素又是处于不断发展变化之中的，每个要素都会随着社会经济的发展而不断变化，不会总是一成不变。这些变化包括经济结构的调整、政治制度的优化、消费习惯的改变、消费水平的提高、生产技术的革新等。各要素共同作用，极大地影响着创业环境，使创业环境始终处于动态变化的过程之中。

（三）差异性

不同区域之间的创业环境存在着一定的差异，不同企业面临的微观环境也千差万别。这些差异具体表现在不同区域的政策环境、经济环境、社会文化环境、自然地理环境、投融资环境、营商环境等均有所不同。这些差异影响了创业者的创业意愿、创业质量、创业方向等，尤其对于大学生群体，大学生创业遇到的最大的瓶颈之一就是缺少资金，因此，政策支持和金融支持在其中显得尤为关键。

并且，同一环境对不同的企业可能也会造成不同的影响，但正因为环境的差异，企业必须采用各有特点和针对性的经营策略，以适应差异化的环境及其变化。

第三节　大学生创业政策环境

纵深推进大众创业万众创新是深入实施创新驱动发展战略的重要支撑，大学生是大众创业、万众创新的生力军，支持大学生创新创业具有重要意义。大学生创新创业工作的有效开展需要依赖于国家的政策支持。国务院及各部门纷纷出台了相应的规章制度和政策文件，从人才培养、优化环境、金融支持、税收扶持、保障服务等多个维度进行建设和完善，为全国大学生提供了一个大显身手、发挥才智的有利机会和广袤空间。

一、国务院政策文件

中国政府网（www.gov.cn）国务院政策文件库中可查到的、与创新创业直接相关的国务院文件有十余个。其中《国务院办公厅关于进一步支持大学生创新创业的指导意见》（国办发〔2021〕35 号）和《国务院办公厅关于深化高等学校创新创业教育改革的实施意见》（国办发〔2015〕36 号）两个文件与大学生的关系最为密切，但后者主要是对创新创业教育方面的改革实施意见，因此，本书重点介绍《国务院办公厅关于进一步支持大学生创新创业的指导意见》这一文件内容。

2021 年 10 月 12 日，国务院办公厅印发《关于进一步支持大学生创新创业的指导意见》（以下简称《意见》），具体内容见附件一。这是首次由国务院（办公厅）出台的专门针对支持大学生创新创业的政策文件。《意见》的出台，预期将会使各地各部门支持大学生创新创业的力度进一步加大，各部门及社会各界协同支持大学生创新创业的机制更加完善、顺畅，高校创新创业教育改革进一步深入推进，对大学生创新创业工作具有重大的影响和指导性意义。

《意见》共分为九大板块和十八项措施，主要涵盖了改革双创教育、培育双创人才、优化双创环境、落实双创财税扶持和金融政策支持、促进双创成果转化、加强双创服务平台建设和双创信息服务等内容。

《意见》是给大学生创新创业发放的政策"大礼包"。此外，《"十四五"

就业促进规划》（国发〔2021〕14号）、《国务院关于大力推进大众创业万众创新若干政策措施的意见》（国发〔2015〕32号）等文件中也明确指出了给予大学生创新创业政策支持。

广大学生要利用好这些政策礼包，勇于创新，敢于创业，在创新创业实践中增长本领，绽放青春的力量。

二、其他职能部门政策文件

国务院所属的部门中与大学生创新创业关系最为密切的，主要是教育部、人力资源和社会保障部、中国人民银行和科技部等部门。

（一）教育部政策文件

2019年9月，教育部出台的《教育部关于深化本科教育教学改革 全面提高人才培养质量的意见》（教高〔2019〕6号）中明确提出要深化创新创业教育改革。挖掘和充实各类课程、各个环节的创新创业教育资源，强化创新创业协同育人，建好创新创业示范高校和万名优秀创新创业导师人才库。持续推进国家级大学生创新创业训练计划，提高全国大学生创新创业年会整体水平，办好中国"互联网+"大学生创新创业大赛，深入开展青年红色筑梦之旅活动。

此外，教育部在《国务院办公厅关于深化高等学校创新创业教育改革的实施意见》（国办发〔2015〕36号）等文件的基础上，还出台了《国家级大学生创新创业训练计划管理办法》（教高函〔2019〕13号），旨在加强大学生创新创业能力培养，全面提高人才培养质量。

（二）人力资源和社会保障部政策文件

2019年7月，由人力资源和社会保障部牵头，联合教育部、公安部等五部门印发《人力资源社会保障部 教育部 公安部 财政部 中国人民银行关于做好当前形势下高校毕业生就业创业工作的通知》（人社部发〔2019〕72号）。文件中明确提出，要鼓励创业带动就业。加强创新创业教育，在符合学位论文规范要求的前提下，允许本科生用创业成果申请学位论文答辩。将创业培训向校园延伸，提升大学生创新创业能力。放宽创业担保贷款申请条件，对获得市级以上荣誉称号以及经金融机构评估认定信用良好的大学生创业者，原则上取消反担保。支持高校毕业生返乡入乡创业创新，对到贫困村创业符合条件的，优先提供贷款贴息、场地安排、资金补贴。支持建设大学生创业孵化基地，对入驻实体数量多、带动就业成效明显的，给予一定奖补。

在此前，由人力资源和社会保障部牵头，联合国家发展和改革委员会、教育部、科学技术部等九部门针对大学生创新创业，共同印发《人力资源社会保障部等九部门关于实施大学生创业引领计划的通知》（人社部发〔2014〕38号）。《通知》围绕"普及创业教育""加强创业培训""提供工商登记和银行开户便利""提供多渠道资金支持""提供创业经营场所支持""加强创业公共服务"六大措施着手，为大学生创新创业提供政策支持。

并为进一步推进创新创业工作的实施，人力资源和社会保障部于2015年出台了《人力资源社会保障部办公厅关于进一步推进创业培训工作的指导意见》（人社厅发〔2015〕197号），提出要实施大学生创业引领计划和技能就业行动，鼓励高等院校、职业院校、技工院校学生在校期间开展"试创业"实践活动和电子商务培训活动，并将其纳入创业培训政策支持范围。

（三）科技部政策文件

2015年9月，科技部印发《发展众创空间工作指引》（国科发〔2015〕297号），提出要开展创业教育培训。积极与高校合作，开展针对大学生的创业教育与培训，引导大学生科学创业。鼓励众创空间开展各类公益讲堂、创业论坛、创业训练营等活动，建立创业实训体系。

（四）国家发展和改革委政策文件

2020年4月，由国家发展和改革委员会办公厅牵头，针对大学生创新创业，联合国务院国资委办公厅、教育部办公厅、人力资源和社会保障部办公厅四个部门单位共同印发《关于开展双创示范基地创业就业"校企行"专项行动的通知》（发改办高技〔2020〕310号）。该《通知》提出六大措施，旨在为大学生就业创业营造更好环境。

其中，文件中提到要对接一批优秀创业项目进行重点打造。依托专业机构搭建大学生创业项目校企对接平台。梳理中国国际"互联网+"大学生创新创业大赛历届获奖创业团队、创业项目，结合企业示范基地行业分布特点，遴选一批技术过硬、市场潜力大、亟须大企业支持的大学生创业团队，以线上线下相结合方式，集中面向企业示范基地及其下属创新型企业、国家新兴产业创业投资引导基金等开展项目推介和对接活动。各企业示范基地要积极调动内部资源，畅通内部供应链和创新团队沟通渠道，力争促成一批创业项目落地。组织有意愿的"中国创翼"创业创新大赛获奖项目与大学生创业项目建立结对帮扶机制，加强资源共享、业务合作。

2021年3月，由国家发展和改革委员会办公厅，联合教育部办公厅、工业和信息化部办公厅、人力资源和社会保障部办公厅、农业农村部办公厅、国务院国资委办公厅六个部门单位共同印发了《关于深入组织实施创业带动就业示范行动的通知》（发改办高技〔2021〕244号）。该《通知》提到，要按照《关于开展示范基地创业就业"校企行"专项行动的通知》（发改办高技〔2020〕310号），支持高校、企业示范基地以"四个做实"深化实施专项行动，力争创造30万个就业机会。其中，"四个做实"分别是做实结对共建、做实项目孵化、做实活动组织和做实岗位供给。

2022年2月，由国家发展和改革委员会牵头，针对高校毕业生创业就业，联合教育部、工业和信息化部、人力资源和社会保障部、农业农村部、国务院国资委、共青团中央、全国妇联八个部门单位共同印发了《国家发展改革委等部门关于深入实施创业带动就业示范行动 力促高校毕业生创业就业的通知》（发改高技〔2022〕187号），旨在进一步做好高校毕业生重点群体就业工作。

上述《通知》发布年度重点工作，一是聚焦高校毕业生群体，坚持问题导向，帮助高校毕业生解决创业面临的突出问题，降低创新创业门槛；供给优质创新创业教育、培训、实习等资源，帮助高校毕业生提升创业就业能力，创造更多高质量就业机会，缓解结构性就业矛盾；二是突出创业带动就业主线，要坚持抓创业、促就业，一方面要大力扶持高质量的创新创业项目，引导更多创业企业吸纳高校毕业生共同创业，为高校毕业生提供更多施展才华的机会，同时，还要尊重高校毕业生的创业意愿，引导高校毕业生正确认识创业风险，着重帮助有强烈创业意愿、有良好项目基础的高校毕业生实现创业梦想；三是做实四个专项行动任务，要求各示范基地要将组织示范行动与特色化功能化专业化发展紧密结合起来，与实施示范基地建设三年行动计划紧密结合起来，结合自身发展方向，从社会服务领域双创带动就业、大中小企业融通创新、精益创业带动就业等三个专项行动中选择一项承担，聚焦高校毕业生创业就业开展。

此外，国家发展改革委员会还下发了《扶持高校毕业生创业就业普惠政策清单》，具体内容见附件二。

三、贵州省大学生双创政策

开展大众创业、万众创新，是党中央、国务院实施创新驱动发展战略，打造发展新引擎、增强发展新动力的重大举措。近年来，贵州省人民政府不断完善顶层设计，出台了相应的规章制度与意见建议，持续推进大学生创新创业工作的实施，为大学生创新创业提供政策支持。贵州正日益成为广大双创者向往的创新蓝海、创业沃土。

2021年10月19日，贵州省"双创"活动周启动仪式在贵阳市举行，贵州省委副书记、省长李炳军讲话并宣布活动周启动。他强调，要深入学习贯彻习近平总书记视察贵州重要讲话精神和关于创新创业创造的系列重要论述，扎实推进创新创业各项工作，以高水平双创助推经济社会高质量发展。

2015年8月，贵州省人民政府出台了《贵州省人民政府关于进一步做好新形势下就业创业工作的实施意见》（黔府发〔2015〕29号），指出要启动全民创业行动计划，组织实施大学生创业、农村致富带头人创业、妇女巾帼创业、科技人员创业、能人创业及失业人员创业、残疾人创业等扶持项目，给予创业更多"阳光雨露"。

2016年5月，贵州省人民政府办公厅印发《贵州省深化高等学校创新创业教育改革实施方案》，围绕"推进创新创业人才培养体系建设""加快创新创业课程体系建设与教学改革""加强高校创新创业指导服务力度""完善创新创业资金支持和政策保障体系"四个方面采取了十三项措施，推动贵州省高校创新创业教育加快改革发展。

2016年10月，贵州省人民政府出台《省人民政府关于大力推进大众创业万众创新的实施意见》（黔府发〔2016〕25号），提到要"支持建立一批以大学生创业创新俱乐部、大学生创业场、创业沙龙为代表的创业苗圃"；要"全面推进大学生创业孵化基地"。同时，《意见》明确指出，要支持大学生创业创新。深入实施全省"万名大学生创业计划"，以"黔微贷"和"创业担保贷款"等为依托，整合发展高校毕业生就业创业基金。以大学科技园区等为载体，积极探索服务大学生就业创业新模式，引导和鼓励高校统筹资源，落实大学生创业指导服务机构、人员、场地、经费等。引导和鼓励成功创业者、知名企业家、天使和创业投资人、专家学者等担任兼职创业导师，提供包括创业方案、创业渠道等创业辅导。建立健全弹性学制管理办法，支持大学生保留学籍休学创业。探索建立大学生创业种子基金，扶持大学生自主创业。

2017年10月，贵州省人民政府出台《省人民政府关于做好当前和今后一段时期就业创业工作的实施意见》（黔府发〔2017〕27号），指出"高校毕业生、城镇就业困难人员、农民工、复员退伍军人自主创业并带动就业的，按规定给予一次性创业补贴和场租补贴""积极发挥现有基金的作用，为高校毕业生创业提供股权投资、融资担保等服务"。

2019年3月，贵州省人民政府出台《省人民政府关于推动创新创业高质量发展打造"双创"升级版的实施意见》（黔府发〔2019〕5号），指出要强化教育培训引导大学生创新创业。推广创业导师制，把创新创业教育和实践课程纳入高校必修课体系，允许大学生用创业成果申请学位论文答辩。支持高校、职业院校（含技工院校）深化产教融合，引入企业开展生产性实习实训。依托"黔青梦工场"平台，打造共青团参与"互联网＋创客"新模式，引导社会力量参与和服务青年创新创业。加强创新创业新型智库建设，强化创新创业智力支撑。

四、贵州省各省直部门政策文件

在省直部门层面上，主要是以贵州省人力资源和社会保障厅、贵州省教育厅等职能部门为主，主抓大学生创新创业工作。

2018年11月，贵州省人力资源和社会保障厅印发《贵州省人力资源和社会保障厅关于打造创业生产线促进创业带动就业的通知》，指出要以"开展有针对性地创业培训""强化创业项目开发推介""组建创业指导专家志愿团""加大创业担保贷款工作力度""搭建创业平台""优化公共创业服务""加强创业精神塑造"为侧重点，深层次推动大众创业、万众创新，打造全方位创业创新服务全链条。

"十四五"时期，贵州省人力资源和社会保障厅做好统筹规划，完善顶层设计，出台了《贵州省"十四五"促进城乡就业创业规划》，并明晰了重点工作和项目分解实施方案。

此外，由中国人民银行贵阳中心支行牵头，联合贵州省人力资源和社会保障厅、贵州省财政厅共同出台了《贵州省创业担保贷款实施办法（试行）》，充分发挥金融在促进创业带动就业中的重要作用，助推大众创业、万众创新，支持贵州经济平稳发展、创新发展。

针对高校毕业生，贵州省人力资源和社会保障厅还发布了《2021年贵州省高校毕业生就业创业政策服务清单》，具体内容见附件三。

思考题：

1. 创业环境由哪些要素构成？

2. 创业环境对于创业者有何重要意义？

3. 作为创业者的你会如何评价创业环境？

第二章　大学生创业素质与能力培养

本章目标

1. 了解大学生创业者应具备的创业意识和创业素质
2. 了解创业者应具备的能力
3. 理解如何培育创业者的素质和能力
4. 了解创业思维和创业精神的培养与训练

案例导入

《奇迹·笨小孩》:"笨蛋式努力"创造深圳奇迹

2022年2月1日,电影《奇迹·笨小孩》上映,这是一部由文牧野执导,宁浩监制,易烊千玺领衔主演的创业题材的影片,讲述主角景浩带着年幼的妹妹来到深圳生活,为凑钱给妹妹治病,集结"奇迹小队"创业并取得成功的故事,反映了在深圳的千千万万创业者的打拼艰辛。影片中景浩的韧性、果敢深深打动观众,激励着现实中在外打拼的青年。他们无一不展露出中华儿女敢于开拓创新、不畏挑战且充满智慧的品质,正是他们才创造出一个个如深圳特区的奇迹。正是无数人勇敢迈出创业的第一步,才将原本一片荒芜的土地开辟成崭新的富有生命力的康庄大道。创业对于改变个人命运、实现国家繁荣富强具有强大作用力。

研究表明,创业者存在着一定的共性,正是在这种共性和外在环境的合力影响下,创业者迈出了创业的第一步。创业能否成功不仅强调创业者需要有一定的资金和技术,更多在于创业者是否具备创业意识、创新思维、创业精神以及创业所需的知识和能力。

该电影主角景浩为何能够一步步走上创业成功之路？

创业素质及能力在创业过程中有何意义？

在创业实践中，如何培养创业素质、提高能力？

第一节　强化创业意识

创业意识，指在创业实践活动中对人起动力作用的个性心理倾向，包括需要、动力、兴趣、思想、信念和世界观等心理成分，是人们从事创业活动的强大内驱力。它不仅决定了创业者对创业活动的态度和行为，还支配着创业活动前进的方向，是创业者的基本素质之一，也是创业活动能否取得成功的重要因素。因此，大学生在创业之前都应强化自己的创业意识，明确自己的人生目标，明白自己创业的目的，明白自己想活出怎样的人生、实现的人生价值，这会给你带来强烈的驱动力，并鼓励和指引着你开启创业的大门。当然，大学生不仅应该把实现个人价值作为奋斗目标，还应与社会价值统一起来，思考为社会、为他人能带来的价值，这样才能真正实现创业人生价值。

一、大学生应具备的创业意识

创业意识主要分为以下几个意识：创业主体意识、资源整合意识、团队意识、风险意识、学习意识以及战略意识，优秀的创业者往往都具备以上的特质。

（一）创业主体意识

改革开放以来，党中央以及地方越发重视创新发展，鼓励创业带动就业，更好促进大学生就业，专门建成了"国家创新创业政策信息服务网"，方便大众了解创业政策、积极建言献策，这些政策与支持为广大青年营造了良好的创业环境。随着我国经济发展进入新常态，就业形势严峻，作为创业大军中的主体，大学生更应该抓住机遇，争当创业的第一人，在创业实践中实现自己的价值，让"创响中国"的口号响彻中华大地。新时代的筑造者是处于新发展时期的新青年，也是促进国家繁荣复兴的主力军，大学生享受着国家给予的优质资源，应该拥有主人翁意识，自觉自信地肩负起时代赋予大家的使命。

（二）资源整合意识

资源整合是企业优化战略的手段，是指在资源互换中相互补给，优化资源配置，实现整体的最优。在大的经济环境中，各国各地区的资源有限，需要与其他国家和地区的资源进行互换，如跨国公司在全球范围内的制造工业往往涉及多国的参与，一个国家提供基础零件、一个国家负责精密技术的开发、一个国家负责半成品的加工……大学生在创业活动中要懂得整合已有的资源、巧用资源，做到互通有无、互惠互利，达到合作共赢的局面。人无完人，个体在经济社会中很难独自一人完成所有工作，每个人都有他人所做不到的事情，倘若不与他人进行优势互补，相互配合，就很难达到最优效益。比如，在大学时期，教师往往会布置小组作业，要求小组成员有3—6人，其中一人领导、一人写策划、一人对外、一人后期等，都是在分析每个个体所拥有的资源和优势后进行分配的，大学生在创业中也要培养自己的资源整合意识，以最小的成本达到最大效益。

（三）团队意识

创业，并非孤勇者的单打独斗，而是团队协作活动。依靠科学有效的分工，组织中的每个人发挥自己独特的作用，取长补短，为着统一的团队目标奋勇向前，最终才能取得成功。众人拾柴火焰高，好的创业者首先是个很好的合作者，懂得团队协作，会用人识人，懂得发挥团队中每个人的作用与长处，不浪费每个人的才能。其次，创业者要理清自己与团队成员的关系，对于创业者来说，团队中的人不是员工，不是上下级的关系，不会对团队里的人颐指气使，做到服务团队的每个人，使团队保持和谐健康的工作环境。同时创业者还会设定相应的鼓励手段，促使团队办公激情与效率提升。

雷锋说过，单靠一朵美丽的鲜花，打扮不出美丽的春天，个人只有融入团结的集体才能实现宏伟目标。

（四）风险意识

成功的创业者往往敢于冒险，敢于做前人没有尝试过的事，是开路者，他们往往具有强烈的进取心，遇事冷静充满信心，既不回避问题也不害怕问题。创业实践活动需要创业者具备冒险精神，敢于开拓创新，但是优秀的创业者并非盲目地决策与行动，他们往往有很强的风险意识，懂得把握全局，也清楚地知道创业道路的曲折，会在创业过程中不断做出调整，努力将风险降到最低，他们明白创业的前途是光明的，道路却不是一帆风顺的，只有历经千帆，才能驶向成功的目的地。

（五）学习意识

学海无涯，人的一生都在学习新知识，就连教师这个群体，在育人的同时自己也要不断学习新知识、新技术与新的教学理念。随着中国的教育改革进程的加进，学生从小学开始越发注重全面发展，学生不仅要掌握书本知识，还要提升课外知识的学习，读名著、练习乐器、会做饭等，学习的东西增多，难度也加大。进入大学，大家的学习与生活都与中学时期不一样，老师不会追着逼着你学习，你更多需要独立地主动学习新知识。创业需要掌握的知识很多，比如商业专业知识、法律知识、经管知识、商业礼仪知识等，市面上提供的知识琳琅满目，需要你自行去筛选、去吸收。例如，《中国大学 MOOC（慕课）》上有包含如北京大学、清华大学等多所名校的各种名师精品课，每个高校还会有相互合作，方便大学生们免费获取自己想学的知识。同时，很多高校都建立了自己的数字资源库，包括知网、万方、维普和各种国外数据库，方便学生获取文献，青年们也要利用好这些资源。互联网时代信息的获取变得更简单更容易，除了学校提供的资源，大学生也要自觉地学习，哔哩哔哩上的"知识分区"里设置了科学科普、校园学习、职业职场、人文历史、财经商业、创意设计、社科法律和心理等各类知识板块，每个人花一点时间就可以学到很多。大学生是引领创新的主体，不能停止学习的脚步，要懂得培养自己的学习意识。

（六）战略意识

创业是一个动态过程，考验着创业者每个时期是否能做出正确的决策。一着不慎满盘皆输，部分有时候对整体具有重要作用，关键一步走错往往会影响整个棋局的命运，历史上多少案例证明了这句话的哲理，例如朱元璋与陈友谅的鄱阳湖之战，这是历史上为数不多的以少胜多的典例，朱元璋巧借陈友谅久攻不下之势，派兵守住鄱阳湖口，断其退路；紧接着利用火攻，歼灭陈军主力；最后水陆截击，一举歼灭了陈军，体现了朱元璋战略决策的智慧。反观陈友谅，在朱元璋带兵北上支援小明王后方（应天）薄弱时并未趁其不备、抓住机遇攻打应天，而是执着于攻占洪都，给了朱元璋派兵遣将的时间。朱元璋安排自己的亲侄子朱文正做主将，让有经验的将领邓愈辅助，两月之久，以陈友谅覆灭告终。在战略上，陈友谅不懂变通，洪都久攻不下却迟迟不肯转攻应天，放弃了"黄雀在后"的有利时机，造成失败的结局。创业亦是一个博弈的过程，充满变化，需要创业者具备战略决策意识。

二、创业意识的培育与强化

创业意识并不是每个人与生俱来的，可以通过个体后天培养，从自身从他人身上学习，以下是一些途径。

青年一代要志存高远、心怀国家。个人要怀揣着宏大的理想，期望能通过奋斗实现自己的人生理想，并且，大学生要将个人理想与国家理想、个人价值与社会价值相结合，在实现个人理想的同时心怀国家的前途命运，为实现中华民族伟大复兴而奋斗。动机理论启示我们，只有强烈的动机才能有驱动力，而动机进一步会上升到信念，信念进而上升到信仰，信仰是最高境界。"佛系""摆烂"是当代网络流行词，都指无欲无求、云淡风轻、不悲不喜的生活态度，有一种破罐子破摔的感觉，这对于青年一代是不健康的观念。大学生要摒弃安逸思想，拒绝躺平，避免成为佛系青年，应该努力谋发展求前程，力求在中华大地上施展拳脚，实现抱负。正如习总书记所说"奋斗是青春最亮丽的底色"，青年一代本就该有理想有本领且有担当。

青年一代要不惧挑战、敢于拼搏。习近平总书记说过，中国社会发展，中华民族振兴，中国人民幸福，必须依靠自己的英勇奋斗来实现，需要青年一代来实现，没有人会恩赐给我们一个光明的中国。而奋斗的道路不平坦，必定荆棘丛生、充满坎坷，年轻人要如同初生牛犊一般，不放弃理想，不畏惧挑战。很多人其实都梦想打造一番属于自己的事业，但往往局限于想象，一方面确实有诸如资金不足、经验不够、能力不够的现实原因，但同时，年轻人要有信心与勇气去克服这些障碍，资金不够可以兼职或者找赞助（如亲人朋友、学校的老师、企业等），经验不够就向经验之士虚心求教，能力不够更要提升自己，一步一个脚印。

青年一代要脚踏实地。"靠谱"一词概括一个人身上的许多优秀的品质，然而"靠谱"并非所有人能做到，它需要一个人脚踏实地的工作、沉着冷静，心不浮躁。快节奏的今天，人们的步伐和速度也被驱赶着加快，人很难静下心来做一件事，特别是毕业以后，大家很少能挤出时间做自己的事，也不免有人会说连阅读和运动的时间都没有，很多人都是处于"漂浮着"的状态。此时，青年一代要反思自己，是否真正静下心来做事，比起读一个小时的书籍，人更愿意刷一天的短视频或者追剧，因为可以少思考，正因为缺乏思考，人才容易浮躁、焦虑。这告诫大家，做人需要脚踏实地，做实事才能踏实安心。空想只能建成空中楼阁，行动才能铺成一条条路，当你迸发出想创业的想法，此时最重要的不是空想，而是列出计划，从哪一步开始都比不开始强。

青年一代要善于观察、热爱生活，积极投身于实践中去。大学时，大学生们有很多机会接触到创业创新的项目或课程，要积极主动地参与到这些实践活动中去。在生活中，大学生需要培养自己的观察力和思考能力，遇事多思考为什么，有时候就能捕捉到新的创意和创业机会。比如，每个大学生都喜欢睡前玩玩手机，玩久了手臂和手指都会有些酸疼，此时有人就在想能不能有个东西能帮自己托住手机，然后手机支架出现了；又有人在想有没有什么东西既能帮自己托住手机又能让手指也得到休息，只通过意识控制眼睛进而促使手机转到自己想要的界面，这个想法暂时没人实现，但是医疗方面已经出现神经调控技术，利用植入与非植入式技术，依靠电学或者化学手段改善人类生命体征。未来是否能通过戴高科技眼镜或者其他连接神经系统的高科技设备，让人无接触式地玩手机呢？答案是未知的。科技的进步来源于人类的需要，正是善于思考与观察生活的智慧人类，才发明创造出一系列的先进技术与成果。科幻世界似乎很玄妙，人类在现实与虚幻中不断开拓，才冲出了地球、向外太空探索，才打造出了元宇宙。

青年一代要发展健康个性与兴趣。健康的个性与兴趣可以激发创业者的热情，升华创业意识，是创业意识形成的重要因素。在学校，大学生可以通过加入感兴趣的社团发展爱好，同样可以通过自学，丰富自身。比如，b站上有专门的分区可以学习，喜欢剪辑的、喜欢沙画的、喜欢乐器的，相信自己现在学习的总有一天能用到。当然，不能盲目地全盘接收，要有目的有针对性地学习和发展自己，可以提前了解自己专业所需要的技能进行针对性提升，可以提前针对未来就业所需要的技能进行弥补式训练，也可以单纯从个人兴趣爱好去提升自己。比如，未来想从事自媒体行业的大学生，现在就可以在网络上学习如何拍摄剪辑、如何制作脚本、如何设计自己的logo或者海报封面等，一边学习一边储备，未来还可能成为你的代表作品。有时候，这些兴趣在你心中慢慢发芽，激发你想开展相关的创业尝试也未可知。例如，热爱美食的年轻人，平时会在社交互动平台上分享自己进行美食创作的vlog，可以得到大众的关注，这些流量也是他们潜在的资本，未来有可能凭此盈利；另外，这些年轻人如果想在线下去摆摊，卖自己做的甜品，同样也是份收入，这也可能为将来开店打下基础。永远不要抑制自己的个性与兴趣，在实践中找到自己热爱的事物，你能更有信心和激情去行动。

除了以上途径，高校也要通过加强培养大学生创业意识的进程。现如今，高校的创新创业课程教育上还有待提高，高校的实践机会和资源有限，应尝试构建创新创业一体化实践平台，让大学生沉浸式体验创业带来的成就感。首先，教师应将课堂教学和实践相融合，除了教导基础的专业知识技能以外，还要结合社会和企业所需人才的标准进行实践教学，有针对性地提升学生的能力。比如，学习影视制作的相关专业，除了拍摄理论教学外，可以为学生提供专业设备和场地、联系企业或平台等工作，通过这种真实的创业实践强化学生的创业意识。其次，教师应该开展小组创业实践活动，指导学生通过团队协作完成项目，并在小组创业实训中使每个人的能力都有突破。当然，小组合作训练在各个高校已经屡见不鲜，但效果并不明显，大学建立的创业实践平台还应该加强与社会、企业的紧密度，尝试校企合作办学，企业提供现实的参考资料，学校提供指导和支持，打造真实的创业情景，激发学生们的创业热情和信心。目前已经有很多高校在实施这种教学模式，如贵州大学的旅文学院经常与马蜂窝旅游合作，通过企业与高校一起开展课程设计，锻炼旅游管理和文化产业管理学生的专业能力，使理论与实践相结合，理论服务现实。

第二节　培养创新思维

一、思维和创新思维

（一）思　维

思维由"思"和"维"两字组成，前者解释为思考，后者解释为方向，因此"思维"可以理解为按照一定的方向顺序去思考，是人脑对信息的加工与处理过程，是人脑对客观世界的能动反映，属于认识的高级形式，具有间接性与概括性。思维可以从不同维度分成以下几类，如图2-1所示。

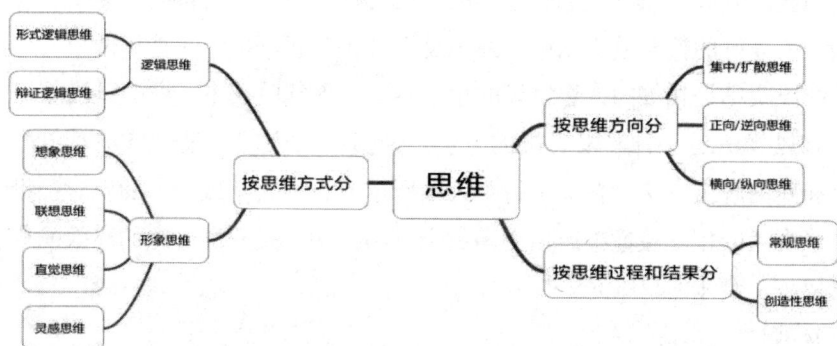

图 2-1　思维的分类方式

（二）创新思维及其特征

创新思维是指在已经获得的知识和经验的基础上，提出新思路、新途径、新方式，并创造出形成一定价值的新观点、新理论、新方法等创新思维成果的一种思维活动。从思维的分类来看，创新思维与扩散思维、联想思维、逆向思维、灵感思维联系紧密，一定程度上来说有相似性和融合性。创新思维除了具有间接性和概括性等基本特征以外，还包含了以下几种独有的特征：独特新颖性、开放发散性、扬弃性、综合概括性、灵活非逻辑性。

1. 独特新颖性

独特新颖性是创新思维区别于其他思维的最显著的特征。创新思维的本质就是创造性，创新思维最主要的就是"新"，要求有新意，突破常规，创造出独一无二的新事物、新理论和新方法，给人以新鲜感。

创新最主要的还是思维的创新。共享经济是一种全新的交易模式，讲究按需提供服务，是基于资源闲置，资源所有者将资源的使用权让渡出去获得回报，也让使用者通过该资源创造新价值。交易双方通过建立实物或者服务的交易平台达成意愿，完成支付并收取佣金。Uber 和 Airbnb 作为共享经济的巨头，为出租车和酒店业带来了巨变，未来共享经济这种新经济模式会渗透到各个行业。

2. 开放发散性

开放性与封闭性是一组相对的概念，是指全方位多视角地看问题，而非孤立封闭或者将事情割裂开来，体现一种包容求变的态度。创新思维必须要以开放的态度为基础，让思维没有束缚、自由地绽放。发散性是指将思维扩展，从多角度去思考问题。开放发散性是创新思维的主要特征之一，二者都要求变化和自由。正如同一支完好的筷子放入水中，在视觉上看来是折断的，正如同两根看似不一样长的线段实则是相等的，看世界的角度不同，你能收获不一样的风景。

头脑风暴法是一种激发思维的方法，通过一群人围绕某个特定对象产生新的观点和新的解决方法，在会中每个人畅所欲言，不会招致他人的反对和批评而是在思想观点的相互碰撞中产生更多更全面的办法，是一种智慧的高效的集智手段，也使每个个体的思维充分打开。

3. 扬弃性

扬弃是哲学上的专有名词，是事物的自我否定，指在继承事物积极合理的部分，摒弃其消极的部分。创新思维的本质特征即是扬弃性，强调对事物始终保持质疑和批判的态度，力求突破传统和常规的思维定式，以新的角度新的方法去看待问题、解决问题。

张衡是东汉杰出的科学家和文学家，在科学、历法、史学、数学和文学上都有所成就，其中科学成就斐然。在任太史令时，张衡专研天文历法，当时有种盛行的天文学说叫浑天说，认为天是圆的，全天恒星都在一个天球上，日月星辰都依附在这颗天球上运行。张衡觉得这种说法不够准确完善，于是夜观星象，积累大量恒星运动的规律和资料，于公元 117 年制成了浑天仪，继承和发展了前人的浑天说。浑天仪形状如现在的地球仪一般，主体是一个球形，上面刻着恒星、南极、北极、经度、黄道、赤道，仪器上日月星辰的位置和出没情况同宇宙间日月星辰的转移情况完全吻合，这在当时来说是科学的一大进步。正是张衡敢于质疑、勤于思考和观察才带来了这些瞩目的成果。

4. 综合概括性

综合概括性是创新思维的根本属性，是指在思考问题时，运用多种思维方式，多角度多方向提出多种设想，从个体到一般、从局部到整体，由静态到动态的矛盾转化过程，同时，又将这些思维方式和思维方法综合，以便更全面提出事物的解决办法，用两个词形容即是"发散"与"聚合"。

创新思维并不是简单的平面思维而是一种复杂的立体思维，是综合运用多种知识和思维方法的高深艺术和手段。在该思考过程中既有理性逻辑的归纳演绎与分析，也有脱离冰冷材料的无限遐想；既有长期的积累与思考，也有短暂极速的灵感迸发；既有简单纵横向的平面思维，也有复杂多维的立体思维；既有部分，也有整体。如何综合全面地提升人类的创新思维是个很复杂的难题。

5. 灵活非逻辑性

提及创新思维，人往往会联想到"灵感""灵活""超然脱俗"之类的词语。创新思维，绝大多数情况下是非逻辑的、灵活的，人们并不局限于一般的思维定式，而是灵活运用各种思维方法，在人脑中灵活地对已有知识、观念和对事物的认识进行任意的组合，不会专注于主流想法，而是尝试提出更为先进合理的新想法，哪怕可能不为大众所认同和接收，哪怕被认定为"非主流的小众的存在"。

二、创新思维的重要性

创新是一个民族进步的灵魂，是社会发展的动力，创新推动人类思维和文化的发展。创新思维对于个人、企业与国家民族的发展有着举足轻重的作用。

（一）创新思维推进人类思维文化发展

创造力是一个人身上最具有竞争力的能力，是活化其他能力的助推器。创新思维对于个人的发展来说至关重要，一个具备创新思维的人往往是个复合型人才，他在思维和思想上是开放的，具有兼收并蓄、海纳百川的特质。创新思维能够促进个人不断丰富自身，不断设想出新的方法，也能创造出前所未有的事物。这些富有创新思维和创造力的人能有潜力改变自己的命运，同样也将会是引领时代进步的领军者和创造者。

牛顿是很伟大的科学家，他发现了万有引力、力学三定律、微积分等对人类发展影响重大的学说，正是他的创新思维使他有所发现有所成就，然而晚年的他却深陷了亚里士多德、柏拉图学说的禁锢中不能自拔，醉心研究上帝，陷入了陈旧的观念中，再无建树。

（二）创新思维促进社会发展

创新思维不仅对于个人发展影响重大，对于企业和社会来说更是深远。蕴含创新思维和创造能力的企业，能不断创造出新的成果，是企业具有核心竞争力的本质原因，也是企业立于不败之地、持续发展的源泉。创新思维更是创业者和创业公司身上必备的因素之一。经济社会变化莫测，正是基于优质企业的相互竞争、相互促进，才能不断提升企业的质量，改善我国的经济环境。

（三）创新思维推动民族进步

时代在变化，需要源源不断的新观念、新事物的产生才能有所进步。一方面，进入新的发展时期，基于复杂的国际环境，我国致力于打造创新型国家，这是我国在国际竞争中屹立不倒的基础。创新是一种文化软实力，只有拥有创新型人才、创新型技术与创新型知识储备，才能使我国有抵御外来挑战和威胁的底气和资本。另一方面，从弘扬中华传统文化的角度来说，文化要想不被社会所淘汰，必须要进行自我批判自我创新，这是个扬弃的过程。为了弘扬中华优秀传统文化，青年一代也要树立创新思维，增强自己的文化自信和自觉，积极探索促活中华传统文化的可行路径，将传统与现代融合，增强文化认同感，并将中华优秀传统文化传播出去。

三、创新思维的培养与训练

（一）创新思维的培养

创新思维并非一朝一夕能养成的，个人可以通过以下方式进行培养。

首先，个人要转变思维方式、拓宽思维视角。平时可以通过有意识地进行形象联想、立体几何空间的训练锻炼自己的想象能力、思维的灵活性，遇事要尽可能从不同角度思考，比如可以尝试多种对于方法和结论的呈现方式，在脑中和现实中将其展现出来，如图像、文字、声音等，还可以通过思维导图的方式表达整体。创新思维还要注意避免陷入传统观念、固定观念、思维惯性的思维障碍中，避免以先入为主的观念和看法看待事物，避免戴上有色眼镜，而是要包容地、开放地看待世界。

其次，保持好奇心。好奇心是创新思维的重要体现，正是充满对世界的好奇，才促使个人有了探索的欲望，才促进了个体的创新思维发展。这就要求大学生在生活与工作中勤于观察和思考，多问几个为什么，不要觉得自己的想法是异类的、不被理解的，当你产生了疑问、引发了好奇，就可以主动去探秘，毕竟外星人的传说是不是真的还需要人去证实。

再者，个人还要有丰富的想象力。宇宙因为未知而变得缥缈和宏大，人类通过持续不断地进行科技创造和提升，缩短了地球与外太空的距离，然而在宇宙中究竟有什么、是否有生命体、是否有第二个"地球"，我们还是不知道，但是充满丰富想象力和创造力的人类在一部部科幻大片中无限想象，不仅刻画出几千年前侏罗纪的恐龙模样，还想象出外星人的样子；不仅局限于地球，还上天入地，到外太空，到海底两万里；还创造出超能力、超生物，在时间隧道里旅行。世界既是未知的也是可知的，充满想象力就有无限可能。

（二）创新思维的训练

1. 掌握科学的思维训练方法

通过整合创新思维的内涵和基本特征可知创新思维要求大学生要发散思维、开放灵活非逻辑的思考与联想，最后将所得进行综合概括，统一出事物的解决方法，因此本文主要针对发散思维、聚合思维、逆向思维和联想思维提供具体的训练方法，具体如下。

（1）发散思维的训练方法

发散思维可以通过功能发散、材料发散、结构发散、方法发散、因果发散等常规方法结合思维导图这种通用的思维发散法来提升，如图2-2所示。

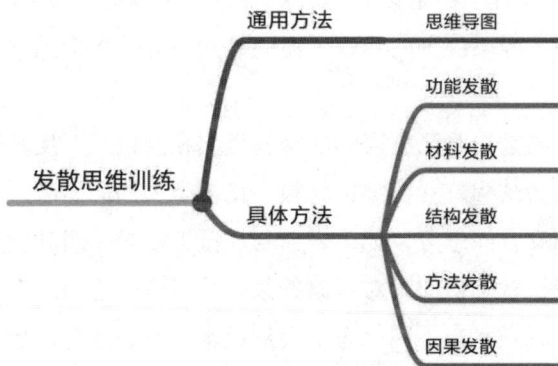

图 2-2　发散思维训练方法

其中，功能发散是指设想出的达到某个功能的多种途径，如降温可以通过少穿衣服、开空调、吃冰棍、冲凉水澡、去气温低的地区等；材料发散是指设想某个物品（材料）的多种用途，比如书除了阅读以外还可以用来垫东西、折纸、做为礼物送给他人等用途；结构发散是指以某一事物的结构做为发散点，列举相同结构的物品或者利用了这种结构的事物，比如三角形结构有三角尺、金字塔、红领巾、三角帽、漏斗等；方法发散是指设想出某一方法的多种用途，简称一法多用（一招一式走遍天涯），比如摩擦可以做到"取火、生热、产生静电、搓出污垢、增大地面摩擦力"等事情；因果发散则是设想某现象产生原因或结果，即一因多果、一果多因。以上思维训练方法的实践过程都可以借助思维导图，更形象化地列出尽可能多的答案。

（2）聚合思维的训练方法

聚合思维与发散思维正好相反，是在发散思维基础上综合考虑多种信息和方法后，找出最优的解决方法。它可以通过目标确定法、间接注意法和分析综合法针对性训练。

其中，目标确定法是指围绕目标找到最关键最正确的因素，此时要求目标要清晰具体且准确；间接注意法，顾名思义，就是利用间接手段寻找关键目标来解决问题，通俗地说就是迂回战术，避免正面冲突降低损失，如声东击西；分析综合法则是在认识问题的表面后层层深入分析，不断认识到事物的本质，用哲学上的话就是"透过现象看本质"。

（3）逆向思维的训练方法

逆向思维有时候对于提出创新点、解决问题来说作用更明显，下面将会从结构、功能、状态、因果、方向、观念逆向等六种方法来训练培养大学生的逆向思维。

其中，结构逆向是指对已有事物的结构做出相反设想，反其道而行，以寻求解决方法，具体包括结构位置、结构材料、结构类型逆向思考；功能逆向是指将事物原有功能往相反方向思考，如干燥器与加湿器就是一组功能逆向的事物，一个除湿另一个加湿；状态逆向是对事物的某一状态进行逆向思考进而创造出新事物，最形象的例子就是水在不同状态下会形成水、汽、冰等，老冰棍和矿泉水就是一组状态逆向的事物；因果逆向就是由因到果、因果溯因；方向逆向则是指颠倒事物的顺序和位置，著名的田忌赛马就是典型例子；观念逆向就是打破常规进行逆向思考。

（4）联想思维的训练方法

联想思维是创新思维的重要组成部分，它可以通过自由联想、强制联想、相近联想、相似联想、对比联想、因果联想等六种主要方法得到训练，具体解释如图2-3所示。

看到学生联想到教室、课本 → 联想物与触发物之间有很大关联 → 相近联想

鲁班被叶片割伤发明了锯子 → 联想物和触发物形式、性质或意义等有相似的联想 → 相似联想

联想物与触发物具有相反特质 → 对比联想

联想物与触发物有因果关系 → 因果联想

联想思维训练

自由联想 → 不做限定，自由的联想

强制联想 → 有限定条件，被动的联想

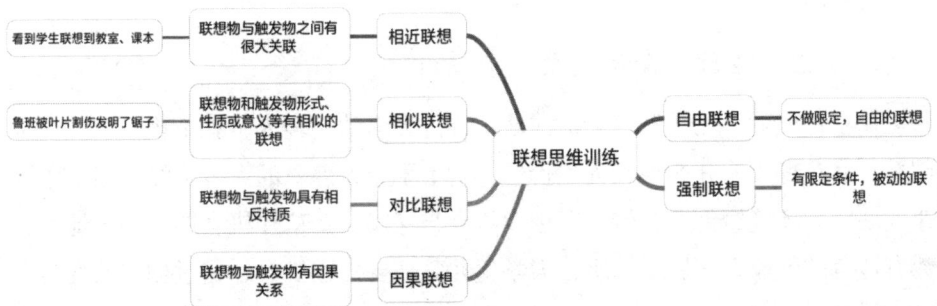

图 2-3　联想思维训练方法

2. 完善知识结构

完善的知识结构是培养创新思维的基础，创新思维的定义就是基于已有的知识和经验提出新理论新方法，其前提就是拥有扎实的知识体系，因此大学生要有意识地学习，除了专业知识以外，还要学习自然学科、人文社科知识。比如写文案，很多人认为只要有灵感就能写好文案，然而这是大错特错，文案创作首先就要求文案工作者掌握多方面的知识，而不是局限于专业相关的知识，有时为了写出形象的文案，还要了解生物体的特征。

3. 投身社会实践

说了这么多理论知识和方法，然而培养和训练大学生的创新思维最重要的还是投身于社会实践，如参加创业创新实践活动或大赛、各高校的知识竞赛、参观大学构建的创新实训基地等，从实践中来到实践中去，在每一次参与中提升自己的创新思维和创新能力。

第三节　培育创业精神

创业既是一种能力也是一种精神，创业精神是开展创业活动的前提，是创业的精神支柱与动力源泉，其本质主要包括欲望、自信、坚持、胆识和创新五个方面，没有坚定顽强的创业精神就到达不了胜利的彼岸，五者相互作用，共同促进创业的成功。

一、大学生创业精神价值

创业精神对于大学生尤为重要，广大青年应磨炼自己的意志，为实现中华民

族伟大复兴而奋斗。

（一）大学生改变命运需要创业精神

创业精神成就了无数开荒者的成功，许许多多的年轻人坚忍不拔、敢于尝试与创新，终获得成功并实现其人生价值，走上了令人羡慕的人生巅峰。当代中国快速发展的大环境给创业者带来了创业机会与保障。在这片机会四溢的大地上，无数有抱负的创业人正展露拳脚，大学生尤其需要抓住机会，通过创业改变自身命运。看下面的案例：

有人说电影《奇迹·笨小孩》是有原型的，原型便是喜茶的创始人聂云宸，他年仅29岁便登上深圳百富榜上。谈及聂云宸，他家乡在江西丰城，初中时迁居广东江门。学习成绩一向不好的聂云宸高中毕业后在广东科技职业学院读了大专，念完书后，他从父母手中借了10万块，19岁时开了一家手机店，依靠刷机和安装软件吸引客人，小赚了一笔。后来手机行业大洗牌，生意惨淡，他转而走向奶茶业，从开小的奶茶店开始到研制出独家的奶茶配方，他走了足足一年。2013年，聂云宸推出"芝士奶盖"获得受众喜爱，并因此声名大噪，到2015年便开了50家奶茶店，取名"皇茶"。同行觊觎，一时广东多了很多皇茶店，九成都是冒牌，为此聂云宸将奶茶店改为"喜茶"并创立了品牌，随即在各大城市广开分店，业务还拓展到了新加坡。从学生年代的结束，聂云宸敢于冒险、不畏惧承担创业的失败再次进行创业的实践，最终开创了自己的奶茶王国。

（二）实现中华民族伟大复兴需要创业精神

改革开放以来，中国发展速度飞快，成为世界第二大经济体。然而，中国很多制造产品的技术和重要零件都依赖于从国外引进，由中国生产出来的产品却只能获取少量的利润，比如苹果手机的零件由世界各国生产，在中国组装的费用却只有很少的6.5美元，中国劳工只赢得3.6%的价值，因为中国人只是制造了苹果手机而非创造苹果手机。从"中国制造"到"中国智造"再到"中国创造"的转变势在必行。

未来中国可能面临更多类似科技竞争和贸易战的艰难，但正如《人民日报》评孟晚舟回国：没有任何力量能够阻挡中国前进的步伐。中国要在世界舞台上有话语权必须有实力，必须要坚持自主创新，才能不受制于他国。

（三）创业促进就业，创业创造就业

后疫情时代，全球经济受挫，中国传统产业与行业发展受阻，一些抵抗力较弱的小微企业更是纷纷宣告破产，只有大型企业仍然坚持，这一严峻形势也给当代大学生就业带来了阻碍，此时，创业对于大学生来说是一个机遇亦是一个挑战。一方面来说，大学生创业响应了国家政策，势必赢得大量政策福利与支持；另一方面，经济形势不好，创业所遇到的困难也就越多。正是如此，有能力有志向的大学生们更应该肩负起责任，努力迈出创业的一步，为国家创造出更多的就业机会，由此减轻就业压力，通过创业扩大就业的渠道，以创业促进就业，以创业创造就业。

二、如何培育大学生创业精神

（一）创业始于欲望

心理学上的动机是指以一定方式引起并维持人的行为的内部唤醒状态，主要表现为追求某一目标的主观愿望或意向，是人们为追求预期目的的自觉意识，具有激发、指向、维持和调节三方面的功能，可以称为驱力或动力论。根据该理论，人要利用好动机，通过对事物强烈的欲望，驱使自己一步步实现它。创业往往是从创业者自身小小的想法开始的，当大学生迸发出"想要做成某事"的欲望时，创业的种子就埋下了。欲望，是创业的内在驱动力，是创业活动能否开展的前提，当大学生拥有强烈的创业欲望，就会驱使他们做出相应的行动，对待创业的态度和行为上都会有改变，当面临着重重困难时也会更有坚韧忍耐的动力去克服阻碍。

欲望，要求人不能安于现状，故步自封。他们往往眼光长远，有远大的理想和抱负。创业者的欲望，是高于现实的而非伸手就能触及，需要他们历经万里、筚路蓝缕。创业者的欲望多是来源于现实的刺激，如亲人朋友、如周围的成功人士，又如某个商业大佬的真实经历等，其中不乏负面的刺激（变故、屈辱与痛苦）。优秀的人要懂得将这些刺激正面化、健康化，不断驱动自己去创业，去积累财富和经验。

（二）创业基于自信

自信是成功的要诀，自信是创业能否走向成功的中流砥柱。创业途中难免会遇到挫折和险阻，此时保持一颗坚定自信的心才能支撑创业者排除万难、继续向前。成功的创业者必定拥有强烈的自信心，他相信自己的能力，相信自己可以战胜困难，缺乏自信的人很难创业成功。自信与坚持是相辅相成的，自信的人更能坚持。那么如何获得自信呢？

首先要进行心理暗示。心理暗示效应原理表明，当用积极的心理暗示自己，会为你带来积极的人生。下面是一个真实的故事：一个脸上长着雀斑的女孩，她觉得自己长相不好看，总觉得雀斑使自己成为异类，长此以往她变得自卑，甚至不敢照镜子。进入大学后，同寝室的室友每天在她面前夸赞自己是有多美丽，也夸赞她是除自己以外最好看的，一天天过去，这个雀斑女孩跟着自信的室友慢慢改变，现在的她每天对着镜子说着"我真好看……"在创业过程中，也要适当利用心理暗示效应，暗示自己只要不懈努力就能收获成就。正如居里夫人所说，我们必须有恒心，尤其要有自信，必须相信我们的天赋是要用来做某件事情的，无论代价多大，这件事必须做到。

其次，将自己作为被关注的主体，想象自己是主角，当被关注时，人往往会有更强的动力与欲望想要证明自己可以，这也是心理学上的原理——霍桑效应。当然，我们需要避免走进霍桑效应的圈套，错误估计自己的能力，而是应该正视自己、了解自己的实力，避免盲目自信。因此在生活中我们既要自信表现自己也要懂得赞美别人，帮助他人获得自信。

（三）创业需要胆识

什么样的人适合创业？其中一条便是敢于冒险。有人说，创业就是一场赌博，赌赢了就完成了惊险一跳，输了就坠入悬崖。创业有风险，十有九输，多是以失败告终，这就考验创业者能否有勇气开始创业，是否有胆量承受失败的可能以及随之而来的风险，有的人一招不慎，最后不得不宣告破产甚至负债累累。

苏鸣翔是翔泰传媒广告公司的总经理，是广西梧州学院工商管理系2010级工本1班的学生，"爱拼才会赢"是他的人生格言，大一时在某大型广告公司兼职的他发现很多活动都是由大型广告公司接收后分配到小的广告公司，小公司再到学校寻找资源如礼仪、歌舞表演等，他想要是能直接将学校的资源整合分配给企业，没有大型广告公司赚差价就好了，于是他决定创办公司专门承接此类业务。2011年5月，苏鸣翔与合作伙伴吴昌耀在学校的创业发展区成立了S演绎工作室。悄无声息中该团队在承接礼仪和主持节目等业务中逐渐发展壮大，还获得了当地政府的支持与鼓励。此后，他们又顺利承办东风雪铁龙车展，受到客户的一致好评。同年 6 月，该工作室正式更名"翔泰传媒广告有限责任公司"，提供礼仪、平面模特、摄影模特以及各种活动策划方案等校外服务；校内创办校园主题阅读刊物，主营喷绘写真广告和宣传横幅的制作等业务。在创业过程中，苏鸣翔团队被质疑经验不够，面临资金不足等困难，但他从容不迫，立志要将微型企业做大做强。创业过程中，苏鸣翔从未伸手向父母要钱，而是靠着在广告公司兼职、家教工作和朋友资助，在年纪相仿的大学生中，他绝对算是一个有勇气有胆识的人，正是他"不顾一切、爱拼才会赢"的人生态度才让他获得成就。

（四）创业精神重于创新

创新是一个民族和国家发展的源泉与动力，也是创业能否持续迸发生命力的不竭源泉。创业是以创新为核心的活动，研究发现，当代中国最缺的不是创业能力而是创新精神。创业能否成功除了硬件技术，还需要创业者自身是坚持自主创新且拥有创新能力，而这也是创业的首要条件，从个人到一个国家的兴旺发展都需要坚持自主创新，这是区别于他人、他国的核心竞争力，也是通向成功的不可或缺的软实力。创新并非停留在天马行空的空想，还需要创业者衡量创新想法的价值，使想法落地。

创新精神要求有质疑批判现实的勇气、不断探寻真理的科学精神以及开拓新领域新道路的决心。

创业者作为企业的创始人，是企业成型到发展的第一推动力，如果创业者仅因小小的一次成绩便骄傲自满、故步自封，势必成为企业持续发展创新的绊脚石，因此，从创始人到员工都要学会自我批判、自我质疑，充满变革的决心与信心，抓住新发展新机遇，实现企业的成长转型。华为的 CEO 任正非提出"自我批判是拯救公司最重要的行为"，要求每位员工都要就具有自我批判精神，对自己的剖析要到位、深刻才算真正有意义的批判，为此华为还举行了一些特别活动，如 2000 年 9 月 1 日，公司举行了一场颁奖活动，主要参会人员是华为研发系统的几千名员工，会上几百名员工领到奖品，这些特殊奖品包括员工工作不认真、测试不合格产生的报废品和不必要失误产生的维修费用单据。正是这种自我质疑批判的做法，才使华为健康成长。同样，"自我批判"已融入戴尔公司的企业文化中，建立了从上到下都进行自我批判的行为模式，强调随时质疑随时改进。

（五）创业精神贵在坚持

创业需要不屈不挠、永不言败的精神，坚持是创业成功的必要保障。大学生创业过程中势必面临很多挑战，初次创业也面临着失败的可能，这就需要创业者保持初心、坚定不移地往前走，总结失败的教训或成功的经验，为下次创业实践积攒实力。

坚持意味着不中途放弃，当进行某项行动时，大学生要培养自己的耐力和韧劲，在做出行为之前充分考究，思考过后果断执行，不拖延。人身上有很强的惰性，一旦做事拖延往往会使行动的热情和活力越发减弱，最终目标的实现也就遥遥无期。为了培养大学生的忍耐力，大学生可以将理想和目标进行细化，将其细分为某一个时间段内的小目标，在达到该小目标后继续朝着下一个目标前进，不断达成最终的目标。在每个目标达成时，要善于总结和调整，不断优化方法，不偏移方向。当然，也要懂得在每一目标完成时激励自己，时刻保持做事的热情。"坚持"一词往往与"自律"相联系，一个自律的人更有坚持不懈的特质，大学生要培养自己的自律性，不懂得如何提高自律性的人可以尝试阅读自律的书籍或者向有相关经验的人士学习。如今的年轻人更多接收的是短视频、短信息等碎片化知识，获取信息多是从互联网上，阅读纸质书籍的人逐渐变少，有着拖延症的人或许在抱怨时间太少，没时间静下心来阅读，听起来更像是借口罢了，想学习想提升的途径有很多，电子书和相关阅读软件有很多，比如一款阅读软件叫作"网易蜗牛读书"，容纳了上万本书籍，种类囊括小说、名著、国风文化、历史、心理、理财、诗歌戏剧、艺术、职场、经管、健康、亲子等各类，读者每天可以免费读一个小时的书，还可以通过每天签到的方式积累蜗牛壳，蜗牛壳到达一定的量还可以兑换自己感兴趣的书籍，另外，有能力有见识或者想表达的人也可以在上面提出自己的想法，还可以与其他相投的人互动。这款阅读软件上有个功能叫"领读"，可以在上面带领其他读者一起阅读，形成一个开放包容的社群。大学生毕业后面临找工作的难题，行政文员之类的岗位要求员工文笔好、有文字功底，在面试时你将会被问及是否有相关作品来证明你能胜任该工作，此时，在"网易蜗牛读书"上当过领读人或者写过书评的人便可以自豪地说出自己已获得的成就，如"发布的书评获得多少点赞、已拥有多少粉丝关注"。这些平时的积累，既提升了自己，也可能成为自己的资本。最后，推荐这个软件里一本关于自律的书，叫作《自律的你真美》，作者是美崎荣一郎，作者分析了工作、生活、关系、思维等四个方面如何自律，比如追剧之前应该设定好时间，通过提前向大家宣布自己的计划改变拖拉的习惯，在认定自己不行之前先试着行动……当你养成积极有效的好习惯后，你也就掌握了改变的契机。

正如同蜘蛛结网，风一吹便可以摧毁蜘蛛一天的辛苦，但蜘蛛不会放弃，只要蜘蛛网被吹破，它就会再结。创业者也该坚持迎难而上，终有看到自己编织的网的一天。

第四节　提升创业素质与能力

除了坚定的创业意识、思维与精神以外，创业者还需具备一定的能力。创业者的能力是指创业者解决创业及新创企业成长过程中遇到的各种复杂问题的本领，是创业者基本素质的外在表现。它主要包括创新、学习、组织管理、人际交往、机会识别、风险决策等方面的能力。大学生需要将自己的能力进行评估，并不断锻炼和提升这些能力，搭建好"创业"这座桥梁，使自身和优秀创业者之间的差距缩小，才有可能实现成功。

一、大学生应具备的创业能力

（一）自主创新

创新对于一个民族、国家而言意义重大，对个人来说亦是如此。创新是创业的灵魂，也是创业具有竞争力的重要原因。市场更迭，只有源源不断的新思想、新产品才能满足市场上形色不一的大众需求，才能使新创企业立于不败之地。

当然，创新并非只是简单的空想，并不是只要你有新奇的 idea 就能创业成功，只能说，有创新的加持是创业成功的燃料，内容创意制胜的时代，创造力是一个强有力的竞争要素。创业者应该基于现实条件（如宏观与微观环境），将自己的想法经过缜密的思考和调查后投入实践，只有抓住机遇、果断行动才能抓住财富。

（二）不断学习

很多同学在大学阶段已经养成了自学的能力，为创业做了准备。大学生在校学习的理论知识很多已经是陈旧的过时的知识，在创业时还需要根据实际需求补充自身，不断学习新知识，养成"终生学习"的好习惯，既要更新专业知识，还要学习新知识特别是综合性知识，如商务礼仪知识、餐桌礼仪和业务礼仪等。

例如，当进行商务会谈时，除了称呼、握手有相应礼仪外，还有名片礼仪和沟通礼仪。名片礼仪中，名片不能和钱包、笔记本等放在一起而应使用名片夹，或者放在上衣口袋中，保持其平整；在递送名片时，顺序应由下级或者访问方先递，介绍时则是被介绍方先递名片；递送时双手奉上正面朝向，互换名片时右手拿自己的，左手接对方的（双手托住）；接过名片后不能随意乱扔或摆弄，而要放在名片夹里或西服左胸的内衣袋里，以表尊重。光是会谈时递名片就有很多讲究，创业者要学习的东西还很多。

创业者需要掌握一定计算机办公技能。在校时，学校开展了相关的信息课程如现代办公技术、python 编程课、数据库等，还考取相关计算机证书，但信息技术更新迅速，一个小小的插件和功能可能都会改变，因此创业者要不断学习，跟上社会发展的步伐。

（三）组织管理

人是社会人，是作为社会大家庭中的一部分，都会与他人进行沟通交流。创业者尤其要重视组织管理能力，有序的管理才能使组织正常运行，才能保证工作的效率，也才能使组织持续发展。企业就如同生产产品的流水线，员工与员工、部门与部门，各生产要素之间环环相扣，构成有机的整体，某一环节出错，都可能导致"机器"报废，企业瘫痪。因此，创业者要善于协调团队，有领导力，驾驭把握局势。

（四）人际交往

创业内外环境都需要与人交流。对外，新创企业往往需要与其他企业、客户合作，要求创业者善于沟通、懂得人际交往的学问，知人知面，有时候懂得心理学相关知识的创业者在社交方面更能圆滑。对内，创业者需要与人和善，营造健康和谐的企业环境、氛围，在与员工相处中，也要掌握一定技巧。据了解，"工作环境"可是大多数人择业的重要影响因素之一。因此，大学生在校时应有意识地培养与他人沟通协作的能力，为创业成功添砖加瓦。

（五）机会识别

机不可失时不再来，创业机会不是随时随处都存在的，需要创业者懂得抓住机遇并衡量其可行性。举个不太恰当的例子，大学生在毕业之际往往面临着诸多选择，是选择继续深造还是选择考公、就业，当你选择了其中一项势必会放弃掉其他选择，这在经济学上称为机会成本，只有做出最符合自身实际的选择才能以损失最小机会成本换得最大利益。高校每年会有春、秋两个季度的大型招聘会，秋季招聘会的企业质量较高，含量金也较高，很多求职者会选择秋招时寻找工作，而考研的学子这个时候正是备考冲刺期，往往忽略秋招，来年才来参加春招，此时很多大型企业早已招满，岗位需求趋于饱和。创业也一样，机会迎面而来、向你招手，但不会一直停留。

（六）风险决策

创业不同于就业，它是一种高风险的投资行为，不想承担或者不敢面对失败的人很难迈出创业的一步，更别说创业成功。比尔·盖茨成功的一大原因便是他敢于冒险、敢于在理性中做出决策。哲学角度上看，每个人都是理性与感性的共同体，并没有人能绝对肯定地说自己是个理性或者感性的人，只是看他在处理事情时哪个更占主要方面，成功的创业者正是在需要做出决策时，进行了理性的思考后鼓足勇气，再迈出感性的最后一步，做出决定。

创业者在团队中是领导者、决策者的角色，需要有很强的领导能力和决策能力，集中体现在创业者的战略决策能力上。这要求创业者分析调查企业内外部经营环境从而做出有预见性的决策，以此确定企业的发展目标，并制定相应的行动方针和准则。

二、提升大学生创业能力的路径

（一）认识自我，选择正确的创业道路

目前大学生创业中存在的一大问题就是不切实际，做事只基于满腔热血，不会现实地进行自我评估和市场调查，盲目选择创业，到头来创业失败。选择自主创业要有扎实的知识技能、正确的心态、创新能力、创业经验以及资金保障等多项基本要求。创业并非一定是开大企业当董事长，并非所有人有足够的资本与能力，现实中很多大学生创业往往是从经营一家小小的店面开始：有女生喜欢喝奶茶，于是开了奶茶店；有人喜欢做手工，于是开了手工 DIY 店；有人喜欢花，于是开了花店，还有学生在校时自己摆摊卖自己手工做的物品。根据自己的能力与兴趣，慎重地做出创业选择。

（二）实践出真知，实践出自信

许多大学生都可能有一个创业梦想，但害怕失败，不敢迈出创业的第一步。未知带来恐惧，只有去实践，打破未知，真正体验创业实践带来的苦与甘。大学生可以通过直接经验和间接经验双重渠道，在实践中慢慢认清自己的实力、培养自己独立与自信。

创业精神、素质与能力都可以通过后天进行培养，中国的高校愈发重视培养大学生的创业意识、创业精神与创业实践能力。在高校，大学生能接触学校组织或邀请的成功人士，通过听讲座、分享会等一系列的活动，近距离地与大咖交流，了解创业成功者是如何成功的，为以后创业汲取经验。同样，大学生还可以参加高校创业创新大赛或者由学校自行举办的创业大赛，真正在实践中锻炼自己，学习从项目立项到结题的真实体验，更不乏优秀者从此开启自己的创业路，赢得创业成就。

每一次的实践机会，如一场小小的校园爱心义卖或其他营销活动，都能锻炼学生的组织能力、销售能力、沟通交流能力与解决问题的能力，只有通过实践才能打破未知，明白自己是否拥有创业的能力。聪明的人会利用好每一次机会，如内向不敢言的人可以通过爱心义卖、校园二手市场等活动，积极向同学们展露自己、表达自己，更有甚者去博物馆担任导游，通过现场讲解锻炼自己的自信心。恐惧来源于未知，只是从实践中才能让人充满自信与勇气，获得有利的直接经验。

（三）构建人际关系网

"做生意需要有强大的人脉"，这句话很真实地反映了创业者构建自己的人际关系网的重要性。正所谓"多个朋友多条路"，拥有越高质量的朋友会使创业道路更加宽阔平坦。因此，大学生应该有意识地培养自己的人际关系网。

首先，大学生要做到有交友的意识，坚持与他人互惠互助，互相信赖。在校内，大学生们常常参加各式各样的校园社团，除了兴趣交流，也有意无意地扩大了交际圈。在人际交往中，你需要弄清楚自己对他人的有用之处，即吸引力法则，当你身上迸发出别人没有的闪光点，自然会有人"慕名而来"。举个简单通俗的例子，好看的人都是和好看的人玩儿，人往往更愿意跟比自己更优秀的人相处。因此，你需要在不断提升自己的同时，还需要懂得推销自己，将自己设想成面试者，思考如何让对面的交流者看到自己与众不同之处。当然，这里不是要你当众"凡尔赛式"地高调炫耀自己的长处，而是高情商中展现自己的同时避免自己陷入被反感的境地，这也侧面反映和考验一个人的"双商"。除此之外，创业者还要学会向他人传递他人的价值，如向朋友介绍自己刚认识的优秀的朋友，不吝分享他人的价值，长此以往，朋友的朋友也变成自己的朋友，最终也能使自己的交际圈扩大。

（四）锻炼组织与管理能力

组织和管理能力是创业者必备的条件之一，可以在实践中得到锻炼。大学生可以在校内积极参加活动或者担任班级学生干部，锻炼自己的组织管理能力。如加入校学生会，跟着团队一起策划各种辩论赛、知识竞答比赛等，能短时间且有成效地提升自己的能力。在班级中，可以担任班级活动的组织者和领导者，通过一项项活动的策划与开展，都能或多或少地提升自己。

当然，并非每个人都有担任学生干部的机会，这时也可以通过与他们相处时学习其长处，通过积极的配合学到有效的团队管理方法，当有机会时还可以主动提倡组织一些活动，如学院的联谊会、球赛和其他类型的活动。在活动过程中，还可参与从前期准备到活动进行以及活动结束的整个过程中去，相信班级的干部同学也很高兴有你的分担与协作。由此，同样能提升你的组织和管理能力。

大学四年，每位同学不仅能从老师那里学到知识，更多的是自主学习、自己提升。大学生活也不像中学时期的那样，同学间联系也不再那么紧密，此时更需要有组织能力的同学将大家聚在一起，各寝室、各班级、各学院的联系紧密程度是递减的，有心的同学便可以利用这些机遇，组织策划各种主题聚会，既拓展同学们的交际圈又提升自己的能力，一举两得的事。

（五）丰富完善知识结构

创业是一门学问，需要创业者懂得综合性知识、专业知识、职业知识以及经营管理相关知识。大学课程里专门设置了大学生创业教育课程，指导大学生如何开展创业活动与实践。在互联网社会，还需要懂得相关的信息技术知识，如基础的智能化办公软件的运用以及多媒体的利用。

术业有专攻。许多大学生创业伊始都是从兴趣出发或者专业出发，选择自己擅长的领域尝试，要想在该领域开展创业活动，需要创业者深入了解该领域的发展与运作规律，在校时也要系统学习相关专业和职业知识。经营管理知识是创业者必备的知识，综合性知识则更多涉及社会关系的运筹帷幄，包括政策法规、工商税务、金融保险、公关人际等。每一项知识掌握的广度和深度都对创业成功有一定影响，很多知识都能从大学设置的课程中学到，但更多还需创业者在实践中锻炼与精进。

例如，贵州大学的文化产业专业学生毕业后想从事自媒体创作，在校便应该接触数码摄像、广告策划与营销、文化产业政策与法规等课程，懂得文化产品的版权法律、制作与策划、团队管理等知识，还应自主学习后期剪辑、脚本导演等技术。

（六）扼住机遇的"咽喉"

新时代迎来新机遇新挑战，大学生要懂得培养自己当机立断的能力，当机会来临时不要犹豫不决，顺势而为。

例如，每个高校都有学生点外卖，也带动了大学附近的商铺的生意，而某些管理严格的学校对校外车辆尤其外卖送餐车很有限制，更别提外卖上楼的服务，有头脑的创业者便嗅到了商机。贵州大学对校外车辆管控严格，美团外卖的电瓶车也进不来，"这位同学"是由一群年轻人创建的送餐小程序，它聚焦贵州大学全校师生，提供送餐到宿舍的服务。用户在小程序上下单并写清楚具体的校区、楼栋和宿舍号，便会有专门的跑腿人员送餐到手，为节约时间或者不想下楼取外卖的人提供了便利。同样，它聚集了一批想兼职赚取零花钱生活费的贵州大学学生们，每位同学都可以成为骑手或者跑腿，每送一单可以赚取 1.2 至 1.9 元不等，一天下来多的可以收益上百块。推广方面，运营人员打造了微信、QQ 等社群，在两种社群上建立与学生用户的联系，还通过印制宣传单、上门宣传等业务拓展知名度。同样，校园快递跑腿服务也是类似经济活动，快递小哥帮忙在相应快递站点领取用户的包裹，再帮每位用户送到相应地点，小包裹 2 元，大包裹 2—5 元。还有学生在寝室里开了打印店，业务聚焦同楼栋的同学，也能盈利不少。商机来源于现实需要，大学生平时要多观察生活，察觉周围存在的机会，识别并抓住它。

思考题:

1.创业者应该具备哪些素质?

2.创业者应该具备哪些能力?

3.提升大学生创业能力的路径有哪些?

4.创新思维的训练包括哪些内容?

第三章 大学生创业机会

本章目标

1. 了解创业机会的概念和作用
2. 掌握识别创业机会的方法
3. 了解创业机会评估的方法

案例导入

"黔羊兴"——贵州新派特色速食羊肉粉

"带不走大山，但能带走大山里的非遗传统味道！"来自贵州兴义的"00后"羊肉粉非遗传承人，带着对产品食源与工艺核心不断探索的初心，开启了自己的创业之路。创业团队历经了数月的市场调查与分析发现，区域传统美食行业存在着非遗传承人较少感知到非遗技艺的市场价值；异地土壤、水质与气候限制导致无法高度还原当地食材的鲜醇滋味；商品多通过线下进行销售，触达消费者的渠道能力有限；产品、场景、服务、性价比、品牌设计等方面的创新停滞不前；非遗传统美食知名度较低，市场推广手段和渠道资源等多方面的痛点。与此同时，创业团队也发现伴随着消费升级，我国速食市场规模呈现增长稳健的趋势。根据第一财经商业数据中心发布的《2021方便速食行业洞察报告》显示，方便速食行业近年来规模增长稳健，2021年国内市场规模超2500亿元。此外，速食行业新品类品牌布局也在加快，冷面、手抓饼、米线等速食品类增长超8倍，各品类品牌快速布局速食赛道。特别值得注意的是区域非遗传统美食易出速食爆品，广西螺蛳粉、江西南昌粉、武汉热干面、重庆酸辣粉陆续走红，但贵州非遗传统美食速食图鉴仍是空白。

　　"速食行业创业该如何避开堂食、外卖以及常规速食米粉竞争？如何抓取核心客群、占据消费升级红利的错位空间？"带着对这些问题的思考，贵州新派特色速食羊肉粉"黔羊兴"应运而生。项目旨在传承非遗传统美食文化基因，讲好非遗传统美食故事，将贵州非遗传统味道传遍全国作为使命。品牌在沿袭传统食材和非遗技艺的同时，借助现代工业技术，用创新思维解决线下百年老店"刘记羊肉粉"配方不可复制、店铺区域发展限制、传统"束缚"等问题。"黔羊兴"推出的羊肉粉速食历经300余次试验，将传统非遗秘方融入现代工艺，复刻20余道制作工序，搭配线下百年老店"刘记羊肉粉"的独家料包秘方，非遗传统美食口味还原高达80%。严格选品，标准化配料食材，料包食材溯源，食材产地零距离看得见。国家食品中级工程师与非遗传统美食老店传承人的奇妙碰撞，打破传统堂食，升级再造速食，高温杀菌工艺，180天锁鲜，无防腐剂添加。"非遗传统技艺""配料料包食材溯源"和"高温杀菌工艺"的三大核心竞争力使得"黔羊兴"一经推出便得到了市场的认可，满足了异乡旅人、青年一代、孤独患者、怀旧人群等消费群体的需求，让非遗传统美食回归真实生活。

　　（资料来源：第七届中国国际"互联网+"大学生创新创业大赛国赛铜奖项目："黔羊兴"－贵州新派特色速食羊肉粉。）

讨论一下

1. "黔羊兴"团队是如何发现了创业机会？
2. "黔羊兴"团队发现的创业机会是什么？
3. 透过这个案例，你发现有什么创业机会吗？

第一节　创业机会概述

一、创业机会的定义

　　创业活动需要围绕一个个可把握、可盈利的创业机会而驱动的。目前，人们对于创业机会的认识形成了两种不同的认识论：一是客观实在论的方法——即创业机会需要被发现，二是构建论的方法——即创业机会需要被人们所建构。而在实际的创业过程中，仅仅只是发现或建构出创业机会往往是不够的。因此，结合创业实践，可以认为创业机会是指创业者发现市场需求，并提出解决方案满足市场需求，创造市场价值的时机。整个创业过程就是识别、开发和利用创业机会的过程，所以识别和利用创业机会可谓是创业过程中重中之重的环节。

二、创业机会的类型

根据创业机会的来源划分创业机会可以分为不同的类型。

（一）问题型创业机会

问题型创业机会即通过市场观察与调研分析，发现市场中现实存在的需求缺口而产生的机会。随着市场中诸多因素不断相互作用，往往会带来一些新的消费需求，创业者需发挥敏锐的洞察力，并为之找到适宜的解决方案，那么创业的成功率会大大提高。例如，在李维斯品牌牛仔裤创业初期，创始人李维斯发现淘金客裤子经常磨破、掉色，很不禁穿，或者兜兜挂挂不方便重体力劳动。"在价格提高不太多的前提下，买到耐磨耐洗耐穿方便干活的裤子"就成了淘金客的刚需。于是李维斯在牛仔裤面料技术、染色技术、缝纫技术上大下功夫，同时控制生产与采购成本，推出 Levi's 牌牛仔裤，在当时极大满足了客户需求因而名声大噪。

（二）趋势型创业机会

趋势型创业机会是指把握市场发展的现状和脉络，并预测和分析未来市场走向和趋势而产生的机会。这一类机会强调创业者需要对市场有较为精准的掌握与预测，从中在适当的发展进程时抓住时机，提供顺应市场发展变化变化的产品或者服务，从而得以进入市场参与竞争。例如，饮料头部品牌"元气森林"正是看到了新生代消费者健康意识的觉醒，以及市场对健康概念的教育不断强化。无糖茶饮虽是趋势，但是消费者想要的是，既要无糖，也要好喝、有甜味，这成为无糖饮料行业共同的痛点。于是"元气森林"创新甜味口感，找到了一种既能保证甜味口感，又能避免大量热量产生的蔗糖替代品——"赤藓糖醇"，解决无糖饮料难喝难题，同时精准品牌定位，在市场运营上狠下功夫，将自己推上饮料行业头部品牌之列。

（三）组合型创业机会

组合型创业机会是指创业者将两种及以上的技术、产品、服务、功能等要素进行组合，创造出新的用途或者用户价值而产生的机会。这一类型机会突出不同要素的组合和使用，且各种要素不是无序的堆积叠加，而是有机的结合和融合，实现整体价值增值的效果（"1+1>2"）。例如，小天才智能儿童手表凭借其对市场的精准把握，率先抢占了智能儿童手表的蓝海市场。2015年及以前市面上现有的儿童手表，噱头要么集中在定位上，要么集中在语言聊天上，而小天才Y01的出现，填补了市场空白，成为首款具有通讯功能的儿童手表。同时，小天才手表不断迭代产品，将安全通话、摄像、设备防水、精准定位、超长待机等关键功能集结一体，成为备受家长和孩子欢迎的好产品。

三、创业机会的来源

创业机会的发现是创业成功的关键一环，而这些机会的来源千差万别，涵盖了市场需求、技术创新、社会趋势与文化变革、个人经验等多个方面。

（一）市场需求分析

市场需求是创业机会的重要来源之一。创业者可以通过深入的市场调研，了解目标受众的需求和痛点，为其提供有针对性的解决方案。这种需求可能来自于市场的未满足部分或现有产品服务的不足之处。例如，一些新兴市场可能因为欠缺特定产品而形成巨大的机会，而其他市场则可能因为现有产品的性能瓶颈而呈现潜在需求。创业者可以通过调查、观察、问卷调查等手段获取市场信息，分析竞争对手的产品及服务，找到差异化的点。同时，他们还可以通过与潜在用户的互动，收集反馈和建议，以更好地理解市场的需求和动态。

（二）技术创新驱动

技术创新是创业机会的另一大推动力。随着科技的不断发展，新技术的涌现往往会催生出各种商机。创业者可以通过密切关注科技前沿，了解新技术的应用潜力。例如，大数据、人工智能、机器学习、区块链等技术的出现，为许多领域带来了颠覆性的变革，为创业者提供了探索新商业模式和产品的机会。因此，创业者需要具备对技术发展的敏感性和理解力，加强与行业专家、科技企业的交流合作，参与相关领域的研讨会和培训，可以帮助创业者更好地把握技术发展的趋势，并灵活运用于实际创业项目中。

（三）社会趋势与文化变革

社会趋势和文化变革也是创业机会的重要源泉。社会变革带来的新兴需求和价值观的变化，常常催生出创业的机会。例如，环保意识的提升推动了绿色技术和可持续发展行业的兴起，人们对健康、生活方式的关注则促使了健康食品、健身服务等市场的繁荣。创业者可以通过对社会趋势和文化变革的深入洞察，捕捉到与之相关的商机。这包括对社会、政治、经济和文化层面的变革进行系统性的研究，以预测未来可能出现的市场需求。同时，创业者还应不断更新自己的知识体系，与时俱进。

（四）个人经验和兴趣

个人经验和兴趣是创业机会的另一重要来源。创业者可以从自身的专业经验或兴趣爱好出发，找到与之相关的创业方向。个人深厚的行业经验不仅可以帮助创业者更好地了解市场和客户需求，还有助于在行业内建立关系网络和信誉。创业者通过自身的经验，可能更容易发现行业内的痛点和机会。此外，兴趣也是推动创业者持续努力的重要动力，能够帮助其在困难时坚持不懈。

四、创业机会的作用

抓住创业机会对企业的成功至关重要，这一现象在中国企业的创业生态中尤为明显。根据统计数据，每年都有十五万家的新成立民营企业，显示出中国创业活力的巨大。然而，与此同时，企业倒闭的数量也相当庞大，每年有超过 10 万家民营企业倒闭，而 60% 的私营企业在 5 年内破产，85% 在 10 年内倒闭，形成一种"创业生死存亡"的现象。无论是资源型企业家还是白手起家的企业家，都必须面对"半水半火"的现实。

在实际的运作中，许多创业公司往往沉浸于创业的激情之中，却忽略了企业管理的本质。这种现象导致了一种"知行不一致"的状态，即公司可能无法理解为何有些公司能够盈利而他们却不能，为何有些公司能够持续经营而他们却不行。一个重要的原因是缺乏创业机会。机会对创业的重要性体现在：

1. 创业机会识别是创业成功的基石和方向。整个创业过程是通过创业机会进行的。没有对创业机会的发现和识别，整个创业过程就不可能进行，没有抓住创业机会，失败是不可避免的。因此，企业必须首先调查市场机会，从症状上研究、了解和识别，有机会才能去创业。如果没有找到机会，而只是跟着创业的大潮去做，或者只是听别人说哪个企业能赚钱去做，没有对机会的认识，是很难成功的。

2. 创业机会识别可以大大降低创业成本。成功的企业家往往在创业之前就发现了机会。他们可以根据自己对机会的认知进行深入的调查和战略规划。通过深入的研究，他们可以避免很多创业初期的错误行为。这可以大大降低成本，提高存活率。在竞争激烈的市场中，对机会的深入了解和准确把握，使得企业能够更有针对性地进行资源配置和战略决策，从而避免浪费，减少创业初期的失败风险。

3. 创业机会识别是创业成功的决定性因素。你的成功将取决于你如何识别和抓住机会。如果你认为最初的大机遇变成了一个很小的利基市场，你更有可能在一个很小的市场而不是一个大市场取得成功，而这个小市场更有可能在激烈的竞争中败下阵来，所以机会识别会影响你在市场上待多久以及你有多成功。发现机会需要企业家的判断，因为有些机会可能是稍纵即逝的，而有些机会一开始很难发现，但可能代表着长期的趋势。能否正确识别这一点是考验企业家的一个重要因素。缺乏远见会导致创业方向不明确，未来是被动的；缺乏冒险精神将导致错失良机和被动挨打；但是，如果没有一套有效的成本控制和强有力的执行方法，只能导致竞争力的丧失。

在机会转瞬即逝、资源匮乏、团队力量薄弱的恶劣环境中，如果创业者不能根据自己的核心能力和实际情况制定出适合自己的有竞争力的方案，那么所有的问题都是问题，所有的问题加在一起最终会淹没创业的激情。这突显了在识别创业机会过程中综合考虑机会、成本、执行力和洞察力等方面的复杂性，强调了企业家在决策过程中的关键角色。而在这个竞争激烈、不确定性高的时代，企业家必须具备敏锐的市场洞察力、果断的决策力和灵活的执行力，方能在激烈的市场竞争中脱颖而出。

第二节　创业机会识别

一、识别创业机会的方法

对于大学生而言，有很多方法可以帮助大学生进行创业机会的相关识别工作，在此，本文提出三个相关思路：一、趋势的识别，对于市场规律与趋势的有效把握有助于识别出有效的创业机会。二、研究成功案例给出的问题解决方案，利用逆向思维，学习成功的创业者们是如何把握机会的。三、对于市场现有信息的大量搜集与分析，对于现有数据的分析与把握，无疑也是机会识别的基础。大学生们应当积极利用自己所学习的理论知识，对创业机会进行识别。

（一）识别趋势

对趋势的识别即在外部环境中寻找到最重要的影响因素，复杂的外部环境中往往隐藏着重要的机会。

这种不平衡是由变化引起的，所以首先要观察外部环境的变化，在变化中发现机会的迹象。二是对症状的分析和分类。有些标志不出现是后来的一种现象，我们可以判断它是一种偶然的现象，但是其他的标志是不时出现的，那么我们就可以做出初步的判断，这可能会成为一种趋势的标志，对于这类标志需要特别注意。

这些迹象成为我们观察的焦点，因为失衡或许创造了机会。我们可以首先区分各种各样的外部因素，我们可以更清楚地忽略它们，将它们分为经济、政治和制度、社会文化和技术等方面。

当然，发现这些迹象需要判断。因此，有经验的企业家比其他人更擅长这一点，因为他们有更多的行业经验、良好的社交网络和创造性的警觉性，他们更善于看到趋势的迹象，并解释为什么要这么做。

（二）研究问题

另一种发现创业机会的方法就是寻找问题并在问题中找到解决方案。在现实中，我们会遇到很多问题，如何关注问题、思考问题，从中可以看出我们是否有商业意识和商业创造力。这就是为什么有人说"每个问题都是一个巧妙伪装的机会。"大多数成功的企业家解决的问题都是真正有价值的，是他们亲身经历过的问题。只有同理心才能产生解决问题的创造性冲动。有商业头脑的人会在解决问题的同时将解决方案商业化，让更多的人享受到解决方案带来的好处，同时也给企业家自己带来更多的好处。就像莱纳和博萨克，这对情侣想用电子信箱互发情书，但他们所在的学院属于不同的网络，所以他们发明了路由器，由此建立思科这个公司，现在它是一个世界级的公司。

当然，一个企业家可能只是注意到别人的问题，并认为解决方案提供了某种机会，但最终，结果可能完全出乎意料。发现问题的结果可能是你的解决方案完全错误，或者你可能一无所获，这就是我们所说的意外发现。例如，由于互联网的发展，网络病毒开始泛滥，尤其是恶意插件在不知不觉中被安装并难以卸载，于是，360公司顺势而为，开发出了360安全卫士来清除恶意软件，迅速打开了市场

（三）分析市场

每一位创业者都应当也必须去做市场调查。如果从广义上理解，市场调查的含义是宽泛的，包括收集市场信息、评估定价策略、考虑最合适的分销渠道和最有效的促销策略等。

由于市场研究的费用往往差别很大，企业家需要评估现有的资源和所需的资料。市场研究可以由企业家、外部供应商或顾问进行，企业家可以寻找机会联系高校，以确定哪些营销部门的教员愿意接受这种针对客户的市场研究，用于学生研究实习。

信息对于创业初期的创业者来说是非常重要的。有研究表明，市场信息的使用会影响企业的绩效，因此，创业者有必要进行一定程度的市场调研，市场调研开始于确定调研目的或目标，这往往是最困难的一步，因为缺乏营销知识和经验，很多创业者甚至不知道自己想要得到什么样的调研结果。然而，这也正向人们表明市场调查对创业者是多么重要。

但无论创业者选择采用哪一种方法，有四大重要的因素都将是他们不得不认真加以考虑的，让我们来看看这些因素，以及思考一下如何发现它们所预示的市场差异和机会。

1. 经济因素

对于创业者来说，寻找创业机会，考虑外部经济因素是非常重要的。因为消费者的可支配收入水平决定了消费者的消费能力。在观察一个地区的经济因素时，要看创业企业的目标客户所在地区的经济特点和经济发展方向。一般可以从以下几个方面进行分析。

（1）考察国家宏观经济处于萧条、停摆、复苏或增长的哪一阶段，宏观经济变化和发展的周期规律是怎样的。可以参考的指数有国民生产总值和宏观经济指数等。随着收入水平的不断提高，现在市场上展示的数字产品，如购买金银首

饰、旅游、房地产、证券投资等都呈现出这种趋势，这给这些行业带来了机遇，但也带来了激烈的竞争。

（2）人口收入在区域经济中的占比。它往往决定了一个国家许多行业的市场潜力，如食品、服装、交通等。例如，中国庞大的人口基数，伴随着经济的快速增长，显示出巨大的市场潜力和机会，这也是吸引外资的根本动力。

（3）经济基础设施。它在一定程度上决定了企业经营的成本和效率。基础设施条件主要指一个国家或地区的交通条件、能源供应、通信设施和各种商业基础设施（如各种金融机构、广告机构、分销渠道和营销中介组织）的可靠性和效率。在规划跨国家和地区的业务策略时，这一点尤为重要。

（4）经济全球化的影响。经济全球化对创业者有着双重影响。首先，全球市场的开放为创业者提供了前所未有的机遇。他们可以更轻松地进入国际市场，接触到来自世界各地的潜在客户和合作伙伴。这拓宽了商业视野，为企业提供了更大的成长空间。然而，这也带来了新的竞争压力，创业者需要在全球范围内竞争，要在不同文化、法规和市场条件下取得成功。其次，全球化使得资源流动更加自由，但也增加了市场的不确定性。汇率波动、贸易战争和全球经济衰退等因素可能对创业者造成直接影响。在这种环境下，创业者需要具备风险管理的能力，灵活调整战略以适应外部环境的变化。与此同时，全球化也促使创业者更加注重创新。为了在全球竞争中脱颖而出，创业者必须不断推陈出新，适应市场的快速变化。技术的迅猛发展为创业者提供了工具，但也要求他们保持对技术趋势的敏感性，以保持竞争优势。

2. 政治和制度因素

政治因素也对创业环境产生重大影响。一些行业的创业需要特别注意政治带来的机会和风险。政治因素一般涉及政府、法律和国家政策。在中国创业，不仅要注意法律，还要特别注意政策的调整和对一些行业的支持。特别是近年来，相关部门对创业提供了一系列政策支持。

政治变化将形成新的创业机会。如"9·11"事件后，各国政府纷纷出台法律法规，高度重视安全问题，带来了安防产业、反恐心理治疗产业、数字侦查技术及相关产业的繁荣，以及安防检查设备市场的繁荣。而一些国家的国家体制和政府体制、关税政策、进口管制、汇率和价格管制、国有化政策以及热门利益集团的变化都带来了商机，特别是一些新的法律条文的修订或新法律的签署，都需要被密切关注。如2007年7月，美国参议院提出《低碳经济法案》，表明低碳经济将成为美国未来的重要战略选择，蕴藏着巨大的商业机会。

3. 社会文化因素

社会文化因素是指一定时期内整个社会发展的总体状况，与一个社会的态度和价值观有关。态度和价值观是社会的基石，往往是人口、经济、法律、政策和技术条件形成和发展的驱动力。社会文化要素主要包括社会道德、人口走向、文化传统、文化教育、价值观、社会结构等。例如，人口统计表明一个国家或地区的"潜在买家"数量，公司必须关注人口统计趋势。目前，世界人口正在迅速增长，并已超过 60 亿大关。世界人口增长意味着消费将继续增长，世界市场潜力和机会将继续扩大。然而，迅速增长的人口正在消耗大量的自然资源和能源，增加了粮食和能源供应的负担。它们也预示着 21 世纪的巨大挑战和商机。

文化因素包括一个社会的文化传统、生活方式和道德习俗。它对人们的购买决策和商业行为，以及一个国家的经济和法律政策环境都有很大的影响。谈到退休储蓄，48% 的美国人会为退休储蓄，18% 的德国人和 9% 的意大利人会这样做。同样，在医疗保健方面，美国人在医疗保健上的支出占其 GDP 的 14%，德国人占 10.4%，瑞士人占 10.2%。因此，如果企业能够充分了解一个国家的文化对其社会特征的影响，就能够提供更符合要求的产品和服务，提高顾客满意度。

不同的国家有不同的文化传统，因此也有不同的亚文化、不同的社会习俗和道德观念，这些都会影响人们的消费模式和购买偏好。企业要想通过文化因素分析市场，就必须了解和分析行为规范、社会习俗、道德态度等文化因素。

4. 技术因素

技术因素是指在当前社会技术一般水平下引起革命性变化的发明，以及与企业生产有关的新技术、新工艺、新材料的产生、发展趋势和应用前景。具有变化快、变化大、影响大（超越国界）的特点。新技术的出现可以引发社会技术革命，创造一批新产业，促进现有产业的变革。历史上出现彩色胶片和立体相机，自动打字机淘汰所有机械打字机，电脑打字机取代电子打字机，R134A 制冷剂取代氟利昂不破坏臭氧层，都是技术创新的结果。近年来，个人计算机（PC）及其软件在计算机行业的发展改变了教育、娱乐和家用电子行业，电子信息技术的发展和应用非常广阔。一个国家的经济增长率受到重大技术发明被采用的数量和程度的影响，企业盈利能力与研发支出高度相关。在通用汽车、沃尔沃、奔驰、西门子、爱立信等全球汽车和电子通信行业，研发费用近年来都占到销售额的10% 以上，这对于大多数中国企业来说是一个不可思议的比例。随着世界科技进步的进一步加快，产品更新和产业演进的速度将越来越快，技术因素对企业的影响将越来越重要。

二、大学生创业模式与方式选定

大学生的创业模式，按照大学生参与创业的时间可以划分为以下三种：兼职创业，休学创业和大学后创业，这三种模式的形成是大学生创业实践的结果，而其中占比最高的是兼职创业的模式。据不完全统计，有约98%的创业大学生选择以此种方式创业；按照创业动机可分为机会型创业和生存型创业；按照创业资源可分为小微型、发展型和复制型；按照创业形式可分为网络型、加盟型和概念型；按照创业特征可分为技术型、管理型和项目型。同时，随着互联网、移动电子终端的普及，以及各类双创大赛的成熟落地，还有针对"自媒体创业"提出的"互联网＋"模式和"大赛创业"模式等。可以看出，虽然大众对于大学生创业模式有着不同的认识，但是这些定义无一不具有浓厚的时代色彩。

大学生一旦创业，则必然面临创业模式的选择问题，但这一选择往往受到多方因素影响。无论是大学生的创业目标，所面临的创业风险，创业时的政策导向，初期的资源整合，还是前文中提及的创业机会，都会影响大学生创业模式的选择。针对大学生这一特殊群体，创业模式的选择应从对创业者本人发展的影响，对经济社会发展的影响和可行性三个方面做出判断，选定合适的创业方式。如表3-1所示。

表3-1 选定创业模式的影响因素

对创业者本人发展影响	对创业者实践能力的影响
	对创业者创新精神的影响
	对创业者个人实现的影响
对社会经济发展影响	对就业率的影响
	对科技成果转化率的影响
	创业企业直接经济效益的影响
可行性	风险性
	获取创业资源的可能性

事实上，伴随着互联网经济、"互联网＋"模式的迅速发展以及电子商务在商业领域的全面铺开，实体经济和互联网取得了进一步的融合，这一时代背景为大学生创业提供便利，但也对大学生提出了更高的要求，以找到适宜且有效的创

业途径。

自身的专业技能是重要的，大学生创业除了加强对自身专业技能的学习以外，对整个行业的关注也相当必要。关注行业业态发展，以便充分利用互联网相关资源进行创新创业。不只是前文所提及的相关要素，在未来，随着科技与时代的共同进步，我国大学生创业市场也将经历剧烈调整与洗牌，在创新创业浪潮的冲击下，对于所有成功的创新创业活动而言，其应当是具有相当的创新性、复杂性且不可轻易复制的，这也显示出创新创业的难度逐步提升。另一方面，不断发展的诸如人工智能、物联网乃至"元宇宙"等相关前沿技术与概念也会在客观上进一步催生新的创业模式。面对此类时代要求与必须考虑到的竞争压力，大学生创业者唯有保持知识的不断更新，保持较高的警觉性，对于创业机会的影响因素考虑全面，才能在日益复杂的创业环境占据属于自己的一席之地。未来属于青年，但未来不属于庸人。时代永远发展，但总有人引领时代，也总有人落后时代。如何把握创业机会，如何选定创业模式，如何做时代的先行者，弄潮儿，将是每一位当代青年都需要认真思考的问题。

三、大学生创业建议

相关的不确定性和外部环境的变化要求创业者在不同阶段根据所面临的不同情况做出不同的决策。因此，在正确识别机会的基础上把握机会更是变得尤为重要，针对大学生群体，有以下五点建议。

1. 持有正确的心态。保持良好的心态，而不是盲目创业，狂热创业，跟风创业，尽可能避免因错误心态造成的误判。

2. 搜集充分的信息。充足的信息对创业者是有利的，丰富且确实的信息有利于创业者对机会做出正确的识别。

3. 充分利用高校的支持与相关政策资源。近年来我国各大高校对于大学生创新创业的支持力度显著增长，而国家近年来也连续颁布相关政策鼓励大学生创新创业。

4. 注意时刻变化的外部环境。外部环境充满着不确定性与风险，但是同样充满着机遇。需要注意的是，机会往往与时代背景相关联，具有很强的时效性，需要创业者仔细把握。

5. 保持较高的警觉性。警觉性对于创业者的重要性已经被诸多学者反复论证。它和机会识别正相关，而创业者具备与自我效能相关的乐观和创造性的个性特质将增加其创业警觉性。

第三节　创业机会评估

一、创业机会评估的原则

机会评估是创业的一个核心要素，指的是个人对事件、情况和环境的程度的判断和信念，被解释为创业机会，构成个人理想和可行的职业道路追求。是机会识别过程中不可或缺的一部分，因为创业行为通常是目标导向的，这也解释了为什么一些创业者比其他人更愿意认为想象中的未来产品/服务、潜在市场或用户，以及将这些产品（即机会）变为现实的方法是有利的。

创业这一领域对于创业者提出的要求就是不断创造或确定机会。因此，创业者们一直在寻找和识别有利可图的机会，以及努力开发这些机会。而事实上，机会识别就是信息不对称或市场不完善的结果，这一过程受到个人关于特定机会的先验知识或其拥有的信息（无论是在产品市场还是资本市场）和个人的认知特性的影响。

一个企业家对一个机会的评估可能会对一个新企业的成功有很大的影响，但很难给出一个明确的最佳实践方法。如果有的话，创业过程中的许多风险和未知因素就会被消除。从客观角度对一个企业机会评估有五个原则：1.产品市场吸引力；2.产品差异化；3.管理能力量；4.抵御环境威；5.套现潜力。除此外，还应该注意到风投公司的部分评价原则，实际上也可以作为创业者自身进行创业机会评价的原则。

机会评估描述了对一系列内外环境的评估过程，即在此时，如果创业者采取行动，可能会导致创造财富的产品和服务。而作为创业的核心部分，当产品和服务的销售价格高于其生产成本时，创业机会就会在此时伴随着风险出现。这里有两个推论：首先，当人们发掘商业机会时，必然伴随着对于机会的评估。第二，创业者对于创业机会的态度实际上是一种非得即失的暗示。也就是说，对机会的主观信念可以产生价值并推动创业行动，但由于利用机会通常需要投入资源，因此创业者自身对创业机会的评估对于决定继续或放弃特定机会有至关重要的意义。

二、创业机会评估的标准

个人的标准可能被用来排除一些风险，但正如前文所言，创业者对于机会评估的综合能力在决定最终公司业绩方面可能更加重要。这也再次强调了机会评估过程的重要性。然而，创业者个体的评估过程往往并不复杂。与风投公司不同，创业者个人既没有成百上千的机会，也往往缺乏评估机会的经验。此外，大多数个体的创业者没有资源来开展有助于抵消个别公司风险的业务组合。因此，掌握创业机会评估的客观标准对于个体企业家来说至关重要。

一般来说，在进行商业活动时，收益估计、损失估计和感知可行性这三个指标表现良好往往能够使得创业机会对个人更具有吸引力。同时，技术资源、管理能力和创业经验等标准往往会导致不同的创业者对于创业机会的偏好出现差异，经验丰富的创业者重视能够快速产出现金流的创业机会。因此，创业者在决定开始创业活动时往往会对于收益进行估算，能否产生商业利润，尤其是现金收益被认为是创业者对于现有的创业机会做出评估结果的重要标准。与此相关的还有对于损失的担忧，或是说创业的风险，也在影响着创业者们对于创业机会的评估。在对风险感知的评估中，投资损失的概率，创业环境的不确定性、可能损失的规模和企业所处环境整体风险，都会使得创业者们在机会评估的阶段慎之又慎。

感知可行性也被认为是一种心理距离的影响。创业者拥有越多的与他们所关注的创业机会相关的知识，就会越容易做出是否立即行动的判断，但当机会窗口宽时，创业者的行动速度比机会窗口窄时更快。由于创业者拥有的相关先验知识以及自身经验不同，不同的创业者对于类似的机会也会在心中做出不同的可行性感知，诸如，在较为激进的投资者与较为保守的投资者眼中，即使客观环境与创业机会所带来的预期商业利润相似，这两类投资者也会由于其个人对于创业机会感知可行性的不同而做出不同的决策。

除此之外，机会信心、机会可行性和可取性、得失潜力都被提出做为机会评估的标准。也有学者指出，创业机会的吸引力、持久性、及时性以及其各方面效益，也是对创业机会价值评估的重要标准。

但是，有些机会的存在，却很难为创业者所把握，对于有些机会而言，其价值潜力再大，如果创业者自身缺乏相应的必须条件和能力，也无法转化为成功的创业，如果冲动进入市场，后果往往是相当严重的。

三、创业机会评估的方法

值得再次强调的是,对创业机会的评估是创业过程的基础,因为一个人对机会吸引力的认可程度是决定其是否采取行动的动机。

我们需要采取科学的方法来对创业机会做出评估。一方面,创业机会的价值创造潜力可以通过收益—成本框架来评估,以决定是否值得去追求所发现的创业机会;另一方面,个体—创业机会框架可以辅助评估创业机会价值的实现可能性,判断个体是否能够真正把握和与此同时实现创业机会的价值。

美国创业学家蒂蒙斯提出了关于机会评估的方法框架,尽管蒂蒙斯自己也承认,很难通过一张表格归类出对于大量创业机会的统一评估方法,但是这确实是目前相对完善的一个方法体系。

表 3-2　Timmons 机会评价框架

行业与市场	1. 市场容易识别,可以带来持续收入 2. 顾客可以接受产品或服务,愿意为此付费 3. 产品的附加价值高 4. 产品对市场的影响力高 5. 将要开发的产品生命长久 6. 项目所在的行业是新兴行业,竞争不完善 7. 市场规模大,销售潜力达到 1 千万到 10 亿 8. 市场成长率在 30%—50%甚至更高 9. 现有厂商的生产能力几乎完全饱和 10. 在五年内能占据市场的领导地位达到 20%以上 11. 拥有低成本的供货商,具有成本优势
经济因素	1. 达到盈亏平衡点所需要的时间在 1.5—2 年以下 2. 盈亏平衡点不会逐渐提高 3. 投资回报率在 25%以上 4. 项目对资金的要求不是很大,能够获得融资 5. 销售额的年增长率高于 15% 6. 有良好的现金流量,能占到销售额的 20%—30%以上 7. 能获得持久的毛利,毛利率要达到 40%以上 8. 能获得持久的税后利润,税后利润率要超过 10% 9. 资产集中程度低 10. 运营资金不多,需求量是逐渐增加的 11. 研究开发工作对资金的要求不高

续表

收获条件	1. 项目带来附加值的具有较高的战略意义 2. 存在现有的或可预料的退出方式 3. 资本市场环境有利，可以实现资本的流动
竞争优势	1. 固定成本和可变成本低 2. 对成本、价格和销售的控制较高 3. 已经获得或可以获得对专利所有权的保护 4. 竞争对手尚未觉醒，竞争较弱 5. 拥有专利或具有某种独占性 6. 拥有发展良好的网络关系，容易获得合同 7. 拥有杰出的关键人员和管理团队
管理团队	1. 创业者团队是一个优秀管理者的组合 2. 行业和技术经验达到了本行业内的最高水平 3. 管理团队的正直廉洁程度能达到最高水准 4. 管理团队知道自己缺乏哪方面的知识
致命缺陷	无致命缺陷
创业者的个人标准	1. 个人目标与创业活动相符合 2. 创业家可以做到在有限的风险下实现成功 3. 创业家能接受薪水减少等损失 4. 创业家渴望进行创业这种生活方式，而不只是为了赚大钱 5. 创业家可以承受适当的风险 6. 创业家在压力下状态依然良好
理想与现实的战略性差异	1. 理想与现实情况相吻合 2. 管理团队已经是最好的 3. 在客户服务管理方面有很好的服务理念 4. 所创办的事业顺应时代潮流 5. 所采取的技术具有突破性，不存在许多替代品或竞争对手 6. 具备灵活的适应能力，能快速地进行取舍 7. 始终在寻找新的机会 8. 定价与市场领先者几乎持平 9. 能够获得销售渠道或已经拥有现成的网络 10. 能够允许失败

在定性方法方面，除了蒂蒙斯的评价体系，还有财务、客户、内部因素、创新和成长四维度模型等方法，他也提出了一个用于评估创业机会的指标体系。而相关定量方法则主要由标准评分矩阵和巴蒂选择法组成。同时，数字技术也是推动新产品和服务的工具之一，是支撑新市场产品的过程的必要组成部分，也应当做为重要的评估方法加以考虑和相关的研究。

四、影响大学生机会识别的因素

相关研究表明，拥有创业意愿的大学生数量在我国大学生群体中占比较高，但我国大学生实际实施创业行为的人数则较少，这说明我国大学生创业意愿及创业动力的转化还处在一个较为低效的阶段。影响创业时机的因素很多，除了前述的工作经验、个人观念、知识产权、相关合作、机会新颖度、创业目标外，还有诸如资金状况、负债程度、市场竞争等。事实上，创业者面临创业抉择时往往需要兼顾多个目标，这些目标对于不同要素的需求往往不同，同时，对于不同类型的创业者而言，不同的影响因素的重要程度也有所不同。而这一问题的解决，实际上对各方都提出了极高的要求。有道是"筚路蓝缕，以启山林。"综合性的视角是很重要的，而不拘泥于成法，灵活变通的创业观也是很重要的。

有人说，创业永远不会太迟。不必急于创业，但也绝不应放过任何一次适合的机会。无论是国家近年来对于大学生创新创业的鼓励还是万众创新的社会潮流，都使得我们坚信：只要敢于创业，勇于创业，勤于创业，智于创业，我们，当代青年，必将在创业的东风里，奏响独属于我们的青春乐章。唯有敢于尝试，敢于争先，沉着冷静，周密准备，才能在时代的大考中脱颖而出。

思考题：

1.什么是创业机会？对于创业者有何意义？

2.如何识别创业机会？

3.评估创业机会的方法有哪些？

第四章　大学生创业风险与评估

本章目标

1. 了解创业风险的概念、分类及特征
2. 熟悉创业风险的识别与防控
3. 掌握创业项目评估的对策、方法与途径

案例导入

某市第一研究生面馆

2013年12月24日，某市某大学食品科学系几名研究生筹集了20万元，在当地一个著名景点旁边开了一家"六味面馆"。第一家店还没有开张，六位股东已经把目标定在5年后。当谈到他们对未来的计划时，六个人异口同声地说："当然是开连锁店啦！"其中一位创始人说，今年我们会做好第一家店，积累经验，计划两年内再开20家连锁店。但是由于口味差，长期管理不善，这家最初在当地被称为"第一家毕业生面馆"的餐馆，只经营了4个多月的时间，就不得不停止营业。

讨论一下

1. 这几名研究生创业过程中可能会面临哪些困难？
2. "六味面馆"可能由于哪些原因停止营业？
3. 在创业过程中，你会怎么去化解这些风险呢？

第一节　创业风险

近年来随着"大众创业、万众创新"成为社会潮流，大学生创新创业受到了人们的广泛关注。据中国传媒大学主办的《2021 中国大学生创业报告》显示，大约有 96% 的大学生有创业的想法和意愿，而大学生创业动机排在前四位的分别是：赚钱、相对自由的工作生活方式、实现自我价值和不想打工；由天明双创研究院和 UFO.WORK 联合编撰的《2021 双创白皮书》显示，返乡回乡人员和大学生创业群体数量不断攀升，2020 年我国返乡回乡创业人数达 1010 万人。2020年，我国大学生创业人数同比增长近 11%，达到 82.3 万人，已成为创业的主力军，但是对于大学生而言，在进行创业的同时，还要承担许多潜在风险，如市场风险、融资风险、管理风险等。这些创业风险是不可回避的，都会影响大学生创业意愿和结果。因此，全面分析、识别和防范创业风险非常有必要，而且也具有现实意义。

一、风险及创业风险

（一）风　险

"风险"一词是舶来品。目前，对风险的概念没有统一的定义。"risk"一词来自法语 risque，主要用于与保险有关的事项。随着时代的变迁，"风险"的概念已经超出了原本的概念内涵，其概念外延不断衍变为"遇到破坏或损失的机会"。从某种程度上说，"风险"已经随着人类社会的进步，尤其是随着社会分工的不断细化，其概念已经逐渐被深化。它在社会学、金融学、经济学、投资学、医学甚至文化艺术领域等都被赋予了更深刻的含义，并与人类决策行为关系越来越紧密。"风险"一词也成为人们生活中使用频率较高的一个词。目前，学术界普遍接受的风险概念是：在一定情况下，各种不确定因素造成的实际结果与预期之间的差异。

（二）创业风险

创业风险是指创业过程中各环节活动与预期目标之间的偏差的各种不确定性。具体来说，是指由于创业环境的不确定性、创业政策的可变性、市场变化的复杂性以及企业家自身能力和实力的有限性等，导致创业活动环节实施效果偏离预期目标。

二、创业风险的特征

创业风险的特征，主要有以下几点。

（一）创业风险的客观性

创业风险是一种客观存在，不可能被完全消除。自然界和社会的发展变迁都是由事物的内在因素决定的，都是不以人的意志为转移的；人类只能发挥自身主观能动性和创造性，改变创业风险存在和发生的条件，降低风险发生的概率，减少风险所带来的损失。

（二）创业风险的普遍性

人类社会的进化历史就是一部风险史。人类在生存和发展的过程中，总是会遇到各种各样的风险，如自然灾害、战争、死亡、疾病、伤残等。随着科学技术的进步和社会分工的不断细化，人类又不断面临着新的风险，如研发风险、经营风险、财务风险、运动风险、医学风险等，且这些新风险的联动效应更强，所带来的损失也越来越大。微观层面上，个体面临着生、老、病、残、死、意外伤害等风险；企业面临着自然风险、运营风险、市场风险、财务风险等。中观层面上，每个产业又面临着行业风险、技术风险等。宏观层面上，国家面临着政治风险、战争风险、金融风险等。因此，创业风险也具有普遍性，无处不在，无时不有。

（三）创业风险的可测性

有些创业风险的发生是偶然和不可预测的，但通过对大量创业风险的科学分析，可以发现创业风险往往表现出较强的规律性。根据以往的大量数据，运用数学建模法和统计分析法，可以计算出风险事故发生的概率和损失程度。例如，在人寿保险中，根据精算原理，通过长期观察，可以使用各个年龄段的人的死亡记录来测算各个年龄段的人的死亡率，进而可以根据统计得到的预测死亡率去估算人寿保险费率。

（四）创业风险的发展性

随着人类社会的进步和发展，风险也随之产生和发展，尤其是随着大数据、智能化和物联网等现代高新科技的发展和应用，使得创业风险的发展更加突出。由于时间和空间因素的变化，创业风险将继续发展和变化，并呈现出新的特征。

（五）创业风险的可控性

在一定环境条件下，可以借助财务分析、管理过程控制及大数据等手段，提前识别和预测创业风险；并可以通过一系列有效的控制性措施，来预防和化解创业风险，从而降低创业者的损失。

三、创业风险的类型

（一）行业风险

行业风险是指创业项目所处行业的生产、经营和投资由于存在行业内某些不确定因素，而导致实施效果偏离预期结果而造成损失的可能性。它一般受到行业波动性、行业技术瓶颈、产品生命周期阶段、行业市场集中度及社会经济环境等的影响。

（二）市场风险

市场风险是指未来市场价格、市场需求、市场竞争及消费者偏好等的不确定性对创业项目带来的不利影响。

（三）技术风险

技术风险是指由产品生产技术不成熟、技术开发创新升级缓慢、核心技术依赖他人及核心技术缺乏有效保护或保护期限短等所带来的风险。技术风险将导致创业项目的产品升级迭代受到重大影响，从而影响市场占有率及市场策略。

（四）管理风险

管理风险指在创业企业经营管理过程中存在的内部控制风险，包括管理者专业技能风险、管理者素质能力风险、财务管理管理风险、人员管理风险、创业者观点分歧风险等。

（五）融资风险

融资风险是指在融资活动中，由于融资计划的不可控性而引起的融资结果变化的风险。融资风险同时受到创业项目发展潜力、财务风险和运营风险等的影响。初次创业的大学生由于在融资方面缺乏相关的专业性融资知识，因此面对众多的融资方案及渠道难以抉择，进而很难选择适合创业项目的融资渠道。在创业初期为了尽快获得资金周转而不惜低价转让自己的创意或者股份，这为以后企业的发展壮大带来了较大的经营隐患。

（六）财务风险

财务风险是指创业企业由于内部财务制度不健全、财务流程不规范、财务报表结构不合理等因素而造成的各种难以预料或控制的损失。

（七）法律风险

法律风险是指初创企业在成立、运营管理和市场经营等过程中所面临的诸多法律不确定性。法律风险主要体现为：设立企业组织类型的法律风险、签订购销合同的法律风险、签订用工合同的法律风险、知识产权的法律风险、融资的法律风险、运营管理的法律风险及财税风险等。

四、创业风险的识别

创业风险识别可分为三个步骤：风险筛选、风险监控和风险诊断。

风险筛选。风险筛选是对一些创业潜在风险内容进行分类和深度分析，通过特定方法估算出某些环节的风险度，进而筛选出那些有风险隐患的因素。

风险监控。风险监控是指在创业风险发生之后或之前，对已经筛选出来的风险因素的动态发展变化情况进行全程全方位的缜密监控。

风险诊断。风险诊断是判断风险的发生前兆、分析风险产生的根源、评价风险产生的影响因素及预测风险所带来的损失后果，进而采取有针对性的有效防范措施来把风险损失降到最小化。

识别创业风险的主要方法如下。

过程分析。这种方法强调对每个阶段进行调查分析，并根据创业过程逐一进行环节风险的识别。

专家调查法。在这种方法中，专家通过调查然后逐一列举企业可能面临的风险，并根据不同的标准进行分类。在列出风险时，专家所列的风险应尽可能广泛，并应具有代表性。

财务分析法。管理者应针对问题进行深入研究，特别是分析企业财务管理相关数据和报表，如资产负债表、损益表、现金流量表等信息，从而发现潜在风险。

五、创业风险的防范

（一）加强创业风险防范意识

在创业过程中会遇到许许多多的问题，这些问题层出不穷。大学生在创业之初应当不断加强自身的风险意识，从而降低创业过程中的各种风险。首先，在创业之初，创业者要了解国家关于创业的相关政策，并对创业项目所处的行业要有深刻的认知；其次，要合理经营，不能触犯行业法律、知法犯法。此外，创业者必须具备保险意识，对创业过程中会遇到的各种意外风险，要购买相应的保险。因为，作为创业者在经营活动中，涉及的风险环节较多，最大化地购买相关保险能把风险所带来的损失降低。

（二）提高产品市场竞争力

根据市场调研和项目的可行性分析，掌握行业发展动态及瓶颈。根据变化的细分市场需求，加强产品的迭代升级效应。对产品营销模式及渠道进行创新，进一步提高产品的市场竞争力，并注重产品的市场品牌效应塑造。

（三）加强产品生产技术研发

创业项目应该适应科技进步、消费需求转型带来的产品迭代等情况，应该不断加强产品生产相关技术基础平台的研发，引进专业技术人才，并持续关注国内外先进生产技术的发展。此外，还要对技术开发质量控制进行严格管理，提高开发效率，尽量把新产品的研制周期缩至最短。

（四）组建科学合理的管理团队

搭建适合创业项目特点的公司组织结构，重视公司中层管理层，高度重视既懂技术又懂市场的复合型管理人才。重视企业文化建设，企业文化的提炼与实施不是领导层拍拍脑袋或者照抄照搬而来，而是从企业基层员工中提炼出来，这样的企业文化才具有生命力和凝聚力，从而有助于企业具备共同的价值观和使命愿景。设置科学合理的人才激励机制，改进和提高员工薪酬、福利和保险待遇，从而提高员工积极性，并注重管理层及员工的持续学习培训机制建设。

（五）加强财务管理知识学习

对于创业公司而言，因为不具备大中型、成熟型企业的专业人才分工机制，所以创业者应该学习一些基础性财务知识。学会看懂财务报表，掌握一定的财务预算管理制度及知识，了解一些基本的财务风险控制知识，并要掌握基本的财税知识以防止触犯税务法律。

（六）加强法律知识学习

市场经济中的产权划分、员工管理、财务管理和购销合同签订等都受法律的规范。这就要求创业者必须遵守相关的法律法规。因此，创业者应该有意识地提高自身的法律素养，从学习法律和用法等方面入手。虽然不必要很专业很精通地掌握所有相关法律，但对一些主要的、常识性的法律知识必须掌握，如：《公司法》《会计法》《产品质量法》《合同法》《民法》《劳动合同法》《所得税法》《专利法》及《保险法》等。

六、创业者必备知识

表 4-1　创业者必备知识

	1. 个人独资企业：是指依照《中华人民共和国个人独资企业法》，在中国境内设立的由自然人投资、个人所有、以个人财产对企业债务承担责任的经营实体
	2. 合伙企业：是指自然人、法人和其他组织依照本法在中国境内设立的普通合伙企业和有限合伙企业
（一） 法律知识	3. 公司企业：根据《中华人民共和国公司法》，公司是指依法在中国境内设立的有限责任公司或股份有限公司。有限责任公司是指股东以其认缴的出资额为限对公司承担责任，公司以其全部财产对公司债务承担责任的企业法人。股份有限公司是指股东以其认购的股份为限对公司承担责任，公司以其全部财产对公司债务承担责任的企业法人
	4. 个体工商户：是指在法律允许的范围之内，依法经核准登记，生产资料为个人或者家庭所有、以个人或者家庭劳动为主要形式、经营所得由个人或者家庭支配的经营者

续表

（二） 税务知识	1. 办理税务登记的对象和期限：从事生产经营的企业以及在外地设立的分支机构、个体工商户，应当在营业执照之日起30日内，持企业有关证件向税务机关申请税务登记
	2. 税务登记的种类：税务登记分为开业登记、企业信息变更登记、外出商检登记、停业复业登记及注销登记等
	3. 税务登记证的主要内容：纳税人名称、统一代码、法定代表人或负责人、详细地址、经济性质或经济类型、经营方式、经营范围（主营、兼营）、经营期限和证件有效期限等
	4. 纳税人识别号：企业、事业单位等组织机构的纳税人，以国家技术监督局编制的9位码并在前面加挂6位行政区划码，共15位码，作为其纳税人识别号。个体工商户和其他缴纳个人所得税的中国公民，以公安部编制的居民身份证15位码作为其纳税人识别号
	5. 税务登记证的使用：申请减税、免税、退税；领购发票；外出经营活动税收管理证明等税务事项。纳税人应当将税务登记证件张挂在其生产、经营场所内明显、易见处，亮证经营。税务登记证件不得转借、涂改、毁损、买卖或者伪造。遗失税务登记证件者，应当及时报告主管税务机关，并申请补办
	6. 登记核查：税务机关对已核发的税务登记证件，实行定期验证和换证制度。纳税人应当在规定的期限内到税务机关办理验证或者换证手续
（三） 银行开户 知识	1. 基本存款账户：企事业单位的主要存款账户，该账户主要办理日常转账结算和现金收付，存款单位的工资、奖金等现金的支取只能通过该账户办理。基本存款账户的开立须报当地人民银行审批并核发开户许可证，许可证正本由存款单位留存，副本交开户行留存。企事业单位只能选择一家商业银行的一个营业机构开立一个基本存款账户
	2. 一般存款账户：企事业单位在基本账户以外的银行因借款开立的账户，该账户只能办理转账结算和现金的缴存，不能支取现金
	3. 临时存款账户：外来临时机构或个体经济户因临时经营活动需要开立的账户，该账户可办理转账结算和符合国家现金管理期定的现金收付
（四） 商标注册 知识	1. 商标注册申请人的名义、章戳，应当与核准或者登记的名称一致
	2. 申报的商品不得超过核准或者登记的经营范围。商品名称应当依照商品分类表填写；商品名称未列入商品分类表的应当附送商品说明
	3. 报送商标图样的数量和规格要求：每个商标注册申请应当向商标局交送商标图样十份，黑白墨稿一份；如果是指定颜色的彩色商标，则应向商标局交送着色图样十份、黑白墨稿一份。商标图样必须清晰、便于粘贴，用光洁耐用的纸张印制或者用照片代替，长应当不大于10厘米，宽不小于5厘米

续表

（五）专利申请知识	1. 发明专利。有三个因素：①前所未有；②技术先进；③具有可操作性。保护期限是 20 年，自申请之日算起
	2. 实用新型专利。由于实用新型专利是指在原产品的基础上改革而成的，与原产品基本原理相同，因而技术难度比发明创造要低，它的保护期限为 10 年，自申请之日算起
	3. 外观设计专利。指产品形状、图案、色彩或其结合体在工业上应用的设计，它当然比发明专利在技术难度上低一些，因此它的期限是 15 年，自申请之日计算起

第二节　创业评估

一、创业项目产业分析

企业是微观层面的，产业是中观层面的。如果在创业过程中，只注重企业未来的市场规模及营业收入预测，不对创业项目所处的行业进行分析，那么就无法知道自己的企业在产业中所处的位置，也就无法分析自己企业与行业中龙头企业之间的差距。此外，产业的生命周期也影响着产业的发展，如果所选择的创业项目处在产业的衰退阶段，即使你的经营管理能力非常专业，也可能无法避免失败的结局。因此，只有进行产业分析，我们才能更加准确地判断创业项目在产业中所处的位置，从而做出正确的、专业的经营和管理决策。

（一）创业项目产业分析概念

创新创业项目产业分析是指通过对创业项目的产业发展环境、发展阶段、发展特征及现阶段发展现状及存在问题等进行详尽分析，从而形成书面文字报告，以便掌握项目产业的发展态势并研判其未来动态发展趋势。

（二）创业项目产业分析的目的

创业项目产业分析报告做为一种较为全面和详尽的产业信息搜集资料，如果创业者不了解项目所处产业的状况，未研判产业所处阶段及未来发展趋势等而进行草率投资，那么就会导致创业项目的风险较大。因此，创业项目产业分析的目的是：明确项目在产业中所处的阶段和地位，洞悉创业项目行业市场竞争格局，分析行业现阶段发展现状及现存问题，精确研判产业未来发展态势，从而为创业者提供较为准确可靠的行业背景信息。

（三）创业项目产业分析的内容

1. 创业项目产业环境分析

尽管外部环境是创业项目的外生变量，但是随着产业分工的细化、产业之间关联性加强以及物联网、大数据及人工智能等技术的发展，外部产业发展环境已经成为创业项目不可不考虑的因素之一。创业项目产业发展环境主要是创业项目产业发展所面临的政策环境、经济环境、政治环境、社会环境、技术环境及生态环境等。任何产业的发展都面临着外部环境，是受外部环境的动态变化影响的。

创业项目产业发展环境分析的内容有：宏观经济周期分析、经济发展阶段、国家的政策（国家宏观经济政策、外贸政策、产业扶持政策及产业管制政策等）。

创业项目产业发展环境分析的方法有：国际比较法、相关性分析法（借助统计工具）和投入产出法等。

2. 创业项目产业生命周期分析

产业类似有机生命体，具有自身的生命历程。产业生命周期指每个产业所经历的从萌芽出现、发展壮大到完全退出市场的历程。一般分为初创阶段、成长阶段、成熟阶段和衰退阶段四个阶段（如图4-1所示）。由于产业发展是一个动态发展的过程，有着其自身发展的周期性和自身独特的生命历程，因此，产业的生命周期对创业项目有着重要的影响作用。从创业者角度来讲，产业生命周期的不同发展阶段是影响盈利能力的重要方面，应该根据产业不同发展阶段设定投资计划、投资目标及合理的经营决策。在分析创业项目的产业生命周期时，要仔细辨别分析创业项目的产业的周期性变动是来自宏观经济周期的变动，还是来自产业自身的变动。

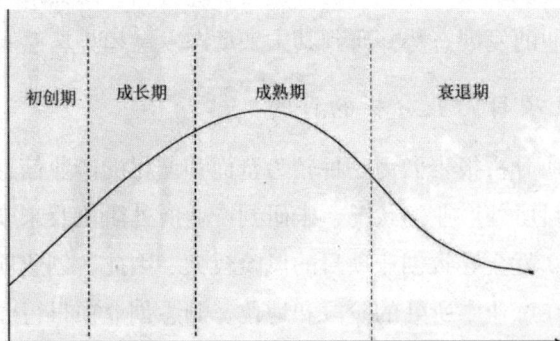

图 4-1　产业生命周期图

（1）初创期。产业刚刚孵化诞生，此时在这个产业里的企业数量也比较少，因此，创业项目的产品市场接受度较低。处于这个生命周期阶段，创业项目的产品研发成本会相对较高，且市场上消费者对产品还处于尝试接受的状态，从而导致创业企业的产品销售情况不是很乐观，销售收入相对较低，甚至还会出现不盈利、普遍亏损，甚至可能破产的结果。因此，在这个阶段，后期随着产品生产技术的升级，会使得产品研发成本上升、产品市场推广成本上升，从而不利于创业者介入。

（2）成长期。在这个阶段，产品已经被市场所接受，产品生产技术路线也已经基本固定，销售额和盈利增长较快，但是商业战略仍然需要根据市场变化适时调整。在这一阶段，产品品牌效应较强的企业，以及资本雄厚的企业逐渐主导行业市场，市场占有结构较为稳定。同时，市场上产品供给企业也逐渐增多。由于产品市场前景较好，产品市场接受度较高，很多企业会选择进来，使得产品也逐渐从单一化向多元化发展，因此这个阶段的市场竞争比较激烈，这种状态会持续到市场需求饱和。因此，若创业者要在这个阶段进入行业，就不能单纯依靠扩大生产、增加市场份额来增加收入，而必须依靠改进生产技术和研发新产品来获得竞争优势。

（3）成熟期。行业趋势总体稳定，市场份额也趋于稳定，企业的生产规模，竞争策略等也较为稳定，参与者在较为平稳的市场中抢夺份额。

（4）衰退期。在这个阶段，由于新技术的出现或者消费者需求偏好改变等，导致产品的市场需求量减少。一些不盈利的企业就会退出原有产业，导致产业进入萎缩状态。

3. 创业项目核心产品分析

产品分析是企业战略制定的基础。产品的市场定位、产品细分市场的选择、定价策略、产品营销策略及营销渠道的构建，都是与产品有着必然的联系。不同的企业产品不同，即使同一行业里的企业，其产品也有差异，因此不同的企业有不同的策略。

核心产品的核心效用来自消费者效用，为顾客创造核心效用的产品才是好产品。核心产品应该能让消费者在使用产品中能获得消费者效用最大化。创业者不仅要善于发现隐藏在创业项目产品后面的消费者核心效用实质，而且要学会从核心效用来进行产品创新。

4.创业项目产业链分析

（1）产业链

产业链的概念起源于 17 世纪中后期亚当·斯密对劳动分工的讨论："生产一个完整产品所必需的劳动通常是由许多工人完成的。"亚当·斯密通过"制针"案例分析，提出分工是在企业内部进行的。后来，马歇尔将企业内部分工的范围扩大，延伸至企业之间的生产合作分工，这可以说是产业链理论的真正起源。1958 年郝希曼基于产业中的某个环节节点，分析了这个生产节点的上下游关联企业。随着产业链理论研究的深入，产业经济学所界定的产业链概念如下：产业链是指产业部门之间基于一定的技术经济关联，并依据特定的逻辑关系和时空布局关系而形成的链条式关联关系形态。产业链包含价值链、企业链、供需链和空间链四个维度。这四个维度的对接机制是产业链形成的内在模式。

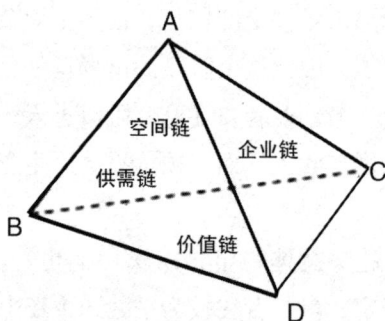

图 4-2　产业链概念示意图

价值链是产业链的核心链，因为企业链、供需链和空间链的最终目的都是实现一定的价值。价值链是指企业通过基本的生产经营活动及辅助活动创造价值的过程。企业链是产业链的实体链，是指企业运用所拥有的设备、资金、原材料、中间材料、生产技术、组织架构及人员配备而形成的相互联系的链条。供应链是指由原材料加工成中间产品，到形成最终的产成品送到消费者手中的一连串的有序生产环节。空间链是指同一产业链条在不同地区的分布。

（2）创业项目产业链分析的必要性

随着消费者需求的变化以及科技进步，社会分工越来越细，产业的内部分工越来越精细，产业的上下游关系就越紧密。因此，创业者必须明确创业项目所处的产业链节点状况，是整条产业链，还是产业链里的一个环节。

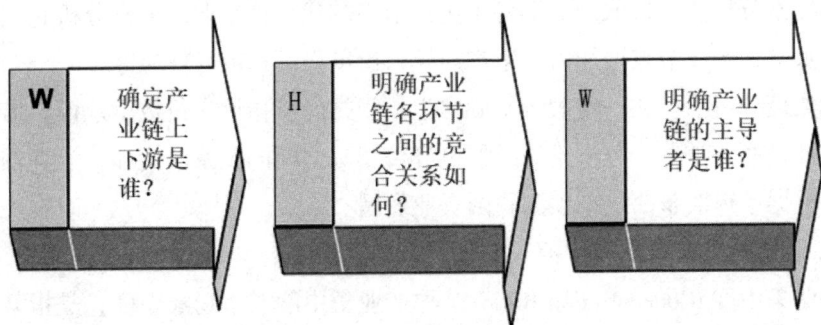

图 4-3　产业链分析

不同的产业链有不同的产业生产节点，每个产业节点创造着不同的价值，由这个生产节点所创造的增加值就是该生产节点的价值。影响产业链价值增值的因素有：

①市场需求的差异化、细分化

②产品生产环节的标准化、自动化

③生产要素的稀缺性

④市场结构与市场势力

（3）创业项目产业链分析方法

①微笑曲线法。微笑曲线（图 4-4）看起来像一张笑起来的嘴型，嘴型曲线两端朝上，中间有个最低凹点。在产业链价值中，附加值更多体现在两端的研发设计、品牌运作和销售上，处于中间凹点的制造组装产业链节点附加值最低。

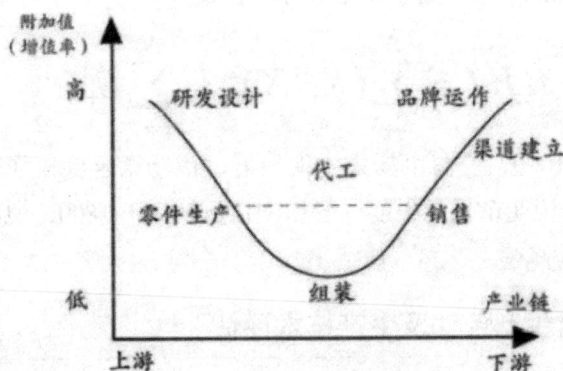

图 4-4　微笑曲线

②样本分析法。选取产业链各个生产节点的代表性企业，分别分析它们的生产技术水平、产业节点增加值、生产规模、市场份额和市场行为等。

③数理分析法。在一定假设基础之上，根据经济指标进行数学建模，借用统计学及计量经济学等，分析论证及预测经济指标之间的关系。例如，学者刘斌和黄英就根据逻辑斯蒂曲线来预测我国蚕业发展。

5. 创业项目市场结构分析

行业集中度（Concentration Ratio）又称产业集中度或市场集中度，是指某一特定行业的前 N 大公司在生产、销售、员工数量上的市场结构，是衡量市场势力动态变化的指标。

行业集中度是决定市场结构最基本、最重要的因素，集中体现了市场的竞争和垄断程度，经常使用的集中度计量指标有：行业集中率（CRn 指数）、赫芬达尔－赫希曼指数（HHI 指数）。

（1）行业集中率

行业集中率是指前 N 大企业在行业市场中的总市场份额。其计算公式如下：

$$CR_n = \sum_{i=1}^{n} S_i$$

其中：Si 是表示在行业中第 i 个企业产品在市场上所占的份额数，n 是行业所有企业的数量的总和。

（2）赫希曼指数

赫希曼指数是指行业中企业的总数和规模分布，即市场上的所有企业的市场份额的平方后再相加的总和，赫希曼指数计算公式：

$$HHI = \sum_{i=1}^{N} (X_i/X)^2 = \sum_{i=1}^{N} S_i^2$$

HHI 数值低于 1000，说明市场集中度较低，市场竞争度较强；HHI 数值在 1000 至 1800 之间，说明市场集中度一般；HHI 数值高于 1800，说明市场集中度较高，市场垄断效应越强。

二、创业项目生产条件及生产技术评估

生产技术条件在一定程度上决定了创业项目的成败，因此，必须对创业项目生产技术条件进行评估。对于创业项目来说，生产技术条件是它的生命力，它能

使企业的产品具有强大的市场竞争力；同时，先进的生产技术条件及装备水平是加速国民经济发展、提高社会生产力水平的根本途径。因此，在对创业项目进行评估时，必须对生产技术条件进行评估。在创业项目生产技术条件评估中，主要有以下内容。

（一）创业项目生产条件评估

1. 评估分析创业项目建设地点的选址是否符合国家国土规划、城镇规划；是否非法占用耕地改作他用；是否违背生态环境保护的要求等。对交通运输要求比较高的创业项目，其选址还必须考虑到交通的便利性及成本。

2. 评估创业项目选址建设投产以后，所需要的供电供水供热、原材料、生产辅助材料、生产设备、燃料及交通运输的供应条件是否有保证。

3. 评估创业项目建成投产后的"三废"治理是否符合当地相关政府部门的生态环境保护要求，项目的生产方案是否获得环境保护部门的批准认可。

（二）创业项目生产技术评估

1. 对创业项目将要所采用的生产技术、生产工艺及所配套生产设备的经济成本等进行实际评估，看是否在创业启动资金的承受范围之内。

2. 评估创业项目将要所采用的生产技术、生产工艺及所配套的生产设备是否符合国家的产业调整方向。若创业项目将要所采用的生产技术、生产工艺及所配套的生产设备在国家拟淘汰的落后产能及设备范围之内，那就会对创业项目的未来发展带来一定的隐患。

3. 评估创业项目拟采用的生产技术是否稳定，是否能顺利申请相关的生产技术专利。

4. 评估创业项目的技术人员数量是否充足。

三、创业项目融资方案评估

（一）融资的概念

融资是指一个企业的资金筹集行为与过程，即企业或个人通过向外部机构或个人筹集资金来满足资金需求的过程。融资可以用于企业的运营资金、扩大生产规模、投资项目、研发创新等方面。

（二）创业项目融资方案

融资渠道有很多，因此，创业者需要深度了解各类融资渠道的特征、优点及缺点，并结合自身资源优势及创业项目特性，选择合适的融资渠道。

1. 自筹资金

自筹资金是指资金筹集方式是通过内部渠道融资完成，不需要向外部去筹集资金。一般有两种方式：创业者的增资和投资、公司净利润留存用于再投资。

2. 高校创业基金

高校为了鼓励大学生和毕业生创新创业而设立的创业扶持基金。只要符合学校所规定的相关条件就可以申请，但是扶持基金的数量金额较小。

3. 政府创业扶持基金

政府创业政策基金是指政府为了扶持创业企业发展，引导社会资金进入创业投资领域而启动的资金池。只要符合国家和地方的产业扶持政策、技术含量高、创新性较强的科技项目、有较大的经济效益和社会效益的项目，都可以申请国家创业扶持项目。具体可以分为贴息贷款、税收优惠、财政补贴、优惠贷款及岗位补贴等。

4. 信贷方式融资

所谓信贷融资是负债资金举措的一种，是指创业者从银行或其他非银行金融机构，以贷款方式获得创业项目建设所需资金。其中以银行贷款最为普遍。

银行贷款，是指银行根据国家政策要求，将资金贷放给资金需求者，并约定期限归还并收取特定利息的行为。一般来说，银行贷款是较为普遍的融资方式，只要满足银行要求，遵守贷款程序，就可以获得贷款资金，但是银行贷款对企业资质要求较高，且要提供相应的抵押物、质押物等，手续较为烦琐，贷款流程较长。

目前，银行贷款的主要方式是保证贷款，可分为担保贷款、抵押贷款和质押贷款。保证贷款是在借款人不能偿还贷款时，第三人做出法律承诺，按约定承担连带责任。抵押贷款是发放贷款需要提供抵押物的贷款，借款人或第三人的合法财产都可以作为抵押物而申请贷款。质押贷款指将动产（或财产权利）移交债权人占有，将该动产（或财产权利）作为债权的担保而申请的贷款。

5. 互联网融资

互联网融资是指通过互联网平台来筹集所需资金的过程。互联网＋金融行业的融合发展，使得互联网融资成为很多创业者理想的选择。目前，互联网融资渠道有：P2P、众筹模式、余额宝及蚂蚁花呗等。

但是，互联网融资由于处在金融法律监管的灰色地带，法律约束力还比较薄弱，使得互联网融资平台良莠不齐，出现平台操作不规范、手续费及利率偏高等问题。因此，创业者一定要谨慎对待，反复考察，选择信誉度高且较为规范的正规互联网融资平台。

6. 天使投资

天使投资，顾名思义，即像天使般的投资人，主要由个人投资者来提供资金支持。天使投资主要发生在创业的初始阶段，当天使投资人看好具有专门技术或独特概念的原创项目的时候，会选择进行一次性的前期投资。

天使是一个时间阶段的概念。天使投资是指创业者的项目产品还未投入市场产生经营性收入和利润之前的第一次融资行为。投资者一般是自由投资者。投资操作程序较为简单，融资速度较快，但是一些天使投资者在遇到具有较大市场潜力的项目时候想控股，因此容易与创业者发生意见分歧导致融资失败。在进行天使投资前，创业者应该和团队成员沟通撰写高质量的《商业计划书》。

表4-3 中国十大天使投资机构信息汇总表

机构	主管合伙人	所在省市	投资经理	邮　箱
险峰长青	陈科屹	北京市	陈英育	hi@K2vc.com
真格基金	徐小平 王强	北京市	顾安曼、张子陶	dream@zhenfund.com
联想之星	王明耀	北京市	李东东	angel@legendstar.com.cn
梅花天使 创投	吴世春	北京市	岳祥	bp@plumventures.cn
联想乐基金	宋春雨	北京市	罗旭	lefund@lenovo.com
明势资本	黄明明	北京市	崔多伦	bp@future-cap.com
零一创投	昊运龙	上海市	陶洋峰	bp@01vc.com
英诺天使	李竹	北京市	宋阳	bp@innoangel.com
创业接力 天使	祁玉伟	上海市	欧阳金	ovi@stepholdings.com
青山资本	张野	北京市	孔萌	bp@hwazing.com5

7. 风险投资

风险投资简称风投（VC），指向初创企业提供资金支持，并取得该公司股份的一种融资方式。风险投资公司主要是由专业的投资公司操作，由一群精通法律知识、金融知识、财务会计知识等的专业人士所组合而成，通过直接提供资金给需要的被投资公司。风险投资通常是要求投资项目已经发展到中早期，且有了比较成熟的经营模式、商业计划，有的风险投资机构还会要求公司项目已经有了盈利，或者是公司达到一定规模后才会投资。

风险投资作为股权融资的常见方式之一，其特点是以公司的一定比例股权与投资资金进行互换，不用提供任何财产作为抵押，也不需要提供质押等。它具有资金使用期限长、无定期支付资金压力的优势，除了可以获得投资者资金以外，企业还可以获取其他关于项目运营管理、市场策划及财务控制等资源的支持。然而，风险投资本身就是一种高回报、高风险的投资行为。其主要风险点有：企业将面临股权分散的风险。此外，风险投资也设定了相对较高的门槛，对创业项目的商业模式、创业项目的市场潜力、创业者的个人能力也有相对较高的要求。因此，风险投资适合于创业项目产品生产技术含量高、行业发展空间大和产品市场前景广阔的中小微型创新型行业。如半导体、智慧农业、IT、生物制药、物联网等。

表4-4 2021中国风险投资机构十强榜

排行	机构名称	指数	主要投资领域
1	红杉资本	95.31	企业服务 大数据物联网 电子商务 金融 人工智能
2	IDG 资本	90.92	电子商务 企业服务 人工智能 金融 大数据
3	深创投	88.35	传统行业 企业服务 医疗 先进制造 智能硬件
4	腾讯投资	85.46	文娱传媒 游戏开发企业服务 金融 游戏
5	经纬中国	82.49	医疗 电子商务 企业服务 生活服务 文娱传媒
6	直格基金	82.4	文娱传媒 人工智能企业服务 电子商务 生活服务
7	高瓴资本	82.17	人工智能 医疗 生活服务 企业服务 电子商务
8	达晨创投	81.84	智能硬件 企业服务 大数据/医疗 传统行业
9	纪源资本	79.69	人工智能 企业服务大数据 电子商务 智能硬件
10	君联资本	49.59	金融 企业服务 生物技术 电子商务 人工智能

国内比较有名气的风险投资机构的在项目评选上，都有各自的评价指标，经

过查阅红杉资本、同创伟业及高瓴资本等风险投资机构的投资案例，筛选整理出了这些风投机构关于项目评选的指标体系如下：

表 4-5　知名创投公司项目评选指标情况

公司	评选指标
红杉资本	目标市场、精准客户群、专注性、产品创新性、团队素质
IDG 资本	产品差异性、运营模式、盈利增长能力、企业伦理道德
赛富亚洲	现金流、市场结构、行业趋势
软银中国	运营模式、产业生命周期、细分市场群体、市场集中度
德同资本	业务模式、财务管理、市场份额、团队素质、法律风险
北极光	中国概念、知识产权、市场结构
深创投	团队、产品研发、市场占有率、竞争优势、市场潜力、品牌运营能力、财务制度、风险控制
深达晨	团队、行业概况、生产技术、商业模式、市场结构、法律风险
同创伟业	行业周期、市场份额、精准目标客户群、团队、财务结构、盈利能力
联想投资	市场、产品创业性、营销能力、技术优势、业务模式、财务结构、团队、内控措施
松禾资本	项目成长性、创新水平、运营能力、团队

8. 私募股权投资

私募股权投资（Private Equity，简称 PE），通常发生在融资企业发展比较成熟稳定的时期，此时公司一般都初步具有了上市的基础，并达到了较好的盈利水平。在投资前私募股权投资机构都会对募资企业进行一个全面的、详尽的尽职调查，从而为 PE 的投资分析和决策提供帮助。私募股权投资机构通过尽职调查能对融资企业进行深入了解，以掌握企业概况、经营模式，盈利水平，发展潜力及经营风险等，并分析企业可能存在的经营风险，从而对企业的价值进行一个大概的评估。尽职调查主要包括三个大的板块：业务尽职调查、财务尽职调查和法律尽职调查。尽职调查流程图如图 4-5 所示。

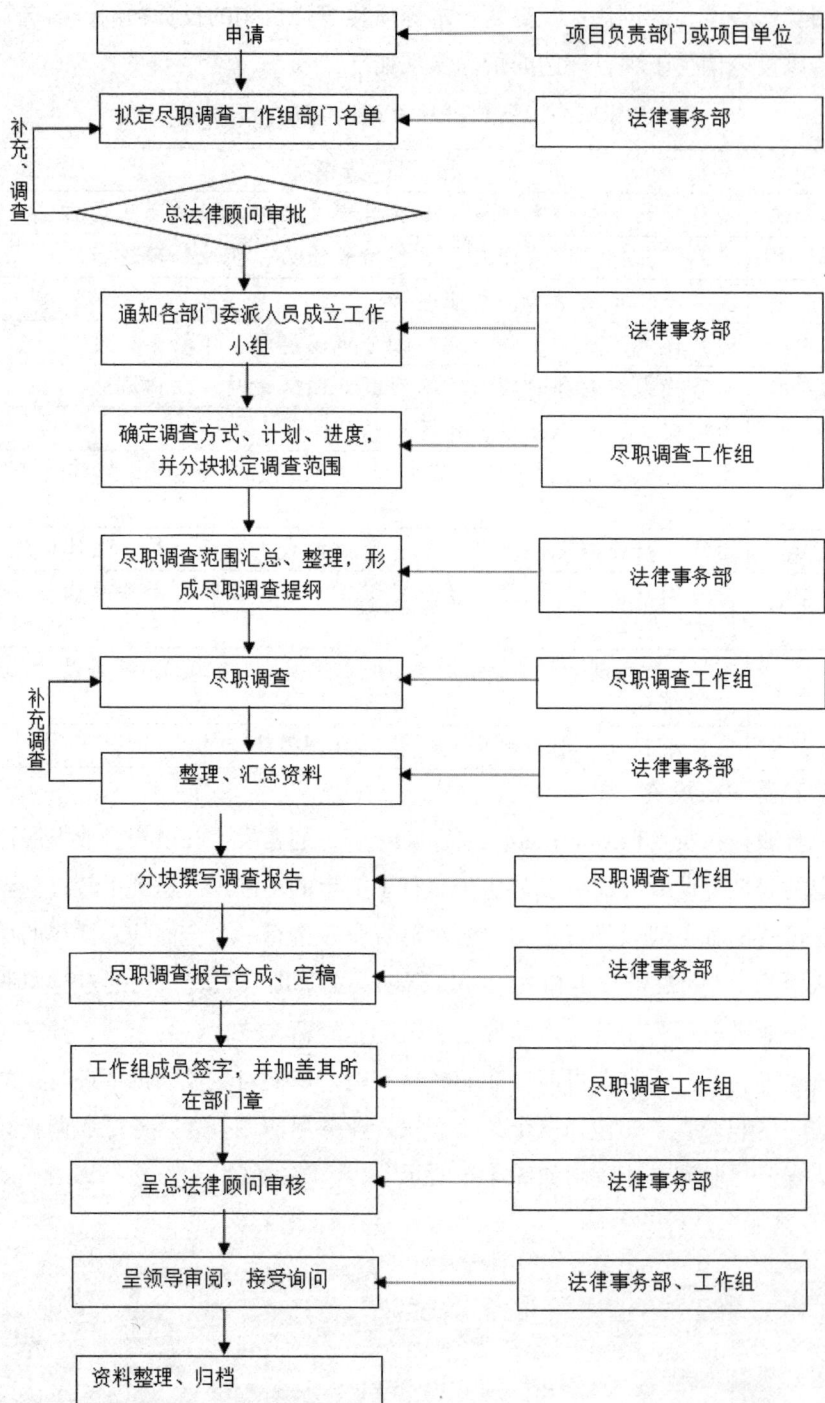

图 4-5 尽职调查流程图

尽职调查的主要内容如下表所示。

表 4-6　尽职调查主要内容

公司基本概况	公司注册登记文件	公司章程、营业执照、股东名册及持股比例
		公司历史沿革资料
		控股参股公司及持股比例一览表
		分支机构一览表
		出资证明及验资报告
		董事长、董事、监事、经理人员名单及任职资格
	公司概况	公司组织结构图
		近几年年度会计报表及审计报告
		主要关联方概况
		企业文化、企业的公众形象
		人力资源情况
业务调查	市场与销售	营销策略、销售网络、销售渠道
		广告方案、品牌和商标
		主营业务收入、销售收入构成比例、市场占比
		竞争对手状况
		客户名单及概况
		销售管理模式
	生产及质量管理	生产设备数量、质量状况及折旧状况
		产品质量认证、质量管理体系、质量监管技术人员
	供应配套体系	原材料、中间产品等采购模式及运输服务
		主要供应商情况及供货数量、占总采购金额的比例，付款方式
		内部采购政策
	技术及研发	技术研发人员占比、技术人员学历结构及专业素质
		研发投入金额及研发方式
		研发技术设备
		拥有专利情况

续表

财务调查	财务组织	财务组织结构图
		财务分析的体系、报告流程
		财务管理模式
	会计核算及报告	会计报告体系及会计政策
		公司薪酬、税费
		关联交易情况
	财务明细资料	货币资金
		应收票据、应收账款、其他应收款
		预付账款
		存货
		固定资产
		在建工程
		无形资产及其他
		借款、应付账款、其他应付款
		预收账款
		应交税金、其他应交款
		预提费用
		其他负债、或有负债
财务调查	财务明细资料	股本（实收资本）、资本公积
		销售收入、销售成本
		期间费用
		现金流量
	财务分析	财务结构、趋势、比率分析
		未来损益（销售收入、期间费用、税收、销售成本）影响因素
		未来现金流量

法律调查	投资／融资	重大对外投资合同
		限制股东权利的合同／协议
		全部借贷文件
		股票、债券发行
		诉讼
		重大采购合同
		包销协议
		租赁合同
		借款合同、对外担保合同等
	土地房屋及设备设施	土地使用证、土地出让（转让）合同
		房产证及转让合同
		房屋租赁合同
		重大设备设施产权证明
	环保	环保调查评估报告
		环保工程设施投资额
	劳动人事	高管人员聘用协议
		员工现有福利待遇安排
		企业社保状态
		管理层现有福利待遇安排
		管理团队、在职职工、离退休人员名单、临时工
	税务	三年内完税凭证
		公司税收待遇证明文件
		税务登记证
	其他	—

9. 创业项目融资经典案例

表 4-7　创业项目融资经典案例

项目名称	行业	项目具体概况	投资方	融资金额
编程猫	教育	在线少儿编程教育平台，面向 4—16 岁青少儿，专注研发适合中国儿童的编程教学	霸菱亚洲领投，金石投资、中信证券、优山资本等跟投	13 亿元
保利威	互联网	拥有自主知识产权的视频云计算服务平台，提供 APL、SDK 技术支持，致力于提供高质量的企业级云服务	元禾重元领投，晨晖资本及山行资本跟投	1 亿元
哎呦喂 AUV	餐饮	一家致力于研发制制造"智能取餐柜"的企业，为传统餐饮企业提供软硬件一体化的方案。以达到提高配送效率，保障食物温度效果	哈工大机器人	1000 万元
夏疆汽车	二手车服务商	众筹垂直模式二手车交易平台	兴业银行领投、君联资本及经纬中国跟投	不详

（三）创业项目融资方案评估

1. 创业项目资金结构评估

创业项目的资金结构是指项目筹资总额中各项融资渠道所获资金的数量及比例构成，主要分为：权益资金和债务资金。

创业项目资金结构的重要指标是考虑权益资金与债务资金比例。权益资金比在筹资总额中占比越高，说明权益投资人投入项目的资金多，若创业项目失败，权益投资人承担的风险越高。债务资金在筹资金额中的比例较高，说明项目自有资金少，会对整个创业项目的产品开发、运营管理等带来一定的制约；在创业初始阶段，若权益资金比例未能达到银行的信贷标准，则很难获取银行的贷款。因此，合理的资金结构是创业者必须要考虑的。不同的投资比例决定着各投资人在项目运营中的作用和承担的风险，因此在投资方增多时候，要综合各投资方投资资金在融资总额中的比例，考虑各方的利益需要，从而找到一个整体利益最大化的平衡点。

一般来说，融资的方式有很多，每一种都有自己的优点和缺点。创业者在融资时候必须考虑股权融资和债务融资在筹集资金数额中所占的比例。若股权融资所占比例较高，虽然有利于项目的有效持续运营，但是创业者面临控制权被投资方稀释的风险；若债券融资所占比例较高，虽然有利于资金筹集，但是可能会给企业带来潜在的财务风险。因此，创业者应该建立最合适的融资模式，使融资方式多样化，优化融资的资金结构。

2. 创业项目资金成本评估

创业项目资金成本是指创业者在筹集和使用资金的过程中所付出的代价，主要包括资金筹集费用和资金占用费用。其中，资金筹集费用是指在创业过程中为了筹集资金而产生的各种费用支出，比如：公证费用、资产评估费用、律师费及手续费等。资金占用费是创业者为了获得特定时期资金的使用权而向资金供给者付出的各种支付代价，主要包括：优先股股息、债务利息、借款利息、普通股红利及权益收益等。

通常用资金成本率来衡量创业项目资金成本评估。在不同的环境中不同的行业筹资数额及融资渠道不一样，因此导致融资成本亦不同。资金成本通常以相对数表示，其定义式为：

$$资金成本率 = \frac{资金占用费用}{筹资资金总额 - 资金筹集费用} \times 100\%$$

其中资金筹集费用与资金筹集费用率紧密相关，因此，资金成本率也可以表示为：

$$资金成本率 = \frac{资金占用费用}{筹集资金总额 \times (1 - 资金筹集费用率)} \times 100\%$$

在选择融资方式时，创业者应了解并熟悉各种融资渠道的特征、优点及缺点，从而高效选择与自己的创业项目相匹配的融资方式。同时，要进行多种融资方式的融资成本进行分析对比，以增加多种融资渠道选择，从而力求以最低的融资成本筹集所需资金数额。

3. 创业项目融资期限结构评估

创业者要优化一个相对平衡的融资债务期限结构，尽可能让一定期限内的债务与清偿能力相匹配、相均衡性。具体做法：对短期债务进行严格监控，短期债务主要包括短期借款应付票据、其他各种应付款及应计费用等，通常主要用于贸易支付或手头调剂。若创业者把短期融资用于偿还长期债务所产生的本息，就换陷入以贷还贷的恶性循环中，从而会影响创业项目的持续运营，最终导致企业破产倒闭。

（四）编制投资计划和资金筹措表

投资计划和资金筹措表主要内容为创业项目分年度总投资计划及资金筹措中项目资本金和债务资金等的组成结构及相关利息的计算。

表 4-8 创业项目投资计划与资金筹措表

单位：万元

序号	项　目	合计	计算期				备注
1	项目总投资						
1.1	固定资产投资						
1.2	利息						
1.3	流动资金						
1.4	其他						
2	资金筹措(包括全部流动资金)						
2.1	项目资本金						
2.2	债务资金						
2.1.1	短期借款						
2.1.2	长期借款						
2.1.3	流动资金借款						
2.4	其他						

四、创业项目财务效益评估

（一）财务效益评估的概念

财务效益评估也被称为微观效益分析或财务评价。是指企业根据国家现行财税、金融、外汇制度等，通过专业财务人员分析计算项目在特定期间产生的各种效益和费用，然后编制财务报表，计算相关的财务评价指标，考察项目的盈利能力、清偿能力及运营能力等，从而据此判断投资项目的财务可行性。

（二）财务效益评估的基本目标

融资前为融资方案的选择提供决策；融资后可以通过计算项目在特定时期内的盈利能力、偿债能力等财务评价指标，从而为项目的稳健经营提供可靠的财务分析。

（三）编制创业项目财务报表

财务分析的主要依据财务报表，财务报表主要指资产负债表、损益表和现金流量表。

1. 资产负债表

资产负债表是会计报表的三大之首，是总括反映公司在一定日期所拥有的全部资产、负债及所有者权益信息的会计报表。它表明公司在某一特定日期所拥有的经济资源、相应所承担的经济义务和公司所有者对净资产的要求权。可以把资产负债表看作给公司拍摄的一张"清晰照片"，它能反映出公司在某一特定日期的财产分布，投资者从这张"照片"中，可以清楚看到公司拥有的各种资产、负债以及公司所有者能够拥有的权益。但是，资产负债表也有自身缺陷，它对这一日期之前和之后的财产状况信息无法提供。

2. 损益表

损益表是在一定时期内（通常是 1 年或 1 季内）对公司经营成果的反映，是关于收益和损耗情况的财务报表。损益表不是时间节点上的静态报告，而是一个动态报告，它反映了公司在一定时期内的业务经营状况，并能反映出公司在这个时期以内获取利润能力的大小及潜力。损益表主要列示收入和与之相配比的成本和费用，反映公司经营所取得的利润。有的公司公布财务资料时以利润及利润分配表代替损益表。利润及利润分配表就是在损益表的基础上再加上利润分配的内容。

3. 现金流量表

现金流量表反映公司在一定时期内的业务经营活动、投资筹资活动等所产生的现金流,并在后面添加上附注项目。投资者可以把现金流量表、附注与资产负债表及损益表结合分析,从而能对公司的经营情况及趋势、资产负债、获利能力等有更清晰、真实的了解。

表 4-9 资产负债表

公司名称:　　　　　　　　　　　单位:元　　　　　　年　月　日

资产类	年初数	期末数	负债及权益类	年初数	期末数
流动资产:			流动负债:		
货币资金			短期借款		
短期投资			应付票据		
应收票据			应付账款		
应收股利			预收账款		
应收利息			其他应付款		
应收账款			应付工资		
预付账款			应付福利费		
应收补贴款			应付股利		
其他应收款			应交税金		
存货			其他未交款		
待摊费用			预提费用		
一年内到期的长期债券投资			预计负债		
其他流动资产			一年内到期的长期负债		
流动资产合计			其他流动负债		
长期投资:			流动负债合计		
长期股权投资			长期负债:		
长期债权投资			长期借款		
长期投资合计			应付债券		
其中:合并价差			长期应付款		
固定资产			专项应付款		
固定资产原价			其他长期负债		
减:累计折旧			长期负债合计		

续表

固定资产净值			递延税项：		
减：固定资产减值准备			递延税款贷项		
工程物资			负债合计		
在建工程			少数股东权益		
固定资产清理			所有者权益或股东权益：		
固定资产合计			实收资本		
无形资产及其他资产			减：已归还投资		
无形资产			实收资本净额		
长期待摊费用			资本公积		
其他长期资产			盈余公积		
无形资产及其他资产合计			其中：法定公益金		
递延税项：			未分配利润		
递延税款借项			所有者权益合计		
资产总计			负债及权益合计		

单位负责人：   财务负责人：   制表人：

表 4-10 利润表

公司名称：   单位：元   年 月 日

项目	本月数	本年累计数
一、主营业务收入		
减：主营业务成本		
主营业务税金及附加		
二、主营业务利润		
加：其他业务利润		
减：营业费用		
管理费用		
财务费用		

续表

三、营业利润		
加：投资收益		
补贴收入		
营业外收入		
减：营业外支出		
加：以前年度损益调整		
四、利润总额		
减：所得税		
少数股东损益		
五、净利润		

单位负责人：　　　　财务负责人：　　　　制表人：

表 4-11　现金流量表

公司名称：　　　　　　　　单位：元　　　　　　年　月　日

项目	行次	本月数	本年累计数
一、经营活动产生的现金流量：			
1.销售商品、提供劳务收到的现金			
2.收到税费返还			
3.收到的其他与经营活动有关的现金			
现金流入小计			
1.购买商品、接受劳务支付的现金			
2.支付给职工对职工支付的现金			
3.支付的各项税费			
4.支付的其他与经营活动有关的现金			
现金流出小计			
经营活动产生的现金流量净额			
二、投资活动产生的现金流量：			
1.收回投资所收到的现金			
2.取得投资收益所收到的现金			
3.处理固定资产、无形资产和其他长期资产而收到的现金净额			
4.收到的其他与投资活动有关的现金			
现金流入小计			

1.购建固定资产、无形资产和其他长期资产所支付的现金			
2.投资所支付的现金			
3.支付的其他与投资活动有关的现金			
现金流出小计			
投资活动产生的现金流量净额			
三、筹资活动产生的现金流量:			
1.吸收投资所收到的现金			
2.借款所收到的现金			
3.收到的其他与筹资活动有关的现金			
现金流入小计			
1.偿还债务所支付的现金			
2.分配股利或利润或偿付利息所支付的现金			
3.支付的其他与筹资活动有关的现金			
现金流出小计			
筹资活动产生的现金净流量净额			
四、汇率变动对现金的影响额			
五、现金及现金等价物净增加额			

单位负责人: 财务负责人: 制表人:

表 4-12 财务效益评估指标

一、偿债能力指标
(一)短期偿债能力指标
1.流动比率
公式:流动比率＝流动资产÷流动负债×100%
2.速动比率
公式:动比率＝速动资产÷流动负债×100%
其中:速动资产＝流动资产－存货－预付账款－一年内到期的非流动资产－其他流动资产
3.现金流动负债比率
公式:现金流动负债比率＝年经营现金净流量÷年末流动负债×100%
其中:年经营现金净流量指一定时期内,企业经营活动所产生的现金及现金等价物流入量与流出量的差额

续表

(二)长期偿债能力指标
1. 资产负债率
公式：资产负债率（又称负债比率）＝负债总额 ÷ 资产总额 ×100%
2. 产权比率
公式：产权比率＝负债总额 ÷ 所有者权益总额 ×100%
二、运营能力指标
(一)人力资源运营能力指标
1. 劳动效率
公式：劳动效率＝营业收入或净产值 ÷ 平均职工人数
(二)生产资料运营能力指标
1. 流动资产周转情况
(1)应收账款周转率
公式：应收账款周转率（周转次数）＝营业收入 ÷ 平均应收账款余额
应收账款周转期（周转天数）＝平均应收账款余额 ×360÷ 营业收入
其中：平均应收账款余额＝（应收账款期初余额 + 应收账款期末余额）÷2
(2)存货周转率
公式：存货周转率（周转次数）＝营业成本 ÷ 平均存货余额
存货周转期（周转天数）＝平均存货余额 ×360÷ 营业成本
其中：平均存货余额＝（存货期初余额 + 存货期末余额）÷2
(3)流动资产周转率
公式：流动资产周转率（周转次数）＝营业收入 ÷ 平均流动资产总额
流动资产周转期（周转天数）＝平均流动资产总额 ×360÷ 营业收入
其中：平均流动资产总额＝（流动资产期初总额 + 流动资产期末总额）÷2
三、发展能力指标
(一)营业收入增长率
公式：营业增长率＝本期营业增长额 ÷ 上期营业收入总额

其中：本期营业增长额 = 本期营业收入总额 − 上期营业收入总额
(二)资本保值增值率
公式：资本保值增值率 = 扣除客观因素后的期末所有者权益总额 ÷ 期初所有者权益总额
(三)资本累积率
公式：资本累积率 = 本期所有者权益增长额 ÷ 上期所有者权益总额
其中：本期所有者权益增长额 = 期末所有者权益总额 − 期初所有者权益总额
(四)总资产增长率
公式：总资产率 = 本期总资产增长额 ÷ 上期资产总额
其中：本期总资产增长额 = 期末资产总额 − 期初资产总额
(五)营业利润增长率
公式：营业利润增长率 = 本期利润增长额 ÷ 上期营业利润总额
其中：本期营业利润增长额 = 期末营业利润总额 − 上期营业利润总额
(六)技术投入比率
公式：技术投入比率 = 本年科技支出合计 ÷ 本年营业收入净额
其中：本年科技支出合计 = 本年研究开发支出 + 本年技术改造支出 + 本年科技创新支出
(七)三年平均增长率
公式：营业收入三年平均增长率 = x100%
公式：利润总额三年平均增长率 = x100%
公式：资本总额三年平均增长率 = x100%
其中：资本总额 = 所有者权益总额

五、创业项目社会效益评估

（一）创业项目社会效益评估概述

创业项目社会效益评估是项目超越经济界限的宏观社会环境影响分析，它着重分析创业项目的建设运营给社会环境和社会进步所带来的正负影响，同时既定的社会环境对创业项目的运营也有影响。

（二）创业项目社会效益评估内容

对于企业的评估不只是狭隘地局限于企业财务效益评估，还应该从生态环境保护、资源有效利用、生态气候、污染防控、低碳绿色发展等方面，对企业的非财务维度进行评估。目前，企业评估体系较为权威的是由盟浪可持续数字科技（深圳）有限责任公司所提出的涵盖各行业的"义利评估"模型，即FIN-ESG评估，主要包括环境(E)、社会(S)、公司治理(G)、财务(F)、创新(I)、价值准则(N)六个维度。六个维度的详细指标体系如表4-13所示。

表4-13　FIN-ESG评估模型

FIN-ESG	维度	详细指标
FIN	财务(F)	盈利能力 运营效率 资本业务结构 效益质量 资产质量 偿债能力 成长能力 财务贡献
	创新(I)	研发能力 产品服务 商业模式 业态影响
	价值准则(N)	价值驱动 战略驱动 业务驱动
ESG	环境(E)	环境管理 绿色金融 生态保护 资源利用 污染防控
	社会(S)	员工权益 社会贡献 安全理念 客户价值 合作伙伴
	公司治理(G)	治理结构 风险控制 信息披露制度 利益相关者收益分配 激励机制

因此，在对创业项目进行评估时候，不仅要对项目的生产技术条件、财务效益等进行评估，还要对其社会效益进行评估。评估创业项目对社会技术进步、社会就业、收益分配、税收、生态环境保护等方面的影响。

项目技术贡献：项目对社会生产技术的促进；

项目就业贡献：创造就业岗位促进居民生活水平提高；

项目收益分配效应：通过对利益相关者的收益分配促进区域之间协调发展；

项目产业结构调整效应：通过产品标准化、专业化促进产品产业结构优化升级及产业链形成；

项目财税增收：促进所在区域税收增加；

项目对社会环境的影响：对社会文化传承及对生态环境保护的影响。

（三）创业项目社会效益评估指标

1.就业效果评估指标

（1）总就业效果。创业项目启动后给社会所创造的总就业岗位效果，可用总就业效果指标和总就业人数指标进行测算，如下式表示：

$$总就业效果 = \frac{总就业人数}{项目总投资}$$

总就业人数 = 直接就业人数 + 间接就业人数 = 熟练就业人数 + 非熟练就业人数

直接就业效果指标。即创业项目本身直接投资所能提供的直接就业机会，如下式：

$$直接就业效果 = \frac{直接就业人数}{项目直接投资额}$$

或者：

$$直接就业效果 = \frac{项目直接投资}{直接就业人数}$$

2. 收入分配评估指标

$$职工分配指数 = \frac{正常生产年份工资收入 + 福利}{年国民净增值} \times 100\%$$

$$企业（部门）分配指数 = \frac{年利润 + 折旧 + 其他收益}{年国民净增值} \times 100\%$$

$$国家（含地区）分配指数 = \frac{年税收 + 年利润 + 年折旧 + 保险费等}{年国民净增值} \times 100\%$$

$$未分配（积累）增值指数 = \frac{年扩建基金 + 年后备基金 + 社会福利基金}{年国民净增值} \times 100\%$$

备注：以上 4 种分配指数的总和应等于 1。

3. 环境保护评估指标

（1）排污总量

排污总量指创业项目在其生产运营过程中每年所排放的各种污水、有害气体、固定废渣、噪音等污染量之和，其计算式如下：

排污总量 = 年计划产量 × 项目生命周期 × 单位产量排放的污染量

式中，单位产量排放的污染量数值可以参考同类项目数据，也可以通过专业的仪器设备进行测量。通过该式所计算出来的排污总量数值，可与环保部门的污染排放标准进行比较，从而可评估创业项目的年平均污染排放量是否符合国家的环保标准。

（2）环境质量指数

$$环境质量指数\ R = \sum_{j=1}^{n} \frac{Q_i}{Q_{ic}}/n = \sum_{j=1}^{n} \frac{Q_i}{Q_{ic}} W_i / \sum W_i$$

n—项目排除污染有害物种类数；—第 i 种污染物排放量；

—国家或地方规定的第 i 种污染物质的最大允许排放量。

—第 i 种污染物对环境影响的权重。

六、创业项目评估报告简要模板

第一部分 创业项目主体概况

企业全称、简称；成立、登记注册事项变更等法律承继关系；经营范围；组织结构图；最近一期主要财务数据简况；注册地点；法定代表人；联系人等。

第二部分 创业项目融资用途、融资方案及融资成本分析

第三部分 创业项目行业及区域经济分析

1.创业项目行业分析

（1）创业项目行业总体概况

分析创业项目在国民经济中的重要性，并用数据分析创业项目最近六年在国民经济中的地位。

表 4-14 创业项目行业总产值占 GDP 的比重 （单位：亿元）

年份	国内生产总值	增长率（%）	创业项目行业总产值	增长率（%）	占 GDP 比重（%）
2016 年					
2017 年					
2018 年					
2019 年					
2020 年					
2021 年					

并分析创业项目行业内的企业个数、总产值及总利润。

表 4-15 2016—2021 年创业项目行业企业个数及主要经营指标

	2016 年	2017 年	2018 年	2019 年	2010 年	2021 年
企业个数（个）						
总产值（亿元）						
总利润（亿元）						

（2）创业项目行业的经营模式

（3）创业项目行业竞争状况

表 4-16 创业项目行业市场竞争格局

代表企业	经营状况（分析代表企业的产品组合，业务品牌知名度以及客户群构成等）

（4）创业项目行业关注风险

①行业竞争风险

②技术风险

③融资成本风险

④生产成本波动风险

⑤财务风险

（5）创业项目行业发展趋势

2. 创业项目所处区域经济发展概况分析

对创业项目所处区域的经济产业结构进行分析。同时，对区域城镇居民的收入水平及消费特征进行分析。

第四部分 创业项目基础素质分析

1. 创业项目规模与竞争力

2. 创业项目团队成员素质及主要简历

3. 创业项目产品生产技术水平

第五部分 创业项目管理体制与内部风险控制

1.公司治理结构

2.管理体制

3.内部风险控制

第六部分 创业项目预计生产经营情况

1.创业项目预计经营概况

分析创业项目预计的主要业务板块、主营业务收入构成及毛利率等。

表 4-17　项目主营业务收入及毛利率情况　（单位：亿元，%）

	第一年			第二年			第三年		
	收入	占比	毛利率	收入	占比	毛利率	收入	占比	毛利率
主营业务一									
主营业务二									
主营业务三									
主营业务四									
其　　他									
合　　计									

2.创业项目原材料采购

3.创业项目预计经营效率

从应收账款周转次数、存货周转次数及总资产周转次数三个指标来分析创业项目预计经营效率。

表 4-18　与行业经营绩效比较

	应收账款周转次数(次)	存货周转次数(次)	总资产周转次数(次)
行业优秀值			
行业平均值			
行业较差值			
创业项目			

思考题：

1.创业风险有哪些？如何规避？

2.创业项目评估包含哪些内容？

3.你是如何理解创业风险的。

逐 梦

大学生创业实战篇（一）

||||||||||||||||||||||||||||||||||||||||||||||||||||||||||||||||||||||||||||||||||||||||||

梦想照进现实，行动走向成功。创业者要敢于梦想，敢于行动，敢于坚持。

第五章　大学生创业项目

1. 掌握创业项目选择的原则
2. 了解大学生创业项目选择影响因素
3. 了解大学生创业项目类型
4. 熟悉选择创业项目的途径
5. 理解创业项目选择的环境分析、行业环境分析、目标市场分析及发展前景
6. 了解并掌握创业项目策划的原则、流程、方法

古茗奶茶

2010年4月古茗成立，创始人把总部选址定于自己家乡浙江温岭大溪镇。成立第一年在大溪镇开了第一家店，但是由于口味不佳的原因很快就被市场淘汰；创始人接下来把选址定于大城市，但由于营销宣传及运营管理跟不上，很快就被行业内大品牌秒杀。创始人开始认真对茶饮行业进行了比较全面的项目产业分析，从而找准市场定位，并再次把市场最终定位于三四线城市及乡镇。为了不断迎合消费者口味需求推出新产品，古茗一直致力于成为"每天一杯喝不腻"的日常化国民茶饮，让每一位消费者随时随地都能喝到新鲜的、真材实料的茶饮；延长产业链条；实施精准市场推广等策略，形成较强的品牌效应，使得古茗一直保持市场份额成倍增长。历经12年稳步发展，现已成为茶饮行业的头部品牌之一。古茗的运营特征如下。

完善的供应链条

创始人王云安说:"如果供应链无法覆盖到门店所在区域,确保饮品采用新鲜原料,那开店速度可以慢一点。"古茗的全产业链链条包含:水果基地、产品研发、冷链仓储运输、门店销售运营等。曾获得红杉中国、美团龙珠、冲盈资本等的 A 轮投资。

立足于下沉市场,走高品质路线

在古茗成立之初,古茗就有一个清晰的定位,就是在全国三、四线城市及乡镇扩大市场品牌影响力。截至 2021 年,全国古茗连锁店 4300 余家,分布在东部沿海地区(浙江、福建、江苏)、中部地区江西、西部地区(四川、贵州、云南、重庆)等地。

持续性产品创新

古茗每周推出全新的"花式茶",2021 年共推出 53 款新的"花式茶"饮品。此外,古茗还提炼了 21 款经典流行饮品,并对其中 11 款饮品配方进行了升级。

讨论一下

古茗是如何一步步壮大成为头部品牌?

在进行创业项目考察选择时需要考虑哪些因素?

你认为古茗的目标市场是什么?

第一节 创业项目选择

一、影响创业项目选择的因素

面对突飞猛进的经济发展和与日俱增的就业压力,很多刚毕业的大学生会感到焦虑和迷茫。如何正确选择最佳创业项目而获得成功,势必先了解大学生创业项目选择的基本情况。

(一)大学生创业项目选择现状和存在问题

近年来麦可思公司调查分析了应届毕业大学生的创业项目分布情况,批发零售业、文化教育业、加工制造业、便民服务业等行业受到众多大学生的青睐。当前大学生偏好选择技术性较低，使用人力少，有科研成果并符合自己兴趣爱好的创业项目。大学生创业项目选择存在的问题有：

1. 盲目跟风严重

有部分大学生在未具备良好的创业条件下盲目选择自己不擅长领域的创业项目。

2. 政策认识不足

大学生如果能在创业初期搭上政策的"顺风车"，就能起到事半功倍的良好效果，然而许多大学生对这类政策只有模糊的概念。

3. 不顾资金困境

大学生创业的融资渠道较少，有些大学生在创业初期使用资金大大超过自身偿还能力。

4. 社会经验缺乏

大学生对纷繁复杂的社会了解甚少，在未进行市场调研下便随意选定创业项目，引发管理不善、经济纠纷等一系列问题。

（二）大学生创业项目选择影响因素分析

1. 内部影响因素分析

（1）创业目的因素

大学生在创业时明确创业目的非常重要，有了目的就有了努力方向。大学生创业目的基本设定为：

——上岗就业。面对严峻的就业形势，不少大学生创业就是实现就业。

——赚钱。多赚钱也成为大学生创业的原动力之一。

——积累经验。部分大学生创业是为了更好地提高能力，获得更多的工作经验。

（2）性格特征因素

性格是个性心理特征的核心部分，根据心理活动可将大学生的性格特征分为外向型和内向型。性格偏外向的大学生活泼开朗，办事灵活，但易冲动，往往会倾向于选择服务类、文化教育类、娱乐类、经营贸易类等常与人打交道的创业项目；而性格偏内向的大学生选择这几类创业项目就较少，因为他们比较深沉，办事稳妥。

（3）专业特长因素

专业特长也被列为影响大学生创业项目选择的因素之一。一般大学生会倾向于选择与专业特长相近的创业项目。文科类学生选择专业对口的创业项目相对较多，而工科类学生选择专业对口的创业项目概率较小。主要因为工科的创业空间比较窄，影响创业的成功率。

（4）家庭背景因素

影响大学生创业项目选择的因素中还包括家庭背景和经济情况。如生活在经商家庭经济水平较高的大学生创业概率相对比较低，因为他们缺乏创业精神，且选择零售批发业多些。而来自工农家庭经济状况中等或偏下的大学生比较倾向于选择便民服务类、文化教育类等相对比较稳定的项目。而出身于知识家庭的大学生偏向于选择文化教育业。

（5）风险承受力因素

大学生创业存在着许多不可控因素，如果能够承受风险，只要创业项目的预期报酬率高于资金成本率就可以选择。大部分学生还是偏向于选择风险性大的创业项目。一方面主要是因为风险与收益是成正比的，风险越大收益越高；另一方面大学生选择的是小规模项目，投入资金额较少，即使创业失败了，损失也在大学生能接受的范围内

2.外部影响因素分析

（1）经济因素

经济环境包括宏观经济和微观经济，它们对所在地区的就业和失业状况、对消费者需求和收支、对整个地区生活水平都会带来影响。在经济形势较好时，就业机会相对增加，那些能改善居民生活质量的创业项目会比较受欢迎，如文教体类、娱乐类等；反之，在经济环境较差时，一些投入资金低且能满足人们基本生活水平的创业项目可选性就比较强，如便民服务类、零售批发类和加工制造类等创业项目。

（2）政策因素

有些创业项目与国家政策和法律是紧密联系的。国家政策给予扶持，且受法律鼓励和税收优惠的创业项目是大学生首先会考虑的，如环保行业等，而受国家政策及法律禁止或限制的创业项目自然不会获得大学生的青睐。

（3）文化因素

中国文化已经渗透进人们的生活当中，影响着当代经济社会。大学生在毕业

后选择去异地工作会选择符合当地文化习俗的创业项目还是冒险引用外部文化来创业？大部分大学生还是勇于接受外部文化中新鲜事物的，因为创新突破是大学生创业成功的关键因素之一，只有一小部分人愿意按照当地文化习俗来创业。

（4）地理因素

地理位置对于大学生创业项目选择也会起到影响作用。东南部沿海区域的显著优势依旧是吸引大学生到当地创业的重要因素，尤其是适应当地经济发展的项目，如娱乐类、零售批发类、经营贸易类。当然越来越多的大学生也会抓住契机，选择在中、西部地区创业，如文化教育类、便民服务类、制造加工类。因为国家大力推进中西部大开发，促动大学生赶赴这些地区开展创业。

（5）资金因素

资金对创业项目选择的影响也不容忽视。无论是在创业初期，还是在创业过程中，大学生的筹资渠道和金额都有限制性。大部分学生倾向于独立承担创业资金风险，因此选择投入资本较少的项目。如遇到资金短缺问题，可通过家人或国家的资金支持来解决。

（6）技术因素

随着科技的发展，技术环境也随之纳入大学生创业项目选择影响因素范围内。大学生一般倾向于选择技术成熟的创业项目，这样既能避免投入大量研发资金，也能规避因技术落后带来的风险。

（7）竞争因素

大学生在创业过程中势必会面临竞争对手和压力。一般大学生会尽量规避有众多竞争对手的项目，但也有部分大学生选择直面竞争和挑战。如果市场趋于饱和，竞争对手太多，对创业发展是有阻碍作用的。因此选择竞争对手少、市场发展空间大的创业项目的人会比较多。

（8）市场因素

对于创业大学生来说，选择项目还需认真调查分析其是否有市场机会。大学生比较偏爱于选择成熟稳定市场的创业项目，这些项目成功的概率比较大。而市场不稳定，可利用资源少，在这种不成熟的市场中选择创业项目风险明显比较大。

二、选择创业项目需遵循的原则

大学生创业者在选择创业项目时，一般应遵循以下五个原则。

（一）知己知彼原则

大学生选择创业项目，是创造一个切入社会的端口，要找到一个自身与社会结合的契合点，所以创业项目选择要舍得下功夫，充分调查和论证，做到"知己知彼"。知己，就是要清醒地审视自己的优势与强项、兴趣所在、知识经验积累、性格与心理特征、资源拥有等；知彼，是对社会未来发展趋势的判断，对稳定的、恒久的、潜在的需要的认识。

（二）自有资源优先原则

所谓自有资源，就是创业者本人拥有的或自己可以直接控制的资源，包括专有技术、行业从业经验、经营管理能力、个人社会关系、私有物质资产等。相对于其他非自有资源，自有资源的取得和使用成本往往较低，同时这些资源在利用过程中也容易使项目获得标新立异优势，在今后的市场竞争中占据主动地位。

（三）强化专有特色原则

特色是创业项目生命的内在根基，是企业生存下去的条件，站住脚的基石。没有特色，任何创业都会是无根之浮萍。项目特色是扎根在正当的恒久需求之中的真实品质和效用，是吸引、影响、制约社会成员间进行交换的资源，是存在项目之中的优秀基因，是争夺市场的竞争优势。

（四）短平快原则

由于先天条件不足，大学生创业者在创业之前普遍缺乏资金、客户等资源，因此为尽快脱离创业"初始危险期"，使项目的动作进入良性循环，在同等条件下，应优先考虑那些"短平快"项目。这样操作一方面可以迅速收回投资，降低投资风险；另一方面，即便项目后期成长性不好，创业者也可以选择维持经营或后期主动退出，利用挖掘到的"第一桶金"另寻出路。

（五）项目合法化原则

创业项目要选择国家允许准入的行业和领域。国家对于有些领域是明令禁止的，如制毒贩毒、军火的生产和经营、非法传销等；有些领域是有限制条件准入的，如制药、烟草等；有些行业是有资质限制准入的，如大型的建筑安装工程、矿山的开采等。对于普通大众的民用商品绝大部分没有什么限制，只需要守法经营和照章纳税即可进入。大学生所选择的创业项目及经营一定要符合法律的规定，否则创业注定是要失败的。

三、选择创业项目的途径及注意事项

（一）选择创业项目的途径

1. 关注环境变化的趋势

从变化的环境趋势中挖掘创业项目。人口、经济、资源、技术、政治法律、社会文化等环境因素的变化，产生了创造新事物的潜力，并且给新企业的诞生提供了机会。环境变化将带来产业结构的调整、消费结构的升级、思想观念的转变、政府政策的变化、居民收入水平的提高，等等。瞬息万变的环境发展趋势，使各行各业机遇与威胁并存。创业者只有明确这些变化的环境趋势对创业项目造成的影响，才能真正把握商机，获得创业成功。

2. 寻找需要解决的问题

从需要解决的问题中可挖掘创业项目。日常生活中，每个人都能碰到或大或小让人烦恼的问题，我们需要从中发现创业项目。企业家约翰·加德纳曾经说过："每个问题都是一个绝佳的隐藏着的机会。"例如，无法在互联网上播放音频和视频，罗布·格拉泽开发出 RealPlayer 软件，创建了 Real Net works 公司。比尔·巴蒂亚与杰克·史密斯无法越过公司防火墙登陆美国在线的电子邮件，他们开发出了网页电子邮件，成立了 hotmail 公司。斯坦福大学的勒娜和波萨克想发情书，但他们属于不同的计算机网络，最终发明了路由器，创建了思科公司。

3. 留意市场遗留的缝隙

从市场遗留的缝隙中可寻觅创业项目，很多大企业在实现规模经济的同时留下了许多市场缝隙，一旦创业者从中找到了合适的市场空白点，就意味着抓住了创建一家能够持久盈利的公司的机会。例如，北京中星微电子公司避开 CPU 和存储芯片等主流市场的激烈竞争，瞄准多媒体应用领域的市场空白，展开技术攻关，推出"星光一号"，占据了 PC 图像输入芯片领域的 60% 的市场份额，成为这一领域的市场领导者。安徽的胡小平发现"小菜没人做，嫌进货麻烦"，进入该行业，迅速占领市场，创建品牌"小菜一碟"。

4. 现有产品的深度挖掘

寻找隐蔽的资源，将市场上现有的产品进行改进、提升、完善、转换成为新的创业项目。加藤信三是日本狮王牙膏公司的一名普通员工，他刷牙时牙龈出血，于是想到如何改变现有的牙刷。他把牙刷放到放大镜下观察，发现刷毛顶端是四方形的，所以他建议公司把刷毛顶端改成圆形的，新产品投入市场，销路极好，占到全国同类产品的 40% 左右。中国的瓷器举世闻名，但中国的茶杯在欧洲市场上的销路并不是很好，日本人经过深入的调查之后，发现欧洲人的鼻子比较高，中国的茶杯存在缺陷，所以改变现有的茶杯，设计出斜角杯。

5. 不同产品的完美复合

将两个不同的产品结合到一起就能产生一个创业项目。例如冶金与绘画结合产生了铁画，医疗与食品结合产生了药膳，面条与蔬菜结合产生了蔬菜面。改革开放以后，中国内地的保健品层出不穷，史玉柱调查分析了当时中国保健品市场，有一部分产品是为了满足人们改善睡眠的需要，有一部分是为了满足人们调节消化的需要，但是没有一种保健品可以同时满足这两种需要。改善睡眠保健药主要成分是人脑松果腺体素也叫褪黑素，山楂、茯苓可以调节消化，所以他把两者结合起来，有做许多实验，最终推出保健品"脑白金"，填补了中国当时保健品的空白。

6. 兴趣爱好

创业的过程往往是实现人的爱好和梦想的过程。每个人都有自己的兴趣爱好，把兴趣爱好与创业项目联系起来，成为生活的内容与生存状态，能够对自己的事业起到推动作用。在我国台湾出生的杨致远 10 岁来到美国，在斯坦福大学硕士毕业后留校，结识了费罗。回到斯坦福，两人在一辆学校拖车上成立一间小型办公室，恰在这时他们迷恋上了互联网。每天，他们有数小时泡在网上，分别将自己喜欢的信息连接在一起，上面有各种东西，如科研项目、相扑信息、网球比赛信息等。开始时他们各自独立地建立自己的网页，只是偶尔对彼此的内容感兴趣才相互参考，随着链接的信息越来越广，他们的网页也就放在了一起，统称为"杰里万维网导向"，也就是后来的"Yahoo！"

7. 经验优势

经验优势是创业者所具有的强项与特长、优点与特别之处，这些都可以发展为可行的创业项目。松下幸之助曾经做过电器插座生产线上的学徒，开心网的创始人 777 曾经参与新浪网的策划、运营以及上市。1994 年，大三学生江南春和几个合作伙伴成立了永怡广告公司，到了 2001 年江南春发现广告代理公司的利润很低，重新思考方向，最后他把新目标放在商业楼宇的电梯上，弥补了市场空白，成立了分众传媒。大学生创业者可以从自己的相关工作经验或者自己的优势入手选择创业项目。

8. 所学专业

大学生创业者可以依靠自己学科专业，利用科学发现，寻找创业项目。美国工程师在做雷达起振实验时，兜里巧克力融化，因此发现了新的加热方法，创造了微波炉。大二学生比尔·休利特与戴维·帕卡德通过做论文《制造和评价一个可变频振荡器》发现了新技术，申请了专利，租了公寓和车库成立了公司休利特—帕卡德公司，中国翻译为惠普公司。后期太平洋战争爆发，休利特入伍，负责太平洋部队信号设备的调查。惠普抓住了这一机遇腾飞起来。

9. 扩散思维，事物联想

根据一个事物发挥想象，可以发现创业项目。1987年，美国弗吉尼亚州的两个邮递员汤姆·科尔曼和比尔·施洛特对一个小孩手里拿的荧光棒展开了联想。最后他们想到将棒棒糖放在荧光棒的顶端，他们申请了专利，并卖给了美国开普糖果公司。后来他们又对棒棒糖展开联想，最后想到让棒棒糖自动旋转，他们的这个想象使2.99美元的棒棒糖在6年间卖出6000万个。后来开普糖果公司的领导人约翰·奥舍离开开普糖果公司，利用这种自动旋转技术去沃尔玛寻找项目，他们联想到电动牙刷，利用这种技术的牙刷售价是宝洁公司的电动牙刷售价的十分之一，他们决定生产。2000年的一年中，卖出1000万支电动牙刷，2001年宝洁决定收购这家公司，奥舍和另外两个合伙人最后一共赚取四百多亿美元。

10. 大众传媒

通过报纸、杂志、广播、电视、网络、展览会等发现创业项目。斯鲁特兄弟参加1997年芝加哥举行的展销会时，在一个几乎没人注意的小展台前，看到一个碗里的小球吸光了所有倒进来的水。斯鲁特兄弟发现这种由硅砂做成的神奇的小球具有很强的吸收功能，是做小猫褥垫最合适的材料。于是，他们同中国的一家硅胶企业签订了生产合同。这样，这种小球走上了生产线。现在，美国的杂货店和大卖场里被称为"水晶珍珠"的完全透明的小球褥垫卖得很好，而且，他们还因此获得了全美宠物协会颁发的杰出技术进步奖和1999年度《小猫迷》杂志所颁发的奖励。

11. 市场调查

通过调查人们没有满足的市场需求，确定创业项目。日本松下电器公司的创始人松下幸之助经常收集消费者的各方面信息，有一次无意之中听到几位买东西的家庭主妇边走边议论，说家用电器插头是单用的，很不方便，如果有一个多用的，能够同时插上集中电器就好了，他以敏锐的嗅觉捕捉住消费者的这一需求，回到公司当即召集科研人员，下达研制任务。不久，"三通"电源应运而生，给松下电器公司带来了新的发展机会。海尔公司的张瑞敏经常在市场当中捕捉新的市场机会，一次偶然机会听到现在的洗衣机特别废水、费电，他立刻赶回公司召开科研会议解决这一问题，从研发到新产品投放市场仅用13天，推出新型洗衣机"小小神童"。张瑞敏一次出差到四川，发现海尔洗衣机在四川受阻，经过调查发现当地居民不仅用洗衣机洗衣服还洗地瓜，经常容易堵，所以立刻开发出排水口大的洗衣机。在巴基斯坦，由于天气比较热，当地居民经常一次要洗10件大袍子，所以海尔开发一次可以洗12件大袍子的超容量洗衣机。

12. 连锁加盟领域

统计数据显示，在相同的经营领域，个人创业的成功率低于20%，而加盟创业的则高达80%。对创业资源有限的大学生来说，借助连锁加盟的品牌、技术、营销、设备优势，可以以较少的投资、较低的门槛实现自主创业。但连锁加盟并非零风险，在市场鱼龙混杂的现状下，大学生涉世不深，在选择加盟项目时更应注意规避风险。一般来说，大学生创业者资金实力较弱，适合选择启动资金不多、人手配备要求不高的加盟项目，从小本经营开始为宜。此外，最好选择运营时间在5年以上、拥有10家以上加盟店的成熟品牌。

（二）选择创业项目的注意事项

1. 因时而动

选择具有前景的行业。创业者想要开创自己的一番事业必须先知道国家目前正在扶持、鼓励哪些行业发展，哪些行业是允许创业的，哪些是限制的。创业者选择国家政策扶持、鼓励的行业，对日后企业的发展将起到不可估量的作用。同时，对于当地政府出台的优惠政策和银行贷款利率，创业者也需要核查清楚，确保资金充裕。正确选择创业项目要因时而动，创业者主要要关注两个时间段的市场行情：一个是当前，看当前的市场需求、市场空白和市场上畅销的产品，创业者选择当前畅销的产品项目时，要注意冷静分析，弄清畅销的真正原因。另一个是今后，看行业今后长远的发展前景，比如该行业是否符合国家产业政策，是否适应人们的消费发展趋势。

2. 以市场为导向

了解市场需求。不少创业者一味地认为，办企业、办公司就是为了赚钱，哪些行业火，哪个赚钱就做哪个，其实这种想法是不对的。创业必须树立"企业是为解决客户需求而存在的"观点，这样才能确保企业长盛不衰。创业项目的选择是以市场为导向的，必须从社会需求出发。创业者要想知道社会需求，就必须做市场调查，特别是第一次创业的创业者，必须对市场进行详细的调研。首先，要了解消费者对产品（服务）需求的强烈程度。消费者有性别、年龄、文化层次、职业等因素的差异，我们可依据这些因素对消费者进行细分，从而把他们细分成一个个消费群体，每一个消费群体就是一个细分市场，也就是我们应该集中精力服务的对象，所以创业者选项目时一定要知道自己服务的对象群体到底是哪些人，他（她）们对产品（服务）需求的强烈程度如何。需求越强，项目越容易做；需求越弱，项目越难做。其次，创业者要不断问自己该项目面临的直接竞争对手是谁，间接竞争对手是谁，竞争的程度如何，是恶性竞争还是良性竞争。如果是恶性竞争，该产品有没有有价值的新特色来应对这种竞争，或者有没有竞争不太激烈的其他项目可做。所以从竞争的角度来看，我们不应该把眼光始终盯在竞争十分激烈的项目上，应该去寻找一些有特色的新产品来做，或者寻找一些竞争不太激烈的新项目来做。必须指出的是，有些项目很有特色，但是客户不一定认可，所以创业者必须选择既有特色又有市场的项目或产品，这样才能提高创业成功率。

3. 因人而异

利用自身优势与长处。俗话说，"隔行如隔山"，创业者应尽量选择与自己的专业、经验、兴趣、特长相匹配的项目。兴趣是创业的基础，项目能让创业者兴奋是创业成功的必要条件。日本的著名创客"米饭爷爷"，几十年专注煮饭，正是因为兴趣让他沉浸其中，乐此不疲。很多创客、极客在切入项目和发展企业时选择自己兴趣所在的领域，他们在工作时往往就是享受且不知疲倦的。前些年，有人问史玉柱为什么投资巨人网络这样一个游戏公司，史玉柱很实在地回答说："我就很喜欢玩游戏，每天在办公室玩，被下属看到后感觉不好意思，不如干脆投资一个游戏算了。"因兴趣而萌生的创业往往会走得更远并且容易取得较大的成就。兴趣爱好决定了价值观，一个人在遇到困难、挫折时，选择坚持或放弃往往取决于他对这件事的重要性及其意义的认识，即价值观。因此，选择项目时要不断问自己：我的兴趣爱好是什么？我认为哪些事是有价值的？该项目是否满足我内在的心理需求？是否与我的价值观念相匹配？市场好比汪洋大海，创业者犹如沧海一粟，但是每个人都有自己的长处和优势，当你充分了解了某一行业、某一领域，同时又在技术上有专长时，就形成了自己在行业里的长处。创业者选择一个能充分发挥自己的长处和优势，自己有兴趣且熟悉的行业，那么创业就成功了一半。所谓好的创业项目，是指目前市场行情总体看好，大部分从业人员有利可图的项目，但市场行情看好的项目，也不见得人人都能通过其取得成功。再好的项目，如果不适合自己，也有可能失败。反之，大家都认为行情不好，不愿意去投资的冷门产业，如果自己在这方面有优势，也可以尝试去做。

4. 量力而行

从小做起、从小利做起。创业是一种风险投资，每位创业者都必须遵从量力而行的原则。创业者若拿自己的血汗钱或借钱来创业，就应该尽量规避风险较大的创业项目，把为数不多的资金投资到风险较少、规模较小的创业项目当中，积少成多，滚动发展。同时，创业者在选择创业项目时还要考虑产品成本、价格与利润，比如，要考虑该项目提供的产品或服务成本是多少，售价是多少，毛利是多少，毛利率是多少等问题，创业者对毛利率低于20%的项目要慎重考虑，有时候仅毛利率一个因素就可以否定一个项目，因为做生意的基础是利润。此外，资源条件也是影响创业项目选择的重要因素。创业者在选择项目时还要充分考虑自己掌控的资源条件能否满足项目本身的内在需求，避免在资源不足的情况下追求高大上的项目。

5. 把握好进场的时机

事物处在发展初期，往往意味着先机仍在又没有被人重视，竞争较弱，此时进场较容易成功，例如，百度、阿里、淘宝、腾讯、京东、小米等企业的发展壮大无不说明把握先机或大趋势的重要性。事物发展成熟或衰退，往往意味着先机已经失去，此时或者市场被几大竞争对手牢牢抢占，或者该行业处于衰退期，不论在哪种情况下，进场都为时已晚。进场时机的把控成为项目能否做起来的关键因素，因此，创业者选择创业项目时可考虑一些刚刚兴起的产业，如当下最火爆的人工智能产业。

四、大学生创业项目选择的建议和对策

（一）高校对大学生创业的指导建议

1. 加强创业实践教学力度

希望高校能采用大学生创业成败的实际案例进行创业辅导，让学生对影响创

业项目选择的因素有更加清楚的认识和了解，尤其是针对选择创业项目给予正确的指导。

2. 加大创业扶持力度

希望政府和高校提供更多的平台和优惠政策来扶持大学生创业。根据调查得知，当今大学生的创业资金非常有限，很多大学生有才能有抱负却因为受到投资的限制无法施展自己的才华。

3. 加强学校对学生的财商教育

尤其注重创新创业教育，能够让学生充分掌握创新创业政策的相关信息，从而使学生具备充实的资源和足够的能力来开展一系列创新创业的活动。

（二）大学生选择创业项目的对策

1. 创业项目选择要标新立异吸引眼球

创业项目选择必须有自己的"个性"，即标新立异，吸引眼球。这就要求大学生树立全新理念，能够结合时代要求，紧密联系社会需求，通过创新规划，努力寻求有新意、有"卖点"，能从众多竞争项目中脱颖而出，拥有开拓潜能的创业项目。

2. 创业项目选择要有市场、有发展的前景

创业必须选择市场空间大且有一定发展前景的项目。大学生创业者首先要了解市场的生命周期，并对市场供求差异进行深入调查分析，善于从中发现创业机会。相对而言，市场需求量大的项目获得成功的可能性会更大一些。此外选择的项目最好还拥有一定的技术含量，网络技术和信息资源如能够得到充分运用就可以让项目有更好的发展前景。

3. 创业项目的选择要结合自身性格和背景

创业项目选择必须考虑到大学生的性格和背景。俗话说得好，"性格决定命运"，不一样的性格就要选择不一样的项目。这样有利于发挥自身性格特征上的优势，规避自己的劣势，选择适合自己的项目。此外，还必须结合自己的家庭背景情况。大学生选择的项目可以充分利用家庭带来的优势，如在创业资金、人力资源等多方面的支持。

4. 创业项目的选择要符合国家政策和法律

大学生在选择创业项目时必须遵循国家的政策和法律。国家为了支持大学生创业已经出台了不少优惠政策，如果能够充分利用这些政策，那么大学生创业的成功率也会大大提升。此外大学生在选择创业项目时，还需要了解一定的法律知识，杜绝开创一些不合法的项目。如果一个创业项目能够符合国家的政策和法律导向，势必能在信息经济发展迅猛、竞争如此激烈的市场中站稳脚跟。

5. 创业项目的选择要因地制宜适应环境

能够适应外部环境也是大学生创业项目选择必须要掌握的策略之一。创业地点不同导致创业环境也各有所异。在选择创业项目时，大学生应当对创业环境进行详细调查，分析其优劣势，为更好适应当地的地理、文化、经济等环境做准备。

大学生能够分析认清影响因素就能够选择合适的创业项目，而能否选择合适的创业项目直接或间接影响大学生创业的成败，因此对大学生创业项目选择影响因素进行分析对大学生创业成功率的提高具有重要意义。

第二节 创业项目分析与评估

一、创业项目的分析

（一）创业项目的环境分析

1. 宏观环境分析

宏观环境对企业的影响作用是间接的，但是其影响也是巨大的，因为这些因素是企业无法控制的。因此，创业者必须了解或熟悉相应的宏观环境因素，以适应环境，把握机遇。

（1）政治环境

与创业活动密切相关的政治环境，主要包括政局、国家政策等，它们是企业生存发展的前提条件之一。

政局。政局是指某一国家的政治制度、外交政策、战争、执政党更换、政府更迭、要员更迭、政策巨变、社会治安恶化、罢工、暴乱、民族矛盾以及社会动乱等情况。

国家政策。国家政策是任何一个企业都必须遵守的准则，当国家在一定范围内调整或改变某项政策时，企业要相应调整经营目标和策略，因为政策分析是制定企业发展规划的基础。

——政策持续性分析。政策持续性包括政策的稳定性和政策变化趋向的一致性两个方面，各种政策总有一定的稳定性，创业者应对各种政策的稳定性做出合理的预期，以便更好地在国家政策允许的范围内从事创业活动。但由于各种条件总在不断地变化，政策的制定者要根据变化的环境重新制定政策或及时调整、修订政策，因而各种政策总有一定的变动性。创业者应对各种政策的变化趋向做出合理的预期，分析各种政策是否会一直向有利的方向发展。

——信贷政策。创业往往离不开银行的贷款支持，即使大型跨国公司也离不开银行，因为资金周转总有不畅的时候，市场机遇常常需要迅速集中投入。国家和银行对待大众创业的信贷政策会直接影响创业成败。

——税收政策。税收政策对于吸引投资、鼓励创业、保护创业和促进经济发展有重要作用。为了鼓励大众创业和保护大众创业，发达国家普遍实行优惠的税收政策，减轻他们的创业风险。

——财政补贴。为了引导创业者的目标和中小企业的发展方向，政府不仅采取优惠税收政策，如少收税，而且通过财政补贴方式，以税养企业。

——技术创新政策。技术创新政策对于促进科技人才创业、促进中小企业技术创新起着重要的作用。

• 孵化支持。建立企业孵化器是鼓励技术创新的重要措施，也是技术创新政策的体现。所谓企业的孵化器就是协助创建高新技术企业的系统，由政府给予资金、技术、人力、物资等多方面的支持，以求把高新技术企业迅速有效地培育起来。企业孵化器有助于科研成果尽快转化为生产力。很多经济发达国家的科技成果转化率达到了50%左右，美国的硅谷转化率甚至高达70%以上。企业孵化器分为以下四个级别：

＊一级孵化：又叫项目孵化，孵化对象是高新技术的研发成果，目的是使科研成果商品化、产业化，创建新的中小型高新技术产业。

＊二级孵化：又叫企业孵化，孵化对象是培育成功的中小科技型企业和创业者。

＊三级孵化：又叫大孵化，从二级孵化阶段进入科技园区向大型科技企业发展。

＊四级孵化：又叫跨国孵化，通过高新技术园区的国际企业孵化器及其海外孵化基地，孵化成外向型高新技术企业，引入国外尚未产业化的高新技术，实现跨国经营。

企业孵化器对企业是一种有偿服务的关系，进驻孵化器的企业，双方签订孵化协议，互相制约。在创业中心有条件和双方自愿的条件下，创业中心可以参股。创业中心也可以自我孵化，创办企业。

• 法规支持。我国为了支持创办高新技术产业，促进高新技术成果转化，出台了《中华人民共和国科学技术进步法》和《中华人民共和国促进科技成果转化法》。鼓励科研机构和科研成员以多种方式转化高新技术成果，可以自办企业，也可以将成果作为资本向其他企业投资，作价可达企业注册资本的35%。

• 财政支持。为了扶持和促进高新技术企业成长和发展，国家制定了《关于科技型中小企业技术创新基金的暂行规定》，创新基金来自中央财政拨款及其银行存款利息。根据中小企业和项目的不同特点，创新基金采取不同的资助方式。一是贷款贴息；二是无偿资助。

（2）经济环境

经济环境包括经济结构、经济发展阶段、经济周期、国民收入及其变化趋势以及资本市场发育程度等因素，它们决定了企业潜在市场的大小。

——经济结构。经济结构是指一个国家或地区的产业结构、分配结构、交换结构、消费结构、技术结构以及所有制结构等。其中，产业结构与新创企业的关系最为密切，如果一国（地区）的产业结构处于升级阶段，则会提供较多的创业机会。

——经济发展阶段。企业的经营活动要受到一个国家或地区整个经济发展阶段的制约。以消费品市场为例，处于经济发达阶段的国家，较重视产品的基本功能，同时也比较强调产品的款式、性能与特色；而处于经济欠发达阶段的国家，则比较侧重于产品的基本功能和实用性，价格竞争具有一定的优势。

——经济周期。经济周期是现代社会发展过程中不可避免的经济波动，包括繁荣、萧条、衰退、复苏四个阶段。在经济周期中，经济波动几乎会影响所有部门，造成产量、就业、物价水平、利率等的变动。一般来说，经济周期的不同阶段都可能产生创业机会，但是由于经济总量与经济结构在萧条、衰退阶段处于相对的收缩状态，因而不利于创业活动；在经济复苏、繁荣阶段，经济活动十分活跃，因而有利于新创企业的发展。

——国民收入。国民收入是一个国家物质生产部门的劳动者在一定时期内所创造的价值总和，它反映一个国家的经济发展水平。人均国民收入是每年平均每人的国民收入，它反映一个国家消费品市场的平均水平。居民个人收入包括每人的工资、奖金、津贴、退休金、红利、租金、赠予等从各种来源所得的全部货币收入，它反映消费者的购买力水平。从个人收入中扣除直接支付税款及非税性负担后所剩的收入才是个人可支配收入，再从中扣除维持生活所必需的支出（如食品、固定费用、水电费、分期付款、学费、托儿费、抵押借款等）后所剩余的收入才是个人可随意支配收入。所有家庭成员个人收入的总和构成家庭收入。根据恩格尔定律，随着家庭收入的增加，用于购买食品的支出占家庭收入的比重下降，用于住宅、建筑和家务经营的支出占家庭收入的比重大体不变，用于其他方面（如服装、娱乐、交通、卫生保健、教育等）的支出占家庭收入的比重会上升。根据经济学的一般原理，收入等于消费与储蓄之和，当收入一定的时候，消费与储蓄的关系是此消彼长。居民收入中有的一部分以各种形式储蓄起来，它是一种推迟的、潜在的购买力，它往往影响到消费的潜在需求量及消费模式、消费内容、消费的发展方向。但是，消费者的购买能力并非局限于收入和储蓄，随着金融市场的不断发展与完善，消费者可以通过消费信贷等多种信用形式来增加购买力，这是一种预支的购买力。

——资本市场。资本市场在现代经济中具有重要地位，它是融通资金、调节投资的主渠道，其发展状态决定着企业可获得资本的数量和取得资金的难易程度，尤其对于新创企业而言，资本市场是决定其能否渡过初创期的资本障碍，从而进一步发展壮大的关键。

（3）社会环境

社会环境包括人口结构、社会文化环境等。

——人口结构。人是市场的主体，是企业经营活动的基础和最终对象，人口的变化意味着市场规模的变化、市场结构的变化。人口总数及其增长速度决定了潜在市场和现实市场的规模，但居住不同地区的人群，由于地理环境、气候条件、自然资源、风俗习惯的不同，消费需求的种类和数量不尽相同，购买习惯与行为也存在差别。同样，年龄结构不同，对商品和服务也会产生不同的需要，形成各具特色的市场；性别不同，不仅需求不同，而且购买习惯与行为也有很大差异。

——社会文化环境。任何企业的经营活动都必须处于一定的社会文化环境中。所谓社会文化环境，是指一个国家、地区或民族的传统文化，通常由价值观念、信仰、风俗习惯、行为方式、社会群体及相互关系等内容构成。社会文化环境是影响人们欲望和行为的重要因素。人们在不同的文化背景下生活，建立起不同的观念和信仰，遵循不同的行为规范，因而也具有不同的购买理念，从而导致不同的购买行为。企业只有全面了解社会文化环境，认真、准确地判断和分析消费者所处的社会文化环境，才能较准确地把握消费者的需求，正确选择自己的目标市场。

——科技环境。科技环境包括社会科技水平、社会科技力量、国家科技体制、国家科技政策和科技立法，它们直接或间接地影响着创业活动以及新创企业的生产经营，因为科学技术的发展决定社会生产力水平。一种新科技的出现，必然导致新的产业部门的出现，使消费对象的品种不断增加，范围不断扩大，进而使消费结构发生变化。

——自然环境。创业者考察自然环境的目的是要分析周围的环境及资源是否适合创业项目的发展，能否提供该行业所需的资源条件，同时，随着人们环保意识的增强，可持续发展已成为全球关注的战略问题，许多国家或地区已经制定了相关的环境保护法。因此，创业者必须顺应可持续发展战略的要求，在生产经营中保证不破坏自然环境、不浪费资源，以实现企业利益、消费者利益、社会利益及生态环境利益的和谐统一。

——法律环境。法律是市场经济条件下规范企业经营行为的准则，国家的法令法规，特别是关系到经济活动的立法，不仅规范企业的行为，而且会使消费需求数量和结构发生变化，能鼓励或限制某些产品的生产和销售。在我国，司法均以法律、法规、规章为依据，判例不是法律，没有普遍的约束力，但具有较强的参考意义，尤其是最高人民法院公布的判例。对于新创企业而言，首先，要了解我国的基本法律环境，例如《企业登记管理条例》等工商管理法规、规章，了解《合同法》《担保法》《票据法》《知识产权保护法》等基本民商法律以及行业的管理的规章。其次，创业者不仅要熟悉我国的法令法规，而且要了解相关国际贸易规则与惯例，在与外国资本进行生产、经营、投资合作时，要了解所在国的反垄断法、反倾销法、劳动法及有关产品安全等方面的法律规定。

（二）行业环境分析

不同的行业由于所处的发展阶段不同，行业的特征以及经济特性都是不同的。这些特性将直接决定企业所选择进入的行业，以及所要生产的产品能否为企业带来可观的利润，甚至关系到企业的生死存亡。行业分析的目的在于通过了解行业基本竞争情况及潜在的发展机会，以便于创业者做出正确的投资决策，尽量避免投资失误和资源浪费。

1. 行业的发展阶段

每一个行业发展所经历的周期可以分为四个阶段：孕育阶段、成长阶段、成熟阶段和衰退阶段。从本质上看，行业的生命周期是由该行业生产所使用的关键技术的成熟程度决定的，而技术同样也具有生命周期，从萌芽、生长、成熟至老化。当一项新技术刚刚被研制出来还不被人们熟悉时，它的发展较慢，行业处于孕育期；一旦越过最初阶段后技术就会迅速扩散，直到形成一定规模，行业也相应进入成长阶段、成熟阶段；此后，进入成熟阶段后，技术扩散速度逐渐放慢，行业随之处于衰退阶段。如果在此期间有新的技术取代原有技术，则行业的生命周期会在技术替代的过程中得以延续。对创业而言，不同的行业发展阶段所带来的机会和威胁是不同的。

——孕育阶段。此时，行业生产的关键技术尚处于研制过程中，消费群体不明确且规模很小。在这个阶段，存在大量的创业机会，先进入者拥有制定行业、生产、技术标准的优势，但同时也存在很大技术风险、市场风险。

——成长阶段。在该阶段的前期，行业刚刚形成，现有企业的规模小、产品少，但给创业者的机会多。随着关键技术逐渐成熟，企业纷纷进入，行业规模迅速扩大，投放到市场上的产品数量大、品种多。由于这一阶段的市场需求增长较快，所以带给创业者较大的机会。

——成熟阶段。这是行业稳定发展的阶段，企业间竞争激烈，实力弱的企业或被兼并或被淘汰出局，实力雄厚的大企业拥有较高的市场占有率。由于已趋于稳定需求，这一阶段留给创业者的机会十分有限。

——衰退阶段。这是行业逐渐消亡、衰落的阶段，许多企业纷纷退出，由于市场需求下降，原有产品逐渐被新产品替代，这一阶段的市场机会微乎其微，创业者应尽量回避。

行业发展的四个阶段带来的市场机会各不相同，其中，机会最大的应属行业的成长阶段，因此创业者应该尽量在此阶段进入。

2. 行业的进入壁垒

创业者进入一个行业之前，必须对进入这一行业的障碍有所把握。一个行业的进入壁垒越大，潜在进入者就越难进入。影响或阻碍潜在企业进入的行业壁垒主要有以下方面。

——规模经济。无论进入哪一行业，创业项目都必须具备相应的生产规模，否则难以达到一定的盈利水平.

——产品差异。所谓产品差异是顾客对某产品所形成的消费偏好。如果存在诸如品牌偏好、风俗偏好或口味偏好这样的产品差异，新进入企业要耗费大量的成本费用进行品牌建设、产品定位、广告宣传等工作，以建立新的差异，改变顾客对原有品牌的忠诚度。不然，企业将无法销售其产品，甚至会导致亏损。

——顾客品牌转移难度。顾客的品牌转移难度指顾客对老品牌的信任和偏爱的程度。顾客对于熟悉品牌的依赖程度越高，就越难接受新品牌或根本不进行尝试，这样的行业是难以进入的。

——所需投资量的大小。进入某一行业所需的投资量的大小，除由行业最低经济规模和合理经济规模决定以外，还由该行业技术复杂程度决定。一个行业所要求的生产经营技术越复杂、技术难度越大，则进入的企业在开发新产品、试制生产和商品化工作方面需要的费用也就越多，所需投资越大，该行业就越难进入。

——转换成本。转换成本不仅包括进入一个新的行业在固定资产、工艺设备的改造和原材料供应转换以及新员工培训等方面所花费的费用，而且包括心理转换成本。所谓心理转换成本，是指新进入企业往往需要比现有企业提供更好的产品、更低的价格，或者给予顾客更多的免费服务项目，否则难以使顾客接受新产品。心理转换成本越高，一个行业就越难进入。

——销售渠道限制。如果进入一个行业不能利用原有的销售渠道，就必须花费一定的费用建立新的销售渠道。这方面的费用越高，该行业越难进入.

——资源的稀缺性。如果某一行业所使用的资源，如原材料、劳动力、设备等供应充足，就比较容易进入；相反，在资源短缺的行业，新企业的加入则意味着该行业的资源更加短缺，这种稀缺性越强，该行业就越难进入.

——技术进步速度。技术进步的速度将直接影响到产品的生命周期，而企业能否跟上技术进步的速度则直接决定了其产品能否在市场上受到消费者的欢迎，尤其是对于一些技术含量对产品的影响比较大、技术的更新换代比较快的行业，如计算机行业，企业能否跟上技术进步的速度则更是决定了企业的生死存亡。一个行业的技术进步速度越快，新产品替代老产品的时间越短，该行业就越难进入。因为这对创业者的新产品开发工作构成极大的挑战，创业者可能还没有开发出该行业原有的老产品，产品就可能由于技术进步的原因步入了成熟或衰退期，而使企业的获利受到影响，或者是行业内其他企业新开发的产品对现有市场的冲击。

（三）目标市场分析

目标市场是指具有相同需求或特征的、公司决定为之服务的购买者群体。所谓目标市场，就是指企业在市场细分之后的若干"子市场"中，所运用的企业营销活动之"矢"而瞄准的市场方向之"的"的优选过程。例如，现阶段我国城乡居民对照相机的需求，可分为高档、中档和普通三种不同的消费者群。调查表明，33% 的消费者需要物美价廉的普通相机，52% 的消费者需要使用质量可靠、价格适中的中档相机，16% 的消费者需要美观、轻巧、耐用、高档的全自动或多镜头相机。国内各照相机生产厂家，大都以中档、普通相机为生产营销的目标，因而市场出现供过于求，而各大中型商场的高档相机，多为高价进口货。如果某一照相机厂家选定 16% 的消费者目标，优先推出质优、价格合理的新型高级相机，就会受到这部分消费者的欢迎，从而迅速提高市场占有率。

1. 目标市场分析内容

主要包括：市场的差异性、市场的可衡量性、市场的可达到性、市场的实用性，以及市场的可行性。

——差异性。顾客购买行为、成本、资金需求等方面有足够的差异使差异化战略具有合理性；

——可衡量性。市场规模、购买力等特征可测量；

——可达到性。通过相应营销组合，产品能送抵；

——实用性。规模足够大，有较大的盈利潜力；

——可行性。针对性的营销努力能有效抵达特定群体，对营销组合的反应基本一致。

2. 影响目标市场策略的因素

影响企业目标市场策略的因素主要有企业资源、产品特点、市场特点和竞争对手的策略四类。

——企业的资源特点。资源雄厚的企业，如拥有大规模的生产能力、广泛的分销渠道、程度很高的产品标准化、好的内在质量和品牌信誉等，可以考虑实行无差异市场营销策略；实力较弱的中小企业，适于集中力量进行集中营销策略。企业初次进入市场时，往往采用集中市场营销策略，在积累了一定的成功经验后再采用差异市场营销策略或无差异市场营销策略，扩大市场份额。

——产品特点。产品的同质性表明了产品在性能、特点等方面的差异性的大小，是企业选择目标市场时不可不考虑的因素之一。

同质性高的产品如食盐等，宜施行无差异市场营销；同质性低或异质性产品，差异市场营销或集中市场营销是恰当选择。

——市场特点。供与求是市场中两大基本力量，它们的变化趋势往往是决定市场发展方向的根本原因。供不应求时，企业重在扩大供给，无暇考虑需求差异，所以采用无差异市场营销策略；供过于求时，企业为刺激需求、扩大市场份额殚精竭虑，多采用差异市场营销或集中市场营销策略。从市场需求的角度来看，同质市场是消费者对某产品的需求偏好、购买行为相似，可采用无差异市场营销策略；异质市场，差异市场营销和集中市场营销策略更合适。

——竞争者的策略。企业可与竞争对手选择不同的目标市场覆盖策略。企业的目标市场策略应慎重选择，一旦确定，应该相对稳定，不能朝令夕改，但灵活性也不容忽视。没有永恒正确的策略，一定要密切注意市场需求的变化和竞争动态。

3. 竞争对手分析

通常情况下，企业看好的顾客，竞争者也会看好。当某一部分顾客对某种产品和服务产生需求的时候，市场就产生了。与此相对应，欲以生产经营类似产品和服务来满足这个市场需要的竞争者所组成的行业也就应运而生。企业在确定业务领域时还必须对行业进行深入的分析，正所谓"知己知彼，百战不殆"。理解行业的影响力非常重要，但还不够。"同行是冤家"，这只是泛泛之谈，任何一个企业都难以有足够的资源和能力，也没有必要与行业内企业全面为敌、四面出击，它必须处理好主要的竞争关系，即与直接竞争对手的关系。直接竞争对手是指那些向相同的顾客销售基本相同的产品或提供基本相同的服务的竞争者。竞争的激烈程度是指为了谋求竞争优势各方采取的竞争手段的激烈程度。

与市场细分相类似，行业也可以细分为不同的战略群组。战略群组（亦称战略集团）就是一个行业中沿着相同的战略方向，采用相同或相似的战略的企业群。只有处于同一战略群组的企业才是真正的竞争对手。因为他们通常采用相同或相似的技术、生产相同或相似的产品，提供相同或相似的服务，采用相互竞争性的定价方法，因而其间的竞争要比与战略群组外的企业的竞争更直接、更激烈。

在确立了重要的竞争对手以后，就需要对每一个竞争对手做出尽可能深入、详细的分析，揭示出每个竞争对手的长远目标、基本假设、现行战略和能力，并判断其行动的基本轮廓，特别是竞争对手对行业变化，以及当受到竞争对手威胁时可能做出的反应。

——竞争对手的长远目标。对竞争对手长远目标的分析可以预测竞争对手对位置是否满意，由此判断竞争对手会如何改变战略，以及他对外部事件会采取什么样的反应。日本摩托车企业在 20 世纪 70—80 年代的战略目标很明显，就是要全面占领美国市场。因此，像本田公司，在遇到关税壁垒时就可能采取到美国直接建厂的办法绕过美国关税壁垒的限制。

——竞争对手的战略假设。每个企业所确立的战略目标，其根本是基于他们的假设之上的。这些假设可以分为三类：

其一，竞争对手所信奉的理论假设。例如许多美国公司所奉行的理论是短期利润，因为只有利润，才能支持发展。而日本企业信奉的是市场占有率和规模经济理论，他们认为，只要能占领市场，扩大生产销售规模，单位成本就会下降，利润自然滚滚而来，然后才有秋天的黄金收获。

其二，竞争对手对自己企业的假设。有些企业认为自己在功能和质量上胜人一筹，有些企业则认为自己在成本和价格上具有优势。名牌产品企业对低档产品的渗透可能不屑一顾，而以价格取胜的企业对其他企业的削价则会迎头痛击。

其三，竞争对手对行业及行业内其他企业的假设。哈雷公司在 20 世纪 60 年代不仅对摩托车行业充满信心，而且对日本企业过于掉以轻心，认为他们不过是在起步学习阶段，对自己构不成威胁。然而，日本人一边低头哈腰地表示"我们是小学生"，一边却对美国人小觑自己刻骨铭心：看谁笑到最后。经过 20 年的磨炼，日本摩托车终于在美国占据了较大的市场份额。

实际上，对战略假设，无论是对竞争对手，还是对自己，都要仔细检验，这可以帮助管理者识别对所处环境的偏见和盲点。可怕的是，许多假设是尚未清楚意识到或根本没有意识到的，甚至是错误的；也有的假设过去正确，但由于经营环境的变化而变得不那么正确了，但企业仍在因循着过去的假设。

——竞争对手的战略途径与方法。战略途径与方法是具体的多方面的，应从企业的各个方面去分析。从营销战略的角度看，本田的营销战略途径与方法至少包括这样一些内容：在产品策略上，以小型车切入美国市场，提供尽可能多的小型车产品型号，提高产品吸引力；在小型车市场站稳脚跟后再向大型车市场渗透；在价格上，通过规模优势和管理改进降低产品成本，低价销售；在促销上，建立摩托车新形象，使其与哈雷的粗犷风格相区别。事实证明，这些战略途径行之有效，大获成功。相对而言，哈雷公司却没有明确的战略途径与方法。哈雷公司的母公司 AMF 公司虽然也为哈雷公司注入资本以提高产量，也曾一度进行小型车的生产，结果由于多方面因素的不协同而以失败告终。

——竞争对手的战略能力。目标也好，途径也好，都要以能力为基础。在分析研究了竞争对手的目标与途径之后，还要深入研究竞争对手是否具有能力采用其他途径实现其目标。这就涉及企业如何规划自己的战略以应对竞争。如果较之竞争对手本企业具有全面的竞争优势，那么则不必担心在何时何地发生冲突。如果竞争对手具有全面的竞争优势，那么只有两种办法：或是不要触怒竞争对手，甘心做一个跟随者；或是避而远之。如果不具有全面的竞争优势，而是在某些方面、某些领域具有差别优势，则可以在自己具有的差别优势的方面或领域把文章做足，但要避免以己之短碰彼之长。

二、创业项目发展分析与评估

（一）项目前景分析

1. 目标客户的问题

用户的需求在哪？这是最核心的，也就是痛点。一般而言，人的痛点解决都是围绕迎合本性解决的。人性最难抵抗傲慢、贪婪、色欲、嫉妒、暴食、愤怒及怠惰。比如，很多会员制度就是迎合贪婪，让人无法拒绝。按照马斯洛的需求理论，痛点也是能够对应到需求中的。这个时候就能够清晰了解到，这个产品是基于哪些维度解决问题的。

2. 客户群体分类

实际上，产品的用户都是比较细分的一个群体。而从公司的角度来讲，资源有限，不可能满足所有用户的需求，所有清晰的定位用户细分能够更好地让你服务好目标用户群体，同时在初创阶段良好的种子用户群体也能够帮你快速发展。

3. 独特卖点

产品能够销售是价值体现。独特的卖点就是最核心的价值，如何将产品组合出独特价值与对手竞争是需要在最开始就要定位的。而独特卖点就是在了解完用户需求、用户群体之后，基于以上两点结合拥有的优势和资源做出的定位。

4. 解决方案

解决方案就是围绕需要做的工作，如何把需求解决同时能够分析出产品差异点。解决方案是产品迭代导航，因为需求是一直存在的，而且需求和解决之间是一个平衡，不可能全部解决，只能不断地升级迭代产品，始终围绕核心用户群体。

5. 渠　道

实际上，实体行业受制最大的就是渠道，而渠道建立和维护也是最耗费资源的。借助移动互联网，人们能够轻松通过手机发生和商家的连接。本质上来说，现在的商业早已经不区分线上和线下，都是互相融合互补。

6. 关键指标

指标能够帮助你聚焦目标。实际上指标就是对总目标的分解，所以设置合理的关键指标非常重要。一般按照时间节点、发展阶段、规模设置关键指标。

7. 门槛优势

好的商业模式肯定是有壁垒的，虽然壁垒建造需要时间和资源，但是一般情况下通过基于人群需求的产品重构，也是能建立壁垒的。比如产品的功能组合、重新组合出让消费者难以直接和对手对比的产品。只要有了门槛，就需要不断地投入维护加高门槛，所以要适当拿出一部分利润投入到门槛里边。这也是大公司每年支出的研发费用非常高的原因之一。

8. 成本分析

成本核算实际上是复盘的指标，核算成本的维度越多，越细致，你了解到的信息越全面，这就不会出现感觉现金流挺多，最后年底算账还亏损的情况。

行业快速增长的时候，问题都是被掩盖住的，当竞争激烈的时候会将掩盖的问题都凸显出来。这也是为什么越来越多人说生意不好做了，本质是上需要关注的指标或者维度越来越多了，而认知模型还没有更新建立起来。

9. 收入分析

最后一个就是关于对收入的分析。收入分析和成本分析最大的区别是：收入分析能够让你对未来有一个清晰的认识，比如知道了现阶段主要盈利点，那么对在下个阶段当公司规模发展的时候会不会出现新的盈利点心中能有数。

（二）创业项目的评估

1. 市场定位

一个好的创业机会，必然具有特定市场定位，专注于满足顾客需求，同时能为顾客带来增值的效果。因此评估创业机会的时候，可由市场定位是否明确、顾客需求分析是否清晰、顾客接触通道是否流畅、产品是否持续衍生等，来判断创业机会可能创造的市场价值。创业带给顾客的价值越高，创业成功的机会也会越大。

2. 市场结构

针对创业机会的市场结构进行 5 项分析，包括进入障碍、供货商、顾客、经销商的谈判力量、替代性竞争产品的威胁，以及市场内部竞争的激烈程度。由市场结构分析可以得知新企业未来在市场中的地位，以及可能遭遇竞争对手反击的程度。

3. 市场规模

市场规模大小与成长速度，也是影响新企业成败的重要因素。一般而言，市场规模大者，进入障碍相对较低，市场竞争激烈程度也会略微下降。如果要进入的是一个十分成熟的市场，那么纵然市场规模很大，由于已经不再成长，利润空间必然很小，因此这行业恐怕就不值得再投入。反之，一个正在成长中的市场，通常也会是一个充满商机的市场，所谓水涨船高，只要进入时机正确，必须会有获利的空间。

4. 市场渗透力

对于一个具有巨大市场潜力的创业机会，市场渗透力（市场机会实现的过程）评估将会是一项非常重要的影响因素。聪明的创业家知道选择在最佳时机进入市场，也就是市场需求正要大幅成长之际。

5. 市场占有率

从创业机会预期可取得的市场占有率目标，可以显示这家新创公司未来的市场竞争力。一般而言，要成为市场的领导者，最少需要拥有 20% 以上的市场占有率。如果低于 5% 的市场占有率，则这个新企业的市场竞争力不高，自然也会影响未来企业上市的价值，尤其处在具有赢家通吃特点的高科技产业，新企业必须拥有成为市场前几名的能力，才比较具有投资价值。

6. 产品的成本结构

产品的成本结构，也可以反映新企业的前景是否亮丽。例如，从物料与人工成本所占比重之高低、变动成本与固定成本的比重，以及经济规模产量大小，可以判断企业创造附加价值的幅度以及未来可能的获利空间。

第三节　创业项目策划

项目策划是一种具有建设性、逻辑性的思维的过程，在此过程中，总的目的就是把所有可能影响决策的决定总结起来，对未来起到指导和控制作用，最终借以达到方案目标。它是一门新兴的策划学，以具体的项目活动为对象，体现一定的功利性、社会性、创造性、时效性和超前性的大型策划活动。

项目策划是项目发掘、论证、包装、推介、开发、运营全过程的一揽子计划。而项目的实施成功与否，除其他条件外，首要的一点就是所策划的项目是否具有足够吸引力来引入资本的投入。

项目策划的目的是建立并维护用以定义项目活动的计划。

项目策划阶段的主要活动包括：确定项目目标和范围；定义项目阶段、里程碑；估算项目规模、成本、时间、资源；建立项目组织结构；项目工作结构分解；识别项目风险；制定项目综合计划。项目计划是提供执行及控制项目活动的基础，以完成对项目客户的承诺。项目策划一般是在需求明确后制定的，项目策划是对项目进行全面的策划它的输出就是"项目综合计划"。

掌握项目计划的项目经理在项目过程中管理会比较到位，而不掌握项目计划或者项目计划不到位的项目中我们的项目往往出现很多事故，项目管理往往是越管越乱。项目计划是帮助我们项目经理去理清项目的过程和各组织活动之间的关系，只有搞清楚这些，我们的项目才能被管理起来，否则我们不能谈项目管理，只能说我们在管着项目，但是还没有理清楚，结果则是什么也没有管到位。

一、创业项目策划原则

（一）可行性原则

项目策划，考虑最多的便是其可行性。"实践是检验真理的唯一标准"，同样，项目策划的创意也要经得住事实的检验。

（二）创新性原则

创新是事物得以发展的动力，是人类赖以生存和发展的主要手段。

（三）无定势原则

世界万物都处在变化之中，没有无运动变化的事物，事物就是在这种运动的作用下发展的。

（四）价值性原则

项目策划要按照价值性原则来进行，这是其功利性的具体要求与体现。

（五）集中性原则

在战争中，集中优势兵力攻击对方关键性的部分，成为军事谋略的上策。不论是军事项目，还是体育项目，都可以借此达到胜利的目标。运用这一原则，需弄清以下四点：

——辨认出胜败关键点

——摸清对手的优缺点

——集中火力胜过对手的缺点

——决定性的地方投入决定性的力量

（六）智能放大原则

人的能量是无穷的，策划中的创意与构思也是无止境的，因此说项目策划要坚持智能放大的原则。

（七）信息性原则

信息是项目策划的起点，具体来说，包括以下几项要求。

1. 收集原始信息力求全面

不同地区、不同部门、不同环节的信息分布的密度是不均匀的，信息生成量的大小也不相同，因此，我们在收集原始信息时，范围要广，防止信息的短缺与遗漏。

2. 收集原始信息要可靠真实

原始信息一定要可靠、真实，要经过一个去伪存真的过程。脱离实际的浮夸的信息对项目策划来说毫无用处，一个良好的项目策划必然是建立在真实、可靠的原始信息之上。

3. 信息加工要准确、及时

市场是变化多端的，信息也是瞬息变化的，过去的信息可能在现在派不上用场，现在的信息可能在将来毫无用处，因此对一个项目的策划人来说，掌握信息的时空界限，及时地对信息加以分析，指导最近的行动，从而使策划效果更加完善。

4. 保持信息的系统性及连续性

任何活动本身都具有系统性与连续性，尤其作为策划的一个具体分支——项目策划更是如此。对一事物发展的各个阶段的信息进行连续收集，从而使项目策划更具有弹性，在未来变化的市场中，更有回旋余地。

二、创业项目策划流程

（一）项目调研

项目调研是指在一定的营销环境下，系统地搜集、分析和报告有关项目信息的过程。

项目策划要做出正确的决策，就必须通过营销调研，准确及时地掌握市场情况，使决策建立在坚实可靠的基础之上。只有通过科学的项目调研，才能减少项目的不确定性，使市场决策更有依据，降低项目策划的风险程度；另一方面，项目策划在实施过程中，可以通过调研检查决策的实施情况，及时发现决策中的失误和外界条件的变化，起到反馈信息的作用，为进一步调整和修改决策方案提供新的依据。

（二）项目市场细分与选择

1. 项目市场细分

项目市场细分就是指按照项目消费者或用户的差异性把市场划分为若干个子市场的过程。市场细分的客观基础是消费者需求的差异性。

2. 项目市场选择

项目市场细分化之后，存在着众多的子市场，如何在子市场中选出自己的目标市场，主要有以下几种策略。

集中性策略是指以追求市场利润最大化为目标，项目不是面向整体市场，而是将主要力量放在一个子市场上，为该市场开发具有特色的项目活动，进行广告宣传攻势。这种策略主要适合于短期项目活动，成本小，能在短期中取得促销的效果。

无差异策略是指项目活动不是针对某个市场，而是面向各个子市场的集合，以一种形式在市场中推展开来。这种策略应配以强有力的促销活动，产生大量的统一的广告宣传，但是成本比较大，时间比较长，一般适合于大型项目活动。分化的市场，从中选择两个以上或多个子市场作为目标市场，分别向每个子市场提供有针对性的活动。这种策略配置的促销活动应有分有合，项目分配在不同的子市场。广告宣传应针对各自的特点应有所不同，从调动各个子市场消费者的消费欲望，从而达到实际消费行为。

三、创业项目策划方法

1. 以事实为依据的项目策划方法

该策划方法强调社会经济生活对项目策划的限定性，从而以认识项目和社会生产、生活的关系为目的，只反映客观的现象，将项目策划的方法都建立在事实的记录和收集之上，反对主观的思维和加工；只研究实际相关的资料，其所表述的内容和结果如面积、大小、尺寸等恰恰是项目策划可操作性的反映，而对项目策划中理论原理和技术的适用漠不关心。

2. 以技术为手段的项目策划方法

该方法强调运用高技术手段对项目与生产和生活相关信息进行推理，只研究信息的分析和处理方法，而忽视项目策划对客观实际状态的依赖关系和因果关系；过分强调以技术的手段解决项目实施中的前期问题，而把项目策划片面地引导到只关心高技术的方向上去，使其游离于现实。

3. 以规范为标准的项目策划方法

该策划方法是单纯摒弃对现实生产、生活实际状态的实地调查，不关心社会生产、生活方式因时代发展而发生的新变化，只凭人们通过对经验总结而形成的习惯方法和程序的记载——规范、资料及专家的个人经验进行项目策划。由于该方法关心社会生产、生活方式的改变对项目的影响，总是以既成的、有限的项目作为新项目的蓝本，因此该策划方法所创造的将是停滞而僵死的项目。

4. 综合性的项目策划方法

上述三种项目策划方法都有其特点，但也有其明显的不足，综合性的项目策划方法就是将上述三种项目策划方法统而合一，以摆脱上述三种项目策划方法的偏颇。综合性的项目策划方法就是从事实的实态调查入手，以规范的既有经验、资料为参考依据，适用现代技术手段，通过项目策划人员进行综合分析论证，最终实现项目策划的目标。

5.头脑风暴法

这种策划方法在进行会议时，策划人要充分地说明策划的主题，提供必要的相关信息，创造一个自由的空间，让各位专家充分表达自己的想法。为此，参加会议的专家的地位应当相当，以免产生权威效应，从而影响另一部分专家创造性思维的发挥。

6.德尔菲法

所谓德尔菲法是指采用函询的方式或电话、网络的方式，反复咨询专家们的建议，然后由策划人做出统计。如果结果不趋向一致，那么就再征询专家，直至得出比较统一的方案。这种策划方法的优点是：专家们互不见面，不会产生权威压力，因此，可以自由地充分地发表自己的意见，从而得出比较客观的策划案。

7.拍脑瓜法

拍脑瓜法又称创意法，是指策划人收集有关产品、市场、消费群体的信息，进而对材料进行综合分析与思考，然后打开想象的大门，形成意境，但不会很快想出策划案，它会在策划人不经意时突然从头脑中跳跃出来。

8.灰色系统法

灰色系统法是指利用一些已知的行为结果，来推断行为的原因或未来模糊的不确定性的行为。

9.智能放大法

智能放大法是指对事物有全面而科学的认识．然后在这种认识的基础上对事物的发展做夸张的设想，运用这种设想对具体项目进行策划。

思考题：

1.创新选择路径有哪些？

2.大学生选择创业项目的对策有哪些？

3.创业项目策划中应该遵循哪些原则？

4.创业项目的策划方法有哪些？

第六章　大学生创业项目市场

1. 了解创业市场的划分和选择
2. 理解创业项目市场分析的工具
3. 了解创业市场的细分
4. 了解和掌握创业市场营销策略
5. 掌握创业市场调查的内容和方法
6. 掌握市场调查报告的撰写

案例导入

瑞幸咖啡——中国咖啡第三次革命的代表品牌

中国的咖啡市场起步较晚，但是由于巨大的市场潜力，中国目前已成全球咖啡市场增量最大的板块。20 世纪 90 年代初，以"雀巢"为代表的速溶咖啡品牌进入中国，开启了中国市场的速溶咖啡时代。1997 年，以上岛咖啡为代表的台式现磨咖啡店进驻中国。1999 年，全球咖啡巨头星巴克正式入局中国市场。2006 年，COSTA 随后也进入了中国市场。2012 年，伴随着韩流文化的全球推广，Angel-In-Us、Caffebene 等韩系咖啡品牌开始中国市场扩张，中国现磨咖啡市场迅速发展。在过去 20 年当中，中国咖啡市场主要以国外咖啡品牌居多，本土咖啡品牌较为鲜有。近年来，由于咖啡文化在我国一二线城市的普及、城市化的加速发展使得人们的生活节奏加速，市场整体表现出对咖啡的需求增大。据艾媒咨询数据显示，中国咖啡市场正在进入一个高速发展的阶段，2021 年中国咖啡市场规模约为 3817 亿元，预计咖啡行业将保持 27.2% 的增长速度，2025

年中国咖啡市场规模将达 10000 亿元。伴随着咖啡在我国消费群体中接受度的不断提高，新的消费产品、消费场景和消费方式不断裂变，全咖啡产业链的深度联动，整个咖啡行业持续保持增长，本土咖啡品牌瑞幸、Manner、三顿半、Fisher、Seesaw 等也如雨后春笋般涌现。

面对市场的巨大前景，国内外咖啡品牌展开了新的一轮革命。创立于 2017 年、2019 年 5 月 17 日赴美上市的瑞幸咖啡作为中国本土咖啡品牌的代表。一方面面临着连锁咖啡品牌们疯狂"跑马圈地"，另一方面日本知名咖啡品牌 Blue Bottle Coffee（蓝瓶咖啡），中国邮政、李宁等跨行业新入局者也在试图搅动起中国咖啡市场。而瑞幸咖啡面对复杂多变的市场环境，"谷爱凌冬奥营销""椰云拿铁新品"先后两大事件在年轻人群中收获了极大的关注度与好感度。瑞幸咖啡深入洞察年轻人的喜好，坚定地与年轻人站在一起；高度聚焦品牌主张，占领年轻人心智；夯实产品、运营和营销等综合能力，打出组合拳，建立起自身竞争壁垒，在众多竞争对手中突出重围，成为这场"咖啡战争"的佼佼者。2021 年，荣获《第一财经》连锁咖啡类目品牌偏好度第一；随后，荣获传媒集团《消费者报告》"年度最受年轻消费者欢迎品牌"评选。

资料来源：

1. 翻倍增长、全面盈利，瑞幸如何撑起世界级咖啡品牌的格局？ https://baijiahao.baidu.com

2. 咖啡革命的第三次浪潮，中国的咖啡市场将迎来新一轮格局性变动。https://m.gafei.com

讨论一下

1. 瑞幸咖啡所处的市场环境如何？

2. 瑞幸咖啡如何在竞争激烈的咖啡市场中脱颖而出？

3. 在进行创业实践时如何分析市场情况？

为什么要进行市场分析？随着互联网以及移动互联网技术在各行各业的实际应用增强，产业融合程度加深，消费分层的加剧以及消费需求的快速变化，使得创业者时刻面临着多变、复杂且具有差异的市场环境。正因如此，具有多变

性、复杂性和差异性的市场环境催生了市场机会。进入市场之前，创业者通常需要充 分地思考"是否应该进入一个新的市场？"也需要考虑进入市场之后"该如何 预测、分析与应对市场变化"的问题。通过市场分析，可以帮助创业者认清行业现状、行业发展趋势、顾客需求、竞争态势等市场情况，有助于创业企业在初期能够制定或修正发展战略。正如鱼与水的关系一样，创业企业需要与市场共生共长并搭建起良性循环的生态圈。因此，创业者需要充分洞察市场，了解即将进入的行业状况、需求状况与竞争态势，在平衡自身企业资源的基础之上，交出 市场满意的答卷，才有机会在创业市场中成长起来。

第一节　创业市场确定

一、创业市场调研

（一）市场调研的定义及作用

市场调研是指运用科学的方法，有目的、有系统地收集、记录、整理有关市场的各种信息和资料，分析市场情况，了解市场现状及其发展趋势，为市场预测和营销决策提供客观的、正确的资料。市场调研是一项系统性的商业活动，其目的是为了更好地理解市场、消费者、竞争对手以及各种市场趋势和机会，从而为企业制定营销策略、产品开发、市场推广和销售计划等提供信息支持，是企业制订营销计划和策略的基础工作，也是创业者正确选择创业项目的前提条件。

市场调研是在企业制定市场营销策略和经营决策过程中不可或缺的环节。它的作用主要体现在以下几个方面。

1. 提供决策基础信息

市场调研为企业提供关于市场现状、消费者需求、竞争态势等方面的详实数据和分析，是企业制定决策的基础。

2. 了解外部信息

市场调研可以帮助企业了解外部市场环境的变化，包括政策、社会、经济、技术等方面的因素，以便企业及时调整自身的市场测量。

3. 弥补信息不足

通过系统性的市场调研，企业可以弥补自身在市场信息方面的不足，从而更全面地了解市场情况，为决策提供支持。

4. 增强企业的市场适应性

市场调研可以帮助企业及时了解市场变化趋势，使企业能够迅速调整产品、价格、渠道等策略，以适应市场的变化。

5. 提升决策的科学性

市场调研可以提供量化的数据支持，使企业的决策更加科学、合理，降低决策风险。

6. 优化产品和服务

市场调研能够反映消费者对产品或服务的真实需求和评价，有助于企业改进提升产品和服务，提高消费者满意度。

7. 支持新产品开发

市场调研可以为企业的新产品开发提供市场需求、消费者偏好、企业竞争态势等方面的依据。

8. 提升营销效果

市场调研可以帮助企业更好地了解目标市场和消费者，从而制定更有效的营销策略和活动。

9. 合理配置资源

市场调研有助于企业了解各种资源的需求和利用情况，实现资源的合理配置，提高经营效益。

10. 预测市场变化

市场调研不仅可以帮助企业了解当前市场情况，还可以对市场为了的发展趋势进行预测，为企业制定长远发展规划提供参考。

市场调研在企业的市场营销和经营活动中具有重要作用，它是企业制定科学决策、提升市场竞争力、实现可持续发展的重要手段。

（二）市场调研原则

市场调研的原则是指企业在进行市场调研活动时需要遵循的原则和准则。市场调研常用原则包括以下几个方面。

1. 目标明确

在进行市场调研前，需要明确调研的目标和目的，明确调研目标有助于确定调研内容、方法和范围，确保调研结果能满足企业需求。

2. 方法科学

选择合适的调研方法和工具，如问卷调查、访谈、观察等，根据调研的目标和对象进行合理的选择。同时，要确保调研方法的科学性和可靠性，以保证调研结果的准确性和可信度。

3. 样本具有代表性

需要选择具有代表性的样本，以确保调研结果能够真实反映整个市场的情况。样本的选择应考虑到不同地区、不同年龄、不同性别、不同收入等因素，以尽可能全面地了解市场的特点和需求。

4. 数据真实性

需要确保收集到的数据的真实性和可靠性。采用科学的调研方法和工具，避免主观偏见和误导性问题的出现，确保数据的真实性、准确性和可信度。

5. 分析全面性

进行市场调研后，需要对所收集到的数据进行全面的分析。通过对数据的整理、分类、统计和比较，找出市场的特点、趋势和规律，为企业制定市场营销策略提供依据。

6. 结果应用性

市场调研的最终目的是为企业提供决策支持和市场营销策略的制定。因此，在进行市场调研时，需要将调研结果与实际情况相结合，提出具体的建议和措施，以实现调研的应用价值。

大学生创业过程中需要进行充分的市场调研，只有遵循这些原则，才能够进行有效的市场调研，为企业的市场决策提供准确、可靠的信息支持。

（三）市场调研的步骤

1. 确定市场调研目标

市场调研的目的是帮助企业准确地做出经营战略和营销决策，清晰地界定调研问题是市场调研的起点，这有助于指导整个调研过程，并确保收集的信息相关和有价值。明确市场调研的目标和范围，例如了解市场需求、竞争对手情况、产品定位、产品市场的可行性等。

2. 明确市场调研方法

根据调研目标，选择合适的市场调研方法。调研方法可能包括定量研究（如问卷调查、数据分析）和定性研究（如焦点小组、深度访谈），并设计具体的研究工具和流程。企业在进行市场调研中所采取的调研方法是非常重要的。

3. 制定调研计划

确定调研的范围、时间、地点、对象、和预算，并确定采用的研究方法和调研工具等，制定详细的调研计划。需要规划市场调研的整体框架，包括确定数据来源、选择调研方法、设计调查工具和抽样计划等。

4. 收集数据

按照计划执行数据收集工作。包括收集第一手资料和收集第二手资料。通过问卷调查、访谈、观察等方式，收集第一手的市场信息和数据，可以通过电话、网络、面对面等方式进行调研。通过查阅文献、报告、统计数据等，收集第二手市场的信息和数据，了解市场背景、趋势和规模等。收集数据的过程要确保样本的代表性，并遵循科学的抽样原则，以保证调研结果的准确性和可靠性。

5. 数据分析和整理

对收集到的数据进行整理和分析，包括数据清洗、数据统计、数据可视化等，以便更好地理解市场情况和发现潜在的问题和机会，揭示市场发展的现状和规律，为企业提供参考。

6. 撰写市场调研报告

根据分析的结果，撰写调研报告。调研报告应根据调查的目的和收集的信息资料，经过分析研究，做出判断性结论，并提出相应的建议与对策，调研报告一般应当包括调研背景、目的、方法、主要发现、结论和建议等内容。对调研结果进行统计、分析和预测后所获得的信息，需要具备准确性、系统性、针对性、及时性、规划性、预见性。

7. 跟踪反馈

为保证市场调研成果的可靠性，需要对其进行跟踪反馈。在调研过程中，需要不断地监控调研的进度和质量，确保调研顺利进行，持续跟踪市场动态和竞争环境。获取反馈，及时调整和改进市场策略，保持对市场的敏感度和竞争力。如果不能得到预期的反馈，可能需要对之前的步骤进行检查和修正。

8. 评估总结

调研结束后，需要对整个调研过程进行评估和总结，包括评估调研结果的有效性和可行性，以及总结次调研过程中的经验教训，为企业持续发展提供新的参考依据。

（四）市场调研的方法

为了达到更好的市场调研效果，需要采用一定的市场调查方法。市场调研方法主要有定性研究和定量研究两种。定性研究方法包括文案调研法、观察调查法、访问法等。定量调查法包括实验法、问卷调查法、网络调查法等。

1. 文案调研法

文案调研法又称为资料查阅寻找法、间接调查法、资料分析法或室内研究法，是一种围绕特定目的，收集、整理和分析二手资料的方法，主要通过互联网搜索和图书文献等信息搜索获取资料。企业主要利用其内部和外部现有的各种信息、情报，对调查内容进行分析研究，发现问题和解决问题，并为市场研究提供决策参考，也可为实地调研提供经验和创造条件。

2. 访问法

访问法又称为询问法，是市场调研中常用的调查方法，是调查者通过访谈询问的形式，直接与调查对象接触来收集信息和资料的一种社会调查方法。这种方法涉及面广、形式多样，可以根据调查需要灵活设计。主要包括面谈调查、电话调查、邮寄访问、座谈法、焦点小组座谈调查法等。

（1）面谈调查

通过与被调查者进行面对面的交谈来获取信息和所需资料的方法。这种方法可以获得更为详细和深入的信息，并且可以回答一些调查问卷无法涵盖的问题。使用这种方法的问题主要在于成本高，调查结果受限于调查人员的业务水平。所以需要对调查人员进行培训，同时在进行面谈中，调查员需要提供真实的信息目的，建立信任关系，保证调查的可靠性和有效性。

（2）电话调查

通过电话对被调查者进行有条理的访问，以搜集市场信息资料的一种方法。这种方法具有参与度高、成本低、获取资料的的时间短的优点，但也面临着这样一些问题：拒绝率上升、不能询问较为复杂的问题、难以进行深入交谈等。

（3）邮寄调查

这是一种传统的调查方法，调查者将设计好的调查资料，有选择地通过邮政系统邮寄给被调查者，被调查者按要求填写后，在约定时间内寄回，调查者随后进行统计和分析，从而获得调查结果的一种方法。这种方法的优点在于调查费用较低、调查范围较广、样本数量灵活、被调查者又充足的时间进行思考和填写。

邮寄调查也存在一些局限和挑战，如回收率较低，被调查者的态度影响较大，可能不适合搜集关于特定主题的深度信息等。

（4）座谈法

通过与客户进行座谈会的方式进行调研，可以精确确定受访对象，收集数据较为精准，但成本相对较高。

（5）焦点小组座谈调查法

挑选并组织一组目标受众，采用座谈形式进行集体讨论、交谈，从而获取信息的一种调查方法。焦点小组座谈调查是市场调查研究方法中应用较广、收效较大的一种方法。这种方法的优点是可以获取丰富信息，交流和互动中产生更多的观点和见解，但也存在局限性，如参与者可能受到其他成员的影响，导致结果不够客观，座谈过程中也可能存在一些主观性和偏见。

3. 观察法

观察法是指调查人员运用自己的感觉器官或借助观察工具，有目的有计划地观察被调查者的行为活动，并从中获取市场信息的调查方法。在被调查者处于未注意的情况下进行观察法进行市场调研，获取的信息资料准确性较高，实用性较强，但若想获取更深入的信息，可能会花费更多的时间和费用。

4. 实验法

根据市场调查的目的，将调查对象置于一定的条件下，通过实验对比，对市场现象中某些变量之间的因果关系及其发展变化过程进行观察分析的调查研究方法。实验法是一种复杂而有效的调查研究方法，在市场调查中应用范围很广，它通过在控制条件下对市场现象进行实验，来探索变量之间的因果关系，从而为市场决策提供科学依据。

5. 网络调查法

企业依托互联网平台与被调查者接触，进行数据的收集与分析的一种调查方法。网络调查法在市场调研中的运用，不仅提高数据收集效率，还扩大数据收集的地理范围，有助于企业更好地理解市场动态，制定有效的市场测量。根据采用技术的不同，网络调查法可以分为站点法、电子邮件法、视频会议法、随机 IP法等。

6. 抽样调查法

从全部调查对象中抽取一部分具有代表性的样本进行调查，然后根据样本调查结果推断总体特征的一种调查方法。抽样调查法具有科学性、经济性和适用性的特点，适用于使用量大、涉及面广、用户多的产品，是一种最基本的常用方法。在选择抽样调查时，需要考虑样本的代表性、可行性和成本效益，同时，还需要注意样本的大小和抽样误差的控制，以确保调查结果的准确性和可靠性。

（五）市场调查的内容

1. 市场环境调查

市场环境调查主要包括经济环境、政治环境、社会文化环境、科学环境和自然地理环境的调查。具体调查内容包括国家各项方针、法规和政策，特别是有关大学生创业的特殊政策；经济结构，市场购买力水平，国民经济比例关系等环境；消费者文化水平、社会教育水平、民族宗教和风俗习惯、社会价值观等；包括科学发展动态、气候等各种影响市场的因素。

2. 市场需求调查

市场需求调查是对消费者购买和消费商品或服务的动机、行为和态度进行系统的收集、记录、整理和分析的过程，旨在了解消费者对某一产品或服务的需求状况，包括调查消费者需求量、消费者收入水平、消费结构、消费者行为等的调查。可以帮助企业发现市场机会，预测市场趋势。了解消费者偏好，以及评估市场潜力。

3. 市场供给调查

市场供给调查是指对市场上可供销售的商品或服务的数量、质量、特性、价格以及供应商等方面的信息进行收集、分析和评估的过程。包括了解市场供应量、供应者能力、产品的特性、价格水平以及市场供应的潜在变化。有助于企业了解市场供给的现状和趋势，以便更好地制定生产计划、价格策略和销售策略。同时也有助于企业发现潜在的供应链风险，及时调整供应链管理策略，确保业务的连续性和稳定性。

4. 市场竞争情况调查

市场竞争调查是指对特定市场中的竞争情况进行系统性的调查和分析。通过市场竞争调查，可以了解市场环境、竞争对手、产品和服务的差异化程度、市场份额、价格策略、市场趋势等信息，从而为企业制定合适的市场竞争策略提供依据。

5. 市场销售策略调查

市场销售策略调查是一项关键的市场研究活动，其主要目标是深入了解目前市场上提供销售某种产品或服务时所采用的促销手段、营销策略、销售方式、销售渠道、销售环节、广告宣传方式和重点、价格策略、产品或服务的质量和性能等。市场销售策略是企业了解市场状况、制定营销策略和提升销售业绩的重要工具，企业可以更好地定位自己的产品和服务，满足消费者需求，并在竞争激烈的市场占据优势。

二、创业市场细分

创业市场细分是指企业基于市场需求的多样性和消费者购买行为的差异性，将整个市场划分为若干更小、更具针对性和具有相似特征的顾客群体，以便创业者能够更好地集中资源和精力去满足这些特定市场的需求，更精确地确定目标市场，制定相应的营销策略。

创业市场的竞争日趋激烈，创业者需要找到一个适合自己的细分市场，以便在激烈的竞争中脱颖而出。市场细分是创业者制定创业策略的基础，只有深入了解目标市场的特征和需要，才能更好地满足消费者的需求，提供有竞争力的产品或服务。

（一）创业市场细分的作用

1. 确定目标市场

市场细分可以帮助创业者确定目标客户，找到最有潜力的客户群体，深入研究他们的需求和偏好，从而更好地把握目标市场的特点、需求和行为。这种明确性使得创业者更准确地把握市场需求，并能够设计出更加符合目标市场需要的产品和服务。

2. 制定精准营销策略

了解细分市场的特点，创业者能够开发出更加个性化的营销信息和促销活动，提高营销效率，减少资源浪费。市场细分提供关于消费者需求的详细信息，使得企业能够更有针对性地制定和调整其市场营销组合策略，包括产品、价格、推广和分销等方面，以适应目标市场的特定需求，从而更精准地吸引目标市场消费者，提高市场营销的效果。

3. 发掘市场商机

细分市场有助于企业发现新的市场机会，在不同市场细分中，消费者的需求、购买行为和偏好各不相同，企业可以针对这些特点开发新产品和新服务，满足特定细分市场的独特需求。这些未被充分满足的消费需求常常是创业企业可以切入的市场机会。

4. 提高客户满意度

市场细分使得企业能更精确地识别和满足消费者的需求，通过对细分市场的深入研究，企业可以提供更个性化和差异化的产品和服务，提高消费者的满意度，并有助于建立品牌忠诚度。

5. 优化资源配置

市场细分可以使企业更合理地分配有限的资源，将人力、物力、资金、时间、信息等资源，集中投入到最能带来效益的目标市场，这样不仅能形成经营上的规模效应，而且更能有效地发挥企业的核心竞争力和市场优势。

6. 快速响应市场变化

细分市场规模较小，并都有其独特的特征和需求，当市场发生变化时，不同细分市场的反应会有所不同，通过对不同细分市场的监测和分析，企业可以提前发现市场变化和趋势，从而能够快速地做出相应的调整和决策，以适应这些变化。

7. 提高市场竞争力

市场细分可以帮助创业者找到自己的竞争优势，降低竞争压力。通过细分市场，有利于发现目标消费群体尚未被满足的需求特性，从而开发出独特的产品或服务，避免与大型竞争对手直接竞争，也有可能面临的较少的竞争对手，有助于提高自己在细分市场中的竞争力，降低竞争压力。

8. 降低市场风险

通过细分市场，创业者可以更加准确地了解目标市场的需求和竞争情况，从而制定更加有针对性的市场策略，减少市场识别的可能性。通过测试和进入不同的细分市场，创业者可以评估他们的商业理念，并在必要时进行调整，这有助于降低整体风险。

9. 建立市场壁垒

通过专注于特定的细分市场，满足客户需求，提供高品质的产品和服务，企业可以赢得客户忠诚度，降低成本，建立品牌认知度，从而帮助企业在新进入者面前形成市场壁垒，抵御竞争对手的进入，保护其市场地位。

（二）创业市场细分的方法

创业市场细分的方法可以帮助创业者更好地理解目标市场，定位目标客户群体，并制定有效的营销策略，以下是几种常用的市场细分方法。

1. 按地理位置细分

根据地理位置将市场划分为不同的区域，如国际市场、国内市场、城市市场、农村市场等，考虑到不同地区的文化、气候、经济发展水平、人口密度等因素对消费者需求的影响，使得不同地域的市场有着不同的文化、消费习惯和经济发展水平，创业者可以根据自己的资源和优势选择适合的市场，从而制定相应的市场营销策略。

2. 按人口统计学细分

根据人口特征，如性别、年龄、收入水平、教育程度、家庭结构等将进行市场细分。人口统计学细分可以帮助企业更好地了解不同群体的消费需求、消费习惯和购买力，创业者可以选择目标消费群体，并提供符合其需求的产品或服务，从而开展有针对性的市场推广。

3. 按消费行为细分

根据消费者的购买行为、产品使用习惯、使用频率、品牌忠诚度等因素进行市场细分。通过分析消费者的行为数据，了解其购买动机、偏好和忠诚度。消费行为细分可以帮助企业更好地了解不同群体的购买决策过程和消费行为，从而制定相应的市场营销策略。

4. 按消费者心理细分

根据消费者的价值观、兴趣爱好、生活态度、生活方式等因素进行市场细分，有助于企业更好地了解不同群体的消费心理和需求，从而开发适销对路的产品或服务，开展有针对性的市场推广活动。

5. 按利润细分

按照收入、获取成本、服务成本等方面进行细分，根据不同消费群体对产品或服务的利润贡献程度进行市场细分。利润细分方法有助于识别高利润客户群体，为企业带来更大的经济效益。

6. 按行业细分

将市场按照不同的行业进行划分，如科技、金融、教育、医疗卫生等。每个行业都有自己的特点和需求，创业者可以选择在自己擅长或感兴趣的行业中进行创业。

7. 按价值链细分

将市场按照价值链的不同环节进行划分，如生产链、供应链、销售链等。创业者可以选择在价值链的某个环节中提供差异化产品或服务，从而获取竞争优势。

8. 按创新程度细分

按照创新程度将市场划分为传统市场、新兴市场、创新市场等。创新市场通常具有较高的风险和回报，但也有较大的机会和潜力，创业者可以选择在创新市场中寻找新的商机。

在创业过程中，选择合适的市场细分方法非常重要。创业者应该根据自身产品或服务的特点、目标市场的特点以及资源状况，选择合适的市场细分方法。通过市场细分，创业者可以更精确地识别目标客户，开发适合市场需求的产品或服务，制定有效的营销策略，提高创业成功率。

（三）有效的市场细分的特征

1. 可衡量性

市场细分的标准需具体、明确，便于识别和量化。细分后的市场应有清晰的界定，企业能够衡量各子市场的规模和购买潜力。

2. 可盈利性

细分的子市场应具备足够的规模和盈利潜力，以保证企业投入相应的资源进行市场开发后能获得合理的回报。这可以通过评估细分市场的市场规模、增长潜力、竞争程度等来判断。

3. 可进入性

企业必须有能力并有效地进入所选定的细分市场，即企业能够通过合适的渠道和手段与目标细分市场进行有效的沟通和交流。这涉及到企业资源和能力的匹配，包括营销渠道的建立和产品服务的提供等。

4. 差异性

市场细分应该能够将市场划分为不同的群体或细分市场，这些群体在消费行为、需求、偏好等方面存在明显的差异，各个细分市场应对不同的营销策略和组合因素有不同的反应，显示出各自的独特性。

5. 可持续性

市场细分应该是持久的，即细分市场的特征和差异在一段时间内是相对稳定的。这样可以使企业能够长期地针对不同的细分市场进行市场营销活动。

6. 可操作性

市场细分应该是可操作的，即企业能够根据细分市场的特征和需求制定相应的市场营销策略和计划，并能够实施和监控这些策略的执行效果。

有效的市场细分应该具备可测量性、可盈利性、可进入性、差异性、可持续性、可操作性等特征，这样才能帮助企业更好地理解和满足不同细分市场的需求，提高市场营销的效果和效率。

（四）创业市场细分的关键步骤

创业市场细分的关键步骤涉及对市场的深入理解、对目标顾客的精确识别以及对竞争对手的分析。

1.市场研究

进行市场调研，收集有关行业趋势、消费者行为、竞争对手和潜在市场的数据和信息。

2.定义市场

根据市场研究的结果，确定要细分的市场范围，根据不同的标准（如地理位置、产品类型、消费者特征等）对市场进行初步细分，确定哪些细分市场具有足够的规模、增长潜力和盈利能力。

3.分析目标客户的需求

对每个细分市场内的目标客户进行深入分析。了解他们的需求、偏好和购买行为。

4.评估细分市场的吸引力

评估每个细分市场的吸引力，考虑市场规模、增长速度、竞争程度和利润率。

5.选择目标市场

根据企业的资源、能力和战略目标，选择最有吸引力和最符合企业优势的细分市场作为目标市场。确保选择的细分市场与企业的核心竞争力相匹配。

6.制定市场进入策略

为选定的目标市场制定详细的市场进入策略，包括产品定位、价格策略、营销和销售渠道。确保市场进入策略能够有效地满足目标市场的需求，同时又区分于竞争对手。

7.实施和监控

将市场细分策略付诸实施，通过有效的执行，确保产品或服务能够满足目标市场需求，并实现商业目标。并定期监控市场反应、顾客反馈和销售数据，根据市场变化和业绩成功，及时调整和优化市场细分策略和营销计划。

三、目标市场的选择与定位

目标市场是企业决定进入的市场，即是指企业或品牌所选择的特定消费者群体或市场细分，该市场细分具有潜在的购买力和兴趣，以及与企业或品牌的产品或服务的相关需求。目标市场的选择是基于市场调研和分析，以确定最有可能购买企业产品或服务的群体。

（一）选择目标市场

目标市场的选择是企业营销战略的一个重要组成部分，是根据每个市场的吸引力程度，从多个潜在市场细分中选择一个或几个市场细分作为主要目标市场。

选择目标市场时，企业需要考虑以下因素：

1. 企业资源

企业的资金、技术、人力和管理能力等资源是否足以服务目标市场。

2. 竞争状况

目标市场上的竞争程度，以及企业相对于竞争对手的优势和劣势。

3. 市场潜力

目标市场的规模、增长速度和盈利能力。

4. 客户需求

目标市场消费者的具体需求和偏好，以及这些需要的满足程度。

5. 风险水平

进入目标市场的风险，包括市场的不确定性、政策法规变化等因素。

（二）目标市场定位

目标市场的定位是指企业在市场中选择一个特定的目标市场后，如何在该市场中为产品或品牌建立有利地位。这个过程涉及到确定产品或服务的独特卖点，以及如何在消费者心中形成独特的品牌形象，从而适当确定该产品或服务在市场上的位置。

1. 目标市场定位的步骤

（1）分析市场环境

研究市场的总体环境，包括行业趋势、消费者行为、竞争对手情况、法律法规等。了解目标市场的需求和偏好，以及市场的细分情况。

（2）确定竞争优势

评估企业自身的资源和能力，包括产品特性、技术实力、品牌形象、财务状况等。确定企业相对于竞争对手的优势和劣势，了解竞争对手产品特点、定价策略、市场份额等信息，为企业制定差异化的市场定位策略提供参考。

（3）选择目标市场

根据市场细分的结果，选择一个或几个最有潜力的市场细分作为目标市场。需要考虑目标市场的规模、增长潜力、利润率和竞争程度。

（4）设计市场定位策略

基于目标市场的需求和企业的竞争优势，设计一个清晰的市场定位策略，确定产品或服务的独特卖点，以实现企业在目标市场中的竞争优势。

（5）开发营销组合

根据市场定位策略，制定相应的营销组合策略，包括产品策略、价格策略、促销策略和推广策略。确保营销组合的各个元素能够有效地传达定位信息，吸引目标市场的消费者。

（6）市场定位信息的传播

通过广告、公关、销售和其他营销传播工具，将企业的市场定位信息准确传达给消费者，强调产品或服务的独特卖点和消费者价值。

（7）监控和评估

通过持续监控来评估市场定位的效果，包括品牌认知、市场份额、消费者满意度和忠诚度等，根据市场反馈和消费者行为，调整和优化市场定位策略，以保持竞争优势。

2. 目标市场定位的层次

在现代营销学中，市场定位是一个多维的过程，可以在不同层次上进行，以适应不同的市场环境和战略目标。企业在进行目标市场定位时，可以选择一个或多个层次进行组合，为产品或服务创造一个全面而独特的市场地位，以下是市场定位中常见层次。

（1）产品定位

产品定位是其他所有定位的基础。此层次关注产品或服务的具体特性，如质量、功能、设计、性能等。企业会强调产品与竞争对手产品相比较的独特之处和优势。

（2）品牌定位

品牌定位须以产品定位为基础，并通过产品定位来实现，一旦品牌定位成功，品牌就会作为一种无形资产与产品脱离而独显其价值，品牌价值是产品销量的保证，它比产品本身的价值要高得多。品牌定位涉及到品牌形象和品牌个性的塑造。企业会通过品牌传播和营销活动来建立品牌的认知和情感联系。

（3）价格定位

价格定位是根据产品或服务的定价策略来进行的定位，企业可以选择高度定位、中端定位或低端定位，以满足不同消费者群体的需求。

（4）价值定位

价值定位强调产品或服务提供的性价比，企业会突出其产品或服务在价格和品质之间的平衡。

（5）价值链定位

价值链定位涉及在整个价值链中寻找定位点。企业会强调其在供应链管理、成本控制或创新能力方面的优势。

（6）应用定位

应用定位侧重于产品或服务的特定使用场合或用途。企业会强调其产品如何满足特定应用的需求。

（7）使用者定位

根据目标消费者的特定类型进行定位。企业会针对不同的消费者群体定制产品和营销策略。

（8）竞争定位

企业将产品或服务与直接竞争对手的产品或服务进行比较。企业会突出其产品或服务的竞争优势和差异点。

（9）文化定位

文化定位是基于文化价值观、传统或生活方式来进行的定位。企业会利用文化元素建立与消费者的情感联系。

（10）绿色定位

绿色定位是基于环保和可持续性的考量来进行的定位。企业会突出其产品或服务的环保特性，吸引对环境问题敏感的消费者。

3. 目标市场定位策略

（1）避强定位策略

避强定位是一种避开强有力的竞争对手的市场定位模式。企业不与竞争对手直接对抗，而是将自己置定于某个市场"空隙"，开发目前市场上没有的特色产品，开拓新的市场领域。

避强定位策略的优点在于能使企业快速占领市场，并能在消费者或用户心中迅速树立企业和产品形象，市场风险较小，成功率较高，但是避强定位意味着企业必须放弃某个最佳市场位置，并处于较差的市场位置。

（2）迎头定位策略

迎头定位策略是一种与在市场上占据支配地位的竞争对手"对着干"的定位方式，即企业将自己的产品或服务定位在与竞争对手相似的市场位置上，与竞争者争夺同一细分市场，以期在消费者的心智中与竞争对手形成直接的比较。该策略的核心思想是在市场上迅速建立品牌知名度和竞争优势，以便在竞争激烈的环境中脱颖而出。迎头定位策略是一种风险较高的策略，企业在采取这一定位策略时，应综合考虑自身实力和市场环境，做出明智的决策。

（3）重新定位策略

重新定位策略是指企业对其产品、服务或品牌进行新的市场定位，以改变消费者对原有的认知和印象。该策略旨在摆脱困境，使品牌获得新的增长和活力，它不是对原有定位的一概否定，而是企业经过市场磨炼后，对原有品牌战略的一次扬弃。重新定位通常发展在市场环境发生变化、原有的定位优势不复存在、企业战略调整、定位错误或定位不再有效等情况下。重新定位是一个复杂过程，需要企业综合考虑市场、产品、消费者、企业自身等多方面因素。成功的重新定位策略可以帮助企业开拓新市场、提升品牌形象、增强竞争力。

（4）比附定位策略

比附定位策略是指企业通过各种方法和同行中的知名品牌进行比较，从而突出自身的优势和特点。该策略的目的是在消费者心中建立一个明确的市场地位，通过与已知品牌的比较，使消费者更容易理解和接受企业的产品或服务。该策略的实质是一种借势定位，借竞争者之势，衬托自身品牌形象。比较对象的选择很重要，企业需要选择市场上知名度、美誉度高的品牌作比较，才能借势提高自身品牌的身价。比附定位策略是一种有效的市场进入策略，有利于品牌的迅速成长，尤其适用于资源有限的新兴企业和中小企业。这种策略也存在风险，容易引起比较对象的反击，或是在消费者心中造成负面印象。

第二节　创业市场营销

一、创业市场营销的含义和作用

（一）创业市场营销的含义和特征

1. 创业市场营销的含义

创业市场营销是指在创业阶段，企业为了实现产品或服务的市场推广，提高品牌知名度，拓展客户基础，并最终实现商业增长而采取的各种营销活动和方法。创业市场营销对于创业企业至关重要，因为创业企业通常资源有限，需要在激烈的市场竞争环境中准确地把握市场定位，通过有效的营销手段吸引和保留客户。

2. 创业市场营销的特征

（1）创新性

创业企业通常没有足够的资金进行大规模的市场推广，他们必须寻找成本效益高、创意新颖的营销方式。所以创业企业通常需要通过创新的方法和策略吸引市场关注。

（2）目标导向

创业市场营销需明确目标客户群体，强调以客户为中心的导向，深入了解目标客户的需求和行为，并以此为基础设计营销活动，以提高市场推广的效果和效率。

（3）风险性

创业市场营销伴随着高风险，因此创业者需要在市场竞争环境中寻找差异化竞争优势，降低风险并提高成功的概率，同时创业企业需要有风险管理意识。

（4）灵活性

创业市场营销需要创业者具备灵活的思维和行动能力，能快速适应市场变化和客户需求的变动。创业企业应该能够根据市场变化及时调整营销策略，适应市场需求的变化。

（5）成本效益

创业企业通常资金、人力等资源有限，因此创业市场营销活动需要注重成本效益，制定有效的市场营销策略，实现最佳资源配置，尽量以较低的成本达到最好的营销效果。

（6）全局性

创业市场营销不仅要关注产品或服务的效率，还要考虑市场定位的准确性、企业品牌的建设及客户关系的长期维护和发展。

（7）效果导向

创业市场营销须注重营销结果，强调市场份额和利润增长。创业者在制定创业市场营销策略时不能仅依赖个人直觉或信念，而应该基于市场研究和数据分析，评估市场营销活动效果，及时调整策略，实现市场营销目标的达成。

（二）创业市场营销的作用

1. 帮助创业者了解市场需求

通过市场调研与分析，帮助创业者了解目标市场的需求和发展趋势。创业者可根据市场需求来进一步调整产品或服务的定位和特点，以满足客户的需求，提高产品或服务的市场竞争力。

2. 帮助创业者树立品牌形象

通过市场营销活动，创业者可以传达自己的核心价值观和独特卖点，树立消费者对品牌的认知和信任，从而提高品牌的知名度和美誉度。

3. 帮助创业者寻找目标客户

市场营销可以帮助创业者确定目标客户，并通过精准的市场定位和推广手段，吸引和留住目标客户。通过市场营销的策略，创业者可以将有限的资源和精力投入到最有潜力和价值的客户群体中，提高销售转化率和客户忠诚度。

4. 帮助创业者应对竞争环境

市场营销可以帮助创业者在激烈的竞争环境中找到自己的竞争优势和差异化特点。通过市场营销策略，创业企业可以推出具有独特性和个性价值的产品或服务，吸引消费者，从而在竞争激烈的市场中脱颖而出。

5. 帮助创业者提升盈利能力和实现销售增长

通过市场营销策略，创业企业可以提高产品或服务的市场份额和销售额，实现销售增长。同时，通过市场营销的定价和成本控制策略，创业者可提高产品或服务的盈利能力，实现可持续发展。

二、分析创业市场营销环境

分析市场营销环境是企业管理中一个重要环节，是对企业外部和内部各种市场营销相关因素的进行全面的、系统的研究分析和评估，以了解市场发展趋势、竞争状况和消费者需求，以识别和把握市场中的机会，避免或减轻潜在的市场威胁，从而更好地适应市场变化，制定有效的营销策略。创业市场营销环境分析主要包括宏观环境分析和微观环境分析两个方面。

（一）宏观环境

宏观环境分析包括对人口趋势、经济状况、政治法律环境、科技发展、社会文化特征、自然环境等因素的分析。这些因素对企业营销活动有简介营销，企业需要密切关注并适时调整策略以适应宏观环境的变化。

1. 人口环境

人口环境包括人口规模、人口结构、教育水平、性别比例、家庭结构等，这些因素会影响企业的目标市场和消费行为。

2. 经济环境

经济环境主要分析宏观经济趋势、消费者收入水平、通货膨胀率、失业率等指标，经济环境的好坏直接影响到市场的需求和消费能力。

3. 政治和法律环境

政治环境是指市场所处的政治体制和政策环境；法律环境是指市场所处的法律法规和法律制度。主要包括政府政策、政治稳定性、政治导向、法律法规、贸易限制、知识产权保护、消费者权益保护等。政治环境的稳定与否对市场的发展和竞争产生重要影响，法律环境的健全与否对市场的公平竞争和合法经营起到重要作用。

4. 技术环境

技术环境是指市场所处的科技水平和科技创新能力。科技发展水平、创新速度、信息技术应用等因素对企业市场营销活动有着深远的影响，技术环境的变化对市场的产品创新和市场竞争力产生重要影响。企业需要关注新技术的发展和应用，以提高市场竞争力。

5. 社会文化环境

社会文化环境是指市场所处的社会价值观念和文化传统，包括消费者的社会价值观、文化趋势、生活方式的变化等因素。社会文化环境的变化会对市场需求和消费行为产生重要影响。

6. 自然环境

环境保护意识、气候变化、资源短缺等自然因素可能会对市场营销活动产生影响。

（二）微观环境

微观环境分析包括对企业自身条件、供应商、营销渠道、客户需求、竞争对手以及社会公众舆论等的考察。微观环境直接影响企业的营销能力和市场表现，企业需要与之保持良好的互动关系。

1. 企业内部

企业使命、愿景、资源、能力等内部因素对市场营销策略的规定和执行有着直接影响。

2. 供应商环境

供应商环境是指企业所依赖的原材料和服务供应商，包括供应商的数量、实力、供应能力等。供应商的稳定性、产品质量、价格、交货时间等都会影响企业的生产和营销活动。

3. 营销渠道环境

营销渠道环境是指市场中的渠道商、代理商和物流服务等，包括渠道商的数量、实力、服务能力等，他们会在产品推广和分销中扮演重要角色。渠道环境的稳定与否对企业的产品销售和市场覆盖产生重要影响。

4. 顾客环境

顾客环境是指企业的目标客户群体和消费者需求，包括目标客户的数量、需求特点、偏好、购买力、忠诚度等。顾客环境是市场营销活动的核心和关注点，顾客环境的变化对企业的产品定位和市场推广产生重要影响。

5. 竞争环境

竞争环境是指企业所处的市场竞争状况，包括竞争对手的数量、竞争对手的实力、所占市场份额、产品和营销策略等因素，竞争环境的变化会对企业的市场地位产生影响。

6. 社会公众

社会公众包括政府、媒体、消费者团体等，他们的态度和行为可能会影响企业的市场营销活动。

（三）市场营销环境分析的方法

1. SWOT 分析：企业发展战略分析

SWOT 分析法是企业最常见的一种市场分析工具，主要是帮助企业和经营者通过自身优劣势的审视以及外部机会和威胁的观察，发现问题并提出解决对策。SWOT 分析是基于企业内部优势（strengths）和内部劣势（weaknesses），外部环境机会（opportunities）和环境威胁（threats）四个维度，分析企业以及所处行业的实际情况，依照矩阵形式依次列举具体内容进行排列，然后运用系统的分析思路，把各种因素按照企业"能够做的"和"可能做的"之间的有机组合，从中得出一系列相应的结论，帮助企业制定相应的发展战略、计划以及对策等。

表 6-1　SWOT 分析关键要素

	S（Strengths）优势	W（Weaknesses）劣势
企业内部环境	有利的竞争态势；充足的财政资源；良好的企业形象；技术力量；规模经济；产品质量；市场份额；成本优势；广告攻势等	设备老化；管理混乱；缺乏关键技术；研究开发落后；资金短缺，经营不善；产品积压；竞争力弱等
	O（Opportunities）机会	T（Threats）威胁
企业外部环境	新产品，新市场，新需求；外国市场壁垒解除；竞争对手失误等	新的竞争对手；替代产品增多；市场紧缩；行业政策变化；经济衰退；客户偏好改变；突发事件等

需要注意的是，SWOT 分析工具使用的前提是需要对公司目前的优劣势有客观的认识，且理性思考相较于竞争对手的优势和劣势。此外，需要区分公司"现状"与"前景"的区别，在兼顾全面性分析的同时保持内容的简洁化。通过构建目标企业的 SWOT 矩阵完成内外部环境因素分析后，便可以制定出相应的战略计划。需要注意企业战略计划制定的几点原则：最大限度地发挥企业的优势，尽可能地克服企业劣势，有效地利用外部环境机会，避免外部环境对企业的威胁。使用 SWOT 分析并非单一、固化的套用工具，在实际工作和经营中，更多是需要根据实际情况，灵活运用掌握的工具和知识。

小案例

"拼多多 SWOT 分析"

　　拼多多作为中国电子商务行业的后起之秀，以其独特的社交电商模式在短时间内实现了迅速发展。拼多多于 2015 年 9 月上线，是一个以农副产品为鲜明特色的全品类综合性电商平台，拼多多打造"社交 + 电商"模式，平台主要业务是通过产品创新、数据分析和资源倾斜等，与中小企业共同培育、发展更多的中国品牌，为用户提供更多国货选择。通过用户的好友转发、拼团砍价等方式，在短短一年时间里用户量突破 1 亿人。2018 年 7 月，拼多多正式在上海、纽约挂牌上市，总市值达 241.9 亿美元（约 1641 亿元人民币），创始人黄峥身价超过 100 亿元。2023 年 11 月 29 日，拼多多涨超 3%，市值超越阿里巴巴美股市值，成为美股市值最大概股。截至 2023 年 11 月，拼多多市值 1920 亿美元。2020 年 7 月 27 日，拼多多入围 2020 年《财富》中国 500 强排行榜，位列第 321 名。2022 年 1 月 19 日，拼多多入围 2021 年胡润中国 500 强，位列第 12 名。

表 6-2 拼多多的 SWOT 分析

	优　势	劣　势
企业内部环境	独特的社交电商模式：拼多多将娱乐社交元素融入到电商运营中，用户可通过社交低价拼团模式购物，增强用户间的互动并提高了用户粘性	产品质量问题：拼多多平台上假冒伪劣的问题一度受到用户举报，影响其品牌形象
	成本优势：通过严格的成本控制实现低价策略，吸引大量寻求性价比的消费者	市场份额较小：与阿里巴巴、京东等电商巨头相比，拼多多的市场份额相对较小
	获取客户成本低：用户在拼团过程中主动为拼多多进行推广，降低了平台的运营成本	依赖设计网络：拼多多的发展很大程度上依赖于社交网络的活跃度，如果用户对拼团不感兴趣或社交关系不紧密，可能会限制平台的增长
	价格优势：拼多多的商业模式使其在价格上具有明显优势，成为了价格敏感型消费者的首选平台	——

续表

	机　会	威　胁
企业外部环境	农村市场和二、三线城市的发展：随着互联网普及，农村市场和二、三线城市蕴含巨大潜力，拼多多可以进一步拓展这些地区的市场	激烈的市场竞争：电商行业的竞争日益激烈，拼多多需要应付来自其他平台的竞争压力
	与知名品牌、商家合作：提供更多高品质商品和服务，提升平台信誉和用户体验。拼多多与腾讯的战略合作，完成资本与流量的双赢	品牌和品质提升的必要性：随着消费者对品质要求的提高，拼多多必须提升自身的品牌形象和商品质量
	政策和技术支持：政府对电子商务的支持，以及技术的进步为拼多多提供发展机遇	假冒伪劣商品的监管问题：拼多多平台假冒伪劣商品问题仍然突出，需要加强监管和打击
	—	互联网行业变革：互联网行业变革迅速，拼多多需要紧跟行业发展趋势，不断创新和适应市场变化

在宏观经济下行以及电商流量红利消失等外部因素影响下，从新品牌计划来看，拼多多打破了纯交易平台的逻辑，赋能供应链寻求业务突破，重视产业链效率的提升，特别是在农业领域，面对农产品生产难以实现标准化和农产品物流损耗高的两大行业痛点，深入农业产业链，通过技术赋能农业产业链各环节，并加码农产品物流体系建设。拼多多在基于抖音、小红书等新兴平台入局电商行业的同时，基于自身成功的电子商务商业创新基础之上，力图突破外部竞争格局，从销售向产品端纵深布局，增强自身竞争力。

2. 波特五力模型：企业竞争态势分析

波特五力模型是哈佛大学经济学家迈克尔·波特（Michael Porter）于20世纪80年代初提出的一种竞争力分析框架，主要用于分析企业的竞争态势和吸引力。该模型通过竞争对手的威胁、潜在进入者的威胁、替代品的威胁、供应商的议价能力和买家的议价能力这五个核心力量来评估和预测一个企业的竞争状况和盈利模式。

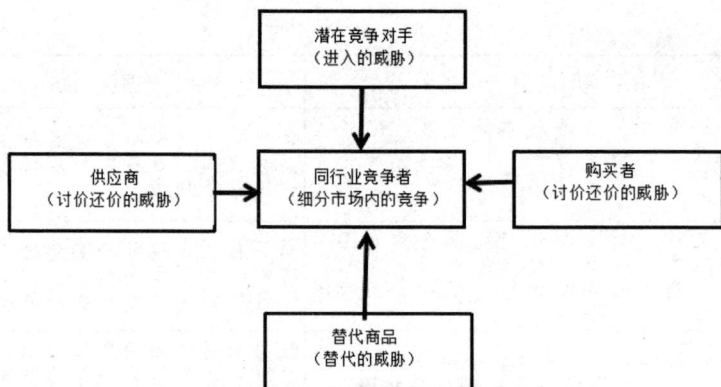

图 6-3 波特五力模型

（1）潜在进入者的威胁

这涉及新企业进入市场的难易程度。如果行业利润高，而且进入障碍（如资本需要、产品差异、转换成本、销售渠道开拓、政府行为和政策等）较低，潜在的新进入者会增加行业的竞争压力。

（2）替代品的威胁

指市场上其他产品或服务可以替代现有产品或服务的能力。如果替代品在价格、性能或品质等方面具有优势，消费者可以轻易转向其他选择，替代品可能会抢夺现有产品的市场份额，那么现有企业将面临更大的竞争压力。

（3）供应商的议价能力

指供应商对企业的影响力和议价能力。如果供应商掌握关键资源或具有垄断地位，他们对企业的价格和供应条件有较大的控制权，那么企业将面临更大的成本压力。

（4）购买者的议价能力

指买家对企业的影响力和议价能力。如果购买者所占市场份额大，或能轻易转向其他供应商时，买家对企业的价格和产品要求有较大的控制权，他们将获得更大的议价能力，他们会压低产品价格，减少企业的利润空间，那么企业将面临更大的市场压力。

（5）同行业竞争者的竞争

同行业竞争者主要指同一细分市场内的竞争，其目标都在于使得自己的企业获得相对于竞争对手的优势。所以，在争夺市场份额的过程中产生的冲突与对抗现象构成了同行业之间的竞争。同行业竞争主要表现在成本、品牌、供应链效率、附加服务等方面。

波特五力模型中的这五种竞争力量蕴含着三类成功的战略思想，即成本领先战略、产品差异化战略和集中战略。此外，使用波特五力模型制定战略时，需要注意以下三方面前提条件：

① 保证能够充分了解整个行业的上下游信息；

② 企业之间往往可以通过不断地开发市场和创新市场来增大市场容量；

③ 同行业之间不仅只是竞争关系，同时还会存在多种合作关系。

表6-4　波特五力模型与市场战略的对应关系

行业内五种力量	成本领先战略	产品差异化战略	集中战略
潜在进入者威胁	具有低价能力，使得潜在竞争者难以进入	培育顾客忠诚度，使顾客放弃竞选择竞争对手	建立核心能力阻止潜在竞争者的进入
替代品威胁	利用低价抵御替代品	顾客习惯了一种独特的产品或服务因而降低替代品的威胁	特殊的产品和核心能力能够防止替代品威胁
供应商议价能力	更好抑制头部供应商的议价能力	更好地将供应商的涨价部分转嫁给顾客	进货量低，供应方的砍价能力就高，但集中战略有助于企业更好地将供应方涨价成本转嫁出去
购买者议价能力	具备向大顾客出更低价的能力	因为选择范围小而削弱了大顾客的谈判能力	因为没有选择范围而使大顾客丧失谈判能力
同行业竞争者	能更好进行价格竞争	品牌忠诚度能够使顾客不考虑你的竞争对手	竞争对手无法满足集中差异化顾客的需求

波特五力模式有助于企业了解其竞争环境，并据此制定有效的竞争策略。通过评估这五种力量，企业可以更好地了解行业的竞争态势，并制定相应的战略来增强自身的竞争优势。

除了运用上述两种方法对市场营销环境进行分析以外，还会常用到产品生命周期分析、矩阵分析等方法。产品生命周期分析主要是通过了解产品所处的阶段（引入期、成长期、成熟期、衰退期），并采取相应的营销措施。矩阵分析方法主要是对市场机会和威胁进行矩阵式分析，以判定哪些是关键性的威胁或机会，并制定相应的应对计划。

三、创业市场营销组合战略

创业市场营销组合是企业在其选定的目标市场上，结合外部环境、企业能力以及竞争状况，对企业的可控因素进行综合运用并优化组合，以达成企业目标和任务的战略性安排。市场营销组合通常包含四个基本要素：产品、价格、渠道和促销，这些要素是企业在市场营销策略中可以直接控制的因素，它们互相影响，共同作用于目标市场，以实现企业的营销目标。创业市场营销组合主要涉及四个方面的策略，即产品策略、定价策略、渠道策略和促销策略。

（一）产品策略

企业在市场营销活动中做好产品策略是至关重要的，因为产品是企业提供给消费者的有形或无形的解决方案，是满足消费者需求的核心，并以此为基础综合运用其他营销策略与竞争对手进行竞争，一个好的产品策略可以帮助企业在竞争激烈的市场中脱颖而出，吸引更多的消费者，占领更大的市场份额。因此，产品策略是企业在市场营销活动中最常用和最重要的策略。一个有效的创业市场产品策略应该包括以下几个关键组成部分。

1. 市场调研，明确目标市场

企业在制定产品策略之前，首先应该进行市场调研，明确产品的目标市场，深入了解目标市场，包括消费者的需求、偏好和购买行为，以及竞争情况、市场趋势等。通过市场调研，进行市场细分和目标市场选择，企业能够发现市场机会，确定产品定位、开发方向和推广策略。

2. 明确产品市场定位

根据市场调研的结果，确定产品在市场中的定位，包括产品的特点、功能、价格、品牌形象、定位目标群体等。产品定位是指将产品与竞争对手区分开来，为产品赋予独特的特点和价值。产品定位应具有独特性，与竞争对手形成差异化，产品定位必须与目标市场的需求相匹配，并能够满足消费者的特定需求。

3. 开发符合市场需求的产品

根据市场调研和产品定位，确定产品的特点和功能，开发符合目标市场需求的产品。在产品开发过程中，注重产品质量和创新，确保产品具有竞争优势，产品的特点和功能可以通过技术创新、设计、品质的辖方面来体现。

4. 产品组合

合理规划产品组合，包括主导产品、配套产品和延伸产品，以满足消费者多样化需求，提高市场份额。

5. 产品生命周期管理

关注产品生命周期的各个阶段，即引入期、成长期、成熟期和衰退期，及时调整产品策略，以适应市场变化。

6. 制定合理的价格策略

根据产品定位、成本、市场需求和市场竞争等状况，制定合理的价格策略。价格策略应考虑消费者的价格敏感度和支付意愿，定价策略可以是高价策略、低价策略、差异化定价策略等。

7. 选择合适的渠道

根据产品的特性和目标市场选择合适的销售渠道，渠道策略可以包括直销、分销商、代理商、零售商、电子商务等，渠道的选择应考虑到目标市场的购买习惯、竞争对手的渠道选择等因素。选择合适的渠道有助于企业更好地接触到目标市场，并提供便利的购买渠道。

8. 有效市场推广

制定有针对性的促销和营销策略，通过各种促销手段，如广告、公关活动、社交媒体营销等，以提高品牌知名度和吸引潜在客户。

9. 优质的售后服务

提供优质售后服务，增强消费者对产品的信任和满意度，提升品牌形象。倾听客户反馈，持续收集客户建议和意见，以便更好地满足客户需求，这有助于提高客户忠诚度和口碑传播。

10. 不断创新和持续优化

企业需要密切关注市场变化和新兴趋势，持续创新产品或服务，以保持竞争优势。

（二）定价策略

在创业市场中，产品的定价策略是企业制定价格的方针和方式，它关系到产品的市场推广和企业的盈利能力。以下是几种常见的创业市场定价策略。

1. 成本导向定价策略

（1）总成本加成定价法

总成本加成定价法是一种成本导向的定价方法，企业在确定产品价格时，以总成本为基础，加上预期利润率，计算出目标价格。这种定价方法适用于那些对成本控制有较强能力，且希望确保覆盖所有生产成本和固定成本的企业。

（2）目标收益定价法

目标收益定价法是指依据企业的投资总额、预期销量和投资回收期等因素来确定价格，以确保能够达到特定的投资回报率。企业首先确定希望从产品中获得的收益水平，然后根据产品的成本和其他相关因素，计算出能够实现这一目标收益的价格。

（3）边际成本定价法

边际成本定价法是一种以单位产品的边际成本为基础，即增加或减少一单位产品导致的总成本变化，来确定价格。在这种定价方法中，企业将产品的边际成本（即生产一个额外单位产品所需的额外成本）作为定价参考点，通常在边际成本基础上加上一定的利润来确定销售价格。

（4）盈亏平衡定价法

盈亏平衡定价法也称为保本定价法或收支平衡定价法，是一种基于企业成本和销售量来确定产品价格的定价策略。这种定价方法的核心是：在销量既定的条件下，确保企业的总收入能够覆盖其总成本，以实现不盈不亏的平衡状态。

2. 市场导向定价策略

（1）撇脂定价法

撇脂定价法是一种在产品生命周期的初始阶段将价额定的较高的高价策略。这种定价策略的核心思想是利用市场中一部分消费者对新颖事物的强烈兴趣和购买欲望，以及对价格的不敏感性，来尽快回收产品开发和市场推广的投资成本，并在竞争者推出相似产品之前获得高额利润。随着时间的推移，企业会逐步降低产品价格，以吸引更多的消费者，扩大市场份额。总之，撇脂定价法是一种根据市场和产品特性精心制定的策略，旨在最大化利用市场中的高价值消费者群体，快速回收成本，并在适当的时候调整价格以获取更广泛的市场接受度。

（2）渗透定价法

又称为薄利多销策略，其核心思想是以较低的价格推出新产品，以便快速打开销路和迅速占领市场并增进市场份额。这种定价方法利用一部分消费者对价格敏感的心理特点，以低价刺激消费者购买。这种策略牺牲短期内的利润，以期通过大量销售来降低成本，从而长期获得更大的利润和市场份额。渗透定价方法的优点：首先，快速市场渗透，通过低价吸引大量消费者，迅速占领市场。其次，阻止竞争，由于利润微小，新的竞争者很难进入市场。最后，成本降低，较高的销售量可以降低生产成本，使企业能够进一步减价。

（3）满意定价法

满意定价法又称为中间定价法和温和定价法，产品价格介于撇脂定价和渗透定价之间，旨在寻找消费者满意度和企业利润之间的平衡点。其核心在于制定一个既不偏高也不偏低的价格，旨在使生产者、经营者和消费者都能够接受，并感到合理。这种定价方法考虑到大多数用户的利用，因此容易被消费者接受，从而在长期内实现销售量的稳定增长，并为企业带来平均利润。但是，企业在采用这种定价方法时，需要密切关注市场动态和消费者需求的变化，以灵活调整价格策略。

3. 竞争导向定价策略

（1）跟随定价法

跟随定价法又称为随行就市定价法，是一种以市场中主导价格或同行业平均价格为基础来设定产品价格的策略。企业在采用这种方法时，会密切观察市场动态和竞争对手的价格变化，相应调整自己的价格，以保持与市场价格一致性，并制定相似或略低的价格吸引价格敏感的消费者。这种定价方法适用于市场竞争激烈、产品同质化程度高和价格信息透明的市场环境。

（2）领先定价法

领先定价法指的是企业在其产品或服务首次进入市场时，会设定一个相对较高的价格，并在一定时间内保持这个价格不变。这种定价方式目的是强调产品的独特性、新颖性和高价值来吸引消费者，获取较高利润。

4. 顾客导向定价策略

（1）价值定价法

价值定价法是一种基于顾客对产品或服务价值的感知来定价的策略。企业通过评估顾客对产品或服务的价值感知，并以此为基础来设定价格。这种定价方法强调的是顾客的感知，而非仅仅是成本或市场竞争状况。

（2）心理定价法

心理定价法是一种利用消费者的心理因素来设定产品或服务价格的策略。如定价时避开"不吉利"的数字，或使用高价值塑造产品的高端形象。这种定价方法的目的是通过影响消费者的心理认知，从而达到增加销售量、提高利润或提升品牌形象等目的。心理定价法是一种复杂且需要精心管理的策略。企业需要确保其定价策略与市场环境和消费者心理相匹配，以实现最佳的定价效果。

5.活动定价策略

活动定价策略是一种临时性的定价策略，企业通过在特定时间内降低产品或服务的价格来促销，或结合平台活动与促销来定价，如在网购平台的大促销活动中提供优惠价格，吸引消费者购买。这种定价策略的目的是为了刺激需求、增加销量、清理库存、引入产品或应对竞争对手的定价策略。

6.市场定价策略

市场定价策略是企业参考市场上类似产品的价格区间来定价，确保价格竞争力同时符合市场预期。

7.区域国家定价策略

区域国家定价策略是指企业针对不同国家和地区的市场特点、购买力和成本差异等，来制定不同的产品或服务价格。这种策略考虑了各区域或国家之间的经济水平、消费能力、关税政策、运输成本、本地竞争状况以及文化差异的等因素。区域国家定价策略是一种较为复杂的定价策略，需要企业综合考虑各种因素，制定既能适应市场又能保护企业利益的定价方案。

（三）渠道策略

在创业市场中，渠道策略是指创业者如何选择和设计产品分销的路径，以便有效地将产品或服务传递给目标客户，这一策略是创业成功的重要因素之一，因为它直接关系到产品能否顺畅到达市场，以及顾客是否能够便捷地获取产品或服务。所以，一个好的渠道策略可以帮助创业者更好地推广产品，扩大市场份额，提高销售额，顺利实现经济目标，获得自身发展。

1.分销渠道概念

分销渠道（Distribution Channel）是指产品或服务从生产者（制造商或服务提供商）向消费者（最终用户）转移过程中所经过的路径或环节。分销渠道可以包括一个或多个中间商，这些中间商帮助生产者将产品或服务传递给最终用户。

分销渠道的概念涉及以下几个关键要素。

（1）生产者：制造产品或提供服务的企业或个人。

（2）中间商：在生产者和消费者之间起到桥梁作用的商业实体，他们购买产品并将其销售给最终用户。中间商可能包括批发商、零售商、代理商、经销商等。

（3）消费者：最终使用产品或服务的人或组织。

（4）流通：产品从生产者到消费者的物理流动，包括运输、储存、分配等环节。

（5）流通辅助服务：除了物理流通外，还包括市场调研、广告、促销、物流、售后服务等支持性活动。

分销渠道的目的是确保产品或服务能够有效地到达目标市场，满足消费者的需求。有效的分销渠道可以提高产品或服务的市场覆盖率，增加销售额，提升消费者满意度。

2. 分销渠道的类型

分销渠道的类型可以根据不同的标准进行分类。以下是一些常见的分销渠道类型。

（1）直接分销渠道

直接分销渠道是指生产商直接将产品销售给最终消费者的渠道。这种渠道可以通过自有的销售团队、门店、网店或直销代表等方式进行销售。直接销售渠道有助于企业更好地控制品牌形象、销售信息和客户关系。

①零级渠道（直接销售渠道）：生产者直接向消费者销售产品，没有中间商参与。

②一级渠道：生产者通过零售商向消费者销售产品。

③二级渠道：生产者通过批发商再经过零售商向消费者销售产品。

（2）间接分销渠道

间接分销渠道是生产者通过流通领域的中间环节把商品销售给消费者的渠道，即是在生产者和消费者之间加入了中间商，由中间商承担流通的职能。间接渠道是商品流通的主要渠道。间接销售渠道可以帮助企业扩大市场覆盖范围，减少运输和存储成本，同时降低与消费者之间的交易成本。

①一级间接渠道：生产者通过批发商和零售商向消费者销售产品。

②二级间接渠道：生产者通过经销商、批发商和零售商向消费者销售产品。

③三级间接渠道：生产者通过代理商、经销商、批发商和零售商向消费者销售产品。

（3）混合分销渠道

混合分销渠道是指企业同时采用多种不同的销售渠道来销售产品。这些渠道可以包括直销、代理商、分销商、电子商务等。通过混合分销渠道，企业可以充分利用各个渠道的优势，满足不同消费者的需求，提高产品的市场渗透率。

例如，一家企业可以通过自己的线下门店和代理商的网络渠道来销售产品，同时也可以通过电子商务平台进行在线销售，这样可以覆盖更广泛的消费者群体，提高销售额。

（4）传统分销渠道

传统分销渠道是指通过传统的销售渠道进行产品销售和分销的方式。传统分销渠道通常涉及多个中间商或分销层级，如制造商－总代理－区域代理－地方代理－零售商。各个层级之间的合作相对松散，每个层级都有其特定的职责和利润空间，每个代理商追求自己利益最大化，这可能导致分销渠道效率不高。由于涉及多个层级，因此在产品流通过程中会增加额外的成本。由于每个分销商可能会根据自己的需要调整销售策略和市场推广活动，使得品牌控制和市场反馈会受到一定程度的削弱。分销渠道中的每个层级也都有可能面临不同的市场风险，但是通过多个层级分销，产品可以覆盖更广泛的市场区域。传统分销渠道更适合于特定的产品和服务，例如，日常消费品、食品、汽车、家具用品等。

随着电子商务和网络技术的发展，传统分销渠道正在经历变化，许多企业开始采用线上和线下结合的混合分销模式，以提高效率、降低成本并更好地满足消费者需求。

（5）现代分销渠道

现代分销渠道是指利用现代技术，如互联网、电视购物、邮购等非传统方式销售产品。现代分销渠道是复杂而多样化的，特点鲜明，主要表现为数字化与技术化（互联网与信息技术的快速发展，使得电子商务成为现代分销渠道的重要组成部分。通过在线平台，企业可以直接与消费者沟通，简化分销流程），多元化（包括传统的实体渠道、电话销售、在线购物、移动应用等多种形式），个性化和定制化（消费者对个性化和定制化产品的需求日益增长，这要求分销渠道能提供更加灵活和个性化服务），合作共赢（分销渠道成员之间的合作日益重要，合作伙伴关系更加紧密，以实现资源共享、风险共担、利益共享）等。

（6）多渠道分销

多渠道分销是指企业通过多个不同的销售渠道来销售产品或服务，但这些渠道之间相对独立，没有明显的交叉。每个渠道都有自己的销售团队和销售策略。多渠道销售可以帮助企业进一步扩大市场份额，降低销售风险。

例如，一家企业可以通过线下门店、电子商务平台和电话销售等多个渠道来销售产品。每个渠道都有自己的特点和优势，可以满足不同消费者的购买需求。

（7）无店铺销售渠道

生产者不通过实体店铺销售产品或服务，而是完全依赖其他方式，如互联网、邮购目录、电话销售、电视销售等。

在中国，无店铺销售作为一种新兴的商业模式，正随着互联网技术的普及和电子商务的发展而迅速崛起。无店铺销售渠道对于推动消费升级、扩大内需、促进就业等方面都有积极作用。同时相关的监管和法律法规也在不断完善中，以确保市场秩序和消费者权益得到有效保护。

（8）国际分销渠道

国际分销渠道是指企业将产品或服务通过不同的渠道分销到国际市场的过程。这包括一系列的环节和市场结构，产品在国际市场上的分销，涉及跨国界的物流、海关手续和文化差异等。国际分销渠道对于企业的国际化发展至关重要，选择适合的分销渠道可以帮助企业更好地进入国际市场，实现销售增长和利润提升。

（四）促销策略

促销策略是指企业为了促销产品或服务的销售，采用一系列的市场营销手段和措施。在创业市场中，有效的促销策略对于吸引顾客，提高销量和建立品牌形象至关重要。在市场策略中，促销组合就是在市场推广中采用多种促销手段和工具的组合，以达到最佳的促销效果。以下是创业市场常见的一些促销组合。

1. 促销活动组合

通过组织各种促销活动，如限时特价、促销抽奖、积分兑换、团购、线上线下活动等，吸引消费者参与并购买产品。

2. 折扣促销组合

通过降低产品价格来吸引消费者购买，包括 通过打折、买一送一、满减优惠等促销手段。

3. 促销券组合

通过不同类型的促销券组合在一起，以吸引更多的消费者参与活动并增进销售额。如发放代金券或优惠券，让消费者在购买产品或服务时享受额外的优惠。

4. 赠品促销组合

通过赠送额外的附加产品、礼品或服务，增进产品的价值感和吸引力，增加顾客的购买欲望，提高销售量和客户满意度。如买一送一、满额赠品、组合套装、赠送样品或服务、赠送礼品卡等。

5.促销套餐组合

通过将多个相关产品或服务组合在一起销售，以提高销售额和客户满意度。如旅游套餐、美食套餐、健身套餐、学习套餐、家居套餐等。

6.促销合作组合

通过与其他行业、品牌或商家进行合作，共同开展促销活动，共同吸引消费者购买，通过共同宣传和资源共享，可以扩大市场覆盖率和影响力，吸引更多的消费者。在市场竞争激烈的环境下，促销合作组合是企业提升销售和市场份额的重要手段之一。

7.促销广告组合

通过在多种媒体渠道和平台发布广告，如电视、广播、报纸、网络、户外等，提高品牌知名度和产品曝光度。

8.促销推广组合

通过公关活动、口碑营销、社交媒体营销、合作推广、电子邮件营销等方式，增加产品的曝光度和消费者的关注度，吸引更多潜在客户，并促使他们购买产品或服务。

9.促销会员组合

通过建立会员制度或忠诚计划，提供会员专属优惠、积分兑换、个性化服务等福利，提升顾客忠诚度和购买频次。

10.促销服务组合

通过提供优质的售后服务、延长产品保修期限、提供免费维修等，增加产品的附加值和消费者的满意度。

以上是市场策略中常用的促销组合策略，创业者可以根据自身产品特点和目标消费者的需求，选择适合的促销方式来实施市场推广，以提高销售额和市场竞争力，并结合市场调研和分析来制定具体的促销计划。

第三节　市场调查报告的撰写

市场调查报告是基于系统性的市场研究，对市场环境、消费者行为、竞争对手状况、市场趋势等整个调研活动进行全面分析和评估的文档。它包含一定时期内的市场数据、信息收集方法、数据分析结果以及基于分析的结论和建议，通常由市场调查公司、研究机构或企业内部的研究团队编制。市场调查报告的主要目的是为了帮助创业企业了解市场状况，发现市场机会，评估市场潜力，制定市场策略，或对现有市场策略进行评估和调整。通过市场调查报告，企业可以做出更加科学和有根据的决策。

要撰写一份优秀的市场调查报告，必须了解市场调查报告的形式，掌握一些应该遵循的原则，掌握市场调查报告撰写的基本步骤和撰写技巧。

一、市场调查报告的分类

市场调查报告可以根据不同的标准进行分类，以下是一些常见的分类方式。

（一）按调查目的分类

1. 市场需求调查报告

主要关注市场需求情况，包括消费者对产品或服务的需求、市场规模、增长趋势等。

2. 市场竞争调查报告

主要关于市场上的竞争情况，包括竞争对手的产品、定价、市场份额、市场定位等。

3. 市场定位调查报告

主要是关注产品或服务在市场中的定位情况，包括目标市场、目标消费者、差异化竞争策略等。

（二）按调查对象分类

1. 消费者调查报告

主要关注消费者的购买行为、偏好、态度等，以了解消费者对产品或服务的需求和反馈。

2. 企业调查报告

主要关注与企业的市场策略、产品定位、竞争优势等，以了解企业在市场中的表现和竞争力。

3. 行业调查报告

主要关注某个特定行业的市场情况、发展趋势、竞争格局等，为相关企业提供参考和决策依据。

（三）按调查方法分类

1.定性调查报告

主要采用访谈、焦点小组讨论等方法，通过深入了解消费者的观点、意见和体验，得出结论和建议。

2.定量调查报告

主要采用问卷调查、统计分析等方法，通过大量的数据的收集和分析，得出客观的市场情况和趋势。

（四）按调查范围分类

1.国内市场调查报告

主要关注国内市场的情况，包括市场规模、竞争格局、消费者需求等。

2.国际市场调查报告

主要关注国际市场的情况，包括市场规模、市场特点、进出口情况等。

（五）按照市场调查报告的内容分类

可以分为综合性报告、专题性报告、研究性报告和技术性报告。

（六）按照市场调查报告的呈现形式分类

报告可以是纸质报告、电子报告、口头报告、在线数据和定期出版物等不同格式和发布方式。

二、市场调查报告的撰写原则

市场调查报告的撰写原则是指在编写市场调查报告过程中应该遵循的基本原则和标准。以下是市场调查报告撰写的一些关键原则。

（一）目标明确

在编写市场调查报告之前，明确报告的目标和目的。确定报告的目标和受众，以便在编写过程中有针对性地收集和整理相关数据和信息。确定所要解决的问题和提供的信息，确保报告内容与目标一致。

（二）数据可靠

市场调查报告中的数据来源应该是权威的、可信的机构或经过验证的第三方数据提供商，确保数据的准确性和可信度。同时，对数据要进行充分的分析和验证，避免主观偏见和误导性结论。

（三）结构清晰

市场调查报告应该具有清晰的结构和逻辑，包括引言、背景介绍、调查目的和方法、数据分析和解读、结论和建议等部分，每个部分的内容应有逻辑性和连贯性，以便能够快速理解和获取所需信息。

（四）信息全面

市场调查报告应该涵盖全面的市场信息，包括市场规模、增长趋势、竞争格局、消费者需求、产品特点等方面的数据和分析。同时，还需反映行业发展趋势、政策环境和技术创新等因素对市场的影响。

（五）表达简洁

市场调查报告的语言应该简洁明了，避免使用过多的行业术语和复杂的句子结构，确保报告的可读性。有效利用图表、图形、和数据的可视化工具，帮助阐述复杂数据和分析结果，提高市场调查报告的直观性和说服力。

（六）方法科学

市场调查报告的撰写应遵循科学的调查方法。选择合适的调查方法和工具，如问卷调查、访谈、观察等，以确保数据的全面性和代表性。

（七）分析深入

在撰写市场调查报告时，应对收集到的数据进行深入分析和解读。通过统计分析、比较分析、趋势分析等方法，揭示市场的特点、规律和趋势，提供有价值的建议和策略。

（八）结论明确

市场调查报告应对市场情况进行准确的总结和评估，给出明确的结论和建议。结论应总结报告的主要发现，而建议则针对存在的问题提出可行性的解决方案或策略。

三、市场调查报告的内容

（一）标题页

标题页包含市场调研报告的标题、子标题、报告提供的对象、报告撰写者、完成日期等基本信息。

（二）目　录

列出报告各章节及小节的标题和页码，方便快速定位到报告的特定部分。目录的详细程度取决于报告的长度，如果报告中图表比较多，需要在报告目录之后添加图表目录、附件目录和展示目录等。

（三）摘　要

摘要是对整个报告内容的精炼和概括，通常包括调研目的、调研方法、主要结果和结论、提出解决问题的建议等内容。市场调研报告摘要的撰写要求简明扼要、重点突出、结构清晰、数据支持、语言简练和校对修改。摘要的撰写在报告正文完成以后，撰写摘要时，要确保每个部分紧密相连，构成一个逻辑连贯的整体，让读者能够迅速把握报告的精髓。

（四）正　文

市场调查报告正文部分的撰写需要有清晰的结构，主要包括引言、调查方法、数据分析、市场概括、目标市场、竞争分析、机会和挑战、局限性、结论和建议。在撰写正文时，要注意语言精练、逻辑清晰、数据准确。同时，报告的结构和内容应根据调查目的和受众需求进行调整和优化。

1. 引　言

在报告的开头，简要介绍调查的背景、研究目的、研究方法和范围，说明为什么进行市场调查以及调查的重要性。还包括对研究问题的定义、问题的解决途径和报告的结构概览。

2. 调查方法

详细描述调查研究的设计、数据收集和分析方法。这包括样本选择、数据收集工具（如问卷、访谈、观察等）和数据分析技术。

3. 数据分析

对调查所收集到的数据进行深入分析和解释，可能包括统计分析、趋势分析、模式识别等。可以使用图表、表格等方式清晰地展示数据结果。分析数据时要注意关注主要发现和趋势，如市场规模、增长率、竞争对手情况等。

4. 市场概况

对市场的整体情况进行描述。包括市场规模、增长趋势、主要参与者、市场结构等。可以引用图表或第三方研究机构的数据和报告来支持分析。

5. 目标市场

对调查的目标市场进行详细描述，包括目标市场的特征、需求、行为等。可使用市场细分的方法来划分目标市场，并分析每个细分市场的特点和潜力。

6. 竞争分析

对竞争对手的情况进行详细分析，包括竞争对手的市场份额、产品特点、定价策略、销售渠道、品牌形象等，以及自身与竞争对手的优势和劣势。可以使用市场调研数据和竞争对手的公开信息来支持分析。可以使用SWOT分析和五力模型来评估竞争环境。

7. 机会和挑战

根据市场调查结果，分析市场存在的潜在机会和趋势，如新兴市场、新产品需求等，为企业的发展提供建议和方向。分析市场面临的挑战和风险，包括竞争压力、市场需求的变化、政策变化、技术进步等，为企业的决策提供警示和预警。可以结合目标市场和竞争分析的结果，提出市场发展的建议和策略。

8. 市场营销策略

根据调查结果和分析，提出适应市场需求的营销策略和建议，包括产品定位、市场定位、渠道选择、促销活动等，以及市场推广和品牌建设的计划。

9. 局限性

秉持科学的态度，承认报告中可能存在的局限性，如样本大小、数据收集方法的偏差等。

10. 结论和建议

结论和建议是调查报告正文的最后一部分。结论是总结市场调查报告的主要发现，并讨论这些发现的含义和实际意义。结论还可能包括对研究假设的验证。建议是基于研究结果，提出具体的行动建议或策略。建议应该具体、可行，应该是有助于解决研究问题和满足研究目的。

（五）参考文献

列出市场调查报告中引用的所有参考文献和参考书籍等资料的来源，遵循特定的引用格式，确保报告的可信度和可验证性。市场调研报告中的参考文献不仅增加了报告的权威性和透明度，还有助于提升报告的专业性，并为读者提供进一步研究和验证信息的途径。

（六）附　录

市场调查报告中的附录是提供深度信息、增加报告可信度和专业性的重要部分，它使报告更加完整、透明和具有说服力，它是整个报告的补充和支持部分。附录通常包括调查问卷、访谈指南、抽样方案、详细的数据分析、必要的工作技术报告等。附录中的每个组成部分应标明相应的编号。

思考题：

1. 创业项目市场分析的方法有哪些？
2. 在进行创业实践活动时怎样分析创业市场？
3. 市场调查报告的撰写有哪些原则？
4. 如何撰写书面市场调查报告？

第七章　商业模式

1. 掌握最常见的几种商业模式
2. 理解商业模式设计原理
3. 了解商业模式的发展趋势

吉利汽车：商业模式创新与技术创新共演下企业能力升级

吉利汽车集团隶属于浙江吉利控股集团，是一家中国民营汽车制造商，始建于 1986 年，1997 年进入汽车行业，整个发展经历了四个演化阶段。

起步阶段（1997—2001 年）

最初是从事摩托车生产，后来利用生产摩托车的技术基础进军汽车行业。通过与国有企业合作，用投资换取生产权的方式在浙江台州建设生产基地。吉利汽车通过先定好整车价位，再低价采购零部件进行内部组织的方式，生产汽车并推向市场。这种模式交易速度快且容易获取低成本产品和服务。起步阶段中，吉利刚进入汽车市场，不具备技术研发能力，为快速占领市场，吉利工程技术人员对一些已成熟车型的非核心零部件进行改进，通过模仿创新和逆向工程实现快速开发新车，并投入市场满足消费者需求。在效率性商业模式创新和市场导向技术创新的共同作用下，吉利汽车实现生产能力升级，投产不到一年时间里就已经实现双班日产微型车 300 辆，同时价格上极具竞争优势。

扩展阶段（2002—2006 年）

在此阶段，吉利商业模式创新在保持效率性的同时，提升互补性和锁定性。

考虑到汽车行业较高的资本壁垒，吉利首先建立汽车零部件改装厂，根据扩展需求逐渐扩大生产，最后进入整车生产平台以提高上产效率。同时吉利与国外进行大量合作完善技术体系，技术导向创新增加，吉利技术创新突破点主要在发动机和自动变速器等零部件研发方面，提升了部件设计和开发等技术方面的能力。吉利通过参股合资生产方式绑定资源，与国际接轨开发流程体现了平台化技术研发模式，加固了技术创新研发能力，增强了企业研发能力。

转变阶段（2007 年— 2011 年）

吉利在转型过程中进行营销链、研发链和供应链同步建设，促进相互作用和协同发展，效率性特点突出。吉利锁定性利用参股合资生产方式，降低企业间信息不对称性，在产品和技术方面大幅度缩短与国际先进企业之间的剧烈。技术创新通过加大研发投入力度，不断改善新技术以完善技术体系，增强技术实力稳定吉利在合作网络中的地位。此阶段，吉利收购全球第二大自动变速器公司澳大利亚 DSI，收购沃尔沃轿车公司。与英国锰铜公司合资生产伦敦 TX4 出租车并由此进行一系列研发工作。吉利停产了低端车型豪情、美日和优利欧，转产帝豪、英伦和全球鹰三大新系列车型。帝豪 EC7 等多款产品在国际 C-NCAP 测试中获得五星评定，刷新了自主品牌的成绩。成功实现汽车核心的自主开发并且掌握知识产权。

成熟阶段（2012 年至今）

吉利引进国际一流的供应商体系，构建合作联盟网络。吉利与国家电网正式签订战略合作协议，与爱立信在汽车互联领域达成合作，通过爱立信车联网云平台技术的自动驾驶功能，给客户提供更加先进的行车安全系统以及智能养护功能。曹操专车开创"新能源汽车＋公车公营＋认证司机"的 B2C 运营模式，坚持走新能源出行的发展思路。博瑞成为中国品牌 B 级车市场销售冠军，表明吉利正向"精品车 3.0 时代"迈进。

现在，吉利控股集团业务涵盖汽车及上下游产业链、智能出行服务、绿色运力、数字科技等。旗下的吉利、领克、极氪、几何、沃尔沃、极星、伦敦电动汽车、远程新能源商用车、雷达新能源汽车、曹操出行、礼帽出行等围绕各自品牌定位，积极参与市场竞争。集团以汽车产业电动化和智能化转型为核心，在新能源科技、共享出行、车联网、智能驾驶、车载芯片等前沿科技领域，打造科技护城河，做强科技生态圈。现资产总值达 100 亿元，员工总数超过 12 万人，连续十二年进入《财富》世界 500 前（2023 年排名 225 位），是全球汽车品牌组合价值排名前十中唯一的中国汽车集团。

资料来源：

1.王核成，李鑫，周泯非，刘聪，科学进步与对策，2020年11月，第21期，第37卷

2.吉利控股集团官方网站

讨论一下

1.吉利汽车成功的经验是什么？

2.吉利集团商业模式创新体现在哪些方面？

3.在进行创业活动实践时，你会怎样去设计商业模式？

第一节　理解商业模式

商业模式是企业能够立足的先决条件，当下企业之间的竞争不再是产品与服务的竞争，而是企业间商业模式的竞争。在企业经营过程中，商业模式比高技术更为重要，作为新创企业必须创建稳固合适的商业模式。设计科学合理、合适的商业模式是创业者创业成功的最基本前提条件，是企业自身生存和发展的重要保障。

一、什么是商业模式

（一）商业模式的定义

商业模式（也称为经营模式）是企业的核心策略和核心价值，是为了实现客户价值最大化和持续盈利的目标，将能使企业运行的内外各要素进行整合，形成完整的、高效的、具有独特核心竞争力的运行系统，并通过提供产品和服务最优实现形式满足客户需求、实现客户价值，达成持续盈利目标而组织设计的整体解决方案。

简而言之，商业模式就是企业通过什么途径和方式来赚钱，商业模式的好坏对于创业能否成立，对于企业的生存和发展有着直接关联。好的商业模式能聚集资源，形成企业持续盈利的良性循环，而能否持续盈利是检验商业模式是否成功

的唯一外在标准。

（二）商业模式的本质

商业模式要解决的问题就是企业运用现有的商业模式如何赚钱？能赚多少钱？如何保证能持续赚钱？商业模式本质就是创造价值，就是对商业进行系统化的思考并设计出一种盈利模式。此系统包含两个部分：元素和框架。商业模式代表着特定的资源组合，通过交易活动为客户和组织创造价值，是一个企业如何创造价值、传递价值并获得的价值的闭环逻辑原理，且三个部分环环相扣、缺一不可。由于商业模式本质上是若干因素构成的盈利逻辑关系链条，因而在创建商业模式的过程中，企业要阐明自己的价值主张和实现方式，如何为客户和组织创造价值来满足需求，确定细分市场以及企业在价值链中所需资源，并评估生产产品的成本结构和利润潜力，制定竞争战略在市场中保持优势地位，发掘更多的价值潜力。因此有学者认为商业模式的本质就是"5W2H"，即一个组织在何时（When）、何地(where)、为何(Why)、如何(How) 和多大程度(How much) 地为谁(Who) 提供什么样(What) 的产品和服务，并开发资源以持续这种组合。

（三）商业模式的特征

1. 提供独特价值

商业模式的本质是一种价值式的内在逻辑，企业经营的核心就是价值创造，这也是企业存在、发展的根本和前提。在激烈竞争的市场中"要么差异化，要么死亡"已经成为一个残酷的商业规则，差异化可理解为一种独特的价值创造。商业模式设计的核心就是提供独特的价值，即人无我有，人有我优，人优我特。这个独特价值是新思想、新创意、新产品、新服务，或是产品、服务和创意的各种独特性组合，这样的组合能提供独特价值，满足客户独特需求，使企业的产品或服务更具市场竞争力，从而企业才能做大做强。

2. 有效整合资源

商业模式为了实现客户价值最大化和持续盈利的目标，需将企业运营的内外要素整合起来，形成一个完整的、高效率的，具有独特竞争力的运行系统。商业模式不是一个单一的组成因素，而是一个整体的、系统的概念，整合就是优化资源配置，就是为获得整体最优，因而需要将企业自有资源和外部资源进行有效组织和协调，整合不同资源。"天下万物不为我所有，但可为我所用"，优化资源配置，打造企业核心竞争力，增强企业的竞争优势。

3. 企业持续盈利

盈利模式是商业模式的最重要最核心要素之一。盈利与如何盈利是商业模式设计的重要原则，持续盈利是指企业在运营中不仅要盈利，而且要有发展后劲并具可持续性。企业凭借独特的商业模式在市场竞争中创造长期的、持续的、高于行业平均水平的利润，商业模式设计的最终目的就是为了使企业持续盈利。一个企业能否持续盈利也是判断企业商业模式是否成功的唯一标准。

4. 持续创新

商业模式的创新贯穿企业生产经营的整个过程，持续创新才能让企业的商业模式独一无二，才能区别于其他的商业模式。创新是商业模式的原动力，只有将企业的产品或服务转化为一个有巨大社会效益的经济活动才叫创新。在激烈的竞争环境下，商业模式的持续创新可以帮助公司从根本上找到新的竞争方法，同时可以帮助企业在低迷时期发现计划，规避企业发展生命周期"魔咒"。成功的企业通过创新发现市场空白、发现商机，成功占取市场份额，在发现新市场的同时，获得更多客户，并采用新方式重新配置资源。创新是企业发展和成长的动力与源泉，企业须持续创新商业模式，才能在瞬息万变的商业环境中立于不败之地，获得长足发展。

5. 难以模仿与复制

为了有效地规避瞬息万变市场上的风险，同时保证市场占有率和利益不被分割，商业模式的设计必须难以模仿与复制。一旦企业的商业模式被抄袭、模仿或复制，就极有可能被竞争者超越，从而限制企业的发展，所以要确保企业持续而稳定的发展，只有创造难以模仿与复制的商业模式才能获得持久的收益。任何一个成功的商业模式，都存在其特定的、不可复制的历史渊源，其本身是难以全盘复制与模仿的。

（四）商业模式的作用

商业模式对企业发展起着至关重要的作用。一个好的商业模式可以为企业创造价值、传递价值、获取价值、提高竞争力和实现企业可持续发展提供有力支持。

1. 创造价值

创造价值是基于客户需求，提供针对性解决方案。这需要企业深入了解客户需求，发现市场机会，并开发出具有竞争力的产品和服务。

2. 传递价值

商业模式需要将创造的价值通过合理的资源配置和活动安排传递给客户。包括产品的生产、销售、分发等环节，确保客户能够便捷地获取或使用产品或服务。

3. 获取价值

商业模式的可持续性使得企业通过一定的盈利模式持续地获取利润。这需要制定科学且合适的定价策略、营销手段及合作伙伴的合作方式。

4. 整合资源

商业模式有助于企业优化资源配置。通过有效地整合资源，实现降低成本、提升效率、增强竞争力等目标。

5. 明确战略方向

商业模式有助于企业明确战略目标与发展方向，确保企业在市场竞争中保持领先地位。企业可根据自身优势和劣势、市场环境等因素来调整和优化企业商业模式，以应对不断变化的市场挑战。

6. 创新与发展

企业保持竞争优势的关键在于商业模式的创新，企业应不断探索、研究新的商业模式以适应市场的变化和满足客户需要，并实现可持续发展。

7. 优化组织结构

商业模式对企业内部组织的调整和优化，有助于使企业形成高效运转的整体。根据商业模式的要求，企业可做到合理分配任务、权力和责任，提高企业员工工作效率和满意度，激发员工的积极性、主动性。

8. 降低风险

商业模式有助于企业识别和评估市场风险，并通过制定相应的策略降低风险。根据商业模式特点，企业可以制定风险管理计划，确保企业在面临风险时能保持稳定发展。

二、商业模式的构成要素

商业模式是一个企业的总体框架结构，是企业的核心逻辑和战略选择，是将创业转化为商业价值的工具。商业模式可以发挥产品开发价值，更加完善企业的管理制度水平，帮助企业实现顾客和自身价值。确定并掌握商业模式的构成要素有助于更精准地定位商业模式。商业模式由多个要素构成的一组盈利逻辑关系的链条，其中有三个核心要素：顾客、价值和利润，体现在四个大方面：客户价值主张、盈利模式、战略性资源、价值网络。

（一）客户价值主张

客户价值主张是商业模式的核心要素，是企业通过产品和服务为目标客户提供独特价值。价值主张包括三个元素：目标客户、客户利益、提供的产品或服务。成功的商业模式的基础在于有一个明确的有影响力的客户价值主张，能为客户带来价值，而但凡成功的企业都能找到为客户提供独特价值的方式方法。企业一定要清楚地知道：目标客户是谁？能满足客户什么样的需求？能帮助客户解决什么样的问题？能为客户提供什么样的产品和服务？能为客户创造什么样的价值？

保健品脑白金是一个成功的案例，自 1997 年上市以来，连续 16 年荣获保健品单品销量第一。脑白金的客户价值主张的定位非常成功，它培养的是一种习惯，挖掘更深的需求，一方面使得消费者觉得购买的不仅仅是健康，更多的是一种文化，一种对于生活的态度；另一方面紧密联系日常生活，成为情感表达的载体，"今年过年不收礼，收礼就收脑白金""送礼就送脑白金"广告语家喻户晓，脑白金成为人们逢年过节时的首选礼物。价值主张一开始就将企业的产品或服务清晰明确地传达给消费者，即是告诉消费者选择自己而非竞争对手。

（二）盈利模式

盈利模式是指按利益相关者划分的企业的收入结构、成本结构以及相应的目标利润。盈利模式是企业的价值实现模式，是企业通过自身以及相关利益者资源整合，形成的一种实现价值创造、价值获取、利益分配的组织机制及商业架构。

企业要获得发展，首先必须要盈利，只有足够的利润，才是企业获得发展的动力，因此，企业在发展过程中需要处于盈利模式，需要获得充足的利润来满足自身的需要。盈利需要有合理的收入模式、利润模式、资源整合、成本结构等。

1. 收入模式

收入模式是企业获得收入的方式，是企业通过各种收入流来创造财富的方式和途径，即企业怎么样对创造出来的价值进行回收。企业必须清楚这样一些问题：客户会对哪些产品或服务付费？哪些客户会对哪些价值服务付费？如何让客户愿意付费？客户如何付费？客户最喜欢的付费方式是什么等。如果企业对自身的收入模式和收入来源模糊不清，必然会导致失败。收入来源主要有资产销售、使用销售、授权收费、租赁收费、广告费用和其他费用。

2. 成本结构

成本结构亦称为成本构成，是指所使用的工具和方法的货币描述。成本结构包括直接成本、间接成本、营销成本、人力成本、规模效益等，运用不同的工具和方式能使企业从不同的角度去思考优化成本结构。不同企业的成本结构模式是有差异的，成本结构可以反映企业产品和服务的生产特点，成本结构很大程度上会受到技术发展、生产类型和生产规模的影响，有技术团队和没有技术团队的成本结构是不同的，企业要掌握好自身的成本结构，加强成本管理，使得企业在创造价值的活动中，更好地进行成本布局和成本控制，从而实现盈利最大化。

（三）战略性资源

战略资源是企业用于战略行动及其计划推行的资源整合的总和。企业的战略资源的整合基本上构成企业竞争力，并能影响商业模式的持续性。企业在推进战略的过程中的战略转化通过资源分配的变化来实现，资源与活动的配置是其价值配置。战略性资源主要包括核心竞争能力和战略资产。

1. 核心竞争能力

核心竞争力是企业执行商业模式所需的资源和能力，是能为企业带来比较竞争优势的资源，是资源配置与整合方式，亦是企业胜过竞争对手的竞争优势来源。企业的核心能力是其战略性资产积累过程的催化剂。

2. 战略资产

战略资产是指能够为企业带来经济利益的一组资源和能力的组合，是指在某个具体市场上构成企业成本优势或差异化优势基础的资产。企业将自身的资源配置到最优状态，所产生的价值与竞争对手的次优配置之间的差额，从而使企业获得经济利益。战略资产是企业拥有的稀缺的而有价值的事物，具有难以被模仿和替代、非交易性、创造顾客价值等特征。

（四）价值网络

价值网络是指企业与其他商业合作伙伴之间为有效提供产品或服务，以及创造价值并实现商业化而形成的商业合作伙伴网络。随着顾客个性化需求增加和技术进步，使得价值网络范围扩大，涉及企业在整个产业价值链中与顾客、供应商、竞争者、合作者，以及政府和多种类型的经济主体，如商业伙伴、联盟企业、广告商、渠道商等各种战略伙伴关系等。价值网络反映了企业的商业联盟范围。

价值网络使得不同类型的参与者通过特定方式建立直接或间接的竞争与合作关系，互为依存，彼此联动构成一个利益共同体。这种建立在相互信任和共赢基础上的合作关系网络构成商业联盟，双方或多方在价值创造中优化组合、获得规模效益、减少风险和不确定性，还可获得特殊资源。价值网络是参与者们共担风险、共享利益的长期合作关系。

三、商业模式的类型

商业模式所具有的整合性特征，使得模式中各类资源相互协调相互适应，建构企业独特竞争力。商业模式是企业的核心结构，是企业的一个总体框架，可以用来区分不同企业的类别。不同的企业在实践中依靠智慧打造了不同的商业模式，这些商业模式有共同的特性，也有各自不同的特点。

（一）平台模式

平台商业模式就是将两个或两个以上有明显区别但又相互依赖的客户群体集合在一起，构建多主体共享的商业生态系统并产生网络效应，实现多主体共赢的一种战略，是一种多边平台商业模式。例如，购物中心将供应商和顾客集合在一起；信用卡连接了商家和持卡人；亚马逊将书商和读者集合在一起。平台的经济功能是提供一种或实体的、或虚拟的交易环境，平台商业模式就是在一种虚拟或现实空间中促成双方或多方客户间的交易，从而降低消费交易市场中各方寻找交易伙伴的成本。

平台商业模式是一种基于价值创造、价值传递和价值实现的商业逻辑。传统商业模式表现的是一种"企业—顾客"自上而下的简单的线性价值逻辑，企业是唯一主体，在价值逻辑各阶段中不存在主体的分离。企业为顾客提供产品/服务，顾客为获取产品/服务而支付货币，企业的能力和竞争的核心体现在怎样通过产品/服务的创新为顾客创造更多价值。传统商业模式中，供应商既是价值创造者又是价值传递者，功能的重叠不符合社会分工趋势。同时，传统商业模式中的价值传递效率不够高。平台商业模式价值逻辑主体包含平台企业、内容供应商和终端顾客这三类性质各异、定位和功能各不相同的角色。平台企业主要为促成内容供应商和终端顾客之间的交易提供服务，内容供应商为终端顾客提供产品 /服务，内容供应商与终端顾客之间是卖主和买主的关系，但一般情况下二者之间不直接进行交易，需借助平台企业提高交易范围和效率。平台商业模式价值逻辑各阶段存在分离，即价值创造主体与价值传递主体之间的分离，价值创造过程与价值实现过程的分离。平台企业两端的内容供应商和终端顾客之间存在交叉网络效应，平台企业价值取决于相关客户群体同时存在，任何一边数量越多，就越能够吸引另一边的数量增长，但是任何一边的数量缺少，也会导致另一边的瘫痪。平台商业模式价值逻辑主要表现为：价值创造过程就是平台企业为供应商和终端顾客提供各种形式的服务过程；价值传递过程是平台商业模式的重要功能，即是平台企业承担为供应商传递产品 /服务给终端顾客；价值分配与价值实现过程是平台企业以某种契约形式对来自终端顾客的货币支付与供应商进行分成。

平台商业模式最大的亮点在于构建了商业模式与价值逻辑之间的联系。好的平台商业模式需具备一定条件。其一，要具有开放性和聚合力。平台须对合作伙伴开放，合作伙伴越多，促成市场上大量（潜在）买家和卖家实现合适的对接，平台就越有价值；其二，要具有核心竞争力。平台企业需至少具有一项行业中具竞争力的核心应用或核心能力，如品牌、关键技术、渠道等。其三，具有双边市场和网络外部性特征。平台企业为促成供应商（卖方）和终端顾客（买方）之间的交易提供服务，以满足彼此的需求，任何一边的数量越多，越能够吸引另一边数量的增长，网络外部性特征就能充分体现。其四，平台企业与合作伙伴不能有直接的竞争关系，同时，二者具有不同的盈利模式和市场目标。最后，平台企业通过打造开放性平台、扶持合作伙伴等策略，能够为合作伙伴和第三方开发者带来利益。

（二）长尾式模式

长尾（The Long Tail）概念最早是由《连线》杂志的主编克里斯·安德森（Chris Anderson）于 2004 年 10 月在《长尾理论》中提出，主要思想是：随着互联网的出现，经济重心正从少品种、大批量生产的"短头"，向多品种、小批量的"长尾"转变。

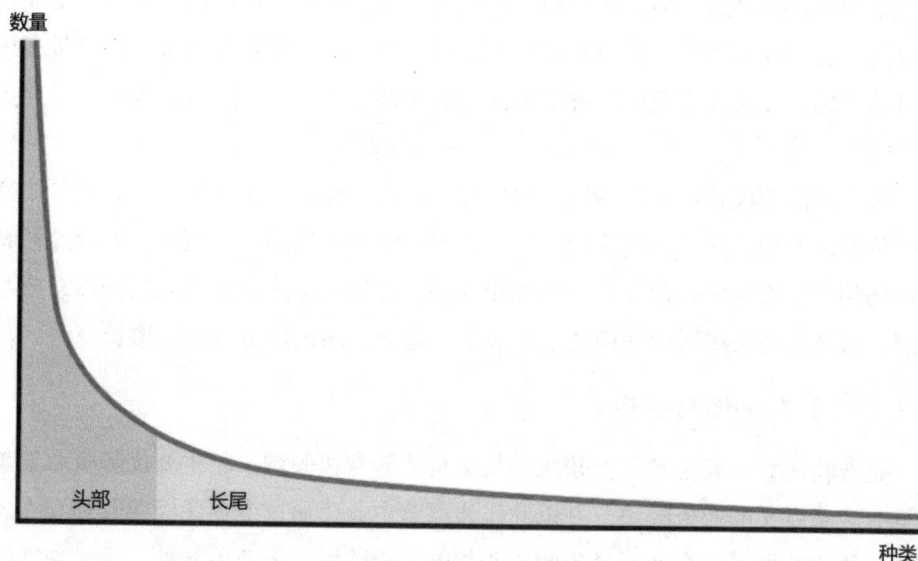

图 7-1　长尾模式示意图

　　长尾式商业模式的核心是多样少量。在长尾理论的数量、种类二维坐标的需求线上，正态曲线中突起的部分称为"头"，右边平缓细长的部分称为"尾"，"细"是长尾市场所占份额少，不被重视；"长"表明市场虽小，但数量众多。长和短，形容的是种类的多与少，头和尾形容的是数量的高与低，规模经济就是短头，范围经济就是长尾。通常人们习惯关注曲线的"头部"，即关注重要的人和事，关注热门产品，而忽略"尾部"不重要的人和事，忽略冷门或小众产品。然而在互联网时代，"尾部"蕴含的极大价值，其产生的效益甚至会超过"头部"，"尾部"众多小市场累加起来，在网络平台上会形成比"头部"市场大得多的市场。因此，长尾理论认为：只要产品的存储和流通的渠道足够大，需求不旺或销量不佳的产品所共同占据的市场份额可以和少数热销产品占据的市场份额相匹配甚至更大，也就是说众多小市场汇聚成可产生与主流市场相匹配的市场能量。

　　长尾式商业模式主要聚焦于小众客户，其价值主张是提供宽泛的特定的小众产品，这些小众产品可以和热销的大众产品并存，同时激励用户创造产品，激励这些产品的开发。它的渠道通路和客户关系的维护都是基于互联网。核心资源是平台，关键业务是一系列围绕平台的开发与维护，以及小众产品的生产和获取。

重要合作伙伴是小众产品的供应商，此供应商既可是专业供应商，也可以是业余供应商。它的成本结构主要是平台的开发与维护成本，主要收入来源特点是多种少量的销售，即从大规模产品种类中获得的小额收入，以及广告收入、平台会员及订阅收入等。

长尾式商业模式可满足当下用户们对产品的个性化和差异化需求，提升用户个性价值，发掘了新的市场机会。长尾式商业模式更适用于小市场，要求经营者对市场的更准确定位，对商品更精细化管理。选择长尾式商业模式还需注意成本控制，最理想的长尾式商业模式是：成本是定值，而销量可以无限增长。

（三）专业化利润模式

企业将注意力聚焦到行业领域的某个具体的专业领域，将主要优势资源聚焦在具有战略意义的业务模块，并以此作为经营主业，通过专业化经营管理和人才进行一体化的发展。企业所具备的专业化能力能够增加企业差异性，形成独特的竞争优势。专业化发展的精与深提高了行业门槛，使得其他企业难以入门参与竞争。同时，专业化生产、经营与发展，有利于迅速培养专精于不同环节的专业人才，这些专业型人才是更能产生和带来利润的专家，与普通员工相比，他们会给企业多带来 10%—15% 的利润。专业化企业通过更低成本、更高现金流入、更短销售周期、更好行业声誉，获取更高利润。专业化的生产的组织形式比复合式生产简单，管理相对容易得多。专业化管理的企业通过业务模块化，消除非关键业务组件，利用现有信息与资讯等，能做到快速接收与反映市场整体变化及客户需求，能更好地适应市场发展。

专业化利润模式要求企业需对细分市场定位准确。

（四）利润乘数模式

利润乘数模式是指企业运用不同的形式，从某个产品、产品形象、服务或商标重复获取利润的模式。利润乘数模式是一种强有力的利润机器，利润乘数模式的利润来源广泛，可以是一个形象、一个故事、一条有价值的信息，或者是一种技巧或概念等，借助于这些广为市场认同的形象或概念进行包装生产，利润化的方式就是不断地重复使用它们，同时赋予它们各种不同的外部形象，这种方式类似于做乘法，可以产生良好效益。对于人们所熟知的形象或概念的使用，可以降低企业产品研发或开发成本，缩短研发和开发时间，同时，借助为人们所广泛熟知的形象或概念研发的产品，可以更迅速地深入市场，降低企业风险，提高企业成功率。对于创业企业而言这是创业成功的一条捷径。

因为这些广为人知的形象或概念授权范围比较广，产品线往往拉得长，采用利润乘数模式时需要注意：企业所在行业中是否适合采用利润乘数模式；是否有足够的专门人才满足采用这种模式的需要；要清楚容易接受该形象或概念的人群集中在哪里，同时要关注他们的喜好；需要将产品极度个性化，并保持个性化，以防将来可能出现同质产品的泛滥，或者能够创造出别具一格、难以模仿的经营方式，或者加大投入，将产品铺满细分化市场，不给后来者提供机会。

（五）免费式商业模式

免费式商业模式在互联网时代被广泛应用，其背后是一种策略思维，即通过免费或低价方式吸引大量用户，进而利用这些用户带来的流量和关注度，构建企业自己的商业模式和盈利模式。免费模式需要有一个庞大的细分客户市场享受持续的免费服务，付费客户群体通过此模式给非付费客户群体提供财务支持。小米科技董事长雷军曾表示，互联网时代是一个信息过剩和注意力稀缺的时代，如何争夺有限的注意力资源成为关键。免费式商业模式需要以流量和人群为基础创造价值，并将其转化为利润，因而许多互联网企业通过提供免费或优质产品或服务吸引消费者，进而通过其他产品或服务实现盈利。

免费式商业模式主要有以下三种类型。

1. 直接交叉补贴

企业通过提供优惠或免费的产品或服务，以促进另一种盈利产品的销售，目的就是通过补贴优惠产品（附加、延伸产品），吸引更多消费者，从而增加盈利产品（核心产品、利润最高产品）的销售量，进而提高企业总利润。例如，腾讯公司利用免费注册QQ，绑定几亿用户，从而向这些用户销售附属产品来获取利润。

2. 免费加收费

企业在这种模式下同时提供免费和收费的产品或服务，以满足不同消费者的需求。这种模式旨在通过吸引大量消费者使用基础免费产品或服务，进而促进增值收费产品的销售，从而实现企业盈利。例如，注册腾讯QQ免费，但用户若想升级QQ产品或服务功能、专享高级特权等，就须付费开通QQ超级会员。企业在实施免费加收费模式时，需要充分考虑市场环境、消费者需求、企业战略等因素，以获得最佳效果实现可持续发展。

3. 第三方付费

第三方付费是指在购买商品或服务时，消费者选择第三方支付平台进行支付，而不是直接向商家支付。这种模式有利于降低成本、提高交易效率、方便跨平台交易、保障交易安全、促进信用体系建设。但同时也存在一定的风险和挑战，过于依赖第三方支付平台，存在数据隐私风险；第三方支付平台之间竞争激烈，商家需要承担一定营销成本；第三方支付平台受到法规监管，可能会影响其业务发展和市场竞争力。因而企业和消费者需要权衡利弊合理选用第三方支付平台。

（六）共享经济商业模式

共享经济商业模式是一种基于陌生人之间闲置资源的共享与交换，提高资源利用率，并从中获得回报的一种经济模式。共享经济商业模式是移动互联网技术发展带来的新兴经济活动现象，其本质是互利互助，共同盈利。核心理念是充分利用自身资源，提高资源利用率、降低成本，创造出更多商业模式和生活方式，同时促进社会公平与可持续发展。然而共享商业模式也面临一定风险和挑战，如监管、信任、数据安全等问题。目前共享商业模式已经应用到许多领域，如出行、住宿、医疗、教育等，为我国经济发展和社会进步带来新动力。

（七）电子商务的商业模式

电子商务商业模式是指在网络环境中基于一定技术基础的商务运作方式和盈利模式。采用电子商务商业模式，可以突破传统购物中的诸多限制，可以不受时间和空间的限制，实现随时随地的网上交易，减少商品流通的中间环节，节省大量开支，降低商品流通和交易的成本；同时，企业能够更快更准确地匹配买家，实现产—供—销一体化，减少生产中不必要的浪费。电子商务的商业模式可以从多个角度建立不同的分类框架，在多个领域都得到广泛的运用。主要被分为：B2C、B2B、C2C、B2M、M2C、B2A（即 B2G）、O2O、C2A（即 C2G）。

1. B2C 商业模式（Business to Coustomer）

B2C 商业模式是我国最早应用的电子商务模式，是指企业针对消费者开展的电子商务活动。在 B2C 模式中，企业通过互联网平台，为消费者提供在线商品购买等服务。这种模式可以节省企业与消费者的时间和空间，极大提高交易效益，企业和商家可充分利用电子商城提供的网络基础设施、安全平台、管理平台、支付平台等共享资源，有效地、低成本地开展商业活动。B2C 商业模式主要有以下五种运作策略。

（1）综合型 B2C：企业发挥自身品牌影响力，积极寻找新的利润点，培养核心业务。如卓越亚马逊主要就是采用这种策略模式。

（2）垂直型 B2C：企业专注于某一特定领域，通过深入了解行业特点及消费者需求，提供专业、个性化的服务。例如，京东商城在 3C 领域建立强大的物流配送体系，为消费者提供快速、高效的售后服务。

（3）平台型 B2C：企业通过搭建开放平台，引入众多第三方商家进行商品销售。如淘宝商城等。采用这种模式，需要企业重点关注商家管理、平台运营效率以及消费者权益保障等方面。

（4）新零售：通过大数据、物联网等技术手段，结合线上线下，为消费者提供高效、便捷的购物体验。如阿里巴巴的盒马鲜生、腾讯控股的永辉超市等。采用此模式，需要企业在商品供应链、门店运营、物流配送等方面实现高效协同。

（5）社交电商：依托社交媒体平台，通过好友互动、分享、推荐等形式进行商品销售。如微信小程序、拼多多等。采用此模式，需要企业充分利用社交网络的传播效应，提高用户黏性和活跃度。

2. B2B 商业模式（Business to Business）

B2B 商业模式是以企业为主体，在企业与企业之间进行的电子商务活动，即通过 Internet 或专用网络平台，不同企业之间以电子化方式进行数据信息的交换、传递，开展产品、服务等交易活动的商业模式。B2B 模式有助于提高企业运行效率、降低成本、拓展市场渠道并提高客户满意度。B2B 商业模式有五种类型。

（1）垂直 B2B：是指针对特定行业或领域的电子商务平台，如五金行业、化工行业等。垂直 B2B 可分为上游和下游，生产商或商业零售商与供应商之间形成供货关系。

（2）水平 B2B：面向中间市场，覆盖多个行业和领域。致力于为各类企业提供综合性服务，如金融服务、物流服务等。

（3）综合 B2B：涵盖多个行业和领域，提供多元化服务，如线上外贸服务、行业门户联盟等。

（4）小宗外贸服务 B2B：主要是针对小宗外贸业务，为出口企业提供便利的交易平台。

（5）供求商机信息服务 B2B：主要提供供求信息、商机撮合等服务，帮助企业拓宽市场、寻找合作伙伴。

随着电子商务的快速发展，B2B 模式在我国的市场前景广阔，各类企业纷纷涉足其中，以期在激烈的市场竞争中占得先机。B2B 商业模式在现代企业经营管理中发挥着越来越重要的作用，有助于企业优化资源配置、提高市场竞争力、拓宽市场渠道和促进企业之间的合作与发展。

3. C2C 商业模式（Consumer to Consumer）

C2C 商业模式是指消费者与消费者之间的商业模式，即某一电商平台推广的是消费者对消费者的交易服务。其构成要素除了买卖双方以外，还包括电子交易平台供应商。C2C 平台为个人提供了一个出售商品和购买商品的平台，其中包括闲置商品、二手商品或手工制品等。常见的 C2C 电商平台有：

（1）京东：虽然以 B2C 为主，但也包含了 C2C 的交易板块。

（2）淘宝网：是中国最大的 C2C 电商平台，提供大量的个人店铺和集市，且消费者可以在上面购买各种商品

（3）天猫：虽然以 B2C 为主，但也包含了 C2C 的交易板块。

（4）易趣网：是我国最早的 C2C 电商平台之一。

（5）唯品会：以特卖模式为主的电商平台，也包含 C2C 交易。

（6）拍拍网：腾讯旗下的 C2C 电商平台，现在已经并入京东。

C2C 模式的优势在于消费者可以以相对较低的价格直接地购买到商品，同时也为个人提供创业机会。但是，由于商品质量、交易安全等问题，C2C 平台在发展中也面临着挑战。

4. B2M 商业模式（Business to Market）

B2M 商业模式指的是企业面向市场的一种商业模式，即企业通过互联网技术将产品或服务销售给个人消费者。与上面三种电子商务商业模式不同，上面三种模式的目标客户群体都是消费者，而 B2M 模式下，客户群是销售者或相关人员，而不是最终消费者。在这种模式下，企业扮演者生产者、销售者和服务商的角色，通过搭建自己的线上平台与其他电商平台合作，实现产品的销售和推广。B2M 注重网络营销市场，注重企业网络营销渠道的建立，是针对企业网络市场营销建立电子商务平台，通过接触市场、选择市场、开发市场来不断扩大对目标

市场的影响力，从而实现销售增长、市场占有，通过网络为企业找到新经济增长点。随着互联网技术的不断发展和消费者需求的多样化，B2M 商业模式在未来将进一步拓展和创新。

5. M2C（Manager/Manufacturers to Consumer）

M2C 商业模式指的是经理人或制造商直接对消费者提供自己生产的产品或服务。M2C 模式是 B2M 模式的延伸，不同的是 M2C 模式中经理人或制造商面对的是最终消费者，这种模式减少了中间环节，实现产销一体化，有助于提高效率、降低成本，同时提升消费者体验。M2C 模式有助于经理人或制造商与消费者建立直接沟通的渠道，制造商可以更好地掌握消费者需求，更好地了解消费者的反馈，从而持续改进产品和服务，快速响应市场变化，同时通过直接销售避免分销渠道层层加价，使消费者能够以更低的价格买到高质量的产品。

M2C 是一种适应市场变化、以消费者为中心的商业模式，有助于制造商提高竞争力、降低成本、提升消费者满意度。随着互联网技术的发展和消费者需求的多样化，M2C 商业模式在未来有望进一步普及和完善。

6. B2A 商业模式（Business to Administration）

B2A 商业模式是商业机构对政府行政机构的电子商务，主要指企业与政府机构之间的电子商务活动。在 B2A 商业模式下，政府会利用网络进行招标采购，政府将采购细节在网络上公布，通过网上竞价方式进行招标，企业也将通过电子方式提供产品和服务进行网络投标和采购。B2A 商业模式目前还处于初期试验阶段。政府在推动电子商务发展方面作用巨大，政府为了通过这种方式树立政府形象、增强公信力、提高行政执行力，会为推动这种商业模式的发展并创造条件。

7. O2O 商业模式（Online to Offline）

O2O 商业模式是指通过互联网平台（如网站、手机 App、社交媒体等）将线上和线下业务相结合，实现互联网技术与传统行业的深度融合。此模式实际上就是将线下商务机会与互联网技术结合起来，互联网成为线上线下交易的前台，起到推广和成交的作用。O2O 模式的核心在于利用互联网技术提高传统行业的运营效率、优化用户体验和服务质量。

O2O 商业模式主要有四个环节：其一，线上引流。通过互联网平台吸引用户关注和参与。其二，线上预订或预约。用户可用过线上平台下单、支付，预约线下产品或服务。其三，线下体验。用户可通过预约信息到服务提供商提供的线下实体店领取产品或享受服务。其四，线上反馈。用户享受完线下体验产品或服务后，通过线上平台对产品或服务进行评价反馈。

O2O 商业模式优势在于拓展市场渠道、提高服务效率、优化用户体验、降低成本，数据驱动优势明显，通过收集用户数据、分析用户需求，为企业提供准营销和产品优化依据。

8. C2A 商业模式（Consumer to Administration）

C2A 商业模式是消费者对行政机构的电子商务模式，即政府对个人的电子商务活动。这种模式在我国还未真正形成，是一种新兴的商业模式，但在诸如澳大利亚等一些发达国家已经实行这类模式，政府的税务机构指定私营税务代理机构进行相关电子商务业务（如电子个人报税等），从而实现行政机构之间对消费者的电子商务服务。

第二节　设计商业模式

商业模式设计是在对商业环境、市场需求、技术趋势等充分把握的基础上，精确定位目标客户，设计业务系统，构建核心能力，进行盈利结构和现金流结构设计，并通过验证、推广、规模化三个阶段，形成企业价值的过程。

一、商业模式设计原则

商业模式的原则是指商业模式的内涵和特性，是对商业模式定义的衍生和丰富，是成功商业模式必须具备的属性。成功的商业模式要符合以下八大核心原则。

（一）客户价值最大化原则

一个商业模式能否持续盈利，是与该模式能否实现客户价值最大化有必然联系。如果企业商业模式不能够满足客户价值，即使企业有盈利也只是偶然而短暂的，无可持续性。反之，如果企业的商业模式能够满足顾客价值需求，那么在一定程度上企业的盈利水平会大幅度提高，即使企业暂时不能盈利，但最终也会实现盈利。因此，客户价值的实现与需求的满足是企业应该自始至终追求的目标。

（二）持续盈利原则

一个企业是否能持续盈利是判断其商业模式是否成功的唯一外在标准。因此，在设计商业模式时，能够盈利和怎样盈利自然而然成为重要原则。这种盈利是持续盈利。持续盈利既要"盈利"，又要有发展后劲和可持续性，而不是偶然、短暂的盈利。持续盈利是对一个企业是否具有可持续发展能力的最有效的考量标准，同时，盈利模式越隐蔽，越有出人意料的效果。

（三）资源整合原则

资源整合就是要优化资源配置，要获得整体的最优。资源整合是企业战略调整的手段。

在战略思维方面，资源整合是系统论的思维方式，是通过组织协调，把企业内部彼此相关但却彼此分离的职能，把企业外部即参与共同的使命又有拥有独立经济利益的合作伙伴整合成一个为客户服务的系统，取得"1+1>2"的效果。

在战术选择方面，资源整合是优化配置的决策，是根据企业发展战略和市场需求对有关资源进行重新配置，突出企业的核心竞争力，并寻求资源配置与客户需求的最佳结合点，其目的是要通过组织制度安排和管理运作协调水平来增强企业的竞争优势，提高客户服务水平。

在价值链管理方面，企业集中于产业链的一个或几个环节，不断优化企业内部价值链，获得专业化集中优势和核心竞争力；通过投资、协同、合作等战略手段，深化与产业价值链上下游企业的关系的整体化，提高产业链的整体竞争优势；强化产业价值链的薄弱环节，释放整体效能；把握关键环节，培育核心能力，构建集中的竞争优势，重组产业价值链，从而构建基于产业链协同的竞争优势；构建管理型产业价值链，不断提高系统协同效率，从而谋求产业链利益最大化。

（四）创新原则

在企业经营过程中，商业模式比高技术更重要，商业模式是企业能够立足的先决条件。因此，一个成功的商业模式并不一定是在技术上的突破，还可以是对某一个环节的改造，或是对原有模式的重组和创新，甚至是对整个游戏规则的颠覆。商业模式的创新形式贯穿于企业经营的整个过程中，贯穿于企业资源开发、研发模式、制造方式、营销体系、市场流通等各个环节。企业经营的每一个或几个环节的创新都有可能变成一种成功的商业模式。

（五）融资有效性原则

融资模式的打造对企业有着重要而特殊的意义，尤其是对创业企业和我国中小企业而言更是如此。企业生存和发展需要资金，企业快速成长更需要资金，资金已经成为所有企业发展中绕不过去的障碍和难以突破的瓶颈。谁能够解决资金问题，谁就能赢得企业发展先机，也就能掌握市场主动权。通过对一些成功企业发展过程分析，无论其表面上对外阐述的成功理由是什么，但都不能回避和掩盖资金对其成功的重要作用，许多失败的企业就因没有建立有效的融资模式而导致最终的失败，所以说能够融到资金并能用对地方的商业模式，其项目就已经成功一半了。因此，有效的融资模式是商业模式设计中非常重要的一个环节。

（六）组织管理高效率原则

高效率是企业管理模式追求的最高目标，从经济学角度衡量，决定一个国家富裕或贫穷的砝码是效率，决定企业是否有盈利能力的也是效率。任何一个企业都需要高效率的整合和协调。

企业要想高效率运作，首先要解决的是企业愿景、企业使命和核心价值观，这是企业生存和成长的动力。其次需要有一套科学而实用的运行管理系统，解决系统协调、计划、组织和约束等问题。最后还需要有科学的激励方案，用以解决如何让员工分享和合理分配企业成长果实的问题，即是向心力问题。只有将这三个主要问题解决好，企业管理就可以实现高效率。

（七）风险控制原则

风险控制是指风险管理者采取各种措施和方法，消除或减少风险事件发生的各种可能性，或者减少风险事件发生时造成的损失。商业模式开发过程中都会给企业的生存和发展带来损失，甚至是灭顶之灾。这个风险指的是系统内的风险，如产品变化、人员变更、资金中断等，也指系统外的风险，如制度的改变，或是政策、法律、市场行业风险等。这些风险都需要企业能够及时控制，并采取有效方法规避风险，寻求解决的办法。

（八）合理避税原则

合理避税不是逃税。合理避税是在现行制度和法律允许的框架内，以合法的手段和方式，即合理地利用相关政策，设计一套有利于利用政策的体系，以达到减轻税收负担的目的。合理避税做得好能很大程度上增加企业的盈利能力。

总之，新创企业和运行中的企业都必须对自己的商业模式有清晰的认识，在设计商业模式时都须从本企业实际出发，从解决企业的发展瓶颈着手，整体考虑，整体安排，从而找到一套适合自身企业发展的商业模式。

二、商业模式设计的方法——商业模式画布

（一）商业模式画布的九个基础模块

商业模式画布（Business Model Canvas）是一种用来描述商业模式、可视化商业模式、评估商业模式以及改变商业模式的通用语言。商业模式画布是当下最为流行并最受认可的商业模式工具。

商业模式画布最早由《商业模式新生代》的作者亚历山大·奥斯特瓦德（Alexander Osterwalder）和伊夫·皮尼厄（Yves Pigneur）于2008年提出，他们认为商业模式包括九个主要要素：价值主张、客户细分、客户关系、关键业务、核心资源、关键合作、分销渠道、成本结构和收入来源。新型的商业模式就是把这九个要素按照不同逻辑排列组合，这九个要素组成了商业模式设计的便捷工具基础，并将商业模式涉及的这九个关键要素，以模块的方式整合到一张"商业模式画布"中，可以灵活地描绘或设计商业模式。在这张"商业模式画布"中，通过向这九个模块中填充相应的内容，可以描绘商业模式或设计新的商业模式。亚历山大·奥斯特瓦德和伊夫·皮尼厄认为，商业模式画布不仅能够提供更多变灵活的计划，而且更容易满足用户需求，更为重要的是它可以将商业模式中的元素标准化，强调元素间的相互作用，如图7-1所示。

表7-1 商业模式画布

Key Partnerships 重要伙伴	Key Aetivities 关键业务	Value Proposition 价值主张 Channels 渠道 通道	Customer Relationships 客户关系	Customer Segments 客户细分
	Key Resources 核心资源			
Cost Structure 成本结构			Revenue Streams 收入来源	

1. 客户细分

主要用来描述一个企业想要接触和服务的不同人群或组织。客户是谁，企业在为谁创造价值，这些群体有何特点和差异，掌握了这些信息有助于企业集中更多的资源、提供更精确的产品和服务，从而创造出更大效益。企业要考虑目标客户的细分市场类型是大众市场、利基市场、区隔化市场、多元化市场，还是多边平台或多边市场等。

2. 价值主张

用来描述为特定客户细分创造价值的系列产品和服务。包含目标客户、市场痛点、产品和服务、客户利益、竞争对手和竞争优势六个要素。价值主张就是要告诉客户为什么选择你而不是选择你的竞争对手。价值服务是提供给客户的一整套产品和服务的组合，典型的价值服务有创新、定制、品牌、实用、性能、价格、节能、降耗、安全、易得易用等。

3. 渠道通道

用来描述企业沟通和接触其细分客户并向客户传达价值主张的各种途径和方式。即通过什么样的媒介，遵循什么样的流程来接触客户，传播传递价值主张。渠道为王，优秀的传播渠道是企业产品和服务的大动脉，能够唤醒潜在客户对于产品和服务的了解，并促成交易，保障售后客户满意度。

4. 客户关系

用来描述企业与特定细分客户群体建立的关系类型。如何稳定已有的客户并持续增加新客户，这对于企业的生存与发展至关重要，根据80/20原则，企业80%的利润是从20%的客户处获得。客户的黏性和忠诚度需要客户关系来保证，好的客户关系甚至可以建立病毒式营销的网络，好的客户关系意味着追加销售和新产品。这就要求企业全方位地看待客户，不仅向客户提供个性化的产品和服务，而且要根据客户的特定要求来设计分销、物流模式，以方便客户，提高客户满意度。

5. 收入来源

用来描述企业从客户群体中获取收入流的途径。所有企业都必须清楚哪些客户为哪些价值服务付钱，他们最喜欢的付款方式是什么等。企业要知道用怎样最合理的方式成功地把价值内涵提供给客户并获得收入。

6. 核心资源

用来描述让商业模式有效运转所必需的最重要的因素，即建立和运转商业模式所需要的关键资源，是企业能够正常投入市场所需要的能力和资源。这些资源能够让企业创造并提供价值内涵，得到市场，保持客户关系，并获得收入。这些资源包括实体资产、知识产权、人力资源、金融资产等。

7. 关键业务

用来描述企业为了让商业模式可行并运转而所必须从事的最重要的活动，是在商业运作中要从事的最为紧要的业务。主要的一些关键活动包括生产产品、提供服务、构建平台、解决问题等。企业需要梳理出哪些是企业运行中的关键业务，这些关键业务事关企业能否存活。如百度的关键业务是搜索，腾讯的关键业务是社交。

8. 重要伙伴

用来描述让商业模式有效运作所需要的供应商与合作伙伴。

企业与企业之间为有效地提供价值并实现其商业化而形成合作关系网络，构成商业联盟。主要的伙伴形式有：非竞争对手间的战略联盟、竞争对手之间的"竞和"、合资合作、供应商 – 购买者关系等。建立合作伙伴网络的作用在于：优化组合、获得规模效益、减少风险和不确定性、获得特定资源、从事特殊业务活动等。

9. 成本结构

是运营商业模式所引发的所有成本，是对所使用的工具和方法的货币描述。不同企业的成本结构模式是有区别的，企业需要掌握自己的成本结构模型。不同的商业模式有不同的成本结构，如固定成本为主、可变成本为主、人员成本为主、原材料成本为主等。不同的商业模式有不同的驱动因素，如成本驱动型、价值驱动型等。成本结构可以根据成本的经济用途进行划分，如产品成本、服务成本等，也可以根据成本的服务对象进行划分。不同的工具与方法能让企业从不同的角度思考优化成本结构。

表 7-2 瑞幸咖啡（Luckin Coffee）的商业模式分解

重要伙伴	关键业务	价值主张	客户关系	客户细分
供应商（咖啡豆供应商、咖啡设备提供商、轻食茶饮供应商、大数据、人工智能的技术供应商） 移动支付供应商 第三方配送公司 广告策划公司 金融机构 社交媒体平台 加盟商 股东 异业合作伙伴	新品开发 品牌营销推广 渠道建设 供应链管理 零售业务运营 标准化 /SOP 建设 移动应用开发和管理 技术和数据分析 加盟业务管理 风控和合规 **核心资源** 品牌 优质咖啡豆 专业烘焙技术 大数据等 IT 技术 销售网络体系 供应链管理能力 优秀员工团队	高性价比 高便捷性 高品质 更年轻的时尚咖啡 靠谱的品牌加盟 丰富的咖啡产品,满足消费者多样化需求	客户补贴 明星代言 跨界联名以及私域社群 个性化推荐和营销活动 会员福利 优惠券等奖励机制 精准营销 定制菜单 **渠道通道** 线下实体门店 瑞幸咖啡 App/ 小程序 外卖 社会媒体平台	广大的消费者群体,包括上班族、学生、休闲消费者等

成本结构	收入来源
原材料成本 门店租金成本 外卖配送成本 人力成本、设备成本等	咖啡销售收入 轻食、茶饮销售收入 广告收入

（二）商业模式画布的作用

1. 可视化

商业模式画布将商业模式设计的九个要素整合在一张画布上,使得商业模式作为一个整体系统进行可视化,用统一且简洁明了的语言对不同商业领域进行沟通和讨论,并能够灵活地描绘和设计商业模式。通过可视化商业模式画布,可以将隐形假设转变成明确的信息,使企业的商业模式在设计过程中更加清晰、更加明确,其中的概念和逻辑更加形象而具体,能促进新创意的探索,催生创意,对各生产要素的合理搭配,形成清晰的、具有竞争力的、可持续发展的个性化商业模式,开拓新市场。

2. 便捷性

商业模式画布将商业模式的九个要素按照不同逻辑进行排列组合，这九个要素构成了商业模式设计的便捷工具基础。可视化呈现以及完整性覆盖，人们更容易记住这样一幅商业模式图，同时对这样一张图进行修改和调整也更为简明便捷。通过添加或移除每个模型的相关元素，把讨论的内容由抽象变为具体，更容易发现其逻辑上的差距，进而研究各个要素间的影响，可以更科学地从各方面去探索那些或可行的、或不可行的、或激进的、或保守的构想。

3. 完整性

商业模式画布能完整地呈现一个企业的商业模式，能帮助企业高层从宏观层面去把控方方面面的问题，以及合理解决存在的问题，同时能判断商业模式的各方面是否一致，能将商业模式中的元素标准化，并强调元素之间的相互作用。能帮助企业降低猜测，确保找对目标客户，能够提供更多的灵活多变的计划，更容易满足客户的需求，并帮助企业催生创意。商业模式画布的完整性能促进企业创造价值、传递价值和获取价值。

三、商业模式设计的步骤

（一）深度市场细分

挖掘顾客的真实需求。购买企业产品或服务的客户群体是企业的利润源，因而界定企业的目标客户群体极为重要，这决定了企业为谁创造价值。商业模式设计中，企业首先要对市场进行深入分析，以识别和定位目标客户群体，分析客户需求，为产品寻找能够呈现价值的客户群。一般而言，企业盈利的难度在客户端，而并非是技术与产品端，准确界定目标顾客并满足顾客需求能为企业创造极大价值。根据目标市场细分原则，努力挖掘顾客的真实需求或未被满足的需求，并寻求产品在市场中的最佳定位，是成功的商业模式设计的首要工作。这可以通过数据分析和客户调研等手段来实现。

（二）确定价值主张

接卜来就是要确定价值主张，这是设计商业模式关键的一步。企业的价值主张就是要明确为客户创造怎样的价值、为企业解决怎样的需求，即企业提供给消费者的产品或服务的核心优势和特点。针对企业目标客户群体，只有独特而有力的价值主张才可以满足客户的真实需求，赢得市场，创造价值。好的价值主张是企业价值和顾客价值最大化的体现，这就要求价值主张具备三个特点：一是与众不同，企业提供的产品和服务一定要有强于竞争对手的差异化优势，价值主张比竞争对手更胜一筹；二是可衡量性，必须真实，同时能以货币量化（或具体功能）的差异点；三是可持续性，在相当长的一段时间内企业必须执行这一价值主张。

（三）匹配营销渠道

根据目标客户群体和价值主张，企业需要选择合适的营销渠道，以便更有效地将产品或服务传递给消费者。营销渠道是企业向顾客传递信息、提供产品和服务的渠道，是商业模式得以正常运转的必不可少的外部价值链。匹配合适的营销渠道便于目标客户更加便捷地购买和了解企业的产品或服务，能更大地提高企业营销效果，带来更多的销售量与利润。

（四）设计盈利模式

盈利模式是企业生存的根本，企业需要设计科学可行的盈利模式，以确保商业模式的可持续发展和企业的正常运转。成功的企业在为顾客提供价值的同时，还需懂得为自己创造更多盈利点，增加更多利润来源，即要有为自己创造价值的详细计划。包括考虑企业的收入来源、成本结构、定价策略等。

（五）评估资源能力

企业需要对自身的资源能力进行评估，以确保具备实现商业模式所需要的能力和资源。企业资源能力是指企业在运营和发展过程中所拥有和具备的各种资源和能力，这些资源和能力有助于企业实现其战略目标和竞争优势。

（六）构建业务生态系统

搭建有利于企业发展的业务生态系统，包括与供应商、合作伙伴、竞争对手等的关系。业务生态系统应能够实现资源共享、风险分散和持续创新。企业的业务生态系统是指在一定区域内，企业与企业生态环境形成的相互作用、相互影响的系统。目前市场竞争日益激烈以及外部环境变化多端，构建健康、可持续的企业生态系统成为企业发展的关键，可为企业在激烈的市场竞争中立于不败之地并提供坚实保障。

（七）持续优化和创新

企业需要不断地优化和创新商业模式，以应对当下纷繁复杂的市场环境，密切关注行业动态、竞争对手和客户需求，对商业模式进行调整和升级。商业模式的持续优化和创新对于企业在激烈竞争的市场中保持竞争力、提高盈利能力和实现可持续发展非常重要。

综上所述，商业模式设计不是一蹴而就的过程，而是持续迭代和优化的过程。此外，商业模式设计应始终以市场需求为基础，以确保可行性和有效性。

第三节　商业模式创新与评估

一、什么是商业模式创新

商业模式创新是指企业价值创造的基本逻辑发生变化，即把新的商业模式引入企业的生产体系，并为客户和自身创造价值。[①] 企业在价值创造、盈利方式和市场竞争力等方面，对原有的商业模式进行创新和变革，以适应快速发展变化的市场环境和竞争态势。就创新层面而言，商业模式的创新比产品创新和服务创新更为重要，因为它关乎整个企业的价值创造系统。

二、商业模式创新的价值

（一）适应市场变化

随着科技的发展、新技术的变革和消费者需求的多样化和个性化，企业需要不断调整和优化商业模式，以适应不断变化的市场环境。

（二）提高竞争力

成功的商业模式能够为企业提供独特的且难以被模仿的价值方案，从而赢得市场竞争优势。

---

① 郑培，肖捷.创业梦百科[M].中国人民大学出版社，2013（8）：141.

（三）提高盈利能力

商业模式创新有助于企业开拓扩展新的盈利渠道、降低成本、提高运营效率，从而提高企业整体盈利能力。

（四）促进企业可持续发展

商业模式创新有助于企业实现资源优化配置、降低对环境的依赖、提高企业的抗风险能力，从而实现企业可持续发展。

三、商业模式创新的特点

（一）能提供独特的价值

商业模式创新的出发点是以"客户价值主张"创新为核心，如何从根本上为客户创造增加的价值。商业模式是一个系统工程，价值创造是企业存在的根本和发展的前提，提供独特价值为其核心。独特价值是指提供他人所不能提供的价值，或提供他人提供不够好的价值，即人无我有、人有我优、人优我特。这种独特的价值是市场竞争中与众不同的优势，体现在产品、服务、技术、管理，或是思想、创意等方面。通过提供独特价值满足消费者需求，赢得市场和消费者的认可，创造竞争优势，并实现盈利。

（二）难以模仿

成功的商业模式都具有一定的创新性，企业在产品、服务、运营方式等方面打破了传统思维，打造出独特的价值链，建立一套极难复制和迁移的商业运行系统，以此可降低商业模式被模仿的风险，提高行业进入门槛，提升市场竞争力，保障企业利润的递增。

（三）更具系统性

商业模式的创新不是商业模式的某一个要素的变化，而是一种集成创新，是商业模式多个要素同时大的变化，涉及整个公司的价值创造系统，需要企业组织较大战略调整。商业模式的创新比产品、工艺、服务等的创新更为重要，对于企业创新而言，技术发明及其商业化不是真正的变革，成功之处是把新技术和强大的商业模式相结合。商业模式涉及企业方方面面，包括战略、人力资源、运营、财务等，因此创新商业模式是一个系统工程，具有一定的难度和复杂性。，

四、商业模式创新的途径

商业模式创新是企业在不断变化的市场环境中保持竞争优势的关键。商业模式创新的价值体系中，企业可以通过创新价值主张、产品或服务、客户关系、合作伙伴、技术驱动、数字化转型、收入模式和成本结构、资源整合、组织架构、目标市场等因素来激发商业模式创新，创新形式主要是突破式创新和增量式创新。

（一）客户价值创新

从客户需求出发，重新改进或定位产品或服务的特点、优势和价值，或提供全新的独特产品、服务或解决方案，提供独特的价值主张，以满足客户的需求与期望。例如，苹果公司通过创新产品设计和用户体验，建立独特的价值主张，赢得大量忠实粉丝。

（二）产品或服务创新

在现有产品和服务基础上，进行改进或开发全新的产品和服务，以满足市场和客户需求，或创造新需求。例如，特斯拉以新能源汽车先行者身份推动市场发展，用领先行业的产品——高性能的电动车吸引消费者，引导消费市场向新能源汽车转变，引领绿色出现新潮流。

（三）重新定位目标市场和目标客户

重新定位目标市场，尝试进入新的市场领域，或者开拓现有市场中的细分市场及消费者群体。重新定义目标客户群体，以便更好地满足他们的需求。可以通过市场调研、数据分析和竞争对手分析等方法来识别新的客户群体。

（四）资源能力创新

企业对所拥有的资源进行整合和运用能力的创新，主要是围绕企业的关键活动，对建立和运转商业模式所需要的关键资源进行开发和配置、成本结构和收入模式的创新。优化企业内部资源和外部合作伙伴的关系，构建更具竞争力的供应链或价值链。通过优化供应链、提高生产效率或采用新技术等方面来实现降低运营成本、提高盈利能力。例如，阿里巴巴通过电商平台整合了供应商和消费者的资源，从而实现多方共赢。

（五）渠道创新

通过变革产品或服务销售渠道、开辟新的销售渠道、扩大分销网络、采用新的营销策略等，提高产品或服务的流通效率，以便更有效地触达目标客户群体，达到更广泛的市场覆盖和更高的销售业绩。可以通过线上与线下渠道的组合、社交媒体、电子商务、或与合作伙伴建立战略联盟等方式来实现渠道创新。例如，亚马逊通过电商平台，颠覆了传统的零售业。

（六）技术应用创新

企业可以广泛应用新技术和平台，如信息技术、产业技术、管理技术，实现融合创新应用，改进现有业务模式，提高效率和用户体验，以及创造全新的商业模式。

企业可以利用大数据和人工智能等技术手段，分析消费者行为，发现市场趋势，提高效率和用户体验，为企业提供更准确的决策依据，优化商业模式。可以通过数据挖掘、机器学习等技术来实现数据驱动创新。例如，亚马逊利用大数据和人工智能技术，优化供应链管理和推荐系统，提升用户体验。

（七）盈利模式创新

探索新的盈利方式，通过改变企业现有的收入来源和方式，引入新的定价策略或增加多元化的收入来源，提高盈利能力。如通过订阅模式、授权模式、增值服务、跨界合作、数据挖掘等来实现收入模式创新。例如，腾讯通过广告、游戏、金融等多个领域的盈利模式，实现持续的收入增长。

（八）平台创新

建立开放的平台生态系统，包括平台、开发者、用户、合作伙伴等，吸引多方共同参与和共同创造价值，实现平台价值的可持续增长。引入先进的技术和解决方案，以提高平台性能、安全性和用户体验。例如，利用大数据、人工智能、物联网等技术优化平台的功能和服务。跨界合作，实现资源共享、技术交流和市场拓展，为平台创新提供更多可能性。探索平台新的业务模式，以实现平台价值最大化。可以通过跨界合作、共享经济、订阅服务等模式，打破传统行业壁垒，创造新的商业模式。

（九）组织架构创新

企业可以通过推动跨部门、跨组织、跨产业的组织管理模式、业务模式和商业模式等的变革，提供企业运营效率。通过调整企业内部权利分配、部门协作和激励机制，提高企业的创新能力和执行能力。例如，谷歌通过开放式的组织文化、灵活的管理方式和组织架构，激发员工创新能力。

（十）商业生态环境创新

商业生态环境创新是指企业将其周围的环境看作一个整体，打造出一个可持续发展的、共赢的商业环境。商业生态环境创新是指在商业领域中，通过创新的方式改变和优化商业生态系统的环境，这是一个持续发展的共赢的商业环境。商业生态环境创新是围绕合作伙伴进行的，包括供应商、经销商、市场中介，某些必要情况下还包括竞争对手。纷繁复杂的市场与不断变化的顾客需求，促使企业需要通过合作或联盟来达到共赢。

企业通过与互补性企业、或组织、或个人建立合作伙伴关系，共同开发新产品或服务、共享资源、共同拓展市场、风险共担、互补优势，加强市场影响力，实现互利共赢。共赢的商业环境能为企业未来发展及运营能力提供保证。例如，华为通过构建全球化的网络基础设施，为运营商、企业客户、消费者提供服务。在 5G 领域，华为与其他企业共同推动技术创新，与全球各地运营商合作，搭建高效、安全的通信网络。此外，华为还推出华为生态系统，通过智能手机、平板电脑、智能家居等产品，为消费者提供一站式智能生活体验，与合作伙伴共同成长。

五、商业模式评估

商业模式评估是指对一个企业或项目的商业运作模式进行分析、评估和判断，以确定其可行性、创新性、盈利能力和发展潜力。评估一个企业的商业模式非常重要，因为商业模式决定了企业如何盈利和可持续经营。评估商业模式需要全面分析各个要素，以确定其可行性、可持续性和盈利潜力，只有在充分理解和评估商业模式各方面，才能为企业决策提供依据。

在评估商业模式时，需要考虑多个因素，如表 7-4 所示。

表7-4　商业模式构成要素

序号	因　素	评估分析
1	竞争环境	分析行业内的竞争对手、市场份额、产品差异化程度以及市场竞争趋势等
2	市场需求	评估企业的产品或服务是否满足市场需求、是否有足够的市场规模和潜在客户
3	盈利模式	评估分析企业的收入来源、成本结构、利润率及可持续性等
4	资源整合	分析企业所需的资源、包括人力、资金、技术、渠道等，以及企业整合这些资源的能力
5	技术创新	评估商业模式所依赖的技术的创新程度、成熟度和可行性
6	商业模式可行性	从战略、运营、财务等角度评估商业模式的实施难度和成功概率
7	商业模式创新性	评估商业模式是否具有创新性，能否在市场中脱颖而出，开创新的需求或满足现有需求的更优的解决方案
8	法律与政策因素	分析商业模式是否符合相关法律法规，以及可能面临的政策风险
9	社会影响和可持续性	评估商业模式对社会、环境的影响，以及企业的社会责任和可持续发展能力

此外，张伟、段辉琴、江素兰等在对商业模式的研究中，提出了还可以通过七个问题去分析评估企业商业模式存在的问题与风险。

问题一：客户"转移成本"有多高？

客户的"转移成本"是指客户在放弃某一品牌或供应商的产品而选择其他品牌或供应商时需付出的成本代价（包括经济成本、时间和精力等）。客户的"转移成本"越高，面临的代价就越大，这样客户就不会轻易去选择竞争对手的产品或服务。企业可以通过提高"转移成本"留住客户，提高客户满意度和忠诚度。

问题二：商业模式的扩展性怎样？

扩展性是指商业模式在现有基础上，能够适应需求增长、市场扩张、技术创新等变化，实现规模扩大和价值增长的能力。也就是说在没有增加成本的情况下，可以很容易地拓展商业模式，赢得利润。商业模式的扩展性越强，企业就越具有竞争力，能赢得更多利润。

问题三：能否产生可循环的经济价值？

循环价值有两个主要优势：第一，对于重复销售，成本只产生一次；第二，可以有更多更好的想法来构思未来如何赚钱。还有另外一种循环价值形式：从之前的销售中获取增值收入。例如，销售一个苹果手机，从硬件销售中赚取利润的同时，来自内容和 App 的经济价值依然稳定增长。

问题四：是否实现投入前就赚钱？

例如戴尔将此模式应用到电脑硬件设备制造市场，通过直销建立装配订单，避免了硬件市场的库存积压成本，显示了其在投入之前就赚钱的力量。

问题五：如何能让用户为你工作？

在某种程度上引导和激励用户参与项目或业务。例如宜家（IKEA）会让用户心甘情愿地亲自动手组装所购买的家具。这种创造用户参与的平台和机会，让他们能够发挥自己的能力和才华，还可以培养用户归属感。

问题六：是否具有高壁垒防止竞争对手模仿？

一个成功的商业模式还可以使企业保持长时间的竞争优势，高壁垒有助于抵御竞争对手的模仿和冲击。

问题七：是否建立在改变成本结构的基础上？

降低成本是商业实践中的长期追求，有的商业模式不仅能降低成本，还创造了一个与以往不同的成本结构。

没有一个商业模式的评估分析能对应以上七个问题并得到满分，但有的却可能会在市场上成功。对企业而言，时刻用这七个问题提醒自己，有助于维护和巩固竞争优势。

思考题：

1.什么是商业模式？商业模式有什么特征？

2.为什么要对商业模式进行设计和创新？

3.列举一项你熟知的传统行业企业所采用的商业模式。思考这种商业模式有没有改进的空间。

4.你认为哪一类商业模式最适合大学生用来创业？为什么？

助 梦

大学生创业实战篇（二）

|||||||||||||||||||||||||||||||||||||||||||||||||||||||||||||||||||||||||||||||||||||||||||||

梦想是一种创造力，它能够激发我们的想象力，创造出美好的未来。

第八章　创业团队

1. 认识创业团队的重要性
2. 了解创业团队的构成要素及作用
3. 掌握创业团队的类型及特征
4. 掌握创业团队的组建与管理的方法

中国最"牛"的创业团队

合伙企业离不开一个创业团队。在中国众多的合伙企业中，有一支队伍非常独特。他们几乎是技术、信息、资金、经验方面的完美组合。这个组合就是总部位于上海的携程旅行网。

这个团队中，四位合伙人中三位毕业于上海交通大学，一位毕业于美国耶鲁大学，由创业之初的100万元启动资金到引来风险投资后的1300万美元。这个团队，七年里使两家公司上市，利润惊人。

季琦，上海交通大学机械工程系机器人专业硕士研究生，这个团队的实干者和推动者。

梁建章，美国乔治亚理工大学的硕士，这个团队的信息者技术者，懂技术。

沈南鹏，耶鲁大学的MBA，这个团队的监督者、完善者，精于投资。

范敏，老牌上海交通大学研究生，这个团队的协调者、凝聚者、创新者，熟悉旅游。

1999年6月，他们开始运营这个网站，定名为携程。一开始，他们的办公地点位于徐家汇教堂南侧气象大楼 17 层，和季琦的协成公司共用一个办公室。

在创业前期，基本上是季琦张罗、应对，其他三人只是利用工作之余和季琦一起开会讨论。到了 2000 年 3 月，当第二轮投资到账，携程得到了 450 万美元后，梁建章、沈南鹏和范敏陆续"下海"，全身心地投入携程的经营和发展之中。

吸取了经验教训后，携程的市场推广费用基本上控制在公司财务费用的 30% 以内，目标受众只集中在经常乘坐飞机的商务旅客和高端游客。梁建章和季琦还保留着这样的清醒：企业不能只靠吸引风险投资，要想发展壮大，必须真正盈利。为此，他们对公司目标做了调整，从"有关旅游信息的网上百货超市"转变为"在旅客与酒店、民航间架起桥梁，为双方提供高性价比的信息交流平台"。公司经营战略也将目标客户锁定在商务人士、自助旅行游客等消费者群体。在 2001 年，公司将名称由"携程旅行网"改为"携程旅行服务公司"，从纯粹的互联网公司转型为提供各种旅游服务的"贸易商"。

凭借稳定的业务发展和盈利能力，携程旅行网于 2003 年 12 月在美国纳斯达克成功上市。如今，携程占据中国在线旅游 50% 以上的市场份额，是国内旅游市场无可争议的领导者。

资料来源：价值中国网（ http: //www. chinavalue. net/Doc/DocDetail. aspx? DocII =96715501)，有改动

讨论一下

1. 最"牛"创业团队在组建团队时可能会考虑哪些因素?
2. 一个优秀的创业团队对项目有何意义?
3. 个人在团队中如何施展才华为项目贡献力量?

在这一成功的创业案例中，可以看到携程旅行网创业团队的优越性，这样强大的团队构建想不成功都困难。创业成员们各有各的优势，在各自的专业领域有一定的造诣，且对自身职业生涯规划非常清晰。他们向着一个共同的创业目标前进，在团队中尽心尽力地扮演好自身的角色，承担相应的责任，实现功能互补。他们的创业之路也并不平坦，但是他们彼此信任，坚持不懈，富有激情，敢于开

拓创新，最终取得了辉煌的成绩。创业大学生们借鉴优秀创业前辈们的宝贵经验，谨慎扎实地做好创业团队组建的工作是创业成功的基础和前提，可避免大量创业过程中不必要的麻烦，大大提高创业成功的概率。

随着"大众创业、万众创新"的深入推进和高校创新创业教育的持续开展，大学生成为新时代创新创业的生力军。团队作为大学生"双创"活动的首选方式，直接影响到项目的推进和成效。培育大学生创新创业团队，不仅是推动大学生创新创业成功的实际需要，也是全面深化高校创新创业教育改革的必然要求。

在市场就业压力增大，国家政策大力扶持的前提之下，越来越多的大学生涌入了自主创业的市场当中。大学生作为创业大军当中的年轻力量，一涌入市场就凭借其拼搏的力量和十足的干劲得到了社会各界的高度认可。大学生创业越来越普及，更多大学生寻找创业的新渠道与新方法。大学生团队管理也成为近些年较为热议的话题之一。

大学生创新创业团队，是指以实现某创新目标或落地某创业项目为纽带，基于自愿原则，形成内在精神契约，展开相互协作且共担责任的群体。现有研究更多地是聚焦创业团队或创新团队，鲜少探讨创新创业团队。鉴于高校的创新与创业教育本就为一体，而创新是创业的前提，创业又是创新的典型结果，

因此，本章将创新团队和创业团队放在一起加以研究。目前，国内外学者主要基于胜任力角度探讨了大学生创新或创业团队应该具备的能力。研究表明，创新、协作、组织等为常见的胜任力维度。在这些胜任力的基础上，创新创业团队是否应该具备更加综合的能力，又应该如何通过团队的构建和培育，充分发挥团队成员的能力，提升"双创"团队的综合实力，以促进大学生创新创业的成功，是本章要探讨的核心内容。在大学生创新创业的过程中，一个人的力量是有限的，一个团队的力量要大得多。一个创业项目的完成，需要涉及的知识和技能十分广泛，包括财务、营销、策划等，需要多种人才力量的支撑。创业团队的建立和管理对于创业项目的成功至关重要，建立一个强有力的创业团队是创业项目成功的前提。

第一节　创业团队的构成及作用

一、创业团队的定义

（一）团队与群体的区别

说到"团队"，很多人容易将其与"群体"混为一谈。管理学家斯蒂芬·P. 罗宾斯 (Stephen P. Robbins) 认为：团队就是由 2 个或者 2 个以上相互作用、相互依赖的个体，为了特定目标而按照一定规则结合在一起的组织。团队是为实现某一共同目标的个体相互协作所形成的组织。群体是可能有同一目标的而聚在一起，但缺乏协作性的人群。"团队"与"群体"是有一定联系的，"群体"经过调整和转变可过渡到"团队"。"团队"与"群体"的根本性区别体现在它们的构成和特点不同。

1. 构成不同

团队由目标、成员、定位、权限、计划五个要素构成；群体由不同的个体、共同的需求、爱好或特征构成。创业团队是两个或以上个体组成的团队，具有共同愿景和目标，共同创办新企业或参与新企业管理，相互依存地在一起工作，共同对团队和企业负责，共同承担风险和共享收益。创业团队异质性是指团队成员在人口特征、经验、认知观念、价值观等方面表现出来的差异。目前学者们对创业团队异质性的认识多沿袭自团队异质性。团队成员通常会运用自己的知识和技能完成团队任务，而团队成员不同的专业背景、工作经历和认知水平所造成的技能差异，会对团队成员知识体系产生不同程度的影响，从而形成团队异质性。创业团队异质性除团队成员在性别、年龄、种族等个人表象特征上的差异外，还体现在团队成员完成任务所运用的专业技能、知识储备和处理能力的差异上。异质性的创业团队可以为团队决策提供更多样化的观点和更丰富的经验与技能，同时还可以拓展社会资源和网络，有利于市场竞争。

2. 特点不同

团队以共同目标为导向，以成员协作为基础，具有凝聚力；团队成员在知识、技能、经验上形成互补，受到共同的规定约束。群体以满足各人员的需求为导向，人员之间联系不大，不要求成员之间互补互助，不具有凝聚力。

（二）创业团队的定义

创业团队是一种特殊的团队，由两个或两个以上具有一定利益关系的，彼此间通过分享认知和合作行动以共同承担创建新企业责任的，处在新创企业高层主管位置的人员共同组建形成的有效工作群体。创业团队是高层管理团队的基础和最初组织形式，创业团队工作绩效大于所有个体成员独立工作时的绩效之和，创业团队对创业成功具有重要的价值。

在传统的大学生创新创业课程中，往往由教师为教学的主导，学生在老师的指挥棒下跟随教师的脚步展开对创新创业理论和实践技能的"被动性"学习，教师教学内容更多关注教学成功案例的理论教学，往往忽略了对学生参与实践活动的课程引导。学生在枯燥的理论环节中缺乏学习的动力，难以将学到的理论知识与自身实际发展结合起来，导致自主参与能力得不到有效激发，这在一定程度上抑制了学生创新创业实践能力的发展。

另一方面，学校可以以学生为主体，从学生的实际情况出发，鼓励学生积极自主地参与师生协同、互促共进的双创团队。在此过程中，学校可以借助网络来创建专题性的学习系统，并在其中以网络链接或图片的形式将不同双创团队的具体信息细致化，比如，项目的研究方向、成员信息、项目的内容系统、实践操作进展等。学生可以通过平台全面了解到项目的具体信息，从而根据所掌握实际情况按照自己的兴趣及项目发展需求来参与，并形成正确的主体观念意识，勇敢创新、创造，将自身独特价值全面发挥出来。

在教师团队和学生团队组建完成之后，学校可以有效整合不同团队，有针对性地与相关企业进行联系，并通过汇总不同团队规模和具体的研究方向来调整相应的合作架构，为师生协同的双创团队建设提供更加专业的辅助。

团队的本质是一群有着共同目标的人通过有效的制度管理凝聚在一起形成的组织。团队里的人凝聚不同的特长发挥自我性格完成一个任务，其成员间的贡献会形成良性互补。团队以群体形态通过互相协同合作、依赖他人、共担责任完成工作任务。因团队形成之初就将创建新型企业为目标，达成共同分担责任、义务，积极维护团队制度规程的共识，为实现目标努力，所以就以往数据显示，创业团队的工作效率和成绩已经远远超过了个体单独工作效率的总和。大学生创业团队对大学生未来发展起着非常重要的作用，具体意义包括以下几点。

1. 资源共享意义

大学生创业团队在工作时，为达到工作任务快速有效完成的目的，会分享自己所学所知，实现资源共享，其中包括信息网络、能源、市场等资源。

2. 增加自身竞争力

在传统竞争中，孤军奋战、单独培训学习等提升自身竞争力的手段更被看好，但由于时代发展，竞争理念、方式都应追赶时代脚步并完成超越。这样不仅可以让学生发展自己的竞争心态还能激发学生实现自我超越的创造力。能够将学生放入到一个学习环境和企业环境双熏陶的条件下，给学生更多实践机会，提升实操能力。

3. 实现自我价值的最佳途径

通过自主创业形式，大学生可将自己的爱好与职业相结合，满足兴趣即发展、即工作的需求。让大学生能以充沛的热情投入到五彩社会环境中，尽力发挥自己所能，取得合理所得。如今社会大环境发展趋势较好，鼓励大学生创业，虽然是为了化解就业难的问题，但对大学生本身来说，创业的主动力就是谋求自我发展价值，且只有提高大学生创业型就业比例，社会整体创业风气才能被引导向良性方向发展，才能对社会新秩序提供价值回报。

4. 有效提高大学生自身素质

随着高校扩招政策的连年实行，就业压力影响着几乎所有高校学子。而大学生的素质不能与高校教育水平成正向配比一直困扰着人们。提高高校管理教育水平、提升学生整体素质两项目标一直被无数学者视为难题，而大学生创业为这一难题的新型突破口。通过创业实践，让大学生自主调动积极性，改善对就业的恐惧心理，直观面对未来的选择更能促进大学生自主学习，充实自己的同时改正自己的不足，让自己成为一个全面型人才。

5. 利于培养学生创新精神

创新是民族发展的核心力量，是一个国家发展所必需的不竭动力。而大学生作为社会的新动力群体，若其没有创新精神，没有创造的冲动和需求，那么整个民族都将失去发展力。大学生的创业活动，更有利于培养其直面困难的勇气，将就业压力完美转化成创业动力，培养出各行业所需的人才。

6. 减轻家庭负担

农村学子走出家乡步入大学的费用仍在逐年升高。面对高额学费时，全家的收入几乎倾尽，进而使大学生普遍存在着沉重的负担，有的学生甚至会引发心理疾病。大学生创业无疑是很好解决这一困境的办法。通过创业,不仅可以减轻学生家里的经济负担,也能使自己的经济状况得到改善。据统计,我国高校大学生有接近 50% 都会通过各种途径加入培训补习机构,以此来实现自己的财务自由或开创自己的事业。

二、创业团队的构成要素

一般而言,创业团队主要由目标、成员、定位、权限、计划五大因素构成。

(一)目标(purpose)

创业团队应该有一个共同的创业目标,按不同的划分方法,可分为总目标、子目标,长期目标、短期目标。创业目标是指引创业团队开展工作的航标,以企业愿景和战略等形式体现,明确团队成员的努力方向。

(二)成员(people)

创业团队中最核心、最重要的创业资源即人力资源,创业目标的达成依靠团队成员的共同努力。在竞争日益激烈的市场环境中,人才决定企业的命运,企业的任何决策都不如人事决策重要。

(三)定位(place)

创业团队有明确的定位,包含团队定位和个体定位两层意思。团队定位主要考虑创业团队在企业中处于什么位置,个体成员由谁选择和决定,创业团队要对谁负责等问题。个体定位主要考虑个体成员在创业团队中担任什么样的角色,承担的责任和享有的权益有哪些。

在创业团队中,当身份异质性形成的断裂带划分的是规模相同的子团队时,每个子团队都拥有充分的发言机会,心理安全感知更加明显,公平效应使得子团队的每个成员乐于发表自己的观点,有利于团队差异化信息的整合,从而积极寻求对每个子团队都有利的方案。同时,在创业团队初期,因为每个成员的决策权比较平均,团队身份异质性形成的规模相同的子团队能起到权力制衡和互相监督的作用,使得团队成员规范自己的行为,从而避免恶性冲突的出现。团队中的每个成员都能找到最擅长的角色分工去解决问题。互动有助于避免群体认知盲点,感知到潜在的风险。存在平衡型断裂带的团队通过理智的分析、有效的沟通将矛盾与冲突控制在认知冲突范畴,而避免情感冲突的产生,因此形成认知共识,从而提升了团队凝聚力，降低了团队成员的离开意向。

（四）权限（power）

创业团队有明确的团队权限，这里主要指团队领导人的权力大小。适当的权限利于激发成员创业积极性，提高团队工作效率。随着创业项目的成长，领导者的权力大小是变化的。一般来说，领导权在创业初期阶段是最集中的。

（五）计划（plan）

创业团队有具体的创业计划。创业团队为实现创业目标要采取有计划的实际行动，将总体任务进行分解，按具体程序一步步完成。团队有了创业计划，有条不紊地开展工作，不易偏离方向。

另外，应该按照以下标准：

1.团队成员的共性特征是团队成立的基石

"志同道合"是大学生创新创业团队发挥作用最基本的要求。通过质化研究发现，有着共同愿景、价值观趋同和软实力相当是"志同道合"的集中体现。大学生创新创业团队的组建，通常存在只是为了迎合短期目标而构成暂时性抱团的问题。共同的愿景则可以有效帮助团队规避这一问题。价值观趋同的团队，更容易激发凝聚力，从而推动项目顺利开展。软实力包括团队合作精神、创新能力、组织管理能力等具有持续作用的、能够对他人产生吸引与影响的个人素质。旗鼓相当的软实力，既在团队中起到了黏合剂的作用，又为团队整体优势的发挥提供了支撑。

2.团队成员的个性特征是团队发展的保障

创新创业团队的发展，需要成员间的合作。正因为成员具备不同的特征，合作才可能达成。研究发现，大学生"双创"团队成员应该在专业、思维和硬实力三个方面表现出差异。由不同专业大学生构成的"双创"团队，更有可能形成一个相互交错的知识网络，从而为促进创业成功提供多样化的知识储备。思维的差异更有可能激发新的想法，从而避免团队中产生从众心理，保证了团队决策的效果。"创新创业硬实力"是相对于具体项目而言的，如专业技术和相关技能等。团队成员硬实力协同既不会造成沟通的障碍，又满足了创新创业项目高难度和复杂性的要求。

3.团队断层理论为设计团队结构提供指导

团队结构是指团队成员的组成成分，早期学者主要从异质性的角度对其研究，随着理论的发展，团队断层的概念应运而生。团队断层解释了在团队成员多种构成特征的共同作用下，异质性团队中子团队的形成。研究发现，大学生"双创"团队确实存在断层，而不同的断层结构对团队创新创业的效果会产生不同的影响，其中低认同断层、高知识和资源断层，是理想的团队结构。认同断层是由性别、年龄等人口统计特征的联合作用形成的，因为这种断层在团队中更有可能造成分化，这不利于团队内部的交流，因此创新创业会受到破坏。知识断层是由教育背景、创新创业项目经验等信息相关特征的联合作用形成的，此类断层可以带来差异性的信息，从而促进创新创业的成功。资源断层则是由家庭背景、人脉等社会资源的联合作用形成的，显著的资源断层可以使大学生"双创"团队充分利用多样化的内外部资源，从而提高创新创业成效。

三、创业团队的作用

（一）突破资源限制

创业资源是开展创业活动的前提条件。个人的知识、能力、关系网络是有限的，掌握的创业资源也是有限的，创业团队将各团队成员掌握的创业资源进行整合，能很大程度地突破资源限制。创业资源具有多种表现形式，从其归属的角度可划分为内部资源和外部资源。内部资源包括团队成员所拥有的现金资金、技术专长、创业经验、信用资源等；外部资源主要指团队成员的人际关系网络，包括其家族、朋友、同学等人脉资源。成功的创业团队往往能充分利用内部资源，并善于借助外力，从而突破资源的限制。

（二）提升决策质量

决策是组织或个人为了实现某一目标而对未来某一时期将要发生的事情的选择或调整。决策正确是事情成功的开始，很多时候正确的决策比努力更重要。在创业初期阶段，单个的创业者很可能由于经验不足、视野局限，在事情决策上做不到游刃有余，甚至稀里糊涂地做出不合理的决策。而创业团队在决策前可通过会议等形式展开讨论，建立更多的信息渠道，分析比较各种选择的优劣势，集思广益，再做出最终决策，降低决策失误的风险。

在做出决策时，应从以下方面考量。

1. 注重创业执行力，构建出责任意识的培养机制

中断创业行为和放弃创业项目是大学生自身创业执行力严重缺失的集中表

现，在实际创业活动当中，由于人力、物力、财力已经投入，若是放弃创业活动，从本质上来讲，意味着大学生自主创业者对自己和高校的"失责"。基于此，培养大学生自身创业执行力首先需要全面提升大学生创业者在实际创业过程当中的责任意识。当遭遇创业困难或者创业失败时，高校应帮助大学生克服内心深处的恐惧，引导其绝不轻言放弃，这不仅是对自己负责，更是对创业团队中的伙伴和创业行为负责。由于大学生创业者社会阅历不足，自身不具备较强责任意识，也未拥有持之以恒的意志品质，因此，培养大学生创业者的责任意识十分重要。

在此过程当中，培养大学生逆商可以作为加强其责任意识的重要核心。高校需要不断强化大学生勇于对抗挫折的能力，引导大学生更加自立自强，让大学生创业者心理素质得到全面提升。高校不仅需要提升大学生创业者的自我效能，还需要激发出大学生对自主创业的热情。在实际挖掘和训练过程当中，应将培养大学生创业者逆商作为着力点，让其具备较为强烈的创业意识，让拥有卓越管理才华和专业技能相对娴熟的应用型人才可以在逆境当中形成良好的创业思维及反应方式，进一步提升大学生创业者的创业执行力。

2. 共同面对创业中的困境，完善创业团队的协同合作机制

对于大学生创业者而言，人际摩擦与能力不足这两种因素会导致其创业执行力较低。组建相对高效团结的创作团队是弥补自身能力不足的关键，与创业团队展开良好的沟通交流合作，有助于解决实际创业过程当中遇到的诸多困难，通过相互扶持和鼓励，可以降低一遇到困难就放弃、退缩的可能性。基于此，在对大学生创业者进行培养时，高校需要从创业项目出发，辅助大学生开展创业团队建设，进一步提升创业团队整体的组织能力、领导能力、实践能力以及创造能力等诸多相关创业能力。在实际过程当中，各大高校需要将侧重点放在专业化及制度化建设方面，以更加科学合理的方式施行创业管理，减少人为干预。

3. 共同应对创业中的各类危机，创新创业活动风险的预防机制

在大学生自主创业活动开展初期，执行盲点与环境制约为其带来大量显性或者隐性的风险，对创业项目成功率产生影响。基于此，从一方面来看，大学生创业者不仅需要对创业项目加强自我检查，还需要建立起可以预防风险的有效机制，反思和总结整个创业活动的过程以及在实际创业过程当中不同创业阶段存在的不同风险问题，尽可能将创业危机扼杀在摇篮之中，减少利益损失。从另一方面来看，为加强对众多大学生创业者的监督管理，高校与其他组织单位应给予充分支持，积极鼓励大学生踊跃参与创业实习，让他们提前体验和熟悉社会企业的实际运营模式，使之对创业过程中的关键环节与各个步骤进行精准掌握，通过实地考察和参与，为大学生提前提供可以进行创业实战的实践基地，让大学生创业者身临其境，更加直观地感受实际创业的艰辛与苦楚，推动大学生有机结合理论与实践，从而全面提高大学生自主创业活动的成功率。

4. 鼓励高校大学生进行创新创业，不断强化多元化的激励机制

对于高校大学生而言，自主创业是快速实现自我价值的方式，但并非是唯一的方式。在实际创业过程中，一旦遭遇挫折，大学生会轻而易举地放弃自己的创业想法，因为这样不仅可以降低创业风险，还可以避免大量成本损失。基于该种现状，不管是大学生创业者还是高校都需要深入探索多元化激励手段。一方面，大学生既需要加强自我管理又需要不断自我激励，强化对自主创业这个行为的价值认知。只有这样，当遭遇创业挫折时，大学生创业者才能应对自如、自我激励。另一方面，高校需要不断创新激励机制，借助激励机制中的正强化手段对大学生自主创业行为进行鼓励，合理利用负强化手段对缺失创业执行力者进行适当惩罚。高校需要不断加强平台建设，为大学生创业者搭建出信息平台、项目孵化平台和团队平台等。除此之外，高校可将"创新创业学分"引入专业学分，以此来鼓励大学生创业者积极踊跃参与创业实践活动，将大学生的创新创造能力有重点地予以提升。

对于大学生创业者而言，创业执行力的提高至关重要，高校应当按照大学生自主创业实践活动所反馈出来的问题，进一步针对高校大学生的自主创业心理与自主创业上遭遇的困难，有效提升高校大学生在自主创业困境中应对创业危机和创业风险的能力，尽量减少大学生在创业过程中遇到的各种阻碍，从多个方面提升大学生的创业执行力。

（三）营造工作氛围

创业成员有共同的创业目标而组成一个创业团队，大家精力充沛地共同工作，互相监督，营造出蓬勃向上的工作氛围，在团队内部形成良性竞争。队员积极努力地开展工作是为了满足个人的发展需要，更是为了团队的荣誉和利益。团队成员在沟通合作、协调互动的过程中，形成一种归属感。俗话说"团结力量大"，团队集思广益，没有解决不了的问题。队友们遇到困难团结一致，理性冷静地商量对策，并肩作战，而不是一个人的单打独斗，处于一种孤立无援的境地。创业团队良好的工作氛围赋予每一位团队成员责任和精神力量，激励成员突破自我，敢于超越，放心大胆地往前冲，有创业团队为成员做坚强的后盾。

（四）约束成员行为

创业团队不同于创业个体，创业个体的自主性更强，创业团队更讲究团队成员之间的统一和默契，强调一种集体意识。团队成员背景各不相同，考虑问题的角度和思维方式等各不相同，在做讨论问题时，无法达成绝对统一意见的情况是再正常不过的，在实际决策的过程中，往往遵循少数服从多数的原则，采取多数人认为可行的方案。这一少数部分成员因想法和观念与多数成员不一致，会受到一种有形或无形的压力，内心有压抑感，反思自身的观念和行为的合理性，并做出调整，在往后的工作实践中优化和约束行为，提升团队办事效率。

（五）产生新颖创意

一个创业项目要想永葆活力，就得不断用新颖的创意去做内容更新，以稳住相对忠实的受众，并吸引更多新受众，扩大影响力。古人云："三人行，必有我师焉"，团队成员之间在商量讨论的过程中展开思维碰撞，相互点拨，增长见识，逐步打开思路，有利于激发灵感，萌生新颖的创意想法，并对其可行性进行分析和论证，围绕创业项目核心内容不断拓展和修缮，形成新的阶段性突破成果，为下一步的发展奠定基础。

第二节　创业团队的特征及类型

一、创始人的特质

作为中国四大名著之一的《西游记》围绕着唐僧及孙悟空、猪八戒、沙僧师徒四人及白龙马前往西天取经，在这过程中相互配合，克服九九八十一难，打败各种妖魔鬼怪，终于见到如来佛祖，最终修成正果的故事。我们将前赴西天取经看作是一个创业项目，那么唐僧师徒四人及白龙马即是一个优秀的创业团队，唐僧作为创业团队中的领导者，具有信念坚定、心地善良、不怕困难、坚韧不拔、性情和善等优点，带领团队一路向前，发挥着不可替代的作用。

创始人对一个团队的意义显而易见，带有"鲜明"个人魅力的创始人，是一家公司的重要财富。在风云诡谲、变幻莫测的商界，人们已经达成共识：创始人的认知边界，才是企业最重要的边界。成功的创始人一般存在以下特质：有格局、有胸怀、有眼光、讲诚信、懂感恩、高逆商。

（一）有格局

格局既是心理空间，也是精神结构，还是生命容量，更是综合素养。只见树木，不见森林，即为缺失格局的表现。格局决定成败。古往今来，凡成大事者，必有大格局。常言道：再大的饼也大不过烙它的锅。对个人来说，如果事业是饼，格局就是烙饼的锅。心中的格局，是指一个人的胸襟、胆识等心理要素的内在布局。创业者的成败，最重要的不是能力的高低，而是格局的大小，有格局的创始人更关注大局而不拘小节。

（二）有胸怀

量小失友，度大聚朋。有了宽阔的胸襟、宽宏的度量，才能赢得信任，增进团结。正所谓"胸怀决定眼界，胸怀赢天下"，胸怀大的人往往事业也会更为成功，一个人的胸怀大小决定了他的世界有多大，也决定了他的前景与发展空间的大小。真正胸怀大的人反而懂得在某些方面示弱，懂得什么才是最重要的，从而做出最智慧的选择与判断。有胸怀的创始人，往往思想开放，从善如流，能够听取别人的合理意见和建议，且不盲从。在公司管理过程中，少不了会有人顶撞、得罪，而拥有胸怀的创始人都能包容，对事不对人。随着企业成长，技术创始人要想带领企业不断发展壮大，还需要在原有角色上成长进化。在这个转变中，宽广的胸怀至关重要。如果心胸狭隘，容不下能力强或是与自己有不同意见的人，就会影响公司留住优秀的人才，影响团队的稳定性。

（三）有眼光

站得高，看得远。谋大事者必要布大局。眼光，是一种洞察，是一种对事物的敏锐感。眼里没有蓝天的辽阔，也可以有白云的飘逸，没有大海的波澜壮阔，也可以有小溪的涓涓细流。眼光长远，他必会在未来收获意象不到的成功。眼光狭隘，他只能沉湎于过去，只看到眼前的利益。有眼光的创始人都会目标长远，坚守"延迟满足"。

（四）讲诚信

诚信是立业之本，别拿自己的信誉开玩笑，做人要诚信和厚道，诚信是最好的广告，讲诚信的人才能把事业做大。讲诚信的创始人会排除万难，坚持契约精神，会赢得更多合作伙伴的青睐。

（五）懂感恩

人生当中，我们自己能决定的因素不到5%，剩下的95%都是外界因素，比如出身家庭、机遇等，因此一个人的任何成功，不论大小，都应该感谢周围的人和事，怀着一颗感恩的心，更能见贤思齐、谦虚谨慎，最终得到快速的进步和成长。感恩之心是人品的基础，一个从来不知道感恩为何物的人，眼里看到的只有自己，心里所系全是蝇头小利，必定是一个自私的人。不懂感恩的人没有敬畏心，做人的底线就会特别低，从而导致他今后的人生道路，会越走越窄。一个懂得感恩的人，必定是一个心胸宽广的人，对人生的态度是积极的、阳光的。企业创始人只有懂得感恩才能路越走越宽，得到更多人的支持。

（六）高逆商

一个人遇到困难和问题时采取的态度，决定了其未来的发展方向。企业经营起起伏伏，只有内心强大的人才能走到最后。所有暗淡的日子都是最好的增值期。所有的坚持和付出，都会在未来开花结果，就算暂时失败，也会找机会重新崛起。

具备上述特质的创始人，会比常人更能够吸引、包容、留下核心团队的其他成员，组建一个强有力的团队，并在企业应对危机时具备更强的应对能力，在创业这场马拉松式的长跑中走得更远。

二、创业者的特质

（一）决断力和行动力

创业者有较强的决断力和行动力。市场瞬息万变，创业机会隐藏在各个地方，有待创业者们去发现、探索和把握。创业者要能够敏锐地洞察创业机会，尽可能快速高效地做出决断，并采取实际行动，以最大限度地完成预期的心理目标。俗话说"机不可失，失不再来"，优柔寡断、犹豫不决的性格可能会导致错失创业机会。很多时候，有创意想法的人不止一个，但最终取得成功的人却不多，这少部分人就是最先采取行动，展开工作，将创意想法付诸实践的人。

（二）顽强坚毅的意志力

创业者有顽强坚毅的意志力。创业并非易事，过程充满了艰辛和困苦，创业者或多或少会有畏难情绪，这是正常出现的情况。创业对创业者的意志力有严格的要求，是对创业者抗压能力、耐力等的多重考验。创业者要下定决心、做好牺牲自我的心理准备，遇到困难不逃避、不退缩，有永不言弃、坚持不懈的精神，用顽强的意志力支撑和鼓舞自己，承担起相应的责任，为创业项目鞠躬尽瘁，直至取得理想的成果。

（三）卓越的创新力

创业者有卓越的创新力。创业项目要想成功吸引人们的眼球，在众多的项目中脱颖而出，就得有与众不同的创新和创意点，引发人们的猎奇心理，引起人们的关注和讨论，被人们所知晓并展开宣传，从而扩大知名度和影响力。创新力不足的创业项目难以激发人们的了解欲望，可替代性强，开发的必要性不足。即使项目开发了，前期顺利，但后期创新生命力不足，达到的效果不佳，造成创业者时间、精力、物力的浪费，这是得不偿失的。

（四）良好的身体素质

创业者要有良好的身体状况。创业过程是艰苦的，创业者没有健康的身体做支撑，创业项目是无法展开和完成的。创业者开展实地调研、查阅相关资料，将个人创意想法表达出来，与创业伙伴沟通交流等必要的活动都是建立在良好的身体状况的基础之上的。良好的身体状况与健康的心理状况是相辅相成的，创业者不仅要调适好自己的心理状态，还要积极锻炼身体，拥有健康强壮的体格，增加自身硬实力和自信心。

（五）较强的学习能力

创业者要有较强的学习能力。创业者的学历只能代表过去，学习能力才能决定未来。学习是永无止境的，创业者学习的动作永不停歇，不仅讲究学习的深度，还讲究学习的宽度。创业者不能满足现状，要不断更新自身的知识系统，掌握最新的市场行情，学习其他创业伙伴做得好的地方，反思自身项目存在的不足，采取措施进行整改，始终保持谦卑的学习态度，积极探索和讨论，与时俱进，不断完善创业项目，赋予创业项目生机勃勃的活力。

（六）诚恳务实的态度

创业者要有诚恳务实的态度。创业者要想将创业想法成功转化为创业项目，务必具备实干精神，踏踏实实做好每一个环节该做的事情，不可投机取巧。做好基础工作是项目成功的根本保证，创业者要有勤勤恳恳的态度地打牢项目基础。创业者在创业过程中要做决策和管理等一系列复杂烦琐的工作，难免会有操作失误的时候。出现错误不可怕，创业者要有诚恳的态度，及时发现并整改，努力将损失降到最低，总结相关经验，避免下次犯同样的错误。

三、创业团队的特征

（一）成功的创业团队有一个合格的领导

领导在创业团队中发挥着统筹指导作用，具备宽阔的胸怀和长远的目光，既要有原则又要有风度。合格的领导在原则性问题上要守住底线，严格要求自己和其他成员，树立领导威信；灵活处理非原则性问题，体现足够的人文关怀精神，给予团队成员关心和理解，打造良好的团队氛围。

（二）成功的创业团队中团队成员之间是相互信任的

信任队友是对队友的尊重和鼓励，是对整个创业团队充满信心。创业团队建立在相互信任基础之上的合作效率更高，避免了因不信任导致的团队内耗，将尽可能多的时间和精力用在完成团队分配的具体任务上，将任务高质量地完成。

（三）成功的创业团队中团队成员一致遵循团队利益至上的原则

团队利益是团队成员集体利益所在，团队成员之间互相依赖维系成一个整体。团队成员的努力服务于共同的创业目标，当团队利益与个人利益冲突时，应当把团队利益放在首位，团队利益得以保障也是对个人利益的保障。

（四）成功的创业团队具有到位的外部和内部支持

团队成员之间知识结构、专业技能、性格特质等各不同，搭建一个合理而多样化的人才体系，实现优势互补，是对创业项目的内部支持。尽管如此，团队还是会存在仅靠内部解决不了的问题，需要借助由内部成员衍生带来的外部支持，包括各种软硬件资源。

（五）成功的创业团队有一个共同的创业目标

共同的创业目标将团队成员凝聚在一起，是团队成员共同努力的方向和动力。相反，创业目标不一致容易导致团队成员对具体任务完成的水准要求不一样，出现分歧和矛盾，最终导致合作破裂，创业项目失败，浪费时间和精力。

（六）成功的创业团队里团队成员有良好的沟通

沟通是为了使成员之间达成共识，有助于提高办事效率。在创业的过程中，团队会遇到各种难度不同的困难，这是不可避免的。随着创业项目的推进，团队成员各种各样的缺点会逐渐暴露出来。所谓"人无完人"，团队成员需要互相理解和包容，加强沟通和交流，通过共同商讨得出解决问题的办法和策略，而不是推卸责任、逃避困难。一个缺乏交流和沟通的团队，成员之间缺乏了解，容易产生隔阂，这是不利于创业项目的茁壮成长的。团队成员的数量越多，存在差异越多，更需要加强成员之间的沟通，以良好的沟通为润滑剂，促进创业项目的高速运作。

古人云，"下者用己之力，中者用人之力，上者用人之智"。凡是一个优秀的组织或者公司，必定最少有一个集众人之智的团队。而一个组织或者公司的成功绝对不是个别领导或者创始人个人的成功，应该说是集众人的智慧，是团队的成功。团队是所有成员彼此信任，团结和谐，并为负有共同责任的统一目标和标准而协同工作的一个团体。一个团队要有优秀的人才，更需要有组织者和领导者，只有团结在一起才能叫团队，每个人都有自己的优点，把每个人的优点集中起来，才能干大事，如果一个团队组织涣散，人心浮动，那么创业成功是不可能的。现代企业的竞争主要是人才的竞争，而对企业来说实质上是团队的竞争，只有发挥每个人的发展潜能，才能实现企业的长久生存并发展壮大。所以，团队的力量才是企业的核心竞争力。企业要坚持强大的生命力和竞争力，起关键作用的就是那种弥漫于企业中无处不在的"团队精神"。一个成功的创业团队应该有以下性质。

1. 完整性

"一个好汉三个帮。"创业本身是一个复杂的系统任务。一个项目如果失败，有的是因为技术产品不过关，有的是因为销售、市场拓展不行，也有的是因为团队不团结导致内部分崩离析，任何一项问题，都可能导致一个创业项目失败。对硬科技企业来说，科学家无疑是一个团队的核心"财产"，但仅仅靠科学家撑不起一家创业公司，在团队的不同发展阶段，需要有 CEO、CFO、CTO 等合作伙伴与其配合。不管是什么"CXO"，团队在所有的重要工作上都要有人独当一面，这样才能将领导者及整个团队的战略意图推动落实下去。

2. 互补性

毋庸置疑，当创始团队成员之间能够互相补位、发挥优势，才能应对未来的各种挑战。一项技术、一项应用一定不能仅仅围绕着科学家来干，单纯围绕科学家最大的问题就是容易造成产品应用场景的短板。在某科研院所内，萌芽着不少科研项目，但不少项目仅有技术人员，没有生产、市场、销售人员，甚至有的仅仅有技术，连产品都没有。这样的项目距离成为一家成功的创业公司来说，需要补上的东西太多了。除了专业方面的互补，团队成员最好在性格上也能互补。团队里有人偏激进，也有人偏保守，有人偏感性，有人偏理性，这样有助于在团队做决策时考虑更加全面。

3. 稳定性

创业本身需要有较强的延续性，否则技术、产品研发中途出现重要人员离职，就可能会出现研发接续问题，可能需要重新再来，无法做到"一张蓝图绘到底"。核心团队的稳定性是建立在团队之间共同工作较长时间，相互磨合，达成默契的基础上的。不过，创业公司运营的周期性和不断进入新的发展阶段也意味着公司在一定周期长度内出现人员流动是正常的，甚至是必要的。当公司度过了一个完整的发展阶段或周期，进入下一阶段时，对骨干团队会产生新的需求。此时，新人才的引入或许会给团队带来全新的生命力和推动力。

4. 专业性

只有具备了专业知识才能更好地形成企业的核心竞争力，凸显企业存在的价值和重要性。专业的事专业的人来做，将事半功倍。不管是什么行业与领域，专业性永远是最关键的制胜武器。学历与文凭在当今社会的重要性，本质是因为它们代表着一个人在求学阶段所接受的专业性训练。足够专业，意味着在某一领域有深度的钻研。具备专业性的人，其背后必然需要巨大的储备与强大的内核。

四、创业团队的类型

创业团队划分的角度、层次、结构各不相同，大体上可分为星状创业团队、网状创业团队、虚拟星状创业团队三种。

（一）星状创业团队 (Star team)

星状创业团队也叫"核心式"创业团队。这类创业团队一般有一个核心人物扮演领导角色。核心人物心中起初就有可靠的创业点子，有较为明确的创业目标和创业计划，对于企业的组织结构和人员构成有系统计划。寻找的成员主要为核心人物的支持者，可能是核心人物熟悉的人，也可能是陌生人，须听从他的指挥，严格服从他的安排。

星状创业团队的优点是组织结构相对简单而紧密，团队向心力大，组织效率高，利于管理和快速做决策。不足的是，核心人物位高权重，导致权力高度集中，加大了决策失误的可能性。除了核心人物的其他团队成员地位相对被动，提升空间受限，可能因为不满团队利益分配和管理愤然离队，导致创业团队破裂，人才缺失。

星状创业团队的典型例子有太阳微系统公司 (Sun Microsystem)。维诺德·科尔斯勒 (Vinod KhMla) 创业初期确立了多用途开放工作站的概念，为了实现他的创业设想，他找到了软件领域专家乔（Joy）和硬件领域专家本其托斯明（Bechtolsheim），以及富有制造经验、社交能力突出的麦克尼里 (Mc Neary) 组成了创业团队，实现了团队成员的优势互补，为创业设想的达成添砖加瓦。

（二）网状创业团队 (Nesh team)

　　网状创业团队也叫"圆桌式"创业团队。团队成员之间有一张有形或无形的关系网，他们可能是同学关系、朋友关系、同事关系、亲人关系等。他们在日常交往的过程中萌生了共同的创业想法，于是组成创业团队，采取实际行动为实现创业目标而努力。这类创业团队中没有明确的核心领导人物，成员之间是协作伙伴的关系，通常共同商量做决策。

　　网状创业团队的优点是团队成员地位相对平等，话语权相对均衡，利于实现决策民主化，减小决策失误的风险。不足的是，团队中没有核心领导，导致权力分散，易出现多头领导的情况，降低组织效率，增加团队管理成本。

　　网状创业团队的典型例子有微软的比尔·盖茨创业团队。比尔·盖茨与好友保罗·艾伦有着相同的兴趣爱好，在校园时代经常一起研究编程技术，专业实力很强，在生活中他们也有很多的共同语言。两人关系甚好，在不断学习的过程中，有了共同的理想，创建一家计算机公司，基于此他们组成创业团队。二人协同合作，并肩作战，相互扶持和鼓励，克服种种困难，使得微软公司蓬勃发展，成为当时世界上最大的计算机公司。

（三）虚拟星状创业团队 (Virtual star team)

　　虚拟星状创业团队由网状创业团队演变而来，是星状创业团队和网状创业团队的中间形态，中和了两种创业团队的特点。权力分配上，它不像网状创业团队那样松散，也不像网状创业团队那样集中。团队成员协商选举出一个核心人物，作为团队的代言人，而非主导者。该核心领导的权力大小由团队成员共同决定，须充分考虑每位成员的意见。

　　虚拟星状创业团队的优点是团队有了核心领导，避免权力过度集中或分散，组织效率提升，利于决策和管理。不足的是，核心领导人物精神压力较大，极具挑战性，每次做决策时要综合考虑各位成员的意见，尽可能让多数成员满意。

第三节　创业团队的组建

一、创业团队组建的原则

（一）互补原则

　　很多创业者招募队友组建创业团队就是为了借助他人的力量，弥补自身能力的不足，共同努力，达到创业项目目标。团队成员的专业领域各不一样，具有多样性，组合在一起，搭建一个相对完整的知识体系，起到"1＋1＞2"的效果。

（二）人数合理原则

创业团队的人数控制在3—5人最佳。团队人数太少，人力不足，可能会导致团队讨论时，考虑问题不够全面，做出的分析和判断片面而缺乏科学性；每个人的时间和精力都是有限的，为数不多的团队成员分配到的具体任务过重，人们在时间精力不足的情况下完成的任务质量得不到保证，不利于创业目标的实现。团队人数太多，召集会议讨论时不易全体到齐；队员提出的观点和意见不统一，容易导致出现分歧，甚至产生矛盾，团队管理成本相应上升。

（三）动态开放原则

创业团队完成首次组建后，不代表创业团队人员构成就稳定不变了。创业过程存在很多的不确定因素和风险，原先的团队成员因为某种原因离开队伍是很有可能的。因此，在创业团队组建的过程中要秉持动态开放原则的原则，保持开放的心态，做一定的人才储备工作，吸纳优秀人才，以备不时之需。

二、创业团队组建的程序

（一）明确创业目标

创业者有可靠的创业点子后，要制定明确的创业目标，包括计划采用的经营模式、产品所要发展的方向、对品牌方面的定位思考、投资之后的收益预估价等，将创业目标进行分解，分为总目标和子目标、长期目标和短期目标，以目标为线索制定可行的创业计划。

（二）制定创业计划

创业计划是创业者计划创立的业务的书面摘要。创业者要制定总体的创业计划，对创业项目涉及的市场营销、财务、生产、人力资源等所有事项进行全方位的计划安排，其中包括企业的组织结构和管理人员，对所需要的人才进行系统的描述，包括知识、技能、特质三个方面。

（三）招募合适的队友

创业者遵循人数合理、互补、动态开放的原则，根据创业计划中对企业组织结构和管理人员的要求招募队友，可通过互联网、亲朋好友介绍等多种方式和渠道进行招募，吸纳更多的人才，扩大选择空间。

（四）职权划分

创业者要明确划分团队成员的职务和享有的权益，让团队成员对自身在团队中所承担的责任和自身定位有清晰的认识，避免因职权划分不明确，出现具体工作中推卸责任、滥用职权等不良现象。

（五）构建创业团队制度体系

俗话说，"无规矩不成方圆"，创业者要构建科学合理的创业团队制度体系。制度体系是企业员工的行为规范，是企业经营活动的体制保障，是企业赖以生存的体制基础。创业团队制度体系体现团队的严谨性，包括约束制度和激励制度，对团队成员的行为进行必要的约束和控制，激励团队成员努力工作，为团队出力。

（六）调整融合

随着创业项目的成长，会不断出现新的问题，原先的团队成员可能会离开，企业的组织机构和管理人员可能需要做调整。创业团队要有坚定的信心面对困难，积极思考对策，对团队进行调整融合，尽可能减少损失，实现利益最大化。

三、创业团队组建的策略

创业者的创业目标不同，要组建的创业团队不同，创业团队的组建策略也不同。从的思维认识的角度分析，可将创业团队的组建策略分为理性组建策略和非理性组建策略两种。

（一）理性组建策略

理性组建策略强调团队成员的功能性。创业者会根据创业目标，事先制定好创业计划，其中包括企业的组织机构和管理人员，对所要寻找的人员有系统化的要求，包括年龄、学历、技能、经验等多个方面。在招募过程中，创业者目的性很强地严格按照拟定好的标准进行筛选，原则性强，以岗定员，不顾及或很少顾及人情关系因素，灵活性较差。创业者很有可能因为硬性要求太多，在较长一段时间内找不到适合该岗位的人。按理性组建策略组建而成的团队内部硬实力一般很强，但团队成员要经历的磨合期可能较长，成员间度过磨合期后，团队整体实力会变得更加卓越。

（二）非理性组建策略

非理性组建策略强调团队成员的关系和情谊。创业者们可能是朋友、同事、亲人的关系，彼此信任，情谊较为深厚，志趣相投，有共同的兴趣爱好和目标志向，价值观念较为相似。通常，按非理性组建策略组成的创业团队，成员关系稳定，氛围和谐自然，默契度高，创业初期成员间就实现了高效配合，沟通无碍，信息流通度高，凝聚力强。团队成员知识、技能结构可能不如按理性组建策略组建成的团队全面，但是成员们信念坚定，擅于借助外部力量，弥补创业资源的不足。随着创业项目的推进，各成员的缺点也会相继暴露出来，可能出现严重分歧或矛盾，这类情况的出现是对创业团队之间情谊的重大考验，问题处理不当直接导致创业团队的溃散。

四、团队领导者的角色

一个成功的创业团队要有一个核心领导者，领导者要扮演好以下四种角色。

（一）战略执行官

艾尔弗雷德·钱德勒的成名作《战略与结构》（1962）中重点强调了企业组织与战略相适应的问题，其核心观点是"战略决定结构，结构跟随战略"。企业战略的制定对于企业结构和成长发展来说至关重要，领导者承担着制定企业战略的重大任务。

领导者要整合团队成员的愿景和价值观，做创业团队愿景设计，争取获得多数团队成员的认同，再将团队愿景分解到战略目标，再进一步分解到各部门的内部目标。这项工作考验领导者设置战略目标的能力，恰当的战略目标能激发团队成员的战斗力。将战略目标转化为实实在在的成果，需要通过具体活动的执行来兑现，科学有效地整合各种人力及物力资源。

（二）部门指挥官

领导力之父、组织发展理论先驱——沃伦.本尼斯（Warren Bennis）在《七个天才团队的故事》提到：如何扭转个人才华为团队效力，创造出最好的集体优势。强调了领导者和团队之间的相互关系。指出伟大的领导者不再是单独存在，而是与伟大的团队共存，领导者通过团队展现"伟大"，并协助团队成员也实现"伟大"。领导者懂得创业项目在不同阶段需要满足的条件不同，在团队中发挥着指挥作用，引领着团队成员向前迈进。

创业团队有了明确的战略目标后，在具体工作执行的过程中会遇到各种人和事，协作沟通不当可能导致矛盾和冲突的产生。突发事件的处理考验领导者的应变能力和指挥协调能力，不仅要有勇气，还需要充满智慧。团队领导者要有宽阔的胸怀和广阔的视野，有把控全局的绝对信心和气势，运筹帷幄，沉着冷静地思考对策应对冲突，做创业团队的主心骨。

（三）团队教练员

市场环境时时刻刻都在发生变化，具有"VUCA"的特点，即 volatility（易变性），uncertainty（不确定性），complexity（复杂性），ambiguity（模糊性）。企业人才管理要及时做相应的调整，才能跟上市场的步伐，不拖企业发展的后腿，这对团队领导者提出了更高的要求。越来越多的企业在转型升级、培养后备人才的过程中都引入了教练能力，为企业更好地应对机遇和挑战做准备。

比尔·盖茨曾经说过："每个人都需要一个教练。"谷歌公司关于领导力的介绍中第一条即是"领导者要做一个好教练。"为实现团队战略目标，领导者一定要重视团队人才的培养，帮助团队成员看到自身的短板和不足，找到突破方向和行动力量，鼓励他们拼搏进取、勇往直前，提升工作技能和人际交往的能力。团队教练员要成为打动人心的人，保持真诚、开放、谦逊的态度，引导队员调适良好心态，成为队员心中一股强大的精神力量，而非束缚的枷锁。

（四）业务监察者

有人认为"领导只要结果，不问过程"，这种观点是不正确的。团队领导者不仅要重视结果，对结果负责，还要关注队员实践的过程，发挥监督提醒的作用，给予队员足够的关心和指导，发现做得不到位的工作，及时提出整改，保障创业项目的质量优良，将团队利益损失降到最低，实现利益最大化。

在企业中，人们常说"能力是干出来的，业绩是盯出来的"。"盯"即是检查的意思，领导人在关键时间对关键业务、关键人员进行检查是对企业负责的表现，监督成员认真执行任务，发现问题及时采取措施做调整，保证创业项目有过硬的质量。

第四节　创业团队的管理

一、培养企业家精神

企业家精神主要指创业主体在创业过程中所表现出来的精神品质。创新和创业是企业家精神的主要表现形式和主要功能。创业团队要提倡创新精神和创业精神。

创新精神是企业家精神的核心，对创业项目的成功十分重要，拥有创新精神的创业团队充满朝气和活力。从产品创新到技术创新、市场创新、组织形式创新都是企业家的才华体现和奋进努力的结果。具有创新精神的企业家有强烈的责任感和使命感，洞察力强，善于发现存在的机会点并将其转化为项目创新点。

创业精神表现为求真务实、开拓创新、拼搏进取、乐观自信的品质，是创业者和创业团队共同协作、共谋发展的前提，是推动人类社会由低级阶段向高级阶段不断发展的精神动力，是任何企业发展壮大必备的精神准则。

（一）树立共同的创业信念

创业信念是创业中最根本的要素，创业信念不坚定，后面的行动很难产生，或者产生了也很难坚持。树立共同的创业信念是形成团队向心力、团队成员之间保持良好沟通的基础。企业领导者要带领全体团队成员将共同的创业信念内化于心，相信创业团队是一个命运共同体，相信创业团队有能力通过艰苦奋斗开创属于自己的一片事业，拥有"咬定青山不放松"的决心。

（二）提升领导者自身的影响力

领导者要想服众，在工作中有效地行使领导职能，就要以身作则，追求卓越，严格要求自己，在团队成员心中留下踏实稳重、敢拼敢闯的可靠印象，代表企业的光辉形象，给追随者们做好榜样，成为创业团队中一股强大的精神力量。

（三）激发参与热情

全体团队成员把创业团队当成一个"家"，自身是团队共同体的一分子。团队建设是团队共同体的事情，与每一位成员息息相关。创业者要善于运用物质激励、精神激励、任务激励等手段和方法激发团队成员的参与热情，积极参与、切身经历才能更好地发现问题并解决问题。

（四）增强危机和忧患意识

俗话说，"没有压力就没有动力"，没有压力的团队是不存在的。创业团队要增强危机和忧患意识，用一定的压力鞭策团队成员不断前进是很有必要的。创业团队的危机可能来自内部，可能来自外部，具有不确定性，贯穿于创业过程始终，创业者要引起重视。

（五）保持良好的协调和沟通

保持良好的协调和沟通是创业项目成功的重要前提，保证各项工作的有序推进，有效减少和化解创业过程中产生的冲突和矛盾。创业者要有意识地培养团队成员的人际沟通和协调能力，让创业团队在相对愉快的工作氛围中高效工作。

二、掌握沟通技巧

创业项目的完成是一项庞大而艰巨的工程，过程中会遇到各种未知的困难。团队成员要积极沟通，具体解构难题，对症下药，大事化小，小事化了。团队中的例会、文件传送、汇报总结、非正式接触等都是沟通的途径，推动组织内各种相关信息的流通。沟通讲究技巧，良好的沟通能给人舒适的感觉，让人更容易理解和接受有关观点，起到事半功倍的效果。团队经过良好的沟通，不仅解决了现有问题，对未来可能出现的问题做预测，提前做好防范措施，提升创业项目竞争力；还能增进队友之间的相互信任的程度，形成和谐融洽的团队氛围，提升团队凝聚力和向心力，使整个团队充满生命力。以下是团队合作中比较实用的沟通技巧。

（一）学会倾听

学会倾听，是对倾诉过程的尊重，体现倾听者的涵养和素质。倾听主要有三种类型，包括共情式倾听、事实型倾听、批判型倾听。

共情式倾听是倾听者基本保持安静，让倾诉者顺着自身情绪倾诉完毕，鼓励倾诉者述说出更多内心真实想法，有利于倾诉者敞开心扉、舒缓情绪，倾听者更好地代入到倾诉者的情绪，双方建立较为深度的信任。事实型倾听要求倾听者充分了解倾诉者述说的基本情况，并记住其中的关键事实信息，以便后续解决问题。倾听者为及时理清事情脉络，会在诉说者诉说过程中问一些问题，这类倾听可能会阻碍分享，显得冰冷而没有感情。批判型倾听是分析和评价我们听到的内容，以便形成观点和判断。这类倾听比事实型倾听更受限，即时反馈不同的意见很有可能被认为是否定意见，造成诉说一方心里感到不愉快。团队成员在倾听的过程中，要注意区分不同的情况，运用合适的倾听技巧，处理具体问题。在工作中往往事实型倾听、批判型倾听的运用较多，忽略共情式倾听的运用，然而共情式倾听非常重要，建立起信任，没有太多心理负担的情况下解决问题会更加自然而顺畅。

（二）换位思考

有些时候，我们的观点是科学合理的，但表达方式不恰当，可能导致对方心理上难以接受，甚至对对方造成心理伤害，不利于继续合作。我们说话的方式要有艺术性，要体现人文关怀精神，多站在对方的位置上考虑，设想我们是对方，哪些话可能会中伤对方，尽量减少否定性词语的使用。我们要用相对委婉的方式说出对方工作的不足，体现自己对对方的谅解，让对方感受到我们的真诚，打心底认可我们提出的意见，从而自觉地改善行为方式。

（三）避免负面情绪下的沟通

人们在受情绪控制的情况下，发表的语言和做出的行为往往不够理智，容易影响前期与他人建立起来的关系，不利于问题的解决。创业者在创业过程中要处理很多事情，与他人交流之前，要调适好心态，划清事情的界限，一码归一码地客观分析，做出恰当反馈，理性处理问题。

三、确立团队的核心领导人

创业团队是一个集体，团队成员要有集体意识。创业团队需要确立一个核心领导人做领头羊，起引领、协调、决策、鞭策的多重作用，强化创业团队的集体意识，充分发挥集体的力量。核心领导人要关注项目有关的周边环境，时时把握行业新的动态，保证创业项目在符合市场导向的轨道上，带领创业团队一步步向创业目标迈进；在团队商议结束后拿定最终主意，成员意见出现严重分歧时，尤其考验领导者的决策能力；在团队内部出现矛盾时及时处理，对人不对事，做到公平、公正、公开，协调成员间的关系；在团队成员工作状态不佳时给予关心和提醒，满足成员合理需求，鞭策成员调整状态努力工作。

四、设计合理的绩效考评体系

绩效考评，又称绩效评估、绩效考核或员工考核，是人力资源管理的核心职能之一，是指评定者运用科学的方法、标准和程序，对行为主体的与评定任务有关的绩效信息（业绩、成就和实际作为等）进行观察、收集、组织、贮存、提取、整合，并尽可能做出准确评价的过程。常用的绩效评估方法总体上分为：结果导向性的绩效评估方法、行为导向性的绩效评估方法、特质性的绩效评估方法和其他绩效评估方法。

为了提高团队成员的工作积极性和主动性，提升创业团队的工作效率，创业团队要设计合理的绩效考评体系，对团队成员的工作态度、工作效果、交际能力等做综合考评，让核心领导人对每位团队成员的工作能力有客观系统的了解，作为后续团队内部职位调整和薪资福利发放的主要依据。按照统一、科学、公平的绩效考评标准对团队成员进行考核，考核结果在团队内部向全员公开。各成员对自身工作能力在团队中的相对水平有直观的认知，给予工作能力突出的成员一定的物质和精神奖励，鼓励团队成员用心工作，在团队内部形成良性竞争，合作与竞争并存的环境更能激励人的斗志。

值得注意的是，创业团队中各成员的年龄、阅历、经验不同，具有个体差异性。在设计绩效考评体系时，创业团队可考虑定制个性化的激励机制，让绩效考评更加合理化、人性化，使团队成员信服。

五、谨慎对待利益分配问题

（一）关注团队成员利益诉求

利益诉求是指一定的社会集体、组织或个体为获得自身在生存、发展和心理上的满足而对经济、地位和权力的申诉与请求。各团队成员的利益诉求是有差异的，创业者要关注各成员的利益诉求，基于不同成员的自身诉求做具有个性化的利益分配，按不同比例对物质利益和精神利益进行组合分配，更好地满足团队成员的心理需求，激发成员工作积极性和主动性。

（二）在利益分配中重视契约精神

所谓契约精神是指存在于商品经济社会，而由此派生的契约关系与内在的原则，是一种自由、平等、守信的精神。在创业团队中，团队成员要树立规则意识，秉持契约精神，在契约书中明确职权分配、利益分配等机制，在具体工作中严格按照约定执行，减少因无成文机制约定而带来的不必要麻烦，形成公平、公正、公开的良好风气，鼓励成员积极正向地展开竞争。

（三）利益分配体现个人贡献差异

利益分配是指合作各方成员从合作形成的总收入或总利润中分得各自应得的份额。"一分耕耘，一分收获"，在创业过程中，团队成员完成的任务越大，付出的时间、精力越多，理应得到更多的利益收获，这是体现企业公平的最主要方式。反之，个人贡献与利益分配不匹配会严重打击成员的积极性，成员消极怠工，最终导致团队溃散，创业项目失败。

（四）坚持控制权与决策权的统一

控制权是指对资源、权力和决策的掌控能力。决策权是指做出决策的权力和责任。坚持控制权和决策权的统一对于组织和团队的发展至关重要。它可以提高效率和执行力，增强灵活性和应变能力，增强一致性和稳定性，提高领导力和责任感。因此，组织和团队应该积极探索并实践统一控制权和决策权，从而更好地实现组织的目标和使命。

六、创业者的产权安排

产权是指合法财产的所有权，是经济所有制关系的法律表现形式。这种所有权表现为对财产的占有、使用、收益、处分。在市场经济条件下，产权的属性主要表现在三个方面：产权具有经济实体性、产权具有可分离性、产权流动具有独立性。

产权的功能包括激励功能、约束功能、资源配置功能和协调功能。产权本质上是物质利益的分配，激励着创业者积极进取，实现收益最大化的动机。创业者分配到的产权约束和规范着他们的行动和权力，同时也规定了他们应承担的相应责任。产权关系的确定，会影响资源的配置和调节，指引资源向某一目标投入。产权可以影响人们的社会关系，协调社会秩序，保证其规范有序的运行。

创业者在产权安排的过程中要拥有完备的法人财产权利，根据各利益方的心理诉求和实际情况科学合理地进行安排，尽可能让创业团队保持决策权与控制权的统一，打造强劲的团队凝聚力，高效率地推进创业项目，早日实现共同的创业目标。

七、创业者的股权架构

股权架构是指股份公司总股本中，不同性质的股份所占的比例及其相互关系。做好股权架构设计对于创业项目的完成具有重要意义，它是公司组织和治理结构的基础。股权架构设计表象背后是创业项目运作所需的各种资源合理有效的整合，明确合作各方的责任、权利和利益，满足企业及各方参与者的利益，达成共赢的良好局面，有利于企业长期稳定的发展。

股权架构主要有一元股权架构、二元股权架构、4×4股权架构三种类型。一元股权架构是指股权的股权比例、表决权（投票权）、分红权均一体化。二元股权架构是指股权在股权比例、表决权（投票权）、分红权之间做出不等比例的安排，将股东权利进行分离设计。4×4股权架构是在二元股权架构的基础上，将公司的股东分为四个类型——创始人、合伙人、员工、投资人，针对他们的权利进行整体性安排。股权架构的形式决定了企业的类型，企业应根据自身实力，以创业项目目标的实现为导向，综合考虑选择适合的股权架构。

一般来说，企业的股权结构并不是固定不变的，随着市场的变动和发展，企业顺势做出股权结构调整，激发员工工作积极性，让工作人员心中有盼头，帮助企业留住优秀可靠的人才资源。

八、创业团队风险的规避

在创业道路上，创业风险多种多样，无处不在，无时不有。孙庆珠主编的《当代大学生创业教育》就将风险界定为在一定条件下，由于各种结果发生的不确定性而导致行为主体遭受损失的大小以及这种损失发生可能性的大小。所谓创业风险，就是指企业在创业过程中因一些方面的不确定性而存在的各种偏离预期目标的可能性。

企业创业风险主要来源于资金不足、资源匮乏、恶意竞争、团队分歧、管理缺口、信息和信任危机及业务骨干流失七个方面。创业风险按内容主要划分为机会风险、资金风险、技术风险、市场风险、管理风险和环境风险六种风险，具有普遍性、客观性、相关性、不确定性、可变性、损益双重性、可测性与测不准性的特征。运用环境分析法、专家调查法、财务报表分析等方法，仔细观察各类现象和数据，确定风险范围展开定量或定性分析，预测可能产生的后果，提出处理风险的选择方案，有利于创业管理向规范化方向发展，训练团队成员的思维方式，养成必要的风险意识，提升团队识别风险的能力。创业团队选择良好的创业伙伴，注重市场调研，制定切实可行的创业计划，通过网络、书籍、师长等渠道获得充分创业指导，保护好创业创意，很大程度上能够控制创业风险。

第五节　创业团队社会责任及构建中常见问题

一、创业团队的社会责任

企业由创业团队创建，相当于一个社会细胞，依赖于社会生存发展，需承担一定的社会责任。企业能够为社会提供就业岗位，发放工资，解决人们的生计问题。企业由依法纳税的义务，国家将筹集的税款合理分配，投入社会公共建设之中，提升人们的生活品质。

（一）遵循经济效益与社会效益统一的原则

效益是一种有益的效果，具体地说，就是有效产出与其投入之间的一种比例关系。效益是管理的永恒主题，任何组织的管理都是为了获得某种效益。它的高低直接影响着组织的生存和发展，任何组织的管理都是为了获得某种效益。管理效益统一原理是指现代企业管理的根本目的在于充分发挥企业组织的职能作用，取得更多更好的经济效益和社会效益，做到经济效益和社会效益的统一，这就是效益统一原理的涵义。

企业经营坚决不能触犯法律红线，创业项目只有合乎法律法规的前提下才能茁壮成长、发扬光大。多数创业项目的发起是以盈利为目的的，追求经济效益；同时，要注意的是，还要兼顾社会效益。实践证明，企业遵循经济效益与社会效益统一的原则，才能得到更加长远的发展。

（二）生产满足社会需要的产品

随着时代的进步，现阶段我国社会主要矛盾已经转化为人民日益增长的美好生活需要和不平衡不充分的发展之间的矛盾。企业生产的产品，无论是精神产品还是物质产品，须满足社会发展需要，起到正向的作用，解决人们日常生活或工作中遇到的问题，满足人们的物质需求和精神追求，符合社会道德规范，服务于健康和谐社会的打造，提升人们的生活水平。

（三）关注弱势群体和公益慈善事业

弱势群体指在社会生产生活中由于群体的力量、权力相对较弱，因而在分配、获取社会财富时较少较难的一种社会群体。企业不仅要专注于盈利能力的提升，还要关注弱势群体和公益慈善事业，这是创业团队的道德责任。"有一分热，发一分光"，企业捐赠体现的是一份爱心和社会责任感，弘扬社会正能量，形成良好的社会风气。公益慈善事业得到发扬，弱势群体得到帮助，能够打造高尚的企业形象，树立良好的社会口碑，有利于企业的可持续发展。

二、创业团队构建中的常见问题

（一）团队组建仓促

创业团队组建仓促，很有可能导致团队选到的成员不符合创业者心理预期。短时间内主要靠直觉性思维组建一个初创团队，创业者不易看到备选人员的缺点和不足，对备选人员的价值观念了解不足，筛选到的人员素质参差不齐，创业团队成员组合结构不合理。

（二）权责模糊

创业团队组织结构设计不明，部门职责不统一，缺乏明确的职责分工，没有统一的企业文化，过于追求民主，容易出现权责模糊不清的问题，造成不必要的麻烦。尤其是在与朋友、亲人等关系紧密的人组建的创业团队中，创业者有时候碍于关系，怕影响感情，不方便直截了当地做职责划分。最终负责人是谁，最终话语权由谁掌握等问题不明晰，给了成员推诿扯皮的机会，不利于团队高效率工作。

（三）创业团队冲突

创业团队冲突产生的原因多种多样，可能是因为性格不合、价值观念相差大或利益分配不均等因素。创业团队冲突分为任务冲突和关系冲突两种。

任务冲突是团队成员之间对创业过程中的具体工作任务处理方式意见不统一，由于工作上的摩擦引起的冲突。关系冲突是团队成员之间因性格不合、价值观不同而引起的冲突，对对方个体的不认可。相对任务冲突来说，关系冲突对创业团队的破坏性更大。任务冲突发生后，任务设置者及时反思做调整，下次即可避免，而关系冲突跟个人性格、气质有关，较难化解。

（四）成员背景过于接近

在组建初创团队的过程中，创业者经验不足，很有可能一味根据个人喜好和认同感吸纳背景较为相似的成员。这样组成的团队，成员之间能较快熟络起来，缩短成员磨合时间，形成融洽的团队氛围，在讨论决策时容易统一意见。但正是因为成员意识过于相近，具有局限性，可能导致团队考虑问题不够全面，出现决策失误的情况，造成团队损失。创业团队需要引入更多观点和视角，拓宽视野，打开格局。

思考题：

1. 什么是创业资源？创业资源有哪些类型？

2. 试述大学生如何获取创业资源？

3. 创业资源整合应遵循什么原则？

4. 试述创业融资的主要渠道。

5. 创业融资难的原因是什么？

第九章　创业资源

第九章　创业资源

本章目标

1. 理解创业资源的内涵和分类
2. 了解创业资源获取的影响因素和路径选择
3. 掌握大学生创业主要的融资渠道和方式
4. 了解创业资源整合的原则、方法和路径
5. 了解创业融资的重要性及融资难的主要原因
6. 掌握创业融资的主要渠道和基本策略

案例导入

陈熠舟的创业历程

为了能够让更多的孩子享受到优质的教育资源，"95 后"的创业者陈熠舟选择了研发智慧教育平台，这一想法也得到了学校老师的认可与支持。2016 年 2 月，她在学校支持下注册成立了学校第一家教育创业公司，注册资金 100 万元，并且凭借自主研发的智慧教育双师技术 3 项国家专利，开始了教育创业。截至 2018 年，她已拥有两家教育创业公司，其平台拥有 2000 多个学生用户。她还进入了 2016 年国际青年科技创业大赛全球总决赛，获得 2016 年中国教育信息化大学生创新创业大赛一等奖（全国第二名）。与此同时，为了给师大的贫困学子提供勤工助学岗位，她还在大学内建立了一个在线勤工助学基地。

除此之外，在原有专利平台的基础上，陈熠舟又带领团队研发了"智慧云"公益平台。2016 年 7 月，她带领团队前往广西中越边境的希望小学进行为期一个月的支教；同年 8 月，又带领团队前往贵州遵义探索开发"智慧双师型"在线

支教模式。2017 年 2 月和 3 月，为了搭建在线支教基地，团队又分别赴青海可可西里、青海果洛及南海三沙的学校。目前团队已建立了 4 个实践基地，包括广西首个"在线希望小学"，这让相隔几千公里的在线支教成为现实，并且她坚持每周都参与在线支教活动，已累计为边境地区孩子上课 200 余节。她还通过各种方式帮助那里的孩子，比如书信交流、电话沟通、社会实践等。

如今，她已经加入了中国青少年儿童发展基金会专项行动，并和社会公益团队建立了合作关系，成功搭建了"中国乡村儿童联合公益平台"。这项公益行动已筹集了 500 余万元的善款，全部用于解决偏远山区孩子上学问题。通过在线课程的形式，他们为路途遥远的中小学生提供可移动、智能化的教室。截至2017 年 10 月，他们已在贵州、新疆、湖北等共 5 个试点地区开展项目工作，其中湖北的基地初步建成，每个教室可容纳 80—100 人。

从陈熠舟的创业历程可以看出，大学生创业者在寻找创业资源、寻求创业项目的时候，可以结合自身所处社会环境、充分运用所学的专业知识，利用好学校、政府提供的平台和资源，让自己的创业想法得到落实，成功创业。

讨论一下

1. 陈熠舟创业时所用到了哪些资源？

2. 陈熠是如何转化这些资源？

3. 陈熠舟的创业资本是由哪些部分构成？

第一节　创业资源概述

一、创业资源概念

人们常说，"巧妇难为无米之炊"，创业需要资源。资源是任何主体在向社会提供产品或服务的过程中，为了实现自己的目标而拥有的或能够提供支配的各种要素以及要素组合，而创业资源则是企业创立以及发展过程中所需要的各种生产要素和支撑条件。

就目前来说，我国大学生的创业形势并不乐观，虽然很多大学生都有着创业的想法与创业的热情，但是因为大学生在创业之初能够了解且掌握的资源很少，创业的成功率并不高。因此如何获得创业资源，并加以利用，是推动大学生创业、提高创业成功率的必然要求。

二、创业资源的类型

1. 创业资源根据资源要素参与企业战略规划过程的程度可分为直接资源和间接资源。直接资源指直接参与到企业战略规划的资源要素，包括财务资源、管理资源、市场资源和人才资源；而间接资源是指那些不直接参与创业战略的制定和实施中，对创业战略的规划起间接作用的资源，包括政策资源、信息资源、科技资源。

2. 创业资源根据其来源，可分为自有资源和外部资源。自有资源是创业者自己拥有的资源，如创业者的自有资金、自有技术、自己所获得的创业机会信息等。我们获取外部资源的数量及程度很大程度上受自有资源的拥有状况影响，甚至可能决定其结果。因此在创业之初创业者首先要致力于扩大自有资源的数量和提升自有资源的质量，以便更好地获得和利用外部资源。外部资源更多地来自对外部机会的发现，而这些机会在创业的初始阶段起着决定性的作用。

3. 创业资源根据其存在形态，可分为有形资源和无形资源。有形资源包括自然环境资源、产品、资金、机器生产设备和建筑物等；无形资源包括信息资源、人力资源、政策资源和企业形象等。

4. 创业资源根据其对生产过程的作用，可分为生产型资源和工具型资源。生产型资源是指直接用于企业生产过程或开发其他资源的资源，如物质资源；工具型资源是指专门用于获得其他资源的资源，如财务资源的使用可以获得企业发展过程中所需的人才和设备。

5. 创业资源根据其在创业过程中的作用，可分为运营性资源和战略性资源。运营性资源主要包括人力资源、技术资源、资金资源、物质资源等资源；战略性资源主要指知识资源，在新创企业的生存和发展过程中，知识资源起着关键作用。

三、大学生创业所需资源

（一）信息资源

创业者做出的正确决策，及时调整创业思路的基础是技术、政策及市场信息。市场经济变幻莫测，如果不能及时、准确地获得这些信息，创业过程势必会困难重重。同时，技术经济信息的及时性、完整性、准确性和有效性难以在离散程度大、层次浅薄的各种信息中得到保证，这必将会影响创业企业的决策行为，甚至关系到创业企业的成功与否。

（二）人力资源

高素质人才的获取和开发，是现代企业可持续发展的关键，尤其是高科技创业企业，因为其需要较大的知识比重，人才资源则更为重要。这里的人力资源不仅仅是指创业及团队的特点、知识和激情，还包括创业者及拥有的团队、能力、意识、社会关系、市场信息等。

（三）物质资源

资金实力雄厚是企业从创业、成长，再到壮大过程中的坚实物质基础，没有资金，就不能成立企业，也不可能推动创业项目启动。由于缺乏资金，新创企业经常没有抵押贷款的能力，难以从银行得到足够的贷款，使得企业发展初期的最主要障碍往往是资金资源的匮乏。因此，资金是创业过程中所必需的物质资源之一，每一个创业者都极其关注如何能够有效地获取资金资源。

（四）技术资源

决定新创企业能否在市场中取得成功的关键是企业是否拥有或掌握创业所需要的相关技术资源，是否拥有技术的所有权。美国的微软公司和苹果公司一开始也不过只拥有几千美元的创业资本和几位创业人员，但由于拥有独特的创业技术，它们都最终走向了成功。所以，创业公司成功的关键是首先寻找到成功的创业技术。

一般而言，在创业初期，技术资源是最关键的创业核心竞争力，主要原因有以下3点。

1. 创业技术是决定产品在未来市场竞争规模和盈利能力的根本因素。

2. 创业技术是否为企业发展的核心技术决定了企业所需创业资本的大小——对于在技术上并不是完全创新的创业企业来说，较小规模的创业资本便可维持企业的正常运营。

3. 从创业阶段来说，由于企业规模较小，对管理及人才的需求度不高，因此技术成为了创业阶段最关键的资源。

四、大学生创业获取资源的途径

（一）信息资源的获取

大学生创业获取决策和管理所需信息的主要途径有同行创业者或同行企业、政府机构、专业信息机构、研究开发机构、新闻媒体、会议、公众信息网。

1.同行创业者或同行企业

在市场经济中，同行经济行为主体之间的关系是相互竞争，又互为存亡的，特别需要指出的是，对于创业者来说，收集同行的活动信息尤为重要。知道和理解同行的行为，有助于创业者了解同行间的竞争情况和行业信息，判断自身的优势与劣势，进而正确地调整和决定自己的行为策略。通常情况下，为了得到有关的行业信息，创业者可以通过积极参与同行创业者或同行企业举办的各种活动，加强与对方成员的感情交流，从而收集有关他们的材料，如公开和非公开的文本而获得其需要的行业信息。

2.政府机构

政府机构通常是信息的集聚地，他们拥有着大量经济、技术与政策信息，同时也在发布着大量政策信息，有些政府机构甚至还垄断了一些信息。因此，密切关注政府机构发布和传播的信息，有助于创业者做出正确的创业决策和运营管理新创企业。通常情况下，创业者可以通过收集与自己创业活动有关的政府出版物、参与政府机构召集的相关会议、主持的相关活动等，就可能得到自己需要的相关信息。

3.专业信息机构

目前社会上有着许多专业的信息机构，他们掌握着大量与创业相关的经济、技术、市场和政策信息。这些专业信息机构一般可分为两类：一类是综合性的信息机构，散布着经济、技术、市场、政策各方面信息，如国家信息中心、中国科技信息研究所；另一类是领域性的信息机构，散布着某一领域、行业的信息、如各行业部门的信息中心、专业性咨询机构。创业者应该从自己的实际需要出发，详细划分所需的创业信息，然后从相关信息机构检索和获取自己需要的信息，这样更为方便快捷。

4.研究开发机构

（1）基础性科研机构，相关领域的科学进展信息从其产生，并由其掌握着。

（2）开发性科研机构，相关领域的技术进展信息从其产生，并由其掌握着。

（3）商品性科研机构，相关领域的商品开发信息从其产生，并由其掌握着。

（4）公共服务性科研机构，相关领域的技术标准、技术进展信息从其产生，并由其掌握着。

在尊重对方知识产权的前提下，创业者需要从自己创业活动的实际出发，详细划分所需要的技术和其他相关信息，然后从相关研发机构获取自己需要的专业信息。

（5）新闻媒体。新闻媒体如网络、报刊、电视、广播等，也是创业信息的重要来源。它们每天都在广泛散布着、快速传播着各个领域的科技、经济、市场和政策信息。只要细心观察，创业者同样可以获取自己需要的信息，但是需要指出的是，新闻媒体，尤其是广播电视媒体，其所提供的大部分信息都只是概括性的，创业者需要顺着线索去寻找初始信息的来源，进而获取详尽而全面的信息。

（6）会议。各类会议，特别是与创业活动相关的专业性会议，也是创业信息的重要来源。如各级政府及其相关部门、行业协会、科技研发机构、企业联盟、媒体机构等举办的信息发布会、展览会、研讨会等。创业者通过参加这类会议，往往可以面对面地获取需要的信息。特别是在与彼此的交流、探讨中，创业者可以在现场直接引导着对方为自己生产和提供信息，甚至可以通过交朋友的方式为自己的创业活动培育未来的、稳定的信息来源，并将其纳入自己的社会关系资源中。

（7）公众信息网。在信息技术的快速进步、知识经济时代的到来以及全球经济一体化的发展中，信息的传播途径已经越来越依赖于电信网络方式，尤其是互联网。计算机信息网络具有三大特点：网络化、公众化、国际化。创业者可以充分利用信息网络和工具软件的查询功能，迅速检索到大量相关信息。

（二）人力资源的获取

为了获取人力资源，创业者自身的素质、人格、品质需要不断提升，并且积极参加社团活动或者兼职等，接触社会，积累经验。与此同时创业者可以通过参加校园创业大赛或者挑战杯大赛等，认识更多优秀的人，与优秀的人共事，从而拓展自己的人脉资源。

（三）物质资源的获取

创业资金按照来源划分，可分为自筹资金和外部资金。自筹资金主要是指个人资金（自有资金、亲友借款）；外部资金包括商业银行贷款、天使投资、政府机构的资助与支持、风险投资基金、股票和债券融资等。

1. 商业银行贷款

商业银行是初创企业创业资金的主要来源。初创企业可以用具有一定价值的资产作为抵押或担保向商业银行贷款。银行是否会对企业进行贷款取决于申请人的相关条件，其标准为"6C 标准"：借款人的品质（Charaeter）、偿还贷款的能力（Capacoity）、注入企业的资金（Capital）、借款人的抵押品（Collateral）、借款发生时的经济环境（Condition)、银行对贷款的控制（Control）等。

2. 天使投资

天使投资者一般指的是富有的个体，如企业家、律师、医生等高收入阶层。天使投资的特点是：资金主要来源于个体。天使投资的资金与银行贷款不同，主要来自富人的个人闲置资本；资金主要投资于初创企业、早中期的企业。因为企业在刚刚起步时需要的资金不是很多，并且相较于天使投资，银行贷款的条件较为苛刻复杂，而风险投资又不愿意接这种小业务。天使投资者由于资金有限，所以一般只会选择在企业早期进行投资。

天使投资者多半是成功的创业企业家、创业投资家或者大公司的高层管理人员，他们不仅有着一定的经济实力，还在经营管理、资金运用或技术方面具有专长，能够敏锐地洞察市场与技术。有些天使投资者因为本身就是成功的创业者，对创业企业的发展规律十分了解，他们能够在很多方面帮助创业者，如经营发展理念、职工人员的选聘以及下一步融资计划等。除此之外，相比于正规的风险投资机构，他们对创业者的要求不高，因而更受创业者的欢迎。

3. 政府机构的资助与支持

对于新创企业来说，在初创阶段投资资金是最难获得的。政府大多数情况下只会在此时对新创企业进行资助与支持。通常情况下，政府机构不会直接向新创企业进行投资，而是为商业银行向新创企业提供贷款做担保，但这种贷款需要经过政府有关机关的审批，因为政府要承担担保所带来的责任与义务。除了在财政上的资助之外，政府还会视情况提供其他支持，比如咨询和培训服务等。

现在我国的各级政府越来越重视创业活动的开展，对创业活动的重要性有了更加深入的认识，而且在中央"大众创业、万众创新"的倡导下，相继出台了一系列促进创业和中小企业发展的优惠政策。中小企业担保基金、科技部中小企业创新基金、地方政府的大学生创业基金等，都可以做为创业企业的重要融资选择。

4. 直接融资

在企业发展稳定之后，股份有限公司和有限责任公司可以通过发行股票和债券的方式来进行融资，这样也为天使投资人和风险资本的退出提供了有效的机制，形成资本的良性循环。但是由于直接融资的对象是社会公众，因此审批较为严格，一般适用于处在发展中期的创业企业。

（四）技术资源的获取

起步项目进行之前，新创企业需要获得所依赖的技术，其获取途径主要有：购买他人的成熟技术并进行技术市场寿命分析；吸引技术持有者加入创业团队；购买他人的前景性技术，再通过后续的完善开发，使之达到商业化要求；同时购买技术和技术持有者；自己研发，但存在时间长、资金耗费大等问题。

1. 技术持有者自己创业

技术持有者自己创业在高新技术领域是最为常见的。中国的联想集团、方正集团，美国的戴尔电脑公司等，都是技术持有者自己创业且获得成功的典型案例。一般情况下，相较于其他获取技术资源的途径，技术持有者自己创业的成功率较高，但他们需要组织一个有着各类管理人才的团结一致的创业团队，因此也需要具备一定的管理团队的能力。

2. 吸引技术持有者加入创业团队

在一些情况下，不是每一个创业者都能够掌握创业所需要的技术。这时，创业者就需要吸引技术持有者加入自己的创业团队。视美乐科技发展有限公司便是典型的例子。具有经营头脑和管理才能的高智商才子王科，有着强烈的创业意识和敏锐的洞察力。当他察觉到邱虹云研发的技术具有良好的市场前景，创业成功的希望较大时，便迅速邀请邱虹云一起创业，随后又邀请其他志同道合的小伙伴加盟公司。不得不说，视美乐起步的重要因素是邱虹云和其他成员的加盟。

3. 购买他人的成熟技术并进行市场寿命分析

在高新技术创业中，最好采用的是成熟的技术。因为采用的技术越成熟，创业成功的概率越大。但值得注意的是在购买他人的成熟技术时，需要进行深入细致的技术鉴别，进行技术的市场寿命分析，否则有可能购买到的是落后技术，从而进入一个已经拥挤的产品市场，造成创业的失败。

4. 购买他人的前景性技术

在市场经济的激烈竞争中，企业可以通过购买他人的前景性技术，然后再进一步开发完善它们，进而推出市场需要的产品。利用这一模式来创业，就需要创业者具有前瞻性，能够深刻地理解并且把握新技术的未来发展方向和市场前景，同时具备后续的研究开发能力。为了拓展自己的新业务、新事业，许多企业选择和高校合作或者直接从高校院所购买技术，这样他们得到的往往就是前景性技术。

5. 同时购买技术和技术持有者

除了购买技术，"购买"掌握技术的人，有助于创业者迅速消化、理解、改进和使用所购买的技术。我国台湾的工业研究院为了促进当地的高新技术产业发展，便巧妙地利用了这一模式，输出自己的技术成果和技术员。在某个企业想要成为创业团队成员时，该研究院将会选择同时向外"出售"技术成果和技术人员。

第二节 创业资源整合概述

一、创业资源整合概念

资源整合是指企业对有着不同来源、层次、结构和内容的资源进行选择与识别，吸收与配置、激活与有机融合，使其具有较强的柔韧性、条理性、系统性和价值性，并对原有的资源重新进行分析，摒弃无价值的资源，以此创造出新的资源体系的一个复杂的动态过程。资源整合的唯一目的是使企业获得最大的经济利益。

任何一个创业者不可能在创业之初就能解决好创业过程中涉及的所有问题，也不可能拥有需要的所有创业资源，而解决这个困难的关键就在于创业者要学会进行资源整合。因此，资源整合既是创业计划中的一个重要原则，也是创业中借势发展、巧用资源、优势互补、实现双赢的重要方法。大部分创业者在创业之初都受到环境资源的限制，资金不足，资源匮乏，没有创业经验，不会经营管理，每一步都可能导致创业失败。在这种情况下，掌握创业资源整合的能力，并将其作为整合各种创业要素的最佳武器，就能突破资源约束，成功创办企业。

二、创业资源整合作用

资源整合对大学生创业者而言，具有重要意义。具体而言，主要有以下几点。

（一）有利于发现市场机会

资源整合的过程，实际上是创业者对自身进行自我审视、自我评价的过程，也是对整个行业的发展进行深入分析和研究的过程。通过资源整合，创业者可以发现企业自身的优势和劣势，清楚哪些事情是自己可以做并且能够做的，哪些是市场空白的地方，哪些领域的企业更具有市场竞争力，这样有助于企业充分发挥资源优势，在市场竞争上获得优势，同时也有助于创业者进行科学的规划和决策。

（二）提高企业核心竞争力

提升企业竞争力的主要方式是资源整合，市场竞争优势常常属于那些擅长利用资源并进行资源整合的企业，而不是那些拥有着大量资源或投入巨额资金进行开发新资源的企业。也就是说，企业对资源的整合能力才是提升竞争优势的真正来源，并且使得企业高层管理人员能够出于对未来发展趋势的正确预测而进行有效的选择与识别、吸收与配置、激活与融合企业内外部资源、新旧资源、个体与组织资源、横向与纵向资源等，通过持续不断的资源整合，从而企业能提升其竞争优势。因此，为了提高资源整合能力，在企业的资源管理任务中应该十分重视对企业资源的整合，与此同时必须采取相应的整合策略，这样才能有效地提高企业整体的资源竞争力，从而增强企业竞争优势。

（三）促进企业可持续发展

在创业的开始阶段，创业所需的各项资源往往只能依靠创业者通过自身努力获取。而且由于新创企业具有高度成长性与快速发展性，在其迅速成长扩张的过程中，组织规模很快就发展到一定规模之上，此时创业者会发现通过自身努力获取的资源远远不能支持企业的发展。为了企业的持续发展，外部环境给予企业的资源是相当必要的。

1. 从我国的创业环境来看，创业活动需要相应的政策的支持。只有在政策条件的允许和鼓励下，企业才能获得更多的国内外人才、贷款和投资、各种服务与优惠等，这就需要创业企业随时关注国家政策的变化。在创业过程中值得注意的是，不要为了追求眼前利益，而忽视了长远利益，如果与国家相关政策不符，将会阻止企业的发展。

2. 由于新创业的企业是新进入者，在对信息资源的把握广度和深度上将会处于劣势状态。由于竞争十分激烈，就更加需要丰富、及时、准确的信息，这样才能争取到更多的生产要素资源，为创业者做出研发、采购、生产和销售的决策提供一定程度的指导和参考。对于企业来说，充分了解各种市场信息可以为其带来可预见性的市场趋向，为企业的各种工作的开展提供一个较为安全、较为熟悉的环境，促进企业的可持续发展。

3. 资金资源对于任何一个企业都非常重要。对于新创企业来说，无论是产品的研发，还是生产、宣传、销售等，每一步都需要大量的资金支持。因此每个创业者都极为关注如何有效地吸收资金资源，这需要企业做好自己的各种优势分析及报告，吸引海内外投资者的眼光，获得其投资，并且充分利用现有的各种资金，不能花冤枉钱，做无用功。

4. 引进和培养高素质人才是现代企业可持续发展的关键，尤其是对于技术要求高的创业企业来说。因为其需要更大的知识比重，人才资源则更为重要。创业企业要善于对员工进行培训，激发员工的创新活力，培养员工创新能力，挖掘员工潜力，为企业的发展奠定物质基础。

5. 一些新创企业的管理者大多出身于专业技术人员，他们本身具备较强的科技研发能力，但是往往欠缺企业管理知识，而造成创业的失败，这意味着建立一套完整全面且高效的管理制度是新创企业需要注重且尝试的一个重要方面。企业要建立健全符合本企业发展的特色企业文化，培养员工对于企业的归属感和认同感，凝聚员工力量，为员工提供良好的发展、创新氛围，并且采取合理的激励及保险制度，让员工觉得自己属于企业的一分子而不是局外人，只有这样他们才能不遗余力、不辞辛苦地为公司的发展做各种努力，不会以懒懒散散、满不在乎的态度等着公司发工资。只有这样，才能让企业发展得更好、更远。

6. 对于新创企业来说，为了企业提高竞争力，企业应积极寻找引进有商业价值的科技成果，充分利用科技促进企业的创新性发展，推出新品，吸引更多消费者。因为企业只有具有较强的竞争力，才能在激烈的竞争中占领市场并不断发展下去。如果企业没有竞争力或在竞争中处于劣势，发展将会落后甚至是止步。

（四）有利于进一步加强企业管理

企业是一个管理性组织，为了适应经济全球化的需要，企业必须整合现有的经营思想、管理模式、人事制度等内部资源，因地、因时制宜。不能墨守成规地坚守着以前陈旧的经营管理模式，让企业管理跟不上外部资源更新的脚步，失去获得更好的外部资源的机会。这就需要管理者顺应时代经济发展的新潮流趋势，提高自己内部管理的科学性、合理性，以获得外部资源、获得发展。在经济全球化的过程中，外部市场环境和内部资源对于企业制定和实施战略都是十分重要的。企业绩效的重要源泉是资源的整合。通过有效整合企业内外资源、传统资源与新资源、个体资源与组织资源、横向资源与纵向资源等，企业可以充分发挥与利用这些资源的使用价值并创造出新的资源，从而提升企业的经营绩效。

有效地整合利用各种资源是创业企业发展的一大重要因素。如果没有对资源进行良好的整合利用，那么企业本身自己拥有的和从外部获得的各种资源就是一种浪费，因为这些资源既发挥不了作用，也不能促进企业的发展，反而还可能影响企业的形象。在这个竞争激烈的社会经济进程中，空有丰富的资源却无法发挥其真正的效益，使得企业的能力受到外界质疑，这将会影响企业的发展。企业要学会整合和利用外部资源，让其最大限度地发挥作用，提高企业竞争力；并且合理的整合利用内部资源，使内部运作合理化，没有资源闲置，推进企业发展。如今企业之间的竞争，其实就是看谁能力用企业现有的资源和可运用的资源为企业带来最大的利益，因此资源整合能力的较量已经成为企业之间竞争一个新的角度。

三、创业资源整合原则

从整体视角出发，宏观层面的资源整合是指由政府主导的、在其他政策支持下形成的相关机构所开展的整合工作，主要为中小企业的创业发展提供便利条件。从局部视角切入的微观层面来说，资源整合是针对具体单位开展的，对具体的点位或个人进行点对点的整合调配，目的是为自身的长远发展提供保障。

对于创业者来说，最重要的阶段是在联系好资源之后开展的步骤，即创业的具体过程。针对这一过程，对企业所面临的各部分资源运用一定手段进行拆分组合，并按一定的原则进行系统分析。对于创业外部资源，开展过程中需要把握的原则有以下几点。

（一）互惠互利原则

对于一个创业单位来说，寻找到的每一种资源都是一个独立的利益集团，同时这些资源之间以及资源与创业单位中间又有着不可分割的紧密联系，所以在开发和分配的过程中要坚持双赢的原则，在自身利益有保障的情况下重视对方的受益水平，对于长期资源的使用上更要注意双方利益的平衡均等，这样才能保证企业的长远发展。

（二）循序渐进原则

对于创业者来说，寻找资源固然是一件极其困难的事情，在不同时期需要的资源类别也会随着企业的发展而不同，因此在资源整合过程中需要注意的一个原则就是循序渐进，不可一次将所有可能利用的资源都揽进囊内。整合利用时应综合考虑开发资源的成本、资源带来的收益和可能存在的风险，并进行全面评估。将创业单位的工作计划做成类似推进表形式，根据每个时间段的需求合理地进行资源的总体协调配置。任何创业资源都应该在其适当的条件范围内降低维护成本。

（三）量力而行原则

循序渐进的原则是针对不同阶段中资源开发和使用而提出的，量力而行的原则则是主要针对同一种资源进行讨论。对于创业的团队或个人来说，起步时期自身已经具备的资源开发水平相对较低，能力也较弱，因此更需要结合自身实际情况制定符合发展速度的资源整合方式。此时不要急于创新，按部就班地做好规定范围内的事情才能为后期的长远发展打下坚实基础。

与外部资源相比，内部资源的整合针对性较强，因为整合内部资源的最关键目的在于根据已经获取的全部资源，分析内部形式，从而将已有资源更加有效地在内部进行分配和更高效利用，而不同于外部资源主要负责探索新的可利用部分，即一个是建立在已有基础上的整合利用，一个是去发现新资源。因此，经常把内部资源的整合部分称为"内部挖掘"，根据内部资源的以上特点，归纳出在这一整合过程当中应当注意的基本原则。

（四）公平公正原则

正如外部资源整合原则中所说，应当在开发利用中坚持互利共赢的原则，因为在整合的大范畴内存在着诸多独立的个体，作为这一范围内的资源享有单位，在对待不同独立的利益主体时应该表现出不同主体之间的公平公正原则。针对企业内部，主要体现在人力资源的利用上。创业者与自己创立单位的员工之间应该保持顺畅的沟通，便于及时发现公平方面存在的问题并及时改正。

（五）短期利益与长期利益相结合的原则

从整体上分析，强调对创业资源的有效整合，最终目的是实现创业企业的最大化收益，但这个所谓的收益也有短期和长期不同的目标。不能为了实现短期利益而对资源进行大规模集中性的分配，从而导致长期收益没有保障的情况出现；也不可为给长期利益保留资源，而不顾企业眼下发展境况而影响生存。统筹长短期目标，协调可能存在的冲突是这一原则提出的目的。

（六）效益性原则

研究创业资源整合这一问题的出发点和落脚点都是提高资源的综合利用率，从而促进创业企业整体效益的提升。遵守这一原则的前提是尽快提升资源的有效利用率，通过配置手段上的优化及合理规划使创业资源的受益面得以拓展并且方便已得资源的使用、实现效益最大化。提高整合创业资源效率的方式方法包括：①节约开发新资源的成本，通过技术上的更新和管理理念的更新在同一水平线的成本投入上提高产出率。②优先开发易获取、易整理的创业资源。③不断地调整和革新能够让企业摒弃掉现阶段拉低效率的配置理念，通过人、财、物的重新配比完成科学配置过程。

（七）缓冲原则

企业在发展过程中总是会遇到各种困难与挫折，这是十分常见的问题，而如何平稳地度过这些风险主要依靠的力量就是企业自身所具备的优势条件，也就是已有资源。因为企业是以盈利为目的的，所以多数企业不会冒着会损失利益的风险去帮助初创阶段的创业企业渡过难关。据此，内部资源的整合一定要留有转变的空间，以满足不时之需。例如直接影响企业是否可以生存下去的资金周转方面，创业企业要留有必要的储备，因为处于困境能力下的企业难以完成二次融资。

四、创业资源整合方法

创业者掌握和能整合到的资源，以及对资源的利用能力决定着他们能否成功地创造出机会，进而推动创业活动向前发展。许多创业者早期所能获取与利用的资源都相当缺乏，而取得成功的创业者在创业过程中所体现出的卓越创业技能之一，就是创造性地整合和利用资源，尤其是那种能够为企业的发展创造竞争优势并带来持续竞争优势的战略资源。尽管与已经进入成熟发展期的大公司相比，创业企业资源比较匮乏，但实际上创业者所拥有的不服输创业精神、独特创意想法及社会关系等资源，也同样具有战略性。因此，对创业者而言，一方面要借助自身的创造性与创新性，用有限的资源尽可能创造出更大的价值，另一方面更要设法获取和整合各类战略资源。

（一）善用资源整合技巧

1. 学会拼凑

拼凑是指在现有元素中，不断变换更替其中的一些要素，形成新的感知。很多创业者都是拼凑高手，他们通过添加一些新元素并将与现有的元素进行重新组合，在资源的利用方面形成创新行为，从而带来意想不到的惊喜。

创业者通常利用身边能够找到的一切资源进行创业活动，虽然有些资源对他人来说是无用的、废弃的，但创业者可以通过自己的独有经验和技巧加以整合创造。例如，很多高新技术企业的创业者并不出身于高新技术，可能是出于兴趣或其他原因，对这个领域的技术略知一二，却凭借这个略知的"一二"敏锐地发现了机会，并迅速实现了相关资源的整合。

现有资源的整合和对新情况的快速反应是创业的最有力的工具之一。拼凑者善于用发现的眼光，了解和熟悉身边各种资源的属性，将它们创造性地整合起来。很多时候这种整合甚至不是事前仔细计划好的，而往往是具体情况具体分析、在实践中慢慢摸索经验的产物，而这也正体现了创业的不确定性特性，并考验了创业者的资源整合能力。

2. 步步为营

步步为营指在资源缺乏的情况下，创业者在多个阶段投入资源，并在每个阶段投入最少的资源的方法。美国学者杰弗里·康沃尔指出：在有限资源的约束下，采用步步为营办法整合资源，不仅是最经济的方法，而且是一种获取资源满意收益的方法。由于创业者难以获得银行、投资家的资金，为了使风险最小化、审慎控制和管理、增加收入等，采用步步为营法有以下作用。

1. 在有限资源的约束下，寻找实现创业理想目标的途径。

2. 最大限度地降低企业对外部资源的需求。

3. 最大限度地发挥创业者在企业内部投入的资金的作用。

4. 设法减低资源的使用量等，以降低成本和经营风险。

（二）发挥资源杠杆效益

杠杆效应就是通过借入资金来进行投资或经营活动，以期获得更高的回报率，即是用尽可能少的付出去获取尽可能多的收获。发挥资源杠杆效益是指通过有效地利用有限的资源来控制和影响更大规模的资产或项目，以实现更大的效益。为完成自己创业的目的，利用别的企业的资源，用一种资源去补足另一种资源，辨别一种完全没有被利用的资源，看到一种资源怎样被运用于特殊的方面，说服那些拥有资源的人让出使用权，这意味着创业者并不被他们当下控制的或支配的资源所限制，他们用大量的创造性的方式利用资源。杠杆资源能力体现在以下方面：能比别人更加长久地使用资源；更充分地利用到别人没有意识到或者不知道的资源；利用他人或者其他资源，产生更高的复合价值；利用一种资源获得其他资源。

（三）设置合理利益机制

资源和利益通常是相关的，创业者之所以能够从家庭成员那里获得资金支持和精神鼓励，是因为家庭成员之间不仅是利益相关者，更是利益整体。由于资源和利益的相关性，在整合资源时，创业者就一定要设计好有助于资源整合的利益机制，并利用这些利益机制整合潜在的和非直接的资源提供者，借力发展。因此，整合资源需要关注有利益关系的组织或个人，要尽可能多地找到利益相关者。同时，分析清楚这些组织或个体和自己及自己想做的事情有无利益关系，利益关系越强、越直接，整合到资源的可能性就越大。

共赢的利益机制是共同利益实现的保障，但共赢多数情况下难以同时赢，更多是先后赢，因此创业者要设计出让利益相关者感觉到赢而且是优先赢的机制。在创业实践中，如果企业之间已经在长期合作中获益，并且彼此建立起信任关系的合作，双赢和共赢的机制已经形成，那么进一步的合作并不会很困难。

五、创业资源整合路径

（一）识别有效资源

创业单位或个人要非常清晰地认识在自己可能获取的"资源库"中占有资源的整体情况，包括类别、数量和可利用时间等，同时创业者要对自身具备的优势条件、劣势条件有清晰的认识以及自己所需要的资源类别、方向等，以避免在识别资源时出现数据庞大筛选效率低的情况。在这个步骤中，要将资源所述门类进行判定：财务资源（外界投资和已有的内部资源）、人力资源（具备高阶知识储备的先进人才、本行业的先进技术等）、社会资源（外部环境中对企业发展有支持作用的政策或同行业中合作伙伴的支持）、组织资源（企业内部各部门之间的协调、内部有效的管理机制）、物质资源等。建立在如上分类的基础上，对企业现有资源、还需吸纳的资源以及面临的机会和威胁进行分析，找出差距。对于简单易得的资源应当直接将其投入生产过程中，提高生产率；对于获取途径复杂数量稀缺的资源，则应该站在全局的角度对资源进行整合之后再投放到生产车间内，以免资源浪费。

关于如何对资源进行识别可以归为两大类。

1. 从小处着眼的自下而上识别方式，即企业首先对企业经营的模型有明晰的定义，据此分析所需要的资源、缺乏的资源，接着通过配置的步骤整合在一起，投入生产。

2. 从大局着眼的自上而下的识别方式，首先对整个创业单位的愿景和使命有清楚的描绘，之后通过向下寻找的方式找出需要配齐的人员、物资、技术等各类资源，这种识别方式的基础是内部的组织资源。

（二）寻找获取资源的途径

在创业之初，企业发展的前提是企业家具备高水平的个人素养。企业家本身具有的一些基本资源（知识水平、工作经验、社会名誉、才能、行业知识等），一般是由整个创业队伍中的成员共同构成的。导入这些资源的主要路径有：采购、与合作者联盟和收购。采购资源是指创业者直接到市场上选择自己创业单位所缺乏的相关资源，但是个别隐性资源，比如说知识水平等很难通过市场的途径获得。资源联盟是针对一些通过创业者自身的力量也难以或无法进行开发的资源，联合其他组织共同开发的策略。资源联盟不仅可以得到显性知识资源，而且可以获取隐性知识资源，但是，联盟双方的资源和能力互补并且存在共同的利益是资源联盟的前提。资源并购可以将企业外部资源内部化，资源并购通过股权收购或资产收购的方式来实现，但是，要求并购双方的资源尤其是知识等新资源存在较高的关联度。

（三）对获得资源的分配

在企业所有资源没有被统一划分之前，资源没有所属类别，没有对应部门，没有系统化的排列，在此情况下要使资源库中的资源发挥至最大作用，实现最大化的价值有相当大的难度，需要有科学合理的资源配置理论做指导。对各类资源进行集合、汇总后对资源整体情况有数量上、类别上的把控，再按需拆分为不同的单元，将原有资源进行有机结合，使资源重新编排后具备更强的条理性、可调节性和系统性。想要资源能够更好地体现应具备的价值，就要为资源发挥作用提供平台，即让其有发挥作用的地方，也就是所说的使各类资源相互配合、在相互填补的过程中共同增强各自的作用。创业个人对资源的独特之处、特有本质、应用广泛程度、种类等方面进行的综合评价和系统剖析对资源配置采用的方式有根本性的影响。任何事物都具有两面性，企业的资源也是如此，这就看创业者如何将这些资源灵活地运用。针对资源显现出来的积极部分给予充分分配，挖掘利用价值；针对可能具有消极影响的部分则立足资源利用的出发点，大胆排除负面影响，克服本身存在的问题，对资源进行细分、整合。如此不仅可以为后续内容更为丰富的"资源库"的建立提供保障，而且也能为企业提供发现新机遇的机会。

（四）对分得资源的高效利用

在从整体视角出发对企业内部已获得的总资源进行分配后，各部门如何利用分到本部门的有效资源，这是资源整合的最后一步，也是关键的一步。这时资源的利用方式将直接对生产销售结果产生影响。对既得资源的利用，首先应该明确的是将这部分资源这样分配自然有一定的道理，这时需要考虑的不再是为什么如此分配，而是得到资源后如何做的问题。第一，在资源利用过程中应该形成相互制约机制，避免资源的滥用和无规则使用造成的混乱。第二，形成资源使用的监督机制，在资源利用过程中实时监督把握资源的使用状况、使用时间、使用方向等。第三，形成资源利用效果的反馈机制。当一部分资源被投入到生产中后，去评定其产生了哪些良性效果，以及这部分效果与投入是否成正比，如果产出率低创业者就要考虑如何改变资源投入量和生产方式才能保证资源的高效利用。

第三节　创业融资概述

一、创业融资概念

对于大多数创业者而言，拥有足够的启动资金是创业之初最为重要的事情。正如"巧妇难为无米之炊"，如果没有足够的资金，那创业就无从谈起。同时，为了维持企业的有效运转和可持续运营，融资是不可回避的关键环节。企业需要多少资金？通过何种方式进行融资？需要创业者根据自身企业的情况进行合理选择。

创业融资，是指创业者利用不同的手段和渠道筹集资金建立企业，以将某种创业转化为商业现实的过程。创业融资的概念有广义和狭义之分。狭义的融资，主要是指一个企业筹集资金的行为与过程，也就是说公司根据自身的生产状况、经营发展状况、资金状况，以及公司未来经营发展的方向，通过科学的预测与决策，采用一定的方式，利用一定的渠道向公司的投资者和债权人去筹集资金，满足企业对资金的需求，以保证公司正常生产活动，经营管理活动的理财行为。广义的融资，也叫金融，即货币资金的融通，指当事人通过各种方式到金融市场上筹措或贷放资金的行为。

创业融资并不是一次性融资，而是涵盖了整个创业过程的所有融资活动。企业融资是在企业发展过程中经常进行的一项经营活动，它为企业的生存和发展提供了"输血"和"造血"的双重功能。根据新创企业不同发展阶段的资本需求特点，创业者应该结合创业计划及企业发展战略，合理确定资本结构及资本需求数量。

二、创业融资困难的原因

（一）新创公司的不确定性大

首先，商业机会本身具有不确定性。创业者的创业机会不可避免地会受到外界环境的影响，当外界环境发生变化时，机会也会相应丧失。对于创业活动本身而言，由于创业项目尚未实施或刚开始实施，创业项目受到外界的影响相对于既有公司来说更大，其市场前景不够明朗。

其次，新创公司的利润具有不确定性。多数创业者缺乏创业经验，以至于其应对内外部环境变化的能力不足，造成公司盈利的稳定性较差。

再次，新创公司的寿命具有不确定性。在中国，中小公司的寿命往往很短，据统计，我国新创公司的失败率在70%左右。国外有学者估计，新创公司在2年、4年、6年内的消失率分别为34%、50%和60%。

与此同时，与既有公司相比，新创公司在融资方面还有明显的劣势。公司创办初期一般来说规模较小，固定资产等有形资产的价值偏低，有效的可供抵押的资产较少；加上新创公司的融资规模较小，使得投资方的融资成本较高，无论是在事前的资料调查和可行性分析过程，还是在事后对投资方资金的管理过程中都充分表现了这一点。因为对于投资方来说无论是多大规模的投资，必经的例行调查和事后的管理工作都不会减少，故当融资规模较小时，投资者通常比较难于判断投入到公司的资金的安全性，从而限制了公司的资金筹集。

（二）新创公司与资金提供者之间信息不对称

信息不对称是经济生活中普遍存在的现象。创业融资中信息不对称表现为创业者对自身能力、产品或服务、公司的创新能力和市场前景等的了解多于投资者，从而处于信息的优势，投资者则处于信息的劣势。

首先，创业者倾向于对创业信息进行保密。创业者在融资时，往往会注重保护自己的商业机密及其开发方法，进入门槛低的行业的创业者更是如此。但是创业者对于公司信息的隐藏是会增加投资者对信息甄别的时间和成本，从而影响其投资决策。

其次，新创公司的经营经验和财务信息都具有非公开性。新创公司由于处于筹建期或其创建的时间较短，缺乏或只有较少的经营记录，公司规模一般较小，有着较差的经营活动的透明度，财务信息具有非公开性，使得潜在的投资者很难了解和把握创业者和新创公司的相关信息。

第三，高素质的投资者群体尚未形成。由于中国市场经济发展的时间较短，普通大众的投资理念比较保守，因此我国尚未形成一个相对成熟的投资者群体，并且潜在投资者对于行业的认识、直觉和经验等也相对缺乏，使得其在选择投资项目时更为谨慎。创业者、新创公司和投资者群体之间的信息不对称，会导致创业融资时的道德风险和逆向选择。

（三）资本市场欠发达

中国真正意义的资本市场是从20世纪90年代沪、深证券交易所的建立为标志的，经过20多年的发展已经为国家经济调控和公司融资的重要场所。但与发达国家相比，中国的资本市场仍然不够完善系统，擅长从事中小公司融资的金融机构和针对新创公司特点的融资产品不多，对公司上市的要求较高，产权交易市场也不够发达，致使新创公司的融资会受到一定程度的限制。

三、创业融资分类

创业融资按用途可分为固定资产和流动资产的筹集；按资金来源可分为企业内部资金、国内资金和国外资金筹集；按融资对象可分为向个人、政府、银行、其他企事业单位、保险公司及有关金融机构筹集；按时间长短可分短期资金、中期资金和长期资金的筹集，短期资金指1年以内，中期资金指1年以上5年以下，长期资金一般指5—10年以上；按资金来源的性质分为债务融资（银行贷款、发行股票和债券、信用担保体系融资等）和权益股资（风险投资、IPO等）。

四、创业融资的过程

一般来说，创业融资过程包括融资前的准备、资本需求量测算、商业计划编写、融资来源确定及融资谈判等以下五个方面的内容。

（一）做好融资前的准备

尽管新创公司融资较为困难，但新创公司顺利成长的关键仍然是创业融资。因此，创业者一定要在融资之前做好充分的准备工作：对融资过程有一定了解，建立和经营个人信用，积累自己的人脉资源，学习估算创业所需资金的方法，了解并掌握融资渠道的途径，熟悉商业计划书的结构和编写策略，提升自己的谈判技巧等，以提高融资成功概率。

其中，个人信用十分重要。个人信用是指基于信任、通过一定的协议或契约提供给自然人及其家庭的信用，使得接受信用的个人不用付现就可以获得商品或服务。它不仅包括用作个人或家庭消费用途的信用交易，也包括用作个人投资、创业以及生产经营的信用。个人信用记录包括以下四个方面：

一是个人基本信息，包括姓名、婚姻及家庭成员状况、收入情况、职业、学历等。

二是信用记录，包括信用卡及消费信贷的还款记录，商业银行的个人贷款及偿还记录。

三是社会公共信息记录，包括个人纳税、参与社会保险、通信缴费、公用事业缴费以及个人财产状况及变动等记录。

四是特别记录，包括有可能影响个人信用状况的涉及民事、刑事、行政诉讼和行政处罚的特别记录。

市场经济是一种信用经济，信用对国家、社会、个人都是一种非常重要的资源，信用在创业融资过程中起着重要的作用。无论是用哪种渠道筹集资金，创业者个人的信用状况都是投资者关注的重点。因此为了能够顺利进行融资，解决资金问题，创业者应尽早建立起良好的个人信用记录，如做一个信用卡的诚信持卡人，同时注意在日常生活中按时缴纳各项缴费，遵纪守法，保持良好的个人信用记录。

（二）计算创业所需的资金

世界上没有免费的午餐，也没有零成本的资金。创业者必须明白，公司所使用的资金都是具有一定成本的。但这并不意味着筹集的资金越少越好，因为任何一家顺利经营的公司都需要基本的周转资金，如果筹集的资金不足以支撑公司的日常运转，则公司会面临资金断流，进而导致破产清算；但这也不意味着筹集的资金越多越好，因为资金都是具有成本的，如果资金在使用过程中不能够创造出高于其成本的收益，则公司会发生亏损。因此，创业者在筹集资金之前，要能够用科学的方法准确地计算资金需求量。

（三）编写创业计划书

新创公司对于资金需求的多少，需要全面考虑公司创立和发展的方方面面，要对公司有一个全面的规划。编写创业计划书是对未来公司进行规划的一种良好方式。在创业计划书中，创业者需要估计未来可能的销售状况，以及为实现销售需要配备的资源，并进而计算出所需要的资金数额。

（四）确定融资来源

在新创公司需要的资金数额确定之后，创业者需要进一步了解可能的筹集渠道和不同筹集渠道的优缺点，根据筹资机会的大小，以及公司未来的所有规划，充分权衡利弊，确定所要采用的融资来源。

（五）展开融资谈判

在融资渠道选定之后，创业者即需要与潜在的投资者进行融资谈判。为了提高谈判成功的概率，投资者必须首先对自己的创业项目非常熟悉，充满信心，并对潜在投资者可能提出的问题进行猜测，并提前准备相应的答案。另外，在谈判期间，要抓住时机陈述重点，做到条理清晰；如果可能的话，咨询有经验的人士，将会提高谈判成功的概率。

五、创业融资的渠道

资金缺乏是大部分大学生创业者创业过程中面临的主要问题。而由于受融资信息、信用能力等多种因素的影响，相当多的大学生创业者的创业资金主要来源于"父母支持""朋友合股"等融资渠道。因此，认识与拓展大学生创业融资渠道是大学生创业活动中现实而且紧迫的要求。大学生创业融资的渠道主要可以分为以下几类。

（一）私人资本融资

私人资本融资主要分为个人资金、亲友投资和天使投资。

1. 个人资金

个人资金是创业者通过长时间的积累或继承而形成的资本。对我国大学生创业者而言，个人资金往往来源于父母的资金支持。相较于外部资本，创业者的自我积累资本具有两个突出优势：一是从公司外部寻找投资者会占用创业者大量的精力、时间，并要花费相应的费用；二是如果一味地遵循投资者的标准会降低创业者构建新公司时的灵活性，而利用自我积累资本能够使创业者最初的创意得以实施与开展。

虽然存在大学生创业没有动用个人资金就创建了新的风险公司的情况，但这种情况并不常见。这不仅是因为从资金成本或公司经营控制的角度来说，个人资金成本最为低廉，而且还是因为在试图引入外部资金，尤其是获得银行、私人投资者以及创业资本家的资金的时候，绝对必须拥有个人资本。外部资金的供给者通常认为，如果创业者没有投入个人资金，投资者很可能认为创业者对公司经营管理不会那么尽心尽力。大学生自有资金往往有限，因此对于大学生创业者而言，个人资金的投入水平更多地取决于创业者的投入占其全部可用资产的比例，而不是投入资金的绝对数量。

2. 亲友资金

对于大学生创业活动而言，新创公司在早期阶段投入的资金具有高度的不确定性，但由于需求的资金量相对较少，因此，对银行和其他金融机构来说缺乏规模经济性。除了一些特殊情况，机构的权益投资者和贷款人几乎不会这一阶段的新创公司进行投资。

在这一阶段，对新创公司而言，亲友资金就是常规的资金来源，出于他们与创业者之间的亲情关系，也由于他们易于接触，他们是最可能进行投资的人。尽管从家人或朋友那里获得资金较为容易，但同所有其他资金来源一样，这种融资渠道既有好处，也有如股权稀释、容易给公司贴上家族公司标签、形成特权股东等潜在的缺陷。虽然获得的资金金额较少，但如果这是以权益资金的方式注入，那么家庭成员或朋友就获得了公司的股东地位，享有相应的权益和特权。这可能会使他们觉得他们对公司经营有直接的投入，从而对雇员、设施或销售收入及利润产生负面的影响。

3. 天使投资

天使投资是权益资本投资的一种形式，是指富有的个体对具有专业技术或独特想法的原创项目或小型初创公司进行一次性的前期投资。它是风险投资的一种形式，在根据天使投资人的投资数量以及对被投资公司可能提供的综合资源进行投资。

天使投资实际上是风险投资的一种特殊形式，是对于高风险、高收益的初创公司的第一笔投资。一般来说，一个公司从创立到稳定成长期，需要三轮投资，第一轮投资大多是来自个体的天使投资作为公司的启动资金；第二轮投资往往会有风险投资机构进入为产品的市场化注入资金；而最后一轮则基本是上市前的融资，来自大型风险投资机构或私募基金。

对此，投资专家有一个比喻：如果对一个学生投资，私募股权投资着眼于大学生，风险投资机构青睐中学生，而天使投资者则培育萌芽阶段的小学生。

通常天使投资对回报的期望值并不是很高，但10到20倍的回报才足够吸引他们，这是因为，他们决定出手投资时，往往会选择在一个行业同时投资10个项目，最终只有一两个项目可能获得成功，只有用这种方式，天使投资人才能分担风险。其特征如下：

第一，天使投资的金额一般较小，而且是一次性投入，它对风险公司的审查也并不严格。它更多的是基于投资人的主观判断或者是由个人的好恶所决定的。通常天使投资是由一个人投资，并且是见好就收。是个体或者小型的商业行为。

第二，很多天使投资人本身是企业家，了解创业者面对的难题。天使投资人是起步公司的最佳融资对象。

第三，他们不一定是百万富翁或高收入人士。天使投资人可能是您的邻居、家庭成员、朋友、公司伙伴、供货商或任何愿意投资公司的人士。

第四，天使投资人不但可以带来资金，同时也带来社会关系网络。如果他们是知名人士，也可提高公司的信誉。

天使投资往往是一种参与性投资，也被称为增值型投资。投资后，天使投资人往往积极参与被投公司战略决策和战略设计；为被投公司提供咨询服务；帮助被投公司招聘管理人员；协助公关；设计推出渠道和组织公司等。然而，不同的天使投资家对投资后管理的态度不同。一些天使投资及积极参与投资后管理，而另一些天使投资家则不然。

（二）政府资助

为支持大学生创业，我国各级政府出台了许多优惠政策，涉及融资、开业、税收、创业培训、创业指导等诸多方面。"十四五"期间，广东省采取多方面的措施鼓励和支持大学生创业。鼓励各类孵化器、众创空间、大学科技园、创业孵化基地等孵化载体开放一定比例的免费孵化空间，降低大学生创新创业团队入驻条件，为入驻大学生团队提供政务服务代理、补贴申请、创业辅导等服务。政府投资开发的孵化器等创业载体应安排30%左右的场地，免费提供给高校毕业生。有条件的地方可对高校毕业生到孵化器创业给予租金补贴。支持完善科技创新资源开放共享平台，鼓励各地、各高校和科研院所为大学生创新创业提供技术创新服务。鼓励国有大中型企业、行业企业面向高校和大学生发布技术创新需求、企业需求清单，采用"揭榜挂帅"或"军令状"等方式，支持大学生精准创新创业，并且积极引导大学科技园设立大学生创新创业成果转化服务机构，建立相关成果与行业产业对接长效机制，帮助支持大学生参加各类科技成果对接会等活动，促进大学生创新创业成果在有关行业企业推广应用。

（三）商业贷款

创业商业贷款发放给具有一定生产经营能力或已经从事生产经营活动的个人，因创业或再创业提出资金需求申请，经银行认可有效担保的一种专项贷款。符合条件的借款人会根据个人状况和偿还能力，给予相应的可借款数额，最高可获得单笔50万元的贷款；在创业达到一定规模之后，还可提出更高额度的贷款申请，其期限一般为1年，最长不超过3年。为了支持大学生创业，很多地方政府也指定专门银行，从事与再就业配套的小额贷款，条件比正常贷款业务更优惠。部分金融公司推出的对高校毕业生创业贷款业务，可以高校毕业生为借款主体，以其家庭或直系亲属成员的稳定收入或有效资产提供相应的联合担保，对创业贷款给予一定的优惠利率扶持，视贷款风险度不同、在法定贷款利率的基础上可适当下浮或小幅度上浮。

商业贷款的优点是利息支出可以在税前抵扣，融资成本低，运营良好的公司在债务到期时可以续贷；缺点是一般要提供抵押（担保）品，还要有不低于30%的自筹资金，由于要按期还本利息，如果公司经营状况不好，就有可能导致财务危机。

大学生申请创业贷款的途径主要有三种：直接向银行申请贷款，申请科技型中小公司贴息贷款和利用新的技术成果或知识产权、专利权进行保贷款。但是因为银行在对个人申请贷款方面的审核非常严格，尤其注重申请贷款人的偿还能力，大学生刚刚开始创业时，在银行的贷款审核部门看来几乎不具备偿还能力，所以直接向银行申请贷款较为困难。

（四）风险投资

风险投资（Venture Capital）简称VC，在我国是一个具有特定内涵的概念。广义的风险投资泛指一切具有高风险、高潜在收益的投资；狭义的风险投资是指以高新技术为基础，生产与经营技术密集型产品的投资。根据美国全美风险投资协会的定义，风险投资是由职业金融家投入到新兴的、迅速发展的、具有巨大竞争潜力的公司中一种权益资本。

风险投资一般采取风险投资基金的方式运作。风险投资基金的法律结构是采取有限合伙的形式，而风险投资公司则作为普通合伙人管理该基金的投资运作，并获得相应的报酬。在美国采取有限合伙制的风险投资基金，可以获得税收上的优惠，政府也通过这种方式鼓励风险投资的发展。风险投资具有以下特征：

第一，投资对象多为处于创业期的中小型公司，而且多为高新技术公司；

第二，投资期限至少3—5年以上，投资方式一般为股权投资，通常占被投资公司30%左右股权，而不要求控股权，也不需要任何担保或抵押；

第三，投资决策建立在高度专业化和程序化的基础之上；

第四，风险投资人一般积极参与被投资公司的经营管理，提供增值服务；除了种子期融资外，风险投资人一般也对被投资公司以后各发展阶段的融资需求予以满足；

第五，由于投资目的是追求超额回报，当被投资公司增值后，风险投资人会通过上市、收购兼并或其他股权转让方式撤出资本，实现增值。

（五）私募与上市

大学生创业者可能的创业资金来源还有私人投资者的私募资金，这些私人投资可以是富有的个体、亲朋好友等。这些私人投资者在做出投资决策之前，通常会征询投资顾问、会计师、技术分析专家或律师等的意见，最后做出投资决策。在我国，私募方面的立法还没有完善，加上较严格的国家金融监管，私募基金在短时间内很难成为一种有效的大学生创业资金募集方式。

创业公司能够公开上市是许多大学生创业者的梦想与愿景。但实际上。公开上市通常是很艰难的事情。创业者必须评价公司是否已经做好公开发行股票的准备以及公司股票上市的有利之处是否超过其不利之处。在评价上市准备情况时，创业者必须考虑公司的规模、盈余、业绩、市场条件、资金需求的紧迫性以及现有股东的意愿。在利弊分析过程中，创业者应综合考虑公开发行股票的主要优势——新资本、流动性和价值评估、增强了获得资金的能力以及威信，主要缺点——融资费用、信息的披露、股权的失控和维持增长的压力等。

根据《创业企业股票上市审核规则》，我国创业型公司上市的基本条件包括：申请人为合法存续的股份有限公司；在同一管理层下，持续经营两年以上；最近两年内无重大违纪违规行为，财务会计文件无虚假记载；申请人符合《创业企业股票发行上市条例》规定的融资金额与股权比例条件；申请人符合《创业企业股票发行上市条例》《公司法》等其他资产金额与比例、上市流程、治理结构、行业与盈利预期等其他相关条件。

同时，中小型公司在深交所上市交易大致要经过改制和设立、上市辅导、申请文件的申报与审核以及最后发行与上市的基本程序。首先，中小公司根据《公司法》的规定，依据自身的状况通过改制或者设立来完成主体资格的转变。拟订改制重组方案后，聘请中介机构对拟改制的资产进行审计、评估；或签署发起人协议和起草公司章程等文件，但不管如何改制，都应达到以下要求：具有独立的营运能力，主营业务突出，规范和完善公司法人治理结构，公司改制后的财务制度应符合相关法规、规章的要求。公司在改制的过程中，应重点关注业绩连续计算问题。

其次，中小型公司需要聘请辅导机构对其进行尽职调查、问题诊断、专业培训和业务指导，学习上市公司必备知识，完善组织结构和内部管理，规范公司行为，明确业务发现目标和募集资金投向，对照发行上市条件对存在问题进行整改，准备首次公开发行申请文件。公司和所聘请的中介机构，按照证监会的要求制作申请文件，保荐机构向证监会推荐并申报，证监会对申请文件进行初审，提交股票发行审核委员会审核，报证监会核准。

最后，公司才进入股票发行与上市阶段。中小公司的发行申请经证监会进行核准后，公司应该在指定媒体上刊登招股说明书摘要及发行公告，公开发行股票，提交上市申请，办理股份的托管与登记，挂牌上市。

在创业公司上市后，创业公司要保持与金融机构的关系，接受证监会、证监会派出机构和交易所对上市公司关于信息披露和实时监控的监管，以保障其上市之后的规范运作。公开发行股票的预测需要很多的计划和考虑，需要大量的财力和物力来完成准备工作。实际上，公开发行股票不是对每一个新创公司都适用的。

（六）众筹募资

众筹源于国外 Crowidtunding 一词，顾名思义，就是利用众人的力量，集中大家的资金、能力和渠道，为小微企业、艺术家或个人进行某项活动等提供必要的资金援助。创业者可以把自己的产品原型或创意提交到众筹平台，发起募集资金，由感兴趣的人来捐献指定数目的资金（捐助者可以在项目完成后，得到一定的回馈，如这个项目制造出来的产品）。众筹从最初是艰苦奋斗的艺术家为创作筹措资金的一个手段，现已演变成初创企业和个人为自己的项目争取资金的一个渠道。众筹网站使任何有创意的人都能够向几乎完全陌生的人筹集资金，消除了从传统投资者和机构融资的许多障碍。

互联网金融的兴起让许多人曾经以为的不可能的事情成为可能，现在，有越来越多的国外创业者开始在 Kickstarter、Indiegogo 等众筹网站上募集资金，国内也出现了很多出色的众筹平台如天使汇、大家投、点名时间、追梦网等。这些众筹平台分属于股权众筹、奖励型众筹、捐赠性众筹等不同形式。截至目前，国内股权众筹平台有 20 家左右，其中发展较快的天使汇为 100 个创业项目募集了 3 亿元，原始会成功融资 1 亿元。

股权式众筹是众筹募资中的一种形式。它是指公司出让一定比例的股份，面向普通投资者。投资者通过出资入股公司，获得未来收益。这种基于互联网渠道而进行融资的模式被称作股权式众筹，还有一种解释就是"股权式众筹是私募股权互联网化"，股权式众筹运营模式有三种。

1. 凭证式众筹

凭证式众筹主要是指在互联网通过卖凭证和股权捆绑的形式来进行募资，出资人付出资金取得相关凭证，该凭证又直接与创业企业或项目的股权挂钩，但投资者不成为股东。

2. 会籍式众筹

会籍式众筹主要是指在互联网上通过熟人介绍，出资人付出资金，直接成为被投资企业的股东。

3. 天使式众筹

与凭证式众筹、会籍式众筹不同，天使式众筹更接近天使投资或 VC 的模式，出资人通过互联网寻找投资企业或项目，付出资金直接或间接成为该公司的股东，同时出资人往往伴有明确的财务回报要求。

思考题：

1. 影响创业资源获取的因素有哪些？
2. 大学生创业主要的融资渠道和方式有哪些？
3. 创业融资的主要渠道和基本策略有哪些？

第十章 创业计划书

1. 认识创业计划的类型、特征与作用
2. 了解创业计划的基本结构、编写过程和所需信息等
3. 了解和掌握创业计划书撰写要求及内容规范
4. 会编制撰写简单的创业计划
5. 明确创业计划书在创业过程中的意义和价值

一份好的创业计划书，相当于成功了一半

小梅很想开一家饰品店，但又不知从何下手，身边有创业经验的朋友建议她先制订一份详细的创业计划书。小梅采纳了这个建议，用了整整一个月的时间调查市场需求和货源，然后非常认真地制订了一份详细的创业计划书。在制订创业计划书的过程中，小梅了解了饰品行业的许多操作细节和市场需求的方向，其中有很多情况是她以前根本不知道的。

这让小梅深深地感受到创业计划书的重要性，所以她把计划书越做越详细，满满当当地写了十几张纸。计划书里列举了她能想到的所有问题，并一一列出了解决方法，很多人看到她如此认真，都觉得没有必要，一个小小的饰品店而已，几万元的投资，想开就开起来了，不需要制订那么详细的计划。

但是当小梅的饰品店一开业，创业计划书的优势就显现了出来。从寻找店面、工商税务注册、装修、进货、销售……小梅按照计划书上面所列举的条目一一执行，按部就班，过程竟然很顺利。很多创业新手为之头疼的难题，她都能迅速找到办法轻松化解。

偶有意外情况出现，她也能轻松解决。小店开起来后，生意一直不错，经过几年的平稳发展，她已经计划开第二家店了。而且，让她想不到的是，一个偶然的机会，她这份经过不断修正整理的创业计划书得到了一位投资人的青睐，愿意投资帮助她把小店做成饰品连锁店。

如今，拥有五家饰品店的小梅说起她的创业经历，总要提到创业计划书的重要性，她也的确从中受益匪浅。从小梅的经历可以看出，创业计划书并不是简单写写就可以，它就好像一部功能超强的电脑，帮助创业者记录许多创业的内容和构想，规划成功的蓝图。一个翔实清楚的营运计划不仅让创业的过程更加顺利，也让创业者更容易与投资人或合伙人达成共识、集中力量，帮助创业者向成功迈进。

讨论一下

1. 一份优秀的创业计划书对于项目有什么意义？

2. 小梅如何撰写她的创业计划书？

3. 一份创业计划书包含哪些内容？

创业计划书，又称"商业计划书"，是引领创业的纲领性文件，是创业者具体行动的指南。一方面，创业计划书让创业者自己明晰创业思路；另一方面，创业计划使投资方明白这个项目的投资价值。创业计划书本质上是一种创业介绍或投资申请。一份优秀的创业计划书不仅能够吸引投资者的眼球，更能够有效地指导企业经营，帮助创业者理清企业未来的发展思路。

第一节 创业计划书的概述

创业计划书明确创业的可行性和创业战略，分析创业机会的价值，制定创业战略。创业计划书也将使创业者深入地分析目标市场的各种影响因素，并能够得到基本客观的认识和评价，使创业者在创业之前，能够对整个创业过程进行有效的把握，对市场机会的变化有所预警，从而降低进入新领域所面临的各种风险，提高创业成功的可能性。从某种意义上说，一份好的创业计划书能够帮助创业者避免或减少企业在今后运作中的失败。大学生在进行创业过程中，只有成功地给投资者递交一份创业计划书，抓住投资人心理，与之产生共鸣，才有可能获得投资。

一、创业计划书的概念

近些年来，国内外学者对创业计划书做了很多相关研究。创业计划书是详细阐述如何筹建企业的书面资料，是对创办企业过程中相关的所有事务进行总体安排的文件。其基本目标在于：分析商机，说明创业者的基本思路和期望目标；分析并阐述创业者如何利用这一创业机遇进行发展；分析说明影响创业成败的关键因素；分析并确定创业企业筹集资金的办法[1]。在实际情况中，创业计划书是创业者或企业为了实现未来增长战略所编制的详细计划，主要用于向投资方和风险投资商说明公司未来发展战略与实施计划，从而取得投资方或风险投资商支持的一份创业计划报告，同时也是展示自己有实现战略和为投资者带来回报的能力及拥有资源实力的创业计划报告[2]。创业计划书是用以描述与创办企业相关的内外部环境条件和要素特点，为业务的发展提供指示图和衡量业务进展情况的标准。通常创业计划是结合了市场营销、财务、生产、人力资源等职能计划的综合。创业计划书是将有关创业的想法，借由白纸黑字最后落实的载体。创业计划书的质量，往往会直接影响创业发起人能否找到合作伙伴、获得资金及其他政策的支持[3]。创业计划书是对创业项目有关的所有事项进行全方位安排的书面文摘，包括商业前景展望，人员、资金、物质等各种资源的整合，以及经营的思想、战略的确定等，是为创业项目制定一份完整、具体、深入的行动指南[4]。创业计划书是培养新一代企业家的一种有效学习方法，创业者有必要系统学习如何撰写创业计划书，尽管最后项目不一定能成功，但人们还是会在这个过程中收获价值，养成良好的创业素养。约瑟夫·R·曼库索（Joseph R. Mancuso）在《怎样写作一个制胜的商业计划》（*How to Write a Winning Business Plan*）中写道："没有

①团中央学校部，同济大学编.共挑战·创未来："挑战杯"中国大学生创业计划竞赛：1999–2012[M].上海：同济大学出版社.2012:85.

②孙官耀.大学生就业与创业指导教材 [M].北京：科学出版社.2012:41–42.

③王卫东.大学生创业基础 [M].北京：中国水利水电出版社.2013:90.

④沈裳敏，徐国立.大学生创新与创业教程 [M].北京：高等教育出版社.2014:231.

商业计划，你不能筹集资金……就它本身而言，一份商业计划就是一项艺术性的工作。它是表达企业和赋予企业人性化的证明。每个计划如图雪花，个个不同。而每个都是一个独立的艺术品。每个都是企业家个性的反映。就像不能复制别人浪漫的方式，你也需要寻求区别你的计划与众不同之处。"[①] 创业者在经过前面一系列思考或学习之后，创业的构思也就基本成型了。当创业者的徜徉动机与目标都已明确，并在资金、人脉、市场等各方面都准备妥当或已经积累了相当的实力，接下来所要做的就是把自己脑海中思索的所有过程、思路与想法，统统写下来。一来通过书写使自己的创业思路更加清晰，二来写出来的东西，或许能为创业者争取创业投资基金提供书面的帮助。这个要写出来的东西，就是创业者的完整创业构想，就是创业计划书[②]。通过创业计划书的勾勒描绘，看能否以及怎样将创业思路、创业团队和各自资源进行整合、描绘，最终呈现出一幅创业企业的清晰面貌，即描绘清晰企业做什么、发展方向、预期实现的目标等。可见，创业计划书不仅是创业者或创业团队成功创建新企业的运营线路，更是管理新企业的"第一份"纲领性文件和执行方案[③]。要写好一份商业计划书，需要做好"2H6W"，2H代表计划书中要讲清楚项目怎么做和融资计划、盈利空间，6W代表计划书中要讲清楚为什么做，目标市场在哪，有哪些竞争优势，产品和运营模式是什么，盈利预期以及谁来做这个项目[④]。

综上所述，本文中创业计划书是指由创业者对生产的产品和服务做的一份具有营利性、指导性和创新性的商业发展计划，是投资人、银行、企业对项目做出融资决策的重要依据。

二、创业计划书的类型

根据行业特点和服务类型的不同，创业计划书可分为专利类、产品类、服务类和概念类4种类型。

---

① Watson K，McGowan P，Cunningham J A. An exploration of the Business Plan Competition as a methodology for effective nascent entrepreneurial learning[J]. *International Journal of Entrepreneurial Behavior & Research*，2018，24(1).121-146.

②姜进 . 创新创业指导 [M]. 高等教育出版社 .2016:99.

③宋来新，商云龙 . 化工行业大学生创新创业基础教程 [M]. 化学工业出版社 .2018.165.

④孟繁玲 . 商业计划书里必备的"2H6W"[J]. 成才与就业，2020（10）:36-37.

（一）专利类

主要适用于自己有某领域的专利技术，但缺少资源、资金等。重点在于分析专利的价值和投资价值等。

（二）产品类

主要适用于产品制造的商业计划，又可细分为硬件产品类和软件产品类。重点在于分析生产技术的先进性、适用性、稳定性，以及市场与营销策略、管理团队等。

（三）服务类

主要适用于以服务为目的的创业计划。重点在于分析服务宗旨、服务的差异性与竞争优势、管理团队、财务状况、风险控制等。

（四）概念类

主要适用于有好的概念或商业模式，但缺乏资金或资源的创业计划。重点在于分析概念的可行性、潜在的用户、可创造的客户价值、未来发展前景等。

三、创业计划书的特征

即使不同的创业者制定的创业计划都是不一样的，但是创业计划书所包含的主要特征是相同的。

（一）盈利性

创业计划书要进行项目的财务分析和融资计划，项目是否能带来预期的回报，是否能产生经济价值都是要进行充分论证的。没有创收点的创业计划书是没有商业价值的。

（二）长远性

创业计划书是创业者创办企业的发展蓝图，考虑的是企业未来相当长一段时间内的总体发展问题，通常着眼于未来3—5年乃至更长远的目标。

（三）指导性

创业计划书是纲领性的文件，对创业实践具有非常重要的指导作用。不仅确定了企业在一定时期内的基本发展目标，还有实现这一目标的基本途径，指导和激励着团队成员一起拼搏。

（四）现实性

创业计划书是建立在现有的主观因素和客观条件的基础上，一切从现有的起点和基础出发，不是空想出来的。运用的语言符合事实逻辑，客观中性，不宜夸大和带有主观倾向。

（五）竞争性

创业计划书中要分析竞争对手，分析行业环境，像军事战略一样，其目的是克敌制胜，赢得市场竞争的胜利。只有通过残酷的竞争，创业计划书中预测的所有价值才能如期实现。

（六）风险性

创业计划书是对未来相当长一段时间发展的规划，然而环境总是处于不断的变化中，处于不确定的、变化莫测的趋势中，任何创业规划都伴随有风险。

（七）创新性

源于创业生存发展的需要，因循守旧的创业规划无法适应时代的发展。创新是创业计划书最鲜明的特征。如新项目、新技术、新材料、新的营销模式、新的管理制度，尤其是这些新东西通过开拓性的商业模式的实践运作，转变为现实的经济社会效益。

四、创业计划书的作用

详细、精准的写作，可以更好地理清组织的内在关系，因为没有任何别的方式比系统完整地落在纸上，更能有效地检验创意的逻辑性与一致性，很多创意听起来可能很诱人，但是当把所有实施细节和数据整理出来时，才会发现可行性不高或无计可施。正如很多创业失败者都是在创业实施过程中发现创业活动与个人目标和期望并不一致。由此看来，要清晰地认识撰写创业计划书的重要意义，不在于创业计划书内容本身，而更多的是撰写创业计划书过程中的反思。

（一）创业计划书的纲领作用

创业计划书是创业全过程的纲领性文件，是创业实践的战略设计和现实指导，是创业者梦想、希望、理想、规划和现实之间的桥梁。通过创业计划书的制定，可以系统指导企业经营，为经营企业提供路线指导，并清晰揭示预定目标如何实现。明确地确定本企业的目标市场，更好地给自己产品在市场中定位；更全面地了解本企业的整个生产流程上的各个环节；清楚地了解本企业财务情况；更明确本企业远期、中期和近期各个阶段的具体目标；可充分了解未来社会的发展趋势和人们的消费动态，并且做到应变有方。

（二）创业计划书的聚才作用

创业计划书是创业者对理想的现实阐述，是理想与现实的连接桥梁。一份完整、翔实的创业计划书不仅可以吸引创业人才进入，还会吸引新股东加盟，吸引有志之士参加创业团队，甚至还会获得对该创业计划感兴趣的单位的赞助和支持。创业计划书让创业者及其同路人紧密团结在一起，同甘共苦，打拼未来。能够促使创业团队仔细思考企业的各个方面，使一些最重要的目标和事项达成一致，为后期创业实践打下良好的团队合作基础。

（三）创业计划书的整合作用

通过编写创业计划书，进行调研，梳理思路，完善信息，找到各种程序之间的衔接点，最终把各种资源有序地调动起来，围绕着创造和形成商业利润，进行最佳要素的组合。创业计划书还可以作为企业或创业者与投资者、员工、重要的顾客和供应商沟通的桥梁。

（四）创业计划书的融资作用

创业计划书具有说服他人，向融资机构和投资者介绍商机，吸引他们投资的功用，创业计划通常被喻为"敲门砖"。创业企业要获得风险投资的支持，其中一个重要的途径就是从审验创业计划书开始，计划书里包含有该企业的现实业绩和发展远景，市场竞争力和优劣势，企业资金需求现状和偿还能力，以及创业者及其团队的能力和阵容等，这些都是投资者关心的重点。没有创业计划书就很难从正式或非正式投资者获得资金，要让他们能对企业或项目做出评判，从而使企业获得融资。许多企业都会预先制定创业计划书，尤其是在企业经历了一番挫折或企业政策进行了一次重大调整之后，对于新兴企业来说，创业计划书也是企业筹措资本或贷款的必要文件。

第二节　创业计划书的内容、形式和常见问题

一、创业计划书的内容

虽然不同的创业计划书内容不同，各部分的排列次序和标题名称也不尽相同，但绝大部分的创业计划书主要内容并无太大差异，具体来说，主要包括以下几个方面。

（一）摘　要

摘要是创业计划书的精华或核心内容，是精炼的语言表述的亮点，是打动投资者进行投资决策的前奏。摘要涵盖了计划书的关键要素，要富有感染力和说服力，一目了然，以便读者能在最短的时间内评审计划并做出判断。通常是在计划书完成后再编写此部分，这部分内容的主要作用是引起投资者和读者的兴趣。计划摘要在两页纸内完成，篇幅不宜过长。

摘要主要包括以下几点内容。

1. 创业项目的市场前景非常广阔，空间巨大。顾客认同度相当高，购买欲望强烈。

2. 创业项目的产品具有独特的经济价值和社会价值。

3. 创业团队结构合理，目标一致，互补性强，有能力完成创业项目任务，并取得优良成绩。

4. 创业发展战略规划科学，定位准确，各项准备充分，商业模式符合创业发展战略规划的要求，适应外部市场环境的变化趋势。

5. 创业成长的财务分析，风险规避，论证透彻，数据可靠，令人信服。

6. 投资者的投资回报有保证，且投资回报能持续较长时间，退出方式可行。

撰写摘要之前，应先对整个创业计划书进行研读讨论，不断补充完善，在对整个创业计划书有全面准确的理解把握的基础上，再动笔撰写摘要，这样写出的摘要重点突出，逻辑清晰，特征鲜明，论证充分，表达准确，语言平实，短小精炼，能抓住投资者，切忌烦琐冗长，语言晦涩、令人费解。

（二）产品或服务

重点介绍创业项目的核心产品或服务的名称、主要特征、功能及有关背景

知识。着重介绍产品或服务的创新性，即其与众不同之处。一般包括：产品或服务名称、特性、竞争力、研发、工艺、服务规划等。这里有一点需要详细说明，即产品的特征。特征是不同产品之间或同类产品之间相互区别的标志，所以你的企业提供的产品或服务与同类产品或服务相比有哪些独特之处，一定要具体翔实且通俗易懂地表述出来。如果产品已经生产出来了，最好还要附上原型介绍及图片；如果产品还在设计之中，就要提供相应的设计方案并证明自己的生产能力。如果产品是创新型产品，创新就成了该产品的特性。创新一般分为技术创新和模式创新，创新能够构建很强的进入壁垒，赋予产品独特的竞争优势。

（三）环境分析

有了产品以后，接下来要考虑的就是如何投入市场，对企业所面对的内外部环境做一个全面的分析。简单介绍这个项目的社会、政治、经济、技术和行业等背景。如国内外的最新发展趋势、是否有政策的倾斜、公众关注的问题、经济发展情况等。这些背景介绍不求详细，但必须体现出这个项目的实施价值及其可行性。一般包括：

1. 宏观环境分析

可以运用 PEST 分析法，对政治（Polictical）、经济（Economic）、社会（Social）和技术（Technological）这四大类影响企业的主要外部环境进行分析。这些外部因素通常都是不可控的，但是对新企业进行环境分析，以确定国内和国际环境的变化趋势是非常重要的，这将对新企业产生重大影响。

2. 行业分析

在进行简要的行业概述后，可以运用波特的五力模型（潜在进入者、替代品、供应商议价能力、顾客议价能力、现存竞争者之间的竞争）对行业做进一步的分析，进而对行业做一个展望。相关行业需求可以通过已公布的资料获得，要识别市场将继续成长还是逐渐衰退。

3. 市场需求分析

做出市场需求、市场规模和市场增长的预测，包括市场是否存在这种产品的需求，需求程度是否可以给企业带来所期望的利益，新的市场规模有多大，需求发展的未来趋向及其状态如何，影响需求的因素有哪些等。要阐明一个观点就是企业处在一个足够大、成长前景非常广阔的市场中。

4. 竞争对手分析

竞争对手分析是市场分析中的重要环节，只有知己知彼才能百战百胜。创业者要对竞争对手进行详细分析研究，并用调查来的数据进行论证。比如竞争对手的所占市场份额、年销售量、市场开发、财务状况、优势与劣势、核心竞争能力等进行对比分析，采取什么策略战胜竞争对手。如果创业者进入的是全新的行业市场，那么也应该证明不存在竞争对手的原因。如果未来会产生新的竞争对手，那么，这些竞争对手会什么时候进入，会带来哪些变化，都应该做出陈述。

5. 内部环境分析

内部环境分析包括技术资源、人力资源、财务资源、组织资源等。

6. 消费者分析

对消费者数量、购买频率、购买量、供需双方关系、需求弹性与波动性、采购人员特性、采购决策过程等进行调查，通过统计软件对调查数据进行分析整理，以此对消费者的购买影响因素、消费习惯、媒体习惯、购买行为特征和购买决策过程等方面形成调研结果，为创业计划的制定提供依据。

（四）企业战略

企业的职能就是使产品或服务在一定的环境中生存并盈利，因此，在介绍完产品（服务）和环境之后，就要介绍企业的理念和发展战略。主要包括：

1. 企业概述

介绍企业名称、地址、联系方式，发展历史，经营理念，阐明战略意图和目标。

2. 企业发展战略

说明你的团队是通过几个阶段最终达到战略目标的，一般分成初期、中期、长期三步走，并对每个阶段的市场范围以及该阶段的特点和主要任务进行阐述。

3. 进入市场战略

对品牌和类别中的突出优势和市场机遇进行综合考量，制定出自身产品或服务的商机市场进入战略。

4. 分析进入障碍

评估自身在创业初期可能遇到的市场进入障碍，并提出应对策略。

5. 竞争对手反应模式

预测产品或服务进入市场后，竞争对手可能做的各种反应，制定出防御或回击举措。

（五）市场营销

企业的发展战略要落到实处，使企业获利，最关键的环节是要将产品或服务推销出去。因此，在介绍完企业战略后，就要详细介绍市场营销策略。具体包括：

1.明确细分市场

结合产品特性、经营模式、营销服务策略乃至企业战略，制定市场细分的标准，进而选择目标市场，目标市场主要对产品的销售金额、增长率和产品或服务的总需求等做出有充分依据的判断。目标市场是企业的"经营之箭"将产品送达的目的地，最终对自己的产品进行市场定位，讨论想从其中取得多少销售总量收入、市场份额和利润。

2、制定营销策略

可以采用4P（组合策略），即在产品（Product）、价格（Price）、渠道（Place）、促销（Promotion）等方面来实现市场占有率、利润、销售额等营销目标。产品部分即向顾客提供什么样的与竞争对手不一样的产品，如性能、质量、规格、包装风格、承诺等；价格确定，要考虑包括成本、折扣、运输、毛利和销售利润等因素；销售渠道即产品达到消费者的路径，包括分销渠道和销售网点，要确定渠道类型、分销商数量以及分销商位置；促销指向潜在的消费者宣传和推介产品或服务的方法。

（六）组织结构

企业能否有效运转，成功执行企业战略，全赖管理团队的有效管理和整个企业组织的高效运作。这部分就要阐述企业的管理团队的组成，介绍他们所具有的能力，他们在本企业中的职务和责任，他们过去的详细经历及背景。此外，在这部分创业计划书中，还应对企业结构做简要介绍，包括：企业的组织机构图；各部门的功能与责任；各部门的负责人及主要成员；企业的报酬体系；企业的股东名单，包括认股权、比例和特权；企业的董事会成员；各位董事的背景资料。经验和过去的成功比学位更有说服力。如果你准备把一个特别重要的位置留给一个没有经验的人，你一定要给出充分的理由。

（七）运营计划

这部分主要阐述新企业将如何运营，以及产品或服务将如何生产。一般包括运营模式和程序、商业区位、设施与设备、运营战略和计划等内容。

（八）财务分析

风险投资者将会期望从财务分析部分来判断未来经营的财务损益状况，进而从中判断能否确保自己的投资获得预期的理想回报。财务分析是对投资机会进行评估的基础，需要体现创业者对财务需求的最好预估。这种分析一般需要涵盖三年，预计三年内的盈利与损失，切忌凭空给出。创业者需要利用销售量的预估和已产生的生产和运营的成本，准备至少三年的收入预估表，充分讨论预估情况、预计销售扩张或持平的情况、成本或销售中管理费用固定的比例等。

　　财务分析内容主要包含以下三个方面：资产负债表、利润表、现金流量预测表，尤其第一年的数据需要按月预测。最基本的通过资产负债表呈现出创业项目企业的偿债能力、资金营运能力等财务状况。通过利润表呈现出企业利润计划的完成情况，分析企业的盈利能力以及利润增减变化的原因，预测企业利润的发展趋势。通过现金流量表呈现和评价企业获取现金和现金等价物的能力，并据以预测企业未来现金流量。总体通过财务指标分析体现项目可行，财务分析得当。最后，这三张报表之间是有勾稽关系的。在做财务预测时，很容易忽略这其中的勾稽关系，甚至不知其中的勾稽关系，如果做出来的预计，三大报表勾稽关系不正确，明眼一看就是错误的。

（九）融资计划

　　投资者通常对利润规模和企业如何成长感兴趣，而银行家则对企业财务成果的可预见性和稳定性以及企业会如何使风险最小化感兴趣。因此向投资者、银行家或评委阐明投资决策和可行性所需要的财务信息是十分重要的。这部分内容一般包括融资数额、融资工具、已获得的投资、投资回报、融资用途等。

（十）风险管理

　　所有行业都存在风险。创业计划中要预估将要面临的风险，以备有的放矢。要列出可能的风险类型，如，技术风险、市场风险、管理风险、财务风险等。创业者的任务是，在对各方面风险进行分析之后，将这些风险以及相应的解决方案用清晰的文字在创业计划书中反映出来。风险并不可怕，可怕的是没有应对风险的能力与对策。主动识别和讨论风险会极大地增加企业的信誉，使投资者更有信心。

（十一）结论和决策建议

　　结论应涉及该产品或服务能产生的价值。

　　1.技术价值。该部分要说明该项技术和产品或服务是否成熟和具有应用前景。

2. 市场价值。该部分要说明基于该项技术的产品或服务是否具有较大和稳定的市场需求。

3. 投资价值。该部分要说明该项投资是否具有经济效益，风险投资是否具有经济效益。决策建议部分要说明是否有发展潜力。

4. 社会价值。该部分要说明该项产品或服务是否解决了某种社会问题，如解决当地就业问题，促进本土文化传播，改变了人们消费观念等。

5. 引领价值。该部分要说明该项产品或服务的创新是否发挥了创始人精神层面的引领作用。

（十二）附　录

附录包括支持创业计划的文件和其他材料。包括：（1）企业营业执照；（2）审计报告；（3）相关数据统计；（4）财务报表；（5）新产品鉴定；（6）商业信函、合同等；（7）相关荣誉证书等。这部分资料做为备查。

二、创业计划书的形式

（一）创业计划书的基本格式

一般来说，一份完整的创业计划书（主要是指篇幅较长的创业计划书）应由以下几部分组成。

1. 封　面

一个好的封面会使阅读者产生最初的好感，形成良好的第一印象。因此封面的设计要美观，有一定艺术性。封面上一般要以计划的项目名称为主标题。

2. 目　录

目录是正文的索引。需要按照章节顺序逐一排列每章大标题、每节小标题以及章节对应的页码。一般情况可以写到三级。要注意各级目录的字号、字体和排列格式，做到简洁醒目、层次清楚。通常不超过3页。如图10-1。

3. 摘　要

摘要是整份计划书的精华和亮点，也是整份计划书的灵魂，它涵盖了整份计划书的要点。摘要的品质，是决定投资者投资的关键。摘要是企业基本情况、企业竞争能力、企业市场地位、企业营销战略、企业管理策略、创业项目的投资前景以及风险预测等方面的综合概述。

4. 正　文

一般包括产品或服务、环境分析、企业战略、市场营销、组织结构、运营计划、财务分析、融资计划、风险管理九个方面，但并不仅限于这九个方面。根据实际需要，可增加更多方面的内容，也可删减若干方面。结构和目录顺序也不一定按照这一顺序，可以根据实际需要灵活调整顺序，但要注意保持内容的衔接和逻辑性。

5. 结　论

结论是对整个创业计划书内容的总结式概括。它和摘要首尾呼应，体现了文本的完整性。

6. 附　录

附录是对主体部分的补充。受篇幅限制，不宜在主体部分过多描述的，或不能在一个层面详细展示的，或需要提供参考资料、数据的内容，一般放在附录部分，以供参考。

（二）创业计划书的文字编辑要求

除非是一些特殊的使用者做了明确规定（如参加一些创业计划比赛），一般来说，创业计划书在文字编辑方面并没有非常特殊的要求，日常通行的文稿编辑要求对于创业计划书来说也多适用。但是，为方便从未撰写过创业计划书的大学生，本书提出以下一些建议供参考。

1. 字型：大标题用2号黑体，中标题用3号黑体，小标题用3号楷体，正文用4号宋体。

2. 行距：为1.5倍。首行缩进2字。字距为标准字距。

3. 结构层次序数："一""（一）""1""（1)"或"1""1.1""1.11""1.1.1.1"。

4. 文中所有插表的表题和表中的说明文字，以及所有插图的图题和图中说明文字应统一字体和大小，不宜超过正文字体。

5. 每个图应有图题（由图号和图名组成）。图号按章编排，如第一章第一图为"图1–1"。图题置于图下。图题在图号之后空一格排版。插图与图题应为一整体，不得拆开排于两页。插图应编排在正文提及之后，插图处空白不够排版该图时，则将图后文字提前，将图移到次页最前面。

6. 注释：用脚注。每页编号。注释序号置于注释内容最后一字的右上角。注释部分用小五号宋体。

7. 纸型：统一用A4纸。双面印刷，左侧装订。

目录

图 10-1 创业计划书目录（示例）

三、大学生撰写创业计划书的常见问题

（一）缺少实际依据

创业计划应当建立在有力的证据和合理的调研基础上，并不是猜测，或者靠创业者对未来会发生什么事的"想象"。不少大学生想象力丰富而缺少实践调查，所以撰写的创业计划书让人一看就是"闭门造车"，根本不符合市场实际，因而是行不通的。

（二）起点过高，目标过大

创业计划应该符合创业者自身的现实条件，不能超越这个条件。而一些大学生撰写的创业计划常常会让人感觉起点过高，是他当前的实际条件无法做到的，目标也过大，也是他当前的实力无法达到的。比如，某大学生撰写的一个航天科技开发公司创业方案，要研制新型的航天飞机，这样的想法明显是该学生目前的条件无法实现的。

（三）面面俱到

创业计划虽然涉及的内容非常多，但并不一定要面面俱到，每一方面都说，或每一方面都说得非常详细。一定要注意突出重点内容，做到详略得当。

一份创业计划书也并不是越长越好。一些大学生认为只有写得长，才能让阅读者（评委或投资者）感觉到自己的积极态度和水平。事实上，水平的高低体现在你的计划书所包含的思想上，而与文字的多少无关。相反，篇幅太长必然会导致很多话是空话、套话，更容易引起读者的厌倦和反感。

（四）目标市场过宽

一家新创企业应当把目标确定在某个细分市场或者产业内的特定市场。一些大学生撰写的创业计划书，经常会让人感觉他们的产品或服务适用于任何市场或任何客户。对新创企业的市场界定得太宽表明创业者对真正的目标市场并没有明确。

（五）过于乐观

创业计划要对商业前景和风险、优势与劣势都要有清醒的认识和客观的分析。一些大学生撰写的创业计划书往往会过分乐观，对风险和不利因素考虑不够。这也许同大学生过分自信、乐观的心态和缺少社会经验有关。事实上，许多

投资者更加看重一个创业计划所面临的风险的大小，因此，他们在看创业计划书时可能会直接跳读到风险部分。对风险估计不够充分或者盲目乐观会失去可信度。相反，那些有合理调研和正确判断，显得既冷静又理由充足的观点很快获得信任。

（六）形式上的错误

形式上的错误往往因为不重视形式上的细节或者校对马虎而造成。常见的有：排版印刷错误、表格中的数字不平衡、没有封面、使用低劣的打印纸、装帧粗糙、图片排列得不够正中、序号错误、标题的字号和字体不统一，等等。一些大学生可能会认为这些仅是细节问题，无关大碍。殊不知，任何对细节的不够专心，都会有损创业者的可信度。

第三节　创业计划书的撰写、编制和展示

如何撰写创业计划书呢？要根据使用场景和目标对象的不同而有所不同，譬如是要写给投资者看，或是要拿去银行贷款，还是要参加各类比赛等。从不同的目的来写，创业计划书的重点也会有所不同，但无论怎么样些，计划书的质量和专业性会成为各方评判的关键点。总体来说，我们要懂得创业计划书的撰写原则、编制过程和展示技巧。

一、创业计划书的撰写原则

（一）立题新颖，富有创意

一个成功的创业计划往往与新颖的立题密切相关。传统西方经济学存在着一条普遍规律，那就是边际收益递减规律，即随着投资的增加，获得的边际收益将减少。当下是知识经济的时代，在知识经济社会出现了一条新的规律，那就是收益递增规律，即提高智力资源效率的投资越多，获得的边际效益越多。自主创业要注意知识资本的使用，这是标新立异、独树一帜创业项目的源泉，一个新颖独特的项目往往会更容易引起投资者的关注。

（二）目标明确，优势突出

优秀的创业计划书一定要有一个明确的目标，能够呈现出项目的具体优势。

优势不能面面俱到，一定要抓住核心。以下几点能够帮助你明确计划书目标，突出项目优势：突出产品或服务的核心价值，在阐述中让投资者相信产品或服务的发展空间；写明目标市场规模，让投资人看到预期销售前景；分析竞争对手，阐明自己居于竞争态势中的位置，让投资人相信该企业是同行中的有力竞争者并能成为某领域中的领先者；介绍企业运营模式和盈利途径，让读者尤其是投资方对风险的担心降到最低；描述整个创业团队和管理团队的职责与目标，让投资人从你的创业团队中看到企业的未来。

（三）内容真实，体现诚意

创业计划书不是为创业者及其团队和企业唱赞歌，而是体现项目的真实情况，包括企业可能面临的风险。成功与风险并存，优势与不足同在，任何一家企业都是如此。因此，创业计划书一定要实事求是，而不要为了吸引投资夸夸其谈。在具体成文时，创业者一定要明确指出企业的市场机会、竞争威胁、潜在风险并尽量以具体资料为依据。关键还要分析可能的解决方法，绝不能含糊交代。同时，对所采用的假设、预估、会计处理方法等也要明确地说明。总之，一定要实话实说，言辞妥帖，否则，许诺不能兑现，只会搬起石头砸自己的脚。

（四）要素齐全，内容充实

创业计划书内容和格式不是千篇一律的，但无论哪种项目的创业计划书都要涉及这些内容：产品或服务、环境分析、企业战略、市场营销、组织结构、运营计划、财务分析、融资计划、风险管理。

（五）语言平实，通俗易懂

在撰写创业计划书时，要尽量运用平实准确、通俗易懂的文字来表述，一要贴切，避免歧义；二要通俗，切忌晦涩；三要朴实，规避浮夸。通俗易懂，表达准确，也是创业计划书的成功之处。尽管有的项目包含高新技术，对项目的分析需要用到一些专业术语，但在内容的表述上也要做到通俗易懂，一味高深，玄妙只会将投资者拒之门外。事实上，只有少量的技术专家会在意复杂的技术原理，许多读者不完全懂技术，所以他们喜欢简单通俗的解说，排斥术语和行话。为了收到理想的信息传递效果，创业计划书可适当配以图表，以图文并茂的形式将内容形象化、直观化。

（六）结构严谨，风格统一

如果你的创业计划书让人读起来感觉很乱，表明它是失败的。受创业者精力、计划书篇幅、完成时间等因素影响，一份创业计划通常由多人合作完成。这就难免存在体例不一、风格迥异、结构松散等问题。为了创业计划书的完美，最后应由创业团队中某一个人统一定稿。

（七）有理有据，循序渐进

资料准备很重要。我们常说，"巧妇难为无米之炊"，创业计划书的写作也是如此。没有详细的第一手材料，创业者很难在制定计划时做到有理有据，打动投资者。写计划书前应准备的材料包括市场调查报告、财务数据分析、运营具体案例、行业基本情况等。前期的资料准备得越完整，越能做到有的放矢，胸有成竹。

（八）详略得当，篇幅适当

创业计划书是否有必要写得详细，历来有两种不同的声音。一说是酒香不怕巷子深，没有必要对创业计划书认真准备；一说是酒香也怕巷子深，创业计划书越详细越好。事实上，过长或过短都不好。太长，则显得啰唆；太短，会缺少可行性和说服力。要调和这种矛盾，关键是详略得当。如果你的创业计划书详述产品如何先进、前途多么广阔，而对营销方案、风险分析、团队管理等轻描淡写，显然是避重就轻，不会获得投资者的青睐。一份创业计划书，不能因为创业者熟悉哪些方面就详细叙述哪些方面，也不能哪些方面容易驾驭就将其作为整篇的重点。计划书的对象可以是投资者，可以是银行，也可以是企业自身，不同的目的也会使计划书的侧重点有所不同。

二、创业计划书的编制过程

（一）创业构想的提出

初步提出计划的构想。只要善于观察生活，到处都是商机。越来越多的创业者意识到，一个一闪即逝的灵感，可能就是创业梦想开始的地方。对于创意的产生，世界公认的创意大师詹姆斯·韦伯·扬（James Webb Young）认为，创意也是有规律可循的，产生创意的基本方针有两点：一是创意完全是把事物原来的许多旧要素做新的组合；二是必须具有把事物旧要素予以新的组合的能力。

（二）市场调研

行之有效的创业计划离不开全面的市场调查。市场调查，顾名思义，即调查市场状况、周边环境和消费者需求，通过搜集、整理、分析有关市场营销的数据信息，了解市场现状和发展趋势的过程。市场调查是一项颇费心力的工作，与市场相关的客观因素诸如环境、政策、法规，以及与市场相关的主观因素如消费者需求、竞争对手等，任何一个方面都要经过详细的调查，不能敷衍了事。详尽的市场调查有助于创业者做出更好的企业营销决策，减少失误，增强成效。对于创业者来说，常用而且有效的市场调查方法有资料分析法、实地考察法、网络调研信息法、试销或试营法。

1. 资料分析法

资料分析法就是通过收集一些现有的市场、行业、相关的产品资料，通过分析得出所需结论的方法。资料分析法的关键在于资料的收集。收集资料的准确性、公正性，决定了市场分析是否正确，是否有参考意义。

资料收集的途径很多，例如从互联网上查找相关资料、数据就是一个不错的选择。不过，信息量过大，也有不小的副作用，比如信息的真实性、可靠性、是否具有代表性等。为了避免资料收集上的错误，创业者要注意找一些比较权威的资料，例如政府统计部门的工业普查资料、行业协会颁布的行业资料等。资料分析法的缺点在于数据可能较为陈旧，或者只能代表某个地域范围的平均水平，无法体现地域之间的差异。

2. 实地考察法

实地考察法可以弥补资料分析法的不足。实地考察法可以采用两种形式：询问法和观察法。

询问法中最为常见的一种便是问卷调查，就是把企业需要的数据项目设计成直观、简洁的问题，通过街头拦访、电话调查、报纸杂志刊登等方式了解民众愿望的方式。当然，除此之外，创业者还可以选择一些更灵活的调查方式。例如，通过认识的人来进行相关信息的调查。如果有条件的话，甚至可以去拜访相关领域的资深人士或专家进行咨询。如果能获得他们的帮助，对于企业的创立是大有裨益的。询问法的缺点在于，为了保证调查数据的准确，调查样本必须广泛。因此，投资相对较大，数据分析也相对麻烦一些。

观察法就是创业者亲身实地去感受、调查市场，用自己的双眼去判断各种市场分析内容。例如，为了选址需要，在某个十字路口设置观察法，观察路口人流高峰期，这便属于观察法。观察法带有强烈的个人色彩，不易形成客观、公正的市场分析。

3. 网络调研信息法

随着互联网的普及，利用网络工具进行信息搜集已成为许多企业的重要手段，这对于人力、时间、精力有限的创业者无疑提供了一个良好的机会。网络调研信息法又称网上市场调研或联机市场调研，它指的是通过网络进行有系统、有计划、有组织地收集、调查、记录、整理、分析与产品、劳务有关的市场信息，客观地预估及评价现在市场及潜在市场，用以解决市场营销的有关问题，其调研信息可作为各项营销决策的依据。

4. 试销或试营法

试销或试营法是指对拿不准的业务，可以通过试营业或产品试销对市场进行分析。在对调查结果进行整理时，首先是要确定调查的项目技术或者产品能不能做。很多时候，调查收集到的材料便足以帮助创业者做出大概的判断，以后的分析整理，确定项目技术、产品在市场上的地位，明确优、缺点，市场细分，决定目标市场等会使创业者更冷静地面对。如果某个产品，在被调查者中有超过80%的人认为没有市场、不会去购买，那么创业者应趁早收手；如果有50%的被调查者不看好该产品，那创业者得谨慎。同样，几乎所有的被调查者都愿意接受创业者即将提供的某项技术服务，那说明该技术在当地是有市场的，如果这个比例达不到六成以上，做起来将相当困难。

（三）明确格式和要求

计划书可能有不同的用途，不同用途的计划书格式也不同。特别是在一些具体的情景中，创业计划书的使用方会对创业计划书提出一些特殊要求，甚至会给定一个专门的模板。比如，创业者参加某风险投资商的项目洽谈会，投资商可能会要求创业者在创业计划书中着重介绍创业团队和营销策略，而对产品背景和风险评估内容不做要求，这样，创业者就要按要求对创业计划书的结构和内容做出调整。又如，大学生参加"挑战杯"创业计划大赛，大赛组委会在参赛通知中已经提供了一个标准的创业计划书模板，参赛者就只能按照这个模板来撰写创业计划书。因此，在正式撰写之前，创业者一定要根据实际需要和目的，明确创业计划书的格式和要求。

（四）确定目录和提纲

明确了创业计划书的格式和要求之后，就要结合创业计划书的用途，合理安排创业计划的内容，拟定创业计划书的目录和提纲。目录和提纲应该尽量详细，必要时可以详细到四级小标题，并且标注出哪部分详、哪部分略，甚至可标出每一部分的大概字数。

（五）收集材料和数据

根据创业计划书的提纲，对于还没有确定材料的部分，创业者要有目的地去收集；对于需要用图表、数字展示观点的部分，要有目的地进行图表制作和数字计算。创业计划书涉及的内容较广泛，因此需要收集的资料和数字也非常多，可能要花费创业者较多的精力。创业者应该不畏艰辛，克服困难，老老实实地去完成这些任务。

（六）撰写初稿

收集齐备资料和数字后，创业者就可以开始起草创业计划书了。最好是按照目录和提纲的次序，一个章节一个章节地顺序进行，这样做的好处是可以把握创业计划书的整体思路，也便于掌握撰写进度。"东一榔头，西一榔头"的做法不仅会浪费精力，也不利于把握创业计划书的整体思路和风格。

（七）修改和定稿

创业计划书的初稿完成后，一定要进行检查。创业者应该反复阅读，从客观性、实践性、条理性、创新性等多个视角检查创业计划书是否达到了相应的要求。特别强调的一点是，创业者要站在创业计划书使用者（投资商）评委、客户等的视角来阅读一下创业计划书，看是否能打动目标读者。此外，创业者还可以把创业计划书拿给有关人士阅读，多方征求意见。在充分检查和征求意见的基础上。要反复修改，力争完美，最后定稿。

（八）印刷和制作

定稿后，就要把创业计划书进行印刷并装订制作，一定要注意印刷质量和装帧的美观，最好设计一个简洁而漂亮的封面。

二、创业计划书的展示技巧

创业计划书的展示有很多种形式，如：POWERPOINT 和 WORD 文件格式以及路演。基于书面呈现的不同特点，一般同时提供两种版本，一种是完整版本（WORD 格式）；一种是摘要式版本（PPT 格式）。路演是通过现场演示的方法，引起目标人群的关注，使他们产生兴趣，最终达成销售。

（一）完整版本（WORD 格式）

1. 计划书的适宜长度

一份计划书是否吸引人不在于篇幅长短，但是太短的计划书也不可能把盈利模式阐述清楚。关键在于商业模式能否打动人心。参加创业大赛的创业计划书动辄上百页，其实没有必要。适宜的长度一般为 20—50 页为宜。

2. 展示创业计划的基本方法

一份好的创业计划书，在展示时同样需要注意以下几点。

（1）激情在创业计划展示中发挥重要作用。

激情的英文原词 Passion 能更全面、更准确地表述这种状态。激情是指一种强烈的内驱，一种极度的喜爱，一种偏执的信念。人在激情的支配下，常能调动身心的巨大潜力，完成看起来不可能完成的事情。好些投资家和基金都很看重创业者的激情，因此在字里行间展示时，要充满发自内心的激情。

（2）将作品尽量制作成模型。

如果你的作品可以制作成模型，这是最直观的。如果不能制作模型，但可以把生产过程、服务模式用动画来表示，也有助于别人理解项目的可行性。

（3）在能用图表表示时，一定要利用图表。

俗话说："一表胜千言。"例如，竞争与竞争形势分析时的对比图、财务状况预测等。

（4）进行"一分钟电梯演讲"训练。

要求你在一分钟之内必须简明地告诉读者创业计划的内容。用第一句话概括清楚你做的事；在第二句话中，说明申请资金的数量和用途；第三句话说明未来的市场潜力有多大。

（二）摘要式版本（PPT 格式）

1. 依照"10-20-30"原则

"10-20-30"原则，指的是用通过 10 张幻灯片、20 分钟时间、30 磅左右大小字号的幻灯片文字来指导推介演讲。

大约 10 张幻灯片。包括标题、解决方案、商业模式、项目优势与独特性、市场营销、竞争、管理团队、财务计划等内容。PPT 上的文字和图像都要设计得比较大，排版足够简洁，能用图片表示的尽量用图片表示，不能用图片表示的用表格表示，表格也表现不了的用少量的文字解释，数据最好用柱形图和扇形图表示。

第 1 张 PPT：概述。对产品或服务进行简要介绍，尽可能采用通俗易懂的语言来介绍技术或服务的独特之处，展示产品的图片或样品，知识产权和保护措施等。对该项目带来的潜在收益做简单描述。

第 2 张 PPT：问题。说明亟待解决的问题和已调查证实的数据（如潜在客户和需求等）。

第 3 张 PPT：解决方案。说明本项目解决方案的独到之处或亮点以及本解决方案可能碰到的进入障碍。

第 4 张 PPT：机会和目标市场。描述进入机会和目标市场的定位、市场前景以及规模，用图表来呈现预期销售额和市场份额等。

第 5 张 PPT：竞争。阐述直接、间接甚至未来的竞争者，说明自己与其他竞争者相比的优势所在。

第 6 张 PPT：市场和销售。描述总体的市场计划、定价策略、销售过程以及销售渠道。包括如何刺激消费者欲望，产品或服务如何到达最终消费者。

第 7 张 PPT：管理团队。简介现有团队成员的背景和专长、在团队中承担的任务使命、股权结构分配、激励机制等。

第 8 张 PPT：财务计划。介绍未来 3—5 年企业总体的财务状况、盈利和现金流等规划分析。

第 9 张 PPT：融资需求。如果有融资需求，说明融资渠道及筹集资金的使用方式，并描述融资成功后可能产生的重大突破或进展。

第 10 张 PPT：总结。展示项目企业、团队最大的优势和不可复制的亮点。介绍企业的退出策略，并征求反馈意见。

20 分钟的陈述与演讲。一般推介会议时间为一个小时左右，创业者用 20 分钟陈述，可以加强对推介会议的时间控制，也可以有更充足的时间进行交流与讨论。演讲者要对本项目非常熟悉，以便对每个点能展开详细论述。在演示过程中，应该保持条理清晰的风格，要有针对性，突出市场前景以吸引投资者的注意力。

30磅左右大小的文字字号，是醒目、吸引注意力的表达方式。不要使用较小的字体、字号，也不要将过多的内容与细节写在幻灯片上，陈述的过程应注重口头表达。

2. 以创业者讲演为主

演示过程中要以创业领袖为主。创业领袖或公司 CEO 的演讲应占全部讲话的 80% 以上，其他高层人员（不应该超过 2 位）可以就他们各自专业领域，讲述一两张幻灯片内容或回答提问，不要出现由创业团队多个人"轮流坐庄"的局面。如果创业领袖在演示中无法唱主角，则显示其不具备统驭企业的能力。

3. 要热情坦诚

千万不要造假和刻意粉饰，但是要有技巧，有些事情什么时候说、怎么说，这些都是需要考虑的。无论如何，绝对不能讲假话。

4. 增强演示效果

要将你的创业计划总结出 3—5 个亮点，千万不要面面俱到。为了让听众能听懂创业计划，尽量不要使用生僻的技术术语。同时，在演示前不要发放有关管理经营费用的材料，可以用一些表格资料向与会者说明企业的财务状况等。

（三）路 演

一个好的创业路演展示，要求展示人必须建立充分的自信心，使用有力的语言进行叙述，有效地利用身体语言，取得有效的现场沟通，获得观众对你的信任。

展示者必须在路演准备期，就对所有观众类型及场地进行最大限度的了解，然后才能用观者所能理解和接受的表达方式，来讲述观众感兴趣的话题。路演演讲过程中需要避免使用过长的句子和段落，也不要举一些不合时宜的案例。在路演过程中，演讲者要把握得当的演讲速度，尽量做到让每个观众都能参与其中，制造有趣的话题，表达自信而清晰，让观众明确出发点是围绕消费者的价值观而展开的。

路演视频在实际的路演过程中是作为路演 PPT 的重要补充而使用的，因其具有时间可控、声情并茂、信息量大等特点而被广泛应用于各类项目路演过程中。这里特别注意，作为路演 PPT 的重要补充，路演视频的时长要做严格的控制，一般控制在两分钟内，甚至部分比赛要求控制在一分钟内，所以，视频的制作要求很高，每一个画面、每一个文字、每一个声音，甚至是视频文件的每一帧，都应该精雕细刻。一定记得，非重要图片不放，非重要语言不说，精准传递企业价值观。

路演图片展示最好通过翔实的数据列表让内容一目了然。展示中所涉及的相应数据应从多种途径进行获取和采集，路径越多对表达越有利。在数据来源方面，建议选择官方或有公信力的渠道，如行业报告、年鉴等，还要对所有的数据进行详细检查，不可出现失误。

第四节　创业计划书的论证和改进

定了创业计划后，不能马上实施，必须进行充分论证，否则就算创业目标非常明确，创业过程中的一些技术要求、方式方法等方面出现的问题也会使创业多走弯路，甚至导致创业的失败。创业计划书需要经过不断的打磨，甚至是不同角度的论证和改进才能逐步完善。具体来讲，有如下几种方法可以尝试。

一、内部论证

创业计划书的撰写工作往往是由一个人或少数几个人完成的，但实际论证和改进创业计划书需要更多人参与进来，俗话说"三个臭皮匠，顶个诸葛亮"就是这个道理。可以让团队内部核心骨干参与论证，群策群力，更好地论证和改进创业计划书。建议团队发挥专业特长，有创新内涵，不要简单追随投资热点，要专注聚焦、不追求大而全，尤其考虑利用专业资源、发挥专业优势。

二、外部相关重要专家论证

一份成功的创业计划书包括管理、技术、市场、财务等多方面的知识和内容，需要从不同的方向进行论证，而团队内部很难集齐各方面的专家。

此时，创业者可以考虑走出团队，向相关专家寻求支持，如，向律师咨询法律问题，向会计咨询税务问题，向银行咨询贷款问题等。

三、参加各类大赛全方面论证和改进创业计划书

一般来说，创业比赛都需要上交创业计划书，如"挑战杯"中国大学生创业计划竞赛，又如中国"互联网＋"大学生创新创业大赛，通过参加各类比赛，不

断打磨自己的计划书，创业者创业计划书的撰写水平可以得到很好的提升，在此过程中创业者还可以得到指导教师、评委专家、负责比赛的管理方等各方面的指导、建议和支持。

思考题：

1. 简述创业计划书的概念。

2. 简述创业计划书的特点和作用。

3. 简述创业计划书的内容。

4. 简述大学生撰写创业计划书的常见问题。

5. 简述创业计划书的撰写原则。

6. 简述创业计划书如何展示。

7. 撰写一份创业计划书。

祝 梦

大学生创业实践篇

世界上没有无缘无故的成功，也没有无缘无故的失败，失败者往往是那些不善于坚持的人，成功者往往是那些敢于追求梦想的人。

第十一章　大学生创新创业渠道

本章目标

1. 了解大学生参与创新创业的渠道

2. 了解大学生创新创业三大赛事："挑战杯""互联网+"大学生创新创业大赛、大学生电子商务"创新、创意及创业"挑战赛

3. 了解大学生校内创业和校外创业的类型

案例导入

次仁扎西：扎根本土文化 实现自主创业

近年来，随着市场经济的不断繁荣，越来越多的大学毕业生走上创业之路。次仁扎西2012年毕业于上海师范大学。从小勤奋刻苦，积极上进，怀揣着梦想的他，在"大众创业、万众创新"的时代浪潮下，成了西藏大学生创业者中的典型代表。

出生于当雄县羊八井镇一个普通牧民家庭的次仁扎西，2012大学毕业后成为一名人民教师，但生性喜欢自由和冒险的他决定放弃公职，选择创业。经过深思熟虑，他把目光投向了心仪已久的藏文化产品。"上大学时，为了减轻家里的负担，在学校摆过地摊，卖过首饰。有了做生意的兴趣后，我就暗自下决心毕业后一定选择创业。"次仁扎西说，大学毕业后在家人和亲戚朋友的劝说下考进了事业单位，但内心却一直燃烧着创业梦，2014年辞掉工作，开始创业。

2015年，次仁扎西先后成立了扎根本土文化、设计文化产品的拉萨迷蓝文化传播有限公司、拉萨迷蓝服装有限公司以及广州迷蓝服装制衣厂。在他看来，服装是最能够体现藏文化的重要载体。于是，次仁扎西在传统的藏族服饰文化

里挖掘新的元素，制作出符合现代市场审美和客户需求的本土服装品牌"迷蓝服饰"。

在嘎玛贡桑路的店面里挂满了各种具有民族特色的毛衣、外套、卫衣、裤子等。次仁扎西介绍，这都是他和公司聘请的设计师共同设计的。截至目前，他们自主设计的服饰种类已有200多种，亲民的价格和实用的穿搭，让"迷蓝服饰"专卖店一开张就吸引了很多不同年龄段的消费者。短短两年时间，次仁扎西将实体店扩大到了那曲、日喀则、山南等地及成都、西宁等区外城市，共有20家实体店。

"从2014年创业到现在已有7年时间，这7年里遇到了很多困难，但也收获满满，现在我已经从不懂商业、企业文化到对企业文化有初步了解，并对未来有了较全面的规划。"次仁扎西说。

次仁扎西还时常关注文化的传承与发展，并结合西藏文化开发了首个藏文艺术体输入法——"迷蓝藏文输入法"，其中可收录14种全新的字体，进一步完善了藏文字体数据库。"接下来我会把更多的精力放在企业内部的升级，包括管理、自身的发展以及走线上线下结合的营销模式。在人才培养方面，我会更多地培养本地大学生，带动他们就业。"次仁扎西说，目前，公司共带动就业34人，其中西藏籍大学生24人。

立足本土文化，展望全球市场，次仁扎西用"谦虚、踏实、勤奋、担当"实现着他的"创业梦"，通过不懈努力，他获得了"拉萨市大学生创业标兵""中国青年创业奖"等诸多荣誉称号，面对荣誉与进步，次仁扎西更加努力。

资料来源：《西藏日报》（2021年11月19日06版）

讨论一下

1. 次仁扎西通过什么渠道实现了他的创业梦想？
2. 创业渠道的选择于创业者有何重要性？
3. 试想一下，还有哪些创业渠道？

第一节　参加创新创业大赛

一、挑战杯竞赛

（一）分　类

1."挑战杯"全国大学生课外学术科技作品竞赛；

2."挑战杯"中国大学生创业计划大赛。

（二）概　述

"挑战杯"大赛是由共青团中央、中国科协、教育部和全国学联、举办地人民政府共同主办的全国性的大学生课外学术实践竞赛。"挑战杯"系列竞赛被誉为中国大学生学术科技"奥林匹克"，是国内大学生最关注最热门的全国性竞赛，也是全国最具代表性、权威性、示范性、导向性的大学生竞赛。

（三）举办时间

这两个项目的全国竞赛交叉轮流开展，每个项目每两年举办一届。一般来说，奇数年举办的为"大挑"，偶数年举办的为"小挑"。

（四）"大挑"和"小挑"的区别

"挑战杯"竞赛的两个并列项目，"挑战杯"全国大学生创业计划竞赛，简称"小挑"；另一个"挑战杯"全国大学生课外学术科技作品竞赛，简称"大挑"。两者在比赛侧重点不同，"大挑"注重学术科技发明创作带来的实际意义与特点，而"小挑"更注重市场与技术服务的完美结合，商业性更强。"小挑"奖项设置为金奖、银奖、铜奖，而"大挑"设置特等奖、一等奖、二等奖、三等奖；"大挑"发起高校可报六件作品，其中三件为高校直推作品，另外三件要与省赛组织方协商推荐，而"小挑"只能推荐三件作品进国赛。"大挑"有学历限制而"小挑"没有，"大挑"分为专本科组、硕士组、博士组并分开评审，"大挑"国赛最多可以报八人，而"小挑"最多可以报十人。"大挑"比赛证书盖共青团中央、中国科协、教育部、全国学联、举办地人民政府的章，而"小挑"证书只盖共青团中央、中国科协、教育部、全国学联的章。

（五）"大挑"

1. 赛事时间

校赛一般在 3—4 月举行，省赛在 5—6 月，国赛在 10—11 月。

2. 赛道介绍

竞赛设置有"挑战杯"大学生课外学术科技作品竞赛（主赛道）。此外赛事会根据需要开设各专项赛道，例如 2021 年为庆祝建党 100 周年，引领青年大学生感受党的百年光辉历程、百年伟大成就和宝贵经验，开设了"红色专项活动"；为培养青年科创意识和能力，引领青年聚焦突破"卡脖子"技术，开设了"黑科技"专项赛。

3. 参赛对象

凡在举办竞赛终审决赛的当年 6 月 1 日以前正式注册的全日制非成人教育的各类高等院校在校专科生、本科生、硕士研究生（不含在职研究生）都可申报作品参赛。（鼓励跨学院、跨年级、跨专业、跨学科组建团队参赛）

4. 竞赛方式

（主赛道）申报参赛的作品分为自然科学类学术论文、哲学社会科学类社会调查报告和学术论文、科技发明制作三类。

5. 案例介绍

（1）准备工作

A. 团队的组建

a. 以一个发起人为中心，通过自己的人脉关系聚合形成团队

小 A 有参加"大挑"比赛的意向，对"大挑"进行了解后，联系了自己的朋友一起报名参加，并根据比赛的竞赛方式联系了不同学院和专业的同学以成功组建了一支分工明确、各司其职的参赛队伍。

b. 以老师为纽带，通过老师组成参赛队伍

小 B 成绩优秀，了解到"大挑"比赛后向老师询问参赛相关，并在老师的帮助下确定参赛大致方向并经过老师推荐队伍成员得以成功组建团队。

c. 由几个一起参加过比赛的人员为团队固定成员，再根据比赛要求联系不同专业的成员以组建团队

小 C 和几个朋友一起参加过比赛，形成了自己固定的参赛队伍，根据"大挑"比赛的竞赛要求，对已有人员进行分工后，根据团队内的空缺联系专业的人

员。通过朋友介绍、公开招聘和老师推荐等方式完成团队的组建。

（2）写作方式

A. 根据参赛的类别选择大致方向

小 A 是人文社科类的学生，所以他的参赛方向和赛道选择为哲学社会科学类社会调查报告和学术论文，并在老师的建议下确定了社会调查的内容和地点。

B. 选择指导老师

小 B 根据自己确定的科技发明制作赛道选择了相关专业的老师做指导老师，并在老师的指导下，对自己将制作发明的物品有一个大致的轮廓和功能定位。

C. 进行调查实践

小 C 的论文写作需要真实数据的支持，他通过在网上查找资料、问卷调查、实地采访等方式对所需材料进行收集。

（3）团队协作方式

A. 以成员兴趣为依据

小 A 的团队为学院组队，团队成员的专业相近，他在给成员分配任务时依据成员的兴趣，例如小明对采访和调查有兴趣，且性格外向开朗，由小明负责考察和调查。

B. 以成员能力为依据

小 B 的团队成员能力各有突出，所以小 B 把任务根据成员的能力进行分配，例如小丽在学生会担任职务，有一定的办公软件操作能力，所以由小丽负责表格和文本的整合。

（4）写作过程

A. 团队内部交流沟通

a. 写作前明确论文的主旨和大致方向

小 A 在分配完团队成员的任务后，以会议的形式，给大家详细介绍了文章的主旨和大致方向，尽量保证团队成员在写作过程中的方向的正确性和相同内容的一致性。

b. 论文写作中及时与团队成员沟通交流

小 B 在完成文章期间会在固定时间与团队成员交流沟通，对部分实时问题进行意见的统一。

c. 初版论文汇总整合后从头梳理

在成员完成并提交论文后，小 C 对论文进行整理汇总，并从头到尾对论文进行修改和梳理，保证内容连贯性和一致性，并在同时对论文中的句子进行语病的修改。

B. 与老师的交流沟通

a. 厘清论文大致思路

小 A 在论文写作中及时和指导老师沟通，在老师的引导和建议下对论文中的内容写作形成大致的思路。

b. 解答论文写作过程中的专业问题

小 B 作为汉语言文学专业的学生，在计划书写作中遇到自己解决不了的问题，他会及时向自己专业的老师请教。

c. 帮助修改初版的论文

在论文初版完成后，小 C 将论文提交给了指导老师，在指导老师的建议下对初版论文进行再次的修改。

（六）"小挑"

1. 赛事时间

校赛一般在 3—4 月举行；省赛在 5—6 月；国赛在 10—11 月。

2. 竞赛组别

2022 年"小挑"聚焦创新、协调、绿色、开放、共享五大发展理念，设乡村振兴和产业发展、城市治理和社会服务、科技创新和未来产业、文化创意和区域合作、生态环保和可持续发展五个组别。

3. 参赛对象

2022 年 6 月 1 日以前正式注册的全日制非成人教育的在校中国籍本、专科生和硕士研究生（不含在职研究生）。博士研究生仅可作为项目团队成员参赛（不做项目负责人），且人数不超过团队成员数量的 30%。

4. 竞赛方式

借用风险投资的运作模式，要求参赛者组成优势互补的竞赛小组，提出一项具有市场前景的技术、产品或者服务，并围绕这一技术、产品或服务，以获得风险投资为目的，完成一份完整、具体、深入的创业计划。

5. 案例介绍

（1）准备工作

A. 团队组建

a. 以一个发起人为中心，通过自己的人脉关系聚合形成团队

小 A 有参加"小挑"比赛的意向，对"小挑"进行了解后，联系了自己不同学院的朋友一起报名参加，并根据比赛的竞赛方式联系了不同学院和专业的同学以成功组建了一支分工明确、各司其职的参赛队伍。

b. 以老师为纽带，通过老师组成参赛队伍

小 B 成绩优秀，了解到"小挑"比赛后向老师询问参赛相关，并在老师的帮助下确定参赛大致方向并经过老师推荐队伍成员得以成功组建团队。

c. 由几个一起参加过比赛的人员为团队固定成员，再根据比赛要求联系不同专业的成员以组建团队

小 C 和几个朋友一起参加过比赛，形成了自己固定的参赛队伍，根据"小挑"比赛的竞赛要求，对已有人员进行分工后，根据团队内的空缺联系专业的人员。通过朋友介绍、公开招聘和老师推荐等方式完成团队的组建。

分配任务

a. 以成员专业为依据

小 A 的团队为跨学院组织而成，在财务、市场营销、人力资源、艺术设计等方面有专业的人员，所以他给成员分配任务时直接由专业的人做专业的事情，既保证计划书内容的真实性、正确性，又能在遇到问题时及时寻求专业老师的帮助。

b. 以成员兴趣为依据

小 B 的团队为学院组队，团队成员的专业相近，他在给成员分配任务时依据成员的兴趣，例如小明对财务有兴趣，数学好，就把财务部分的任务分给小明。

c. 以成员能力为依据

小 C 的团队成员能力各有突出，有专业人士但是不多，他在给成员分配任务时优先分配专业对口的成员任务，剩余的任务根据成员的能力进行分配，例如小丽在学生会担任职务，有一定的管理能力，所以把团队管理这部分的任务分给小丽。

（2）计划书写作过程

A. 团队内部交流沟通

a. 计划书写作前明确计划书的主旨和大致方向

小 A 在分配完团队成员的任务后，以会议的形式，给大家详细介绍了计划书的主旨和大致方向，尽量保证团队成员在写作过程中的方向的正确性和相同内

容的一致性。

b. 计划书写作中及时与团队成员沟通交流

小 B 在完成计划书期间会在固定时间与团队成员交流沟通，对部分实时问题进行意见的统一。

c. 初版计划书汇总整合后从头梳理

在成员完成并提交计划书后，小 C 对计划书进行整理汇总，并从头到尾对计划书进行修改和梳理，保证内容连贯性和一致性，并在同时对计划书中的句子进行语病的修改。

B. 与老师的交流沟通

a. 厘清计划书大致思路

小 A 在计划书写作中及时和指导老师沟通，在老师的引导和建议下对计划书中的内容写作形成大致的思路。

b. 解答计划书写作过程中的专业问题

小 B 作为财务管理专业的学生，在计划书写作中会遇到自己解决不了的问题，他会及时向自己专业的老师请教。

c. 帮助修改初版的计划书

在计划书初版完成后，小 C 将计划书提交给了指导老师，在指导老师的建议下对初版计划书进行再次的修改。

C. 路演的演讲稿及 PPT

a. 计划书完成后将重点进行勾画形成 PPT

小 A 在计划书形成后，与团队成员共同商议勾画出重点，由团队负责做 PPT 的同学着手开始制作。

b. PPT 的制作符合计划书的相关主题

小 B 的计划书与民族文化相关，所以 PPT 多由水墨、黑白、祥云等国风元素构成，有鲜明的特色与记忆点，且 PPT 与计划书主题的适配度高。

c. 以 PPT 的放映顺序路演的演讲稿

根据 PPT 的播放顺序由路演的同学形成演讲稿，并根据 PPT 中的重点内容决定稿子中介绍的文字篇幅，以达到详略得当、重点突出的效果。

D. 路演时的问题模拟

a. 团队成员对路演时会提出的问题进行模拟

PPT 及路演稿完成后，团队成员共同对路演时评委老师的提问进行模拟，由路演同学进行回答，并对重要问题形成回答思路。

b. 指导老师的问题模拟

小 B 邀请了指导老师对路演的问题进行模拟，并根据老师的建议，小 B 形成了回答评委提问的思路。

c. 咨询往届有经验的学长学姐及在互联网寻找相关的资料

小 C 的直系学姐有过参加"小挑"比赛的经验，他向学姐寻求路演的建议和问题的模拟。小 C 还在互联网上查找"小挑"路演答辩的相关经验分享和视频资料，为自己的答辩做准备。

（3）路演模拟

A. 稿子与 PPT 的配合

a. 路演前多次练习，提高稿子和 PPT 的配合度

小 A 在路演前多次练习，确保自己在路演时不会有卡顿和讲述与 PPT 内容匹配不上的情况。

b. 对 PPT 的内容及顺序有足够的熟练度

小 B 对 PPT 的内容及顺序足够熟悉，能够在忘记路演稿内容的时候根据 PPT 的内容及时反应，继续路演。

c. 对路演稿的内容有足够的熟练度

小 C 对自己的路演稿足够熟悉，能够随机应变调整自己的路演演讲内容。

B. 答辩心态

a. 从容冷静

小 A 有多次登台经验，所以他在答辩时从容冷静，能够清晰流利进行阐述。

b. 临危不惧

小 B 突然忘记了自己接下来的演讲内容，但是他通过 PPT 的内容及自己的理解，顺利继续演讲。

c. 随机应变

小 C 在演讲时根据时间及计划书的重点内容对自己的演讲内容及演讲速度进行调整。

回答评委问题的方式方法

a. 礼貌致谢评委的问题及建议

小 A 在回答问题时对评委提出的问题和建议进行感谢，让评委留下一个好的印象。

b. 面对刁难从容回答，落落大方

小 B 在答辩时面对评委的故意刁难仍面不改色，有理有据对评委的问题进行回答。

c. 面对评委喜怒不形于色

小 C 在答辩时对评委的肯定和批评都冷静对待，不为肯定而自得，不为批评而沮丧，以稳定和平常的心态面对评委。

二、中国"互联网＋"大学生创新创业大赛

通过实施国家级大学生创新创业训练计划，促进高等学校转变教育思想观念，改革人才培养模式，强化创新创业能力训练，增强高校学生的创新能力和在创新基础上的创业能力，培养适应创新型国家建设需要的高水平创新人才。

中国"互联网＋"大学生创新创业大赛，以"'互联网＋'成就梦想，创新创业开辟未来"为主题，由教育部与有关部委和吉林省人民政府共同主办。大赛旨在深化高等教育综合改革，激发大学生的创造力，培养造就"大众创业、万众创新"的主力军；推动赛事成果转化，促进"互联网＋"新业态形成，服务经济提质增效升级；以创新引领创业、创业带动就业，推动高校毕业生更高质量创业就业

"互联网＋"在大学生赛事中，规格和含金量是最高的，这也是国内顶级的竞赛之一，每年的参赛人数都在数百万之多，而奖项仅仅只有 3000 份不到，意味着如果拿奖，那就是前 0.1%，写在简历上，加分简直无敌。

这个竞赛无论理科、文科、本科、专科都可以参加，无须任何参赛费用，甚至学校还有报销金额，而且含金量很高，在这个万众创新、大众创业的时代，几乎没有一个竞赛能和这个竞赛相比：

获奖＋且有商业前景的项目大赛直接对接融资机构，例如当年的 ofo；

超低的获奖率，在数百万人中脱颖而出，含金量高；

高额奖金，综合测评、保研、奖学金优先评判；

提前了解工作、创业、项目运转；

竞赛流程：参赛报名（4 月）—高校初赛（6—8 月）—省市复赛（6—8 月）—总决赛（10 月下旬）—颁奖典礼（10 月下旬），时间跨度 6 个月。

参赛方式：一般情况下学校会组织学生参加校赛，校决赛或者省赛时再去大创网上注册信息，如果学校并没有统一组织参赛，可以咨询相关学院老师后自行

前往大创网填写注册队伍信息参赛即可。

队伍限制：最少3人，最多15人，支持跨校组队、跨国组队。

奖项设置与比例：设有金奖、银奖、铜奖、最佳劳动就业奖、最佳创意奖、最具商业价值奖、最具人气奖、高校集体奖、省市优秀组织奖等N个奖项，虽然奖项看着很多，但获奖比例实在太少了。

（一）概　况

中国"互联网＋"大学生创新创业大赛，是一项由教育部与政府、各高校共同主办的一项技能大赛。大赛旨在深化高等教育综合改革，激发大学生的创造力，培养造就"大众创业、万众创新"的主力军；推动赛事成果转化，促进"互联网＋"新业态形成，服务经济提质增效升级；以创新引领创业、创业带动就业，推动高校毕业生更高质量创业就业。

（二）大赛目的

1.以赛促学，培养创新创业生力军。大赛旨在激发学生的创造力，激励广大青年扎根中国大地了解国情民情，锤炼意志品质，开拓国际视野，在创新创业中增长智慧才干，把激昂的青春梦融入伟大的中国梦，努力成长为德才兼备的有为人才。

2.以赛促教，探索素质教育新途径。把大赛作为深化创新创业教育改革的重要抓手，引导各类学校主动服务国家战略和区域发展，深化人才培养综合改革，全面推进素质教育，切实提高学生的创新精神、创业意识和创新创业能力。推动人才培养范式深刻变革，形成新的人才质量观、教学质量观、质量文化观。

3.以赛促创，搭建成果转化新平台。推动赛事成果转化和产学研用紧密结合，促进"互联网＋"新业态形成，服务经济高质量发展，努力形成高校毕业生更高质量创业就业的新局面。

（三）奖项设置

1.高教主赛道：中国大陆参赛项目设金奖50个、银奖100个、铜奖450个，中国港澳台地区参赛项目设金奖5个、银奖15个、铜奖另定，国际参赛项目设金奖40个，银奖60个，铜奖300个。另设最佳带动就业奖、最佳创意奖、最具商业价值奖、最具人气奖各1个；设高校集体奖20个、省市优秀组织奖10个（与职教赛道合并计算）和优秀创新创业导师若干名；

2. 青年红色筑梦之旅赛道：设金奖 15 个、银奖 45 个、铜奖 140 个。设"乡村振兴奖""社区治理奖""逐梦小康奖"等单项奖若干。设"青年红色筑梦之旅"高校集体奖 20 个、省市优秀组织奖 8 个和优秀创新创业导师若干名；

3. 职教赛道：设金奖 15 个、银奖 45 个、铜奖 140 个。设院校集体奖 20 个、省市优秀组织奖 10 个（与高教主赛道合并计算），优秀创新创业导师若干名；

4. 萌芽赛道：设创新潜力奖 20 个和单项奖若干个。

（四）参赛项目要求

1. 参加"青年红色筑梦之旅"赛道的项目应符合大赛参赛项目要求，同时在推进革命老区、贫困地区、城乡社区经济社会发展等方面有创新性、实效性和可持续性。

2. 以团队为单位报名参赛。允许跨校组建团队，每个团队的参赛成员不少于 3 人，原则上不多于 15 人（含团队负责人），须为项目的实际核心成员。参赛团队所报参赛创业项目，须为本团队策划或经营的项目，不得借用他人项目参赛。

3. 参赛申报人须为项目实际负责人，须为普通高等学校全日制在校生（包括本专科生、研究生，不含在职教育），或毕业 5 年以内的学生（不含在职教育）。企业法定代表人在大赛通知发布之日后进行变更的不予认可。

（五）参赛组别和对象

参加"青年红色筑梦之旅"赛道的项目，须为参加"青年红色筑梦之旅"活动的项目，否则一经发现，立即取消参赛资格。根据项目性质和特点，分为公益组、创意组、创业组。

1. 公益组

（1）参赛项目以社会价值为导向，在公益服务领域具有较好的创意、产品或服务模式的创业计划和实践。

（2）参赛申报主体为独立的公益项目或社会组织，注册或未注册成立公益机构（或社会组织）的项目均可参赛。

（3）师生共创的公益项目，若符合"青年红色筑梦之旅"赛道要求，可以参加本组比赛。

2. 创意组

（1）参赛项目以商业手段解决农业农村和城乡社区发展的痛点问题、巩固脱贫攻坚成果，助力乡村振兴，实现经济价值和社会价值的融合。

（2）参赛项目在大赛通知下发之日前尚未完成工商等各类登记注册。

（3）师生共创的商业项目不允许参加"青年红色筑梦之旅"赛道，可参加高教主赛道。

3. 创业组

（1）参赛项目以商业手段解决农业农村和城乡社区发展的痛点问题、巩固脱贫攻坚成果，助力乡村振兴，实现经济价值和社会价值的融合。

（2）参赛项目在大赛通知下发之日前已完成工商等各类登记注册。项目的股权结构中，企业法定代表人的股权不得少于10%，参赛成员股权合计不得少于1/3。如已注册成立机构或公司，学生须为法定代表人。

（3）师生共创的商业项目不允许参加"青年红色筑梦之旅"赛道，可参加高教主赛道。

（六）竞赛时间

初赛复赛一般在6—9月中旬举行，全国总决赛一般在11月上旬举行。

（七）参赛形式

团队/学校/企业（原则上不超15人/团队）

（八）案例介绍

1. 准备工作

A. 团队组建

a. 以一个发起人为中心，通过自己的人脉关系聚合形成团队

小A有参加"互联网加+"比赛的意向，对"互联网+"比赛进行了解后，联系了自己不同学院的朋友一起报名参加，并根据"互联网+"的竞赛方式联系了不同学院和专业的同学以成功组建了一支分工明确、各司其职的参赛队伍。

b. 以老师为纽带，通过老师组成参赛队伍

小B成绩优秀，了解到"互联网+"比赛后向老师询问参赛相关，并在老师的帮助下确定参赛大致方向并经过老师推荐队伍成员得以成功组建团队。

c. 由几个一起参加过比赛的人员为团队固定成员，再根据比赛要求联系不同专业的成员以组建团队

小C和几个朋友一起参加过比赛，形成了自己固定的参赛队伍，根据"互

联网＋"比赛的竞赛要求，对已有人员进行分工后，根据团队内的空缺联系专业的人员。通过朋友介绍、公开招聘和老师推荐等方式完成团队的组建。

d. 联系自己的校外朋友进行组队

小 D 和自己不同学校的朋友进行沟通后，形成了一支跨校组合的团队。

B. 根据参赛的类别选择大致方向

小 A 是人文社科类的学生，所以他倾向于赛道选择为青年红色筑梦之旅，组别选择为新文科组。

C. 选择指导老师

小 C 根据自己确定的新文科组别选择了相关专业的老师做指导老师，并在老师的指导下，对自己的计划书有一个大致的定位和轮廓。

D. 进行调查实践

小 D 的计划书写作需要真实数据的支持，他通过在网上查找资料、问卷调查、实地采访等方式对所需材料进行收集。

分配任务

a. 以成员专业为依据

小 A 的团队为跨学院组织而成，在财务、市场营销、人力资源、艺术设计等方面有专业的人员，所以他给成员分配任务时直接由专业的人做专业的事情，既保证计划书内容的真实性、正确性，又能在遇到问题时及时寻求专业老师的帮助。

b. 以成员兴趣为依据

小 B 的团队为学院组队，团队成员的专业相近，他在给成员分配任务时依据成员的兴趣，例如小明对财务有兴趣，数学好，就把财务部分的任务分给小明。

c. 以成员能力为依据

小 C 的团队成员能力各有突出，有专业人士但是不多，他在给成员分配任务时优先分配专业对口的成员任务，剩余的任务根据成员的能力进行分配，例如小丽在学生会担任职务，有一定的管理能力，所以把团队管理这部分的任务分给小丽。

2. 计划书写作过程

A. 团队内部交流沟通

a. 计划书写作前明确计划书的主旨和大致方向

小 A 在分配完团队成员的任务后，以会议的形式，给大家详细介绍了计划书的主旨和大致方向，尽量保证团队成员在写作过程中的方向的正确性和相同内容的一致性。

b. 计划书写作中及时与团队成员沟通交流

小 B 在完成计划书期间会在固定时间与团队成员交流沟通，对部分实时问题进行意见的统一。

c. 初版计划书汇总整合后从头梳理

在成员完成并提交计划书后，小 C 对计划书进行整理汇总，并从头到尾对计划书进行修改和梳理，保证内容连贯性和一致性，并在同时对计划书中的句子进行语病的修改。

B. 与老师的交流沟通

a. 厘清计划书大致思路

小 A 在计划书写作中及时和指导老师沟通，在老师的引导和建议下对计划书中的内容写作形成大致的思路。

b. 解答计划书写作过程中的专业问题

小 B 作为财务管理专业的学生，在计划书写作中会遇到自己解决不了的问题，他会及时向自己专业的老师请教。

c. 帮助修改初版的计划书

在计划书初版完成后，小 C 将计划书提交给了指导老师，在指导老师的建议下对初版计划书进行再次的修改。

C. 路演的演讲稿及 PPT

a. 计划书完成后将重点进行勾画形成 PPT

小 A 在计划书形成后，与团队成员共同商议勾画出重点，由团队负责做 PPT 的同学着手开始制作。

b.PPT 的制作符合计划书的相关主题

小 B 的计划书与民族文化相关，所以 PPT 多由水墨、黑白、祥云等国风元素构成，有鲜明的特色与记忆点，且 PPT 与计划书主题的适配度高。

c. 以 PPT 的放映顺序路演的演讲稿

根据 PPT 的播放顺序由路演的同学形成演讲稿，并根据 PPT 中的重点内容决定稿子中介绍的文字篇幅，以达到详略得当、重点突出的效果。

D. 路演时的问题模拟

a. 团队成员对路演时会提出的问题进行模拟

PPT 及路演稿完成后，团队成员共同对路演时评委老师的提问进行模拟，由路演同学进行回答，并对重要问题形成回答思路。

b. 指导老师的问题模拟

小 B 邀请了指导老师对路演的问题进行模拟，并根据老师的建议，小 B 形成了回答评委提问的思路。

c. 咨询往届有经验的学长学姐及在互联网寻找相关的资料

小 C 的直系学姐有过参加"三创比赛"的经验，他向学姐寻求路演的建议和问题的模拟。小 C 还在互联网上查找"三创"路演答辩的相关经验分享和视频资料，为自己的答辩做准备。

3. 路演模拟

A. 稿子与 PPT 的配合

a. 路演前多次练习，提高稿子和 PPT 的配合度

小 A 在路演前多次练习，确保自己在路演时不会有卡顿和讲述与 PPT 内容匹配不上的情况。

b. 对 PPT 的内容及顺序有足够的熟练度

小 B 对 PPT 的内容及顺序足够熟悉，能够在忘记路演稿内容的时候根据 PPT 的内容及时反应，继续路演。

c. 对路演稿的内容有足够的熟练度

小 C 对自己的路演稿足够熟悉，能够随机应变调整自己的路演演讲内容。

B. 答辩心态

a. 从容冷静

小 A 有多次登台经验，所以他在答辩时从容冷静，能够清晰流利进行阐述。

b. 临危不惧

小 B 突然忘记了自己接下来的演讲内容，但是他通过 PPT 的内容及自己的理解，顺利继续演讲。

c. 随机应变

小 C 在演讲时根据时间及计划书的重点内容对自己的演讲内容及演讲速度进行调整。

C. 回答评委问题的方式方法

a. 礼貌致谢评委的问题及建议

小 A 在回答问题时对评委提出的问题和建议进行感谢，让评委留下一个好

的印象。

b. 面对刁难从容回答，落落大方

小 B 在答辩时面对评委的故意刁难仍面不改色，有理有据对评委的问题进行回答。

c. 面对评委喜怒不形于色

小 C 在答辩时对评委的肯定和批评都冷静对待，不为肯定而自得，不为批评而沮丧，以稳定和平常的心态面对评委。

三、全国大学生电子商务"创新、创意及创业"挑战赛

（一）概　况

全国大学生电子商务"创新、创意及创业"挑战赛（以下简称"三创赛"）是激发大学生兴趣与潜能，培养大学生创新意识、创意思维、创业能力以及团队协同实战精神的学科性竞赛。由中华人民共和国教育部主管，教育部高等学校电子商务类专业教学指导委员会主办，"三创赛"竞赛组织委员会、全国决赛承办单位、分省选拔赛承办单位和参赛学校组织实施的全国性竞赛，竞赛分为校赛、省赛和全国总决赛三级赛事。

（二）竞赛宗旨

电子商务是一门专业学科，我国经济社会的发展也对创新型电子商务人才培养提出了迫切的需求，"三创赛"为大学生理论联系实际，学以致用，强化网络交互能力、团队协作能力、项目组织开发能力等大学生创新创业素质培养，在实践中学习、在实战中成长，提供了施展才华的广阔空间。

充分调动涉及电子商务的各行业、企业资源，联合各协会组织会员企业以多种形式参与到竞赛的全过程。充分发挥行业协会的桥梁纽带作用，推动产学研合作机制的创新。

充分发挥教指委各成员单位的引导作用，组织发动所在省区的竞赛工作，协调服务高校和企业的联系，以及大学生挑战企业需求项目过程中的各类问题。

注重比赛的前瞻性、实战性、普及性和引导力。营造电子商务专业实践、实训、实战的良好氛围和环境，发现一批电子商务专业建设优质院校，培养一批具有较强实践能力的骨干教师，建设一批产学研结合的实训基地，创新一批高校与

企业合作的互动机制，努力推进高校电子商务专业建设不断完善。

在教育部高等教育司的指导下，探索和建立全国大学生电子商务竞赛的长效机制，努力使"三创赛"成为培养人才和发现人才的重要途径，把"三创赛"打造成我国高等教育中的品牌赛事。

（三）奖项设置

按照校赛、省赛、国赛分别设立奖项。

校赛奖项分特、一、二、三等奖共四个等级，原则上特等奖不超过参赛队数的5%（可空缺，要排名次），一等奖不超过参赛队数的10%，二等奖不超过参赛队数的20%，三等奖不超过参赛队数的30%。设最佳创新奖、最佳创意奖、最佳创业奖等单项奖若干名。特等奖指导老师为最佳指导老师，一等奖指导老师为优秀指导老师。

省级赛奖项分特、一、二、三等奖共四个等级，原则上特等奖不超过参赛队数的5%（可空缺，要排名次），一等奖不超过参赛队数的10%，二等奖不超过参赛队数的20%，三等奖不超过参赛队数的30%。设最佳创新奖、最佳创意奖、最佳创业奖等单项奖若干名。授予特等奖团队指导老师最佳指导老师奖，一等奖指导老师为优秀指导老师。授予校赛优秀组织奖若干名。

国赛奖项分特、一、二、三等奖共四个等级，原则上特等奖不超过参赛队数的10%（可空缺），一等奖不超过参赛队数的15%，二等奖不超过参赛队数的25%，三等奖不超过参赛队数的40%。设最佳创新奖、最佳创意奖、最佳创业奖等单项奖若干名。对一等奖团队指导老师授予优秀指导老师奖，对特等奖团队指导老师授予最佳指导老师奖。对获得国赛特等奖的省级赛承办单位授予优秀组织奖，对获得国赛特等奖前三名的省级赛承办单位授予优异组织奖等若干名。

（四）竞赛时间

校赛一般在4—5月举行，省一般在5—7月举行，国赛一般在8月举行。

（五）竞赛对象

经教育部批准的普通高等学校的在校大学生均可参赛，高校教师既可以作为指导老师（在学生队中）也可以作为参赛选手（在混合队中做队长或队员）组成师生混合队参赛。

（六）组队方式

参赛选手有两种组队方式（分两类竞赛）。

1. 学生队：在校大学生作为队长，学生作为队员组队；

2. 混合队：高校教师作为队长，但本队中老师人数不得多于学生人数。

3. 重点

（1）参赛选手每人每年只能参加一个团队的竞赛，一个团队3—5名，其中一名为队长。可以跨校组队，以队长所在学校为该队报名学校。

（2）一个团队的竞赛可以有0—2名高校指导老师，0—2名企业指导老师参加。

（七）大赛主题

大赛强调理论与实践相结合，校企合作办大赛，2021年的大赛主题如下：

（1）三农电子商务 （2）工业电子商务 （3）跨境电子商务

（4）电子商务物流 （5）互联网金融 （6）移动电子商务

（7）旅游电子商务 （8）校园电子商务 （9）其他类电子商务。

（八）案例介绍

1. 准备工作

A. 团队组建

a. 以一个发起人为中心，通过自己的人脉关系聚合形成团队

小A有参加"三创比赛"的意向，对"三创比赛"进行了解后，联系了自己不同学院的朋友一起报名参加，并根据"三创"的竞赛方式联系了不同学院和专业的同学以成功组建了一支分工明确、各司其职的参赛队伍。

b. 以老师为纽带，通过老师组成参赛队伍

小B成绩优秀，了解到"三创比赛"后向老师询问参赛相关，并在老师的帮助下确定参赛大致方向并经过老师推荐队伍成员得以成功组建团队。

c. 由几个一起参加过比赛的人员为团队固定成员，再根据比赛要求联系不同专业的成员以组建团队

小C和几个朋友一起参加过比赛，形成了自己固定的参赛队伍，根据"三创赛"的竞赛要求，对已有人员进行分工后，根据团队内的空缺联系专业的人员。通过朋友介绍、公开招聘和老师推荐等方式完成团队的组建。

d. 联系自己的校外朋友进行组队

小 D 和自己不同学校的朋友进行沟通后，形成了一支跨校组合的团队。

B. 分配任务

a. 以成员专业为依据

小 A 的团队为跨学院组织而成，在财务、市场营销、人力资源、艺术设计等方面有专业的人员，所以他给成员分配任务时直接由专业的人做专业的事情，既保证计划书内容的真实性、正确性，又能在遇到问题时及时寻求专业老师的帮助。

b. 以成员兴趣为依据

小 B 的团队为学院组队，团队成员的专业相近，他在给成员分配任务时依据成员的兴趣，例如小明对财务有兴趣，数学好，就把财务部分的任务分给小明。

c. 以成员能力为依据

小 C 的团队成员能力各有突出，有专业人士但是不多，他在给成员分配任务时优先分配专业对口的成员任务，剩余的任务根据成员的能力进行分配，例如小丽在学生会担任职务，有一定的管理能力，所以把团队管理这部分的任务分给小丽。

2. 计划书写作过程

A. 团队内部交流沟通

a. 计划书写作前明确计划书的主旨和大致方向

小 A 在分配完团队成员的任务后，进行了开会，给大家详细介绍了计划书的主旨和大致方向，尽量保证团队成员在写作过程中的方向的正确性和相同内容的一致性。

b. 计划书写作中及时与团队成员沟通交流

小 B 在完成计划书期间会在固定时间与团队成员交流沟通，对部分实时问题进行意见的统一。

c. 初版计划书汇总整合后从头梳理

在成员完成并提交计划书后，小 C 对计划书进行整理汇总，并从头到尾对计划书进行修改和梳理，保证内容连贯性和一致性，并在同时对计划书中的句子进行语病的修改。

B. 与老师的交流沟通

a. 厘清计划书大致思路

小 A 在计划书写作中及时和指导老师沟通，在老师的引导和建议下对计划书中的内容写作形成大致的思路。

b. 解答计划书写作过程中的专业问题

小 B 作为财务管理专业的学生，在计划书写作中会遇到自己解决不了的问题，他会及时向自己专业的老师请教。

c. 帮助修改初版的计划书

在计划书初版完成后，小 C 将计划书提交给了指导老师，在指导老师的建议下对初版计划书进行再次的修改。

C. 路演的演讲稿及 PPT

a. 计划书完成后将重点进行勾画形成 PPT

小 A 在计划书形成后，与团队成员共同商议勾画出重点，由团队负责做 PPT 的同学着手开始制作。

b.PPT 的制作符合计划书的相关主题

小 B 的计划书与民族文化相关，所以 PPT 多由水墨、黑白、祥云等国风元素构成，有鲜明的特色与记忆点，且 PPT 与计划书主题的适配度高。

c. 以 PPT 的放映顺序路演的演讲稿

根据 PPT 的播放顺序由路演的同学形成演讲稿，并根据 PPT 中的重点内容决定稿子中介绍的文字篇幅，以达到详略得当、重点突出的效果。

D. 路演时的问题模拟

a. 团队成员对路演时会提出的问题进行模拟

PPT 及路演稿完成后，团队成员共同对路演时评委老师的提问进行模拟，由路演同学进行回答，并对重要问题形成回答思路。

b. 指导老师的问题模拟

小 B 邀请了指导老师对路演的问题进行模拟，并根据老师的建议，小 B 形成了回答评委提问的思路。

c. 咨询往届有经验的学长学姐及在互联网寻找相关的资料

小 C 的直系学姐有过参加"三创比赛"的经验，他向学姐寻求路演的建议和问题的模拟。小 C 还在互联网上查找"三创"路演答辩的相关经验分享和视频资料，为自己的答辩做准备。

3. 路演模拟

A. 稿子与 PPT 的配合

a. 路演前多次练习，提高稿子和 PPT 的配合度

小 A 在路演前多次练习，确保自己在路演时不会有卡顿和讲述与 PPT 内容

匹配不上的情况。

b. 对 PPT 的内容及顺序有足够的熟练度

小 B 对 PPT 的内容及顺序足够熟悉，能够在忘记路演稿内容的时候根据 PPT 的内容及时反应，继续路演。

c. 对路演稿的内容有足够的熟练度

小 C 对自己的路演稿足够熟悉，能够随机应变调整自己的路演演讲内容。

B. 答辩心态

a. 从容冷静

小 A 有多次登台经验，所以他在答辩时从容冷静，能够清晰流利进行阐述。

b. 临危不惧

小 B 突然忘记了自己接下来的演讲内容，但是他通过 PPT 的内容及自己的理解，顺利继续演讲。

c. 随机应变

小 C 在演讲时根据时间及计划书的重点内容对自己的演讲内容及演讲速度进行调整。

C. 回答评委问题的方式方法

a. 礼貌致谢评委的问题及建议

小 A 在回答问题时对评委提出的问题和建议进行感谢，让评委留下一个好的印象。

b. 面对刁难从容回答，落落大方

小 B 在答辩时面对评委的故意刁难仍面不改色，有理有据对评委的问题进行回答。

c. 面对评委喜怒不形于色

小 C 在答辩时对评委的肯定和批评都冷静对待，不为肯定而自得，不为批评而沮丧，以稳定和平常的心态面对评委。

第二节　校内创业

一、企业机会：校企结合

校企合作是利用高校与社会企业协同合作的方式互相支持、资源互用、优势互补、教育引导，共同培养顺应时代发展，积极投入社会的人才。校企合作的培养模式对社会人才发展、人力资源调控起着非常重要的作用。

近几年，我国经济发展速度放缓，趋势向高质量发展倾斜，对于人才上面的需求量也越来越大。因此，加快技能人才的培养对经济社会发展具有十分重大的意义。校企合作的培养模式将更快更精准地培养出社会上急需的人才，更有利于社会的发展。

2017 年 10 月 18 日，习近平同志在十九大报告中指出，要优先发展教育事业。要完善职业教育和培训体系，深化产教融合、校企合作。加快一流大学和一流学科建设，实现高等教育内涵式发展。大中专院校等职业教育院校为谋求自身发展，抓好教育质量，采取与企业合作的方式，有针对性地为企业培养人才，注重人才的实用性与实效性。2022 年四月，人社部继续印发《关于加强企业招聘用工服务的通知》（以下简称《通知》），部署做好企业招聘用工服务，支持做好"六稳"工作、落实"六保"任务。通知中明确了要扩大技能人才供给，梳理急需紧缺职业（工种）信息，引导社会机构开展市场紧缺职业技能培训；依托职业院校、技工院校等机构，开展重点群体技能培训；创新校企合作模式，开展订单、定岗、定向式人才培养。

推动校企合作，产教融合，不仅是对学生动手实践能力的再培养，也为学生提供了创新创业的机会。现如今，很多学校都在以校企合作的模式招生。

校企合作的模式有很多种，不同的模式会为学生提供不同的待遇，也对应着提出了不同类型的创新与创业途径。下面给出四种校企合作的基本方式。

（一）校企合作方式 1：企业引入

企业将校园分为不同的地域，以企业的形式进行联合或租赁，企业将企业自身的生产线、管理生产线等构成企业核心的商业链条引入学校，从而为学生创造一个直接的工作机会。在不离开学校的情况下，通过理论和实践的结合，获取一定的劳动报酬，了解当前技术、管理方式、企业运作形式等内容，对企业运作有所基础，为学生自主创新创业提供思考空间。该模型既能有效地缓解企业的办公场所短缺，又能有效地缓解目前高校实训教学设施短缺的问题，实现校企之间的"产学研"联动，实现双赢。

（二）校企合作方式 2：工程与学习的转换

具体执行方法有以下几种：A.工读轮班制度——将同一学科的学生分成两

半：一组在学校里学习，另一组到公司工作，或参加实践训练，每学期或每一学年轮班；B.全日劳动、工余上课制度——在公司里，受雇用，轮流工作，在业余时间进行读书，通过讲课、讨论等方式，将工作与学习结合在一起，在学院里接受系统化的教育，到公司里去培训。该模型主要面向高职高专，虽有一定的限制，但较好地解决了学习中实习的问题，同时提高了学习和实习的能力。相应地，学生在工学交替的模式中进行学习，更早接触到企业实训，并大多会比同龄学生提早进入市场遴选，在获得劳动报酬的同时获得提高对技术的理解与感知度，具备创新思维的学生将拥有将所学技术进行实体化的机会。

（三）校企合作方式3：校企互动

企业提供实习人才、基地、设备、原料，参加学校的教学计划，并指定专业人士参加。

优秀的管理人才和技术人才到学校讲课，是把经验传授与传统教学相结合的一种有效的实践。鼓励校企互聘，或推行校友合作、优秀校友讲座等形式，让企业的工程师和经理们到学校去讲课。学校和企业之间的相互聘用，让学生在实习中得到技能培训，不仅可以提升自己的专业技术水平，还可以为企业生产产品和企业创造价值，解决实习材料短缺的矛盾，同时练就学生过硬的本领，真正实现育人中创收、在创收中育人。

校企合作，让公司获得了人才，让学生获得了技术，从而发展了学校；学生运用所学到的知识进行企业技术和企业经营的支持。同时，学员也有机会与公司的高层管理人士进行沟通，以学生的身份与教师进行沟通，并获得第二次培养的机会，并在导师的帮助下，在良好的基础和导师的关怀下，进行创新创业。

（四）校企合作模式4："订单"式合作

学生入学就有工作，毕业就是就业。目前，一些高职院校已经实行了"保就业"的管理模式，即在"保就业"一开始就对就业做出保证，并在学期之内完成"招生与就业""教学与生产"同步、"实习"与"就业联体"。学生是由学校挑选出来的，是企业招聘的，是公司和公司一起进行的。

学员按照公司的要求进行技术培训，培训完成后，由公司组织进行考核，并按照合同聘用。这种协作具有很强的针对性，强调了职业技术培训的灵活性和开放性，可以培养出更好的适应能力、较高的就业率和较好的工作稳定性。但"订单式"的合作培养出来的学生，往往缺乏自己的创意和发展思路，以公司的要求为出发点，以员工的身份得到劳动报酬，而学校却处于被动的地位，培养多少人，何时培养，都取决于企业的要求，失去了主动权。这种合作方式属于初级阶段，在中等职业学校较为普遍。

校企结合将有效助力创新创业。2022年1月，正在实验室做实验的吴晟灵感突现，当即从学校直奔企业，召集企业的技术骨干进行研讨。"我想到了一种降温散热材料，或许可以解决我们面临的问题。"吴晟既是大学教授，又是山东烟台台芯电子科技有限公司的"科技副总"。平时企业有需要，吴晟便与学校团队教师、学生一起协助企业科研人员，进行课题攻关、技术突破。

自2020年9月以来，在山东烟台经济技术开发区管委会牵线搭桥、哈尔滨工程大学烟台研究（生）院统一安排之下，包括吴晟在内的20名高端人才入驻当地新材料、装备制造等重点领域的18家中小微企业，挂职担任"科技副总"。在学校从事基础研究，在企业从事应用研究，两相结合打通了学术研究和市场应用的断层，释放出巨大的创新创业活力。

类似的案例不只发生在教授级别人物的身上。以惠州学院网络工程专业为例，通过用人单位调研发现，毕业生存在理论知识掌握不扎实、动手能力差等问题，不能满足企业用人需求。学校基于问题出发，开展校企合作，构建创新创业的培育发展模式，在校内建立创新中心，建设双创型师资队伍，对网络工程专业教学模式与人才培养模式进行了改革，释放了学生的创业活力，促进了学生的自主就业。

二、学校机会：校资源平台与校科创园区

自2019年科创板开通以来，为了抓住科创板的机遇，全国各地纷纷出台扶持企业上市的政策，出台扶持自主创新创业的产业扶持政策，释放发展势头，如浙江省提出全面推进市场主体转型升级，深入实施企业上市和并购重组"凤凰行动"计划，力争到2022年全省境内外上市公司达到1000家等。在国家创新人才、创新技术的迫切需求下，加之政策红利，全国各地区科创园区如雨后春笋般肆意生长，强势崛起，同时，与企业科创园相对应的，大学生科创园建设也已经在各高校建设名单上提上日程。

在当前"大众创业、万众创新"的热潮中，为加快产学研合作步伐，提升校企地合作水平，推动地方经济社会发展，多数高校正在建设创新创业园。

2020 年，上海市《关于加快推进我市大学科技园高质量发展的指导意见》向社会公开，提出到 2025 年，基本形成多层次、开放性的大学科技园，重点建设 3—5 个有一定影响、品牌效应的大学科技园、示范园，辐射带动高校周边高新园区、产业园区等形成若干产值规模达到千亿元级的创新创业集聚区，孵化培育 1 万家有发展潜力的科技型企业。该《指导意见》指引了大学科技园"回归初心"，以强化"成果转化、企业孵化、人才培养、辐射带动"等职能为出发点和落脚点，突出承接高校综合智力资源溢出的特色和优势，推动高校创新资源开放共享、加强技术转移服务，鼓励师生校友创新创业，全面提升大学科技园的能级和核心竞争力。

创新创业园建设背靠当地政府支持，凝结社会企业力量，聚集学校科研前沿成果，成为当地省市区科创园的重要组成部分，以产学研一体化定位孵化相关产业链条与技术转化从而进入市场，成为国家区域创新中心战略的重要支点，在人才聚集、技术创新、经济牵引等方面发挥重要作用。

目前大多数高校所实施的科创园建设方案通过实施创新创业园建设，建成一个创新要素齐全的园区，包括技术创新基地、创业孵化基地、综合服务中心等机构，同时与企业展开相关合作，吸引外界投资与基金。科创园建设旨在获得一批标志性高新成果，汇聚一批本土化的高水平专业人才，打造一批战略引导性小微企业，培育创投基金与技术创新全产业链融合的创新型示范企业，使创新创业园最终成为培养创新型人才的高地、高新技术研发的基地、校企合作的平台、高新技术企业孵化的基地。

科创园区建设对大学生创新创业提供了充分的帮助，主要提供如下几种支持。

一是技术支撑：面向校内具备管理基础知识与创业基础知识的同学，推进发明技术商业化。将校内自主研发或由企业提供技术专利给予管理与经济专业学生进行商业模式的架构与推广，在技术支撑下完成技术商业化，拉拢社会投资完成企业创办与业务开展。

二是场地支撑：面向校内拥有自主创新创业想法的同学，为缺乏场地支持的学生自主创业提供场地支撑，以低于市场价格将场地外租给校内学生。同时给予一定的设备支持，以减轻学生高额租赁设备所产生的费用。

三是平台支撑：面向已经具备创新创业思路并实现初步融资与企业创办的学生与组织，将学生企业或群体融入学校产学研一体化多方平台，为企业后续获得融资、获得技术支持、产品与业务推广等多方面需求提供支持。

四是团队支撑：学生在科创园中接触到企业管理层人员、企业技术人员、学校优秀办学工作者、学校科技创新转化老师、学校科研老师、学校具备一定科研转化成果的研究生、博士生以及其他具备创新创业想法的学生，在大环境下方便组建自己的科创团队与创业团队，融合多方力量实现自己的创新创业想法。

五是资金支持：由学校或企业出资，为中小型新兴企业提供融资支持。

下面给出有关大学生产业园区的几个案例。

贵州大学国家大学科技园

贵州大学积极拓宽就业创业渠道，积极举办线上线下招聘会，为毕业生提供就业机会的同时，贵州大学还出台多种扶持政策，依托贵州大学国家大学科技园，为选择自主创业的毕业生搭建平台，通过创业带动就业。

贵州大学国家大学科技园（以下简称贵州大学科技园）始建于2011年6月，2014年9月3日被国家科技部、教育部认定为第十批国家级大学科技园，2016年11月认定为贵州省省级创业孵化示范基地，2021年，贵州大学科技园在全国115家国家大学科技园的绩效评估中获得"良好"等次。贵州大学科技园是集企业孵化、科技成果转化和科技服务为一体的大学科技园，园区依托贵州大学的学科、技术、人才和团队优势，扶持入园企业快速成长，以"一站式服务"推动初创企业发展，目前园区已经孵化了164家企业，在园企业138家。

贵州大学科技园为入园企业提供一站式服务，建立了105平方米的一站式服务大厅，为园区企业提供工商代办、财税咨询、法律服务、人力资源服务、投融资服务、专业培训等服务，提供了5000余平方米公共孵化场地并设有136个卡座、15000余平方米创办企业独立办公场地，用于师生及社会人士创新创业，还建立了学生创新创业导师库，为学生创新创业提供技术指导和资金支持。除一站式服务以外，贵州大学科技园还为入园企业提供免费的咨询服务，入园企业可以免费向相关的会计师事务所、律师事务所以及金融机构等咨询问题，对于一些优秀的项目，科技园还会为创业者提供相关资金支持以及为创业者进行政府的相关政策的解读，助推项目发展。

北京大学科技园

北京大学科技园始建于 1992 年，为响应国家号召，推动北京大学科技成果产业化，是首个科技部、教育部认可的国家级大学科技园之一，该园以"发展原创科技，打造精品园区"为目标，致力于将高校的科技创新资源转化为现实生产力，将综合智力资源与社会优势资源相结合，是为科技成果转化、高新企业孵化、创新创业人才培养、高科技产业化发展提供支持和服务的机构。

学校设立了北大创业孵化营，由北大孵化器联合北大·清华 TMT 校友创投联盟联合运营。招募全球创业精英，打造京城顶尖众创空间。依托北大品牌，聚焦世界前沿科技，聚集精英创业人才，汇聚国际孵化资源，塑造创新创业生态环境。通过筛选入营即可获得种子或天使投资，真正一对一导师深度指导，定制化服务体系，全方位资源协同参与孵化。入驻北大创业孵化营，将获得中关村创新核心区免费办公、数十家风投机构重点关注、上百次创业培训交流、携手精英资源一路前行。

东南大学国家大学科技园

东南大学国家大学科技园（以下简称"东大科技园"）成立于 1999 年，是科技部、教育部 15 家试点和 22 家首批授牌的国家大学科技园之一，是东南大学服务地方区域经济建设的主要平台和重要窗口。在新一轮科技部、教育部国家大学科技园绩效评价中获评优秀。东大科技园积极与地方政府合作共建，建有南京玄武、栖霞、高新、江宁、下关和苏州、扬州及昆山园区，科技创新创业载体面积约 20 万平方米，在园企业 500 余家，其中高新技术企业 70 余家，已孵化培育以江苏金智科技股份有限公司、南京途牛科技有限公司、江苏澳格姆生物科技有限公司和南京达斯琪数字科技有限公司等为代表的 1000 余家科技型企业。在学校领导的高度重视下，东大科技园锐意进取、砥砺前行，不断完善双创生态链，孵化培育成效卓著，荣获国家中小企业公共服务示范平台、中国技术创业协会科技创业贡献奖、江苏省大众创业万众创新示范基地、江苏省综合孵化器十强单位、江苏省创业孵化服务绩效示范单位等荣誉资质，连续五年获评江苏省科技企业孵化器绩效评价优秀（A 类），是江苏省大学科技园联盟新一届执行理事长和秘书长单位。

东大科技园学生创业中心成立于 2006 年 4 月，是江苏省首家学生创新创业中心，该中心贴合东大科技园办园格局，在部分分园设有学生创新创业基地，服务学校双创，打造双创生态圈，至今已累计孵化培育了以江苏邦宁科技有限公司、南京海善达信息科技有限公司和南京速羽动力科技有限公司等为代表的学生创业企业 150 余家。

哈工大大学生创新创业园

哈尔滨工业大学紧跟国家"大众创业、万众创新"发展战略，把大学生创新创业放在挖掘释放龙江发展潜力、培育新的经济增长点的战略高度来谋划和推动。学校成立了专门工作组，多方协力推动哈工大大学生创新创业园建设工作，在全国率先吹响了加快推进大学生创新创业的冲锋号，努力为推动和改进大学生创新创业教育扮演好"火车头"和"发动机"的角色。

园区将为大学生的创业计划提供五个服务和五个对接。五大服务内容包括：提供 2—3 年的自由创业空间；免费为企业会计、合同审核、劳务纠纷等法律顾问服务；邀请国内的成功企业家、投资人、创业者，以公开的授课方式，提升创业者的创业能力和经营水平；以哈工大优秀资源为基础，为创业者提供坚强的生存保障；在北上广深等创业活跃、资本发达地区，选择优秀项目参与大型赛事，促进创业企业的发展。五个项目，分别是：通过与社会资本的对接，吸引辰能投资、哈创投、丁香汇等投资机构前来参与项目的投融资；与不同的加工单位进行对接，为初创企业在不同的生产阶段提供配套的加工支持；与政府、产业联系，在融资、产业发展等领域给予扶持；通过孵化期的对接，为大学生创业企业的发展打下良好的基础；与人力资源对接，选拔优秀的企业。"双五"服务体系的建立，为新创企业的迅速发展创造了一个良好的生态环境。

三、导师机会：导师引导

近几年，我国大学科研经费不断增长，大学的科学研究气氛十分浓厚。大学每年都要承担大量的科学研究课题。我国技术资源十分丰富，技术和产品都是可以转换成市场的。然而，由于大学老师们在教学、学术上的追求上，没有足够的时间和精力来开拓市场，导致其市场转化率偏低，许多研究成果被搁置在一边，严重地制约着大学科学研究的可持续发展。随着国家科技政策的调整，高校对国家利益的贡献、产业结构调整、地区经济发展的需要日益清晰，高校科研成果市场化转化的需求日益强烈。

在这样的背景下，更多的老师会认识到，利用大学生的创业来激发"沉睡的研究成果"，是推动高校产学研结合的一种行之有效的举措。一方面，大学教师忙于教学、科研、管理等日常工作，缺乏时间、精力和人力，尤其是缺乏对科研成果有一定了解的人才。当前，在大学生创业过程中，教师的作用主要表现为陪伴者、辅助者、学习者和合作伙伴，同时还具有辅助者和提醒者的作用。他们可能帮助学生实现他们的企业家梦、发掘优势、发现企业家潜能的学生。

在大学生创业过程中，导师辅导是一个非常重要的环节。对那些没有创业经历，仅仅有创意的人，导师要给予辅导和训练。从企业的经营理念、商业模式的构想、企业发展蓝图到企业报告的撰写、企业的建立，都离不开专业人士的参与与引导。同时，学生在理论知识上还处于初级阶段，缺乏实际操作能力和科学研究的创新成果。从导师的视角，可以为培养优秀的接班人创造和传授技术，也可以将自己的研究成果转移到学生身上，实现学校的科技转化，为学生的创新创业积累了丰富的经验。

指导教师的指导有两种：一是由专业的学生辅导员对学员进行技术辅导与支援；二是由学校的创业指导教师对大学生进行创业观念的构建。创业导师包括：概念引导（宣传创业就业政策，树立正确的创业观念）、政策引导（提供创业指导和法律法规方面的帮助，增强创业能力，规避创业风险）技能辅导类（结合自身工作实际提供技术和就业创业知识咨询与培训）与典型带动类（通过自身创业经验和企业实力为创业提供智力或物力支持，为其就业提供岗位）。

北京中医药大学："导师深度参与式"创新创业教育模式探索

北京中医药大学坚持"专业教师、导师、企业导师"相结合，形成"导师深度参与"的创新创业教育模式。创新创业教育与专业教育、实践教育、素质教育渗透、凝聚、包容、融合创新创业教育，是指导教师深入参与学生创新思维培养、产品设计研发、创业项目选择、商业模式探索及公司发展的各个阶段。其主要表现为：加强学生的专业知识储备与技能，创新思维训练，团队合作交流等；

具体体现在项目设计与开发，科研成果转化落地，实现中医文化、产品和服务的社会价值。创新创业教育模式既可以激发大学生的创造性思维、创业精神，也可以增强学生整体素质，推动学校教育教学改革，加速科技成果的转化，增强医疗卫生事业的服务水平。

第三节　校外创业

大学生创业是一种以高校毕业生为主要对象的创业活动，在当前经济转型时期，社会就业压力日益增大，大学生创业已成为一种重要的职业选择。此处大学生创业特指大学生作为个体经营者参与社会经济活动，本书提出包含校园代理、新媒体运营与开设个人网店在内的三种可能的创业途径。当代大学生参与社会经济活动要处理好学习与工作或兼职之间的关系，不可盲目跟风；要提高辨别是非真假的能力，不被诈骗信息与广告所诱惑，科学创业，积极创业。

一、校园代理

校园代理，顾名思义就是在校园内代理销售商家机构提供的商品和服务，从而收取一定的佣金。校园代理一般是在校学生的兼职，一般情况下代理可以赚取一定的利润，商家从而可以扩大销售。

校园代理多适用于办学规模较大的高校，一些地方企业、店铺为了吸引客流，为大学生开设了商圈，积极联系大学生进行兼职，包括建传单、张贴海报、自媒体宣传、组织宣传等。校园代理出于兼职的目的出现，赚取额外生活费，节省生活开支，它们只有这样的功能，而一些具有创新创业思维能力的学生以校园代理的形式进行新兴思维操作，扩大了校园代理的范围，建立了自己的业务。直至创办自己的业务公司，最终实现大学生创业，获得营收。

校园代理业务的开展具有一定的局限性：校园代理业务多与校外企业或店铺合作开展，存在一定的诈骗风险；大部分校园代理业务与学生专业知识没有内在联系，学生在开展校园代理业务的同时要应对处理好兼职与学业的关系；校园代理要具备一定商业头脑，发现市场痛点，选择适合自己高校实际情况，在自己高校能够建立起市场的代理业务。

下面给出校园代理的相关成功案例。

福州大学至诚学院 林金培

林金培毕业于福州大学至诚学院，如今已拥有7家实体门店，30多名员工。与其他三所高校的6名大学生共同成立了一家投资公司，专注于做"高校中间渠道商"，"商家让利给我们，我们再让利给大学生，从中获得利润"。公司运营半年来，营业额超过800万元，利润近百万元。

林金培的创业始于代理校园旅游。他花了两周时间在校门口察看，发现周末两天就有15辆旅游巴士从这里出团，按照每辆车40人计算足足有600人出游。7000多人的学校周末有10%左右的学生出游，可见大学生旅游市场潜力很大。于是林金培直接上门找旅游公司谈，拉拢到了在校园占据份额最少的旅行社，为旅行社拉生意。第一个星期仅仅成交了一单，但从第二周开始，使用了贴海报、发传单等推销手段之后，有人开始主动联系林金培，并接到一些集体出游的订单，包括一次2006级土木工程专业的200人集体出游。在代理校园旅游的过程中，林金培获利6000余元，获得了自己的第一桶金。之后，他开始继续扩大规模，成立了协会并担任会长，设有网络部、宣传部等部门，开始大规模进行旅游代理服务，在团队共同努力下获利4万余元，并增设了驾校报名项目。之后，他继续扩展业务，建立了跨校区的联盟销售团队，自行开发了适合大学生集体出游的户外项目，建立起一支由13所高校参与的联盟销售团队，并最终实现了高收入盈利。

二、新媒体运营

新媒体运营是利用现代移动网络技术，利用抖音、快手、微信、微博、贴吧等新兴媒介进行产品宣传、推广、产品营销等一系列运营手段，通过策划品牌相关优质、高传播性的内容和线上活动，向客户广泛或者精准推送信息，提高参与度，提高知名度，从而充分利用粉丝经济，达到相应营销目的。

新媒体能在短时间内迅速接收大量读者，原因其一在于其拥有草根的特性。它传播的广泛性与高效性让看到新媒体刊发内容的每一个人都将自己置身为"新闻见证者与传播者"，逐渐改变了人们的思想观念与生活方式，激发了一直在社会上保持沉默，无处发言的"草根群体"，唤醒了人们内心中想要并试图积极参与社会进步与发展的欲望与诉求。这也是新媒体之所以能够如此强烈的进入市场并迅速崛起的决定力量。

新媒体创业的主要实现方式是个人自媒体搭建。做自媒体，首先要求人们找到自己的定位。对于广大大学生而言，自媒体的定位往往需要新颖突出，贴近大学生活，才能获得共鸣。做自媒体需要学生梳理自我的定位，不断总结并反思方向，同时锻炼自己的口才与表达能力，形成自己的逻辑思维体系。

自媒体运营是一个表达自己的过程。将自己的所思所想用恰当的方式与语言表达出来，在网络上得到他人的共鸣。自媒体的变现主要有两个途径。

1. 知识表达的直接转化。

2. 通过知识的输出，将实物产品转化出有效的销售渠道，即直播带货。

对大学生而言，一些更常见的方式，诸如包装自己，成为网红；分享知识，获取平台分红等。作为大学生如要试图通过自媒体经营进行创业，要能够发现创新点，寻找合适的途径开展自媒体运营，注重自媒体内容的选择。

下面给出关于新媒体运营的两个成功案例。

广西大学行健文理学院 罗弘扬

爱好摄影的罗弘扬，用爱好为自己挖到了"第一桶金"。就读于广西大学行健文理学院大四的他，以自己的名字为招牌，在微信、微博、QQ 空间帮人拍摄求职正装照和毕业季照片。

怎样才能让客户选择自己？罗弘扬仔细分析了一下：在微博、微信公众号这些社交媒体上，资讯的表现是直观的。只要照片拍得好看，顾客看到了自然会发现自己。他为自己的拍摄设定了一系列要求：1. 根据不同时段在不同地点取景；2. 顾客应根据提出的建议和指导进行服装搭配；3. 拍摄前必须定好题材；4. 只在晴天拍摄；5. 一天总共只接约 40 个人的单子。

优质的拍摄技术，良好的服务，深得学生信赖。渐渐地，他的名声在学院里传开了，其他学校的同学也慕名而来。客流量最高的时候，20 天接了 210 单，赚了 6000 多块钱。

"新媒体对我来说只是完成我要做的事情的媒介。"罗弘扬表示。

大学生博主：老师好，我叫何同学

2021 年，一篇名为《5G 到底有多快》的视频一夜爆火，各大官媒、大 V 频频转发，这个专门做数码产品测评的大学生也一夜爆火，转身逆袭为千万粉丝的超级博主。大学生博主到底有多敬业？为了测试性能，先后几次坐校车寻找 5G 信号，一个镜头能拍三天，几秒钟的创意也要做到最好，把 600 万关注者的名字全部印在房间的墙纸上。所有的这些工作都在当代年轻人视频网站 B 站上被记录下来，吸引着千万粉丝的眼球。从第一个播放量过亿的视频，到雷军发文感叹说：好像看到了三十多年前的自己，何同学彻底火遍了新生代媒体圈，爆红网络，还没毕业就收到了 OPPO 副总裁的入职邀请。身上洋溢着满满的正能量的他，诠释了什么才是真正的后浪。他还受邀采访了苹果掌门人库克，采访中，他用流利的英文谈笑风生，不卑不亢，两人寒暄一番后，谈起了苹果领域的专业问题。从两人的愉快交流中，可以看出，苹果掌门人对这位中国在校大学生还是非常欣赏的，中国后浪的力量令人刮目相看。

在 20 岁完成了多数人一辈子也完不成的事，何同学的励志人生，令人深受启发。每个阳光青年，都应该打破按部就班的思维模式，用灵感、想象力代替墨守成规，你的生活才会倍加精彩。

三、个人网店

个人网店是一种电子商务模式，它能让人们在浏览的同时进行购物，并通过多种网络付款方式来完成交易。大多数网店都是通过淘宝、eBay、拍拍网、京东、购物商城等大的网上商城来进行交易，所以，我们要充分发挥自己的优势。

开网店由于门槛低，收益高，成为不少年轻人创业的首选。而在今天，在平台上开网店已经非常人性化和便利了，甚至可以说只有一部手机就可以轻轻松松把店开起来。一般来说，网店的开店大致可以分为以下几个阶段。

一是选品，也是中小卖家开淘宝网店最重要的就是选商品（也就是选我们要卖的东西），对于我们小卖家来说，选商品是做淘宝首先要做的，也是最重要最关键的，选商品决定了你能不能把淘宝做成功的 70%。剩下的 30% 靠后期操作。

二是营销策划，给人家一个理由：凭什么买你的产品？

三是做基础销量，因为新产品 0 销售，0 支付，就算很多买家看到了，他也不愿意点击。

四是推广引流，中小卖家以自然搜索流量为主，其实营销策划与推广引流相得益彰。

五是客户维护，在淘宝的运营过程中，可以说每一单都是来之不易的，那么对于老客户而言，如果能够再合作的话，效果要远远好于新客户。

个人网店经营成本较低，但也存在一定风险。作为初入市场的大学生群体，要理性选择经营产品，持有稳重的心态进行经营，不可急于求成，过分投入，引发经营风险。下面给出一个关于个人网店经营的成功案例。

亳州职业技术学院吴佳亮

大二时，一直对电商行业感兴趣的他，开始尝试自己做主营童装系列的淘宝电商。对于刚接触电子商务的他来说，逐渐认识到自己的知识和能力还远远不够，在校期间经常向老师请教电子商务方面的知识。吴佳亮利用假期到电子商务企业实习，负责天猫店铺的运营和推广，学习优秀企业的电子商务模式。这些经历和经验让他懂得了电商的运营模式和市场规律，为他接下来的创业打下了基础。大三期间，吴佳亮在导师的推荐下，凭借丰富的经验和十足的干劲，找到了自己在亳州的合作伙伴，打响了他人生中创业的"第一枪"。为了进一步丰富创业经验，在校期间，吴佳亮一个人承担了不少项目。

为了开拓市场，吴佳亮和他的创业伙伴每天奔波于各个市场与相关厂商对接，无数次碰壁不仅没有磨灭吴佳亮的闯劲，反而成为他厚积薄发、一往无前的动力。对于"00后"创业者来说，最大的压力莫过于资金紧缺，向银行贷款也是四处碰壁。碰壁之后，吴佳亮便另辟蹊径，打算寻找投资人，在投资人的选择上，当然也有一定的要求，投资人一定要志趣相投，要有冲劲，要有志气。"我第一次接触风投机构，作为大学生成功融资20万，对我来说是一笔不小的资金，也让我坚定了坚持创业的信心。"也正是年轻的干劲，创业的激情，彼此的信任，最终双方达成合作，融资成功。

四、积累型创业

白手起家——积累型创业，是大学生自主创业中最常见、最可行的创业途径，其突出特点是进入门槛低，投资风险小，市场前景好，退出机制活，很适宜初入社会的大学生创业者在实践中探索前进、成长发展。

近现代经济史上有相当一部分著名的企业家，都是从白手起家，经过打拼而成长起来的。这些企业家可能原来家境贫寒，没有可供继承的家产祖业，没有特殊的个人资历和特长，也没有特殊的人际背景和社会资源，有的甚至迫于生计，小小年纪就挑起自食其力甚至养家糊口的生活重担。就是在这种逼迫磨难之中，他们依靠自强不息的艰苦奋斗和勤奋学习，积累了资金、技能、知识、管理经验和人际关系，成功地走上了创业之路。

大学生可以从学生时代开始，通过"创业大赛""概念创业""实习兼职"、开办"学生公司"等方式锻炼自己。在创业实践中从基础做起，从小额资金投入着手，逐步积累创业经验和财富，尤其要注重在实习或实践中不断提高创业的能力综合素质，积累经验和资源。积少成多、积小成大，从量的积累到质的转变，成就事业。

一般来说，积累型创业需要创业者满足三个条件：一是创业者需要有强烈的创业欲望、决心和毅力；二是创业者需要有着强烈的求知欲和较好的学习能力，不断在实践探索中提高自己的综合素质；三是创业者需要有较强的应变能力，要能适应不断变化的内外部环境。除此之外，广泛的社会关系对积累型创业者也是必不可少的。

下面给出一个关于积累型创业成功案例。

张晓：自强自立，带着民族文化飞向世界

贵州瑞银鸟品牌，创立于2014年，一直以传承贵州民族手工艺为己任，肩负社会责任，保护传统手工技艺，传承百年工匠精神。瑞银鸟创始人——张晓，贵州赫章人，毕业于贵州大学旅游管理专业。刚进校，有着敏锐观察力的张晓就发现了商机，在大一下学期开始尝试第一次创业。创业过程艰辛，但收获满满。大二开始，张晓就靠自己赚取了学费和生活费，并且在创业实践中收获了大量的创业经历和经验。在校期间，张晓参加了贵州省民族工艺品创新大赛，使他更为详尽地学习了贵州的苗族文化，发现了市场需求与当下的民族文化商品的痛点，也为毕业后创业奠定了基础。

2012年，参加雷山苗年的张晓被瑞银坊手工银饰制作大师潘海民锻造的盛装银饰所吸引，于是萌生了创立手工银饰品牌的想法。2013年11月，带着毕业三年多积攒下的13万元的本金，张晓开始了真正的创业之路。他以贵州特色银饰品为突破口，立志打造一个能代表贵州少数民族文化和工艺银饰刺绣品牌——瑞银鸟。2014年，在张晓的努力下，银饰制作大师潘海民同意与其合作成立瑞

银鸟手工银饰品牌。

创业初期，张晓一个人扮演销售、采购、财务、送货、拍摄等各种角色，每天只休息 4 个小时，咬牙迎接每一次困难和挑战。天道酬勤，伴随着贵州后发赶超的"黄金十年"，"瑞银鸟"成长为一个主营贵州银饰、刺绣、蜡染等旅游文创产品，集自主设计、研发、生产、销售于一体的全产业链旅游文创企业。目前，公司年产值突破亿元，解决就业 712 人，其中绣娘 221 人、银匠 110 人；公司在全国有门店 30 个，产品走出了国门。从大山深处飞出来的瑞银鸟，一路走来风雨兼程，不忘初心，企业迅速发展，硕果累累，现在正带着民族非遗传承而飞向世界。

五、连锁加盟

连锁加盟，是指大学生以加盟直销、区域代理或购买特许经营权的途径来销售某种商品或服务的创业活动。加盟连锁最早出现在 19 世纪 80 年代，美国胜家（Singer）缝纫机公司建立了第一个经销商网络，经销人付费给胜家公司以换取在一定区域内出售的权利。发展至今，连锁加盟仍是许多创业者所喜爱和常用的创业途径。

按所有权归属划分，连锁加盟主要的经营形式主要有直营连锁、自由连锁、特许连锁三种。连锁加盟遵循着简单化、专业化、标准化的基本原则，其最大特点即是"统一"：统一领导、统一品牌、统一标准、统一经营模式等，如此进行，实现总部和加盟者双方利益最大化。

从创业者的角度看来，连锁加盟具有以下三个优点：一是复制已成熟的商业模式和技术，借助品牌的商誉和口碑，可减小创业过程中诸多风险；二是市场开发和新产品研发等重大事项由总部负责，可大大降低自身的经营成本和决策失误的风险；三是总部对加盟者进行统一管理、统一培训、统一安排，并有总部做背后支撑，经营者可心无旁骛地致力于销售工作，提高自身的竞争力。

但是，连锁加盟也不是万金油，也有其风险存在。一方面，总部对加盟者实行统一管理，加盟者自身的经营自主权受到较大的限制，产品和服务创新较难，自身的经营状况也容易受到总部的决策部署所影响，双方几乎"一荣俱荣，一损俱损"；另一方面，由于我国在连锁加盟方面的法律制度还不完善，存在着"圈钱跑路""以次充好"等非法牟利的情况，同时，加盟退出机制也不完善，退出成本过高，退出后仍受到某些条例所限制。因此，采取此渠道创业，需要创业者仔细甄别，小心谨慎。

下面给出一个关于连锁加盟创业的案例。

无锡烟草：农网零售加盟店助力返乡创业

沿着沪宜高速由北向南，在进入无锡宜兴市湖父镇竹海村的三岔路口处，一块红底黑字招牌格外醒目，这是宜兴竹海风景区附近为数不多的零售商店之一——春琴副食店。

虽然现在疫情反反复复，来景区的游客变少了，但是邻里乡亲的生活倒是没受多大影响，到店的本地客户依旧挺多，店主徐春琴忙前忙后。

"在老家，我开着这间小店铺，上午稍忙些要做一家人的饭，但下午一般就闲下来了，孩子他爸在前面工地上干活，一家人一年都在一起生活，比在外面打工强。"徐春琴说话时脸上始终带着笑。

徐春琴以前一直和丈夫在深圳打工，她干过公司保洁员、当过餐馆服务员，在电子设备制造厂做过流水线工人。

"我们夫妻两人在深圳打了好多年的工，但那里始终不是我们的家，常年在外，自己辛苦不说，孩子在家跟着爷爷奶奶生活，老人小孩都得不到照顾，我更希望我们一家人能生活在一起，自己也能多管管孩子的学习。"回忆起以前打工的生活，徐春琴这样说。

2021年年初，徐春琴回到农村老家开了这家小店铺，"当初这间店才开时，啥也没有，屋顶简陋，地上也是水泥地面，就在几排货架上摆了一些日用品、零食什么的，到店来的客户自然也不多。"

为推动城乡营销网络一体化均衡发展，助力乡村振兴，无锡市烟草公司加对大农村地区的支持力度，经过积极沟通、双向选择，春琴副食店成为无锡烟草公司农网零售加盟店。

加盟之后，无锡烟草公司对徐春琴的店铺进行了全面的升级改造，统一的店铺装修使这个小店焕然一新。靓丽的店招、干净的店面、合理的布局、整齐的陈列一下子吸引了不少的客流，春琴副食店生意也越来越好。

无锡烟草公司客户经理还定期走访小店，帮助徐春琴使用智能终端分析经营数据，组织诚信互助小组活动，引导零售户合法诚信经营。

"现在这个小店赚的钱和在外面打工也差不多，一家人在一起，日子比以前安逸多了。我还准备明年将店铺扩大规模呢。"说起现在的生活，徐春琴脸上洋溢着幸福的笑容。

思考题：

1. 大学生创业渠道有哪些？
2. 试述你对大学生创新创业渠道的看法。

第十二章 大学生创新创业案例分析

本章目标

1. 借鉴成功的大学生创业项目经验，从中得到启发从而完善自己的创业计划
2. 了解创业项目实施过程中的关键点

案例一：新型植物免疫诱抗剂 "氟苄硫缩诱醚" 的开发及应用

项目名称：新型植物免疫诱抗剂 "氟苄硫缩诱醚" 的开发及应用

参赛团队：贵州大学植物免疫卫士团队

参赛组长：陈顺红

参赛队员：郭声鑫，胡婷，兰荣猛，张丘丘，陈盼兰，刘阳

指导教师：宋宝安，吴剑

一、项目设计

（一）选题契机

2002 年，*Nature* 刊文首次报道了在植物内部本身存在有效的保护机制，可帮助植物抵御外来细菌以及霉菌的入侵。随后，美国麻省总医院 JenSheen 博士发现了能使植物对致病菌产生抗性的途径。2006 年美国科学家 Jonathan 在 *Nature* 上提出了植物免疫系统的概念，即植物能通过病原体以及特定化学物质等各种因子的处理诱导产生系统获得性抗性，从而抵御外来植物病菌的侵染。基于该思路，人们也发现外源化学物质可以通过诱导产生系统获得性抗性，从而抵御外来植物病菌的侵染，这为克服植物病害带来的挑战提供了新的希望。

（二）项目特色

本产品正是基于免疫诱抗的概念，以天然产物香兰素为先导，利用香兰素结构中羟基和醛基的两个活性反应位点，经过醚化、缩合反应，进行结构多样性衍生和生物活性测试，筛选出具有抗病毒、促生长、抗寒等活性优异的醚类化合物氟苄硫缩诱醚及其制剂。初步的风险评估表明：氟苄硫缩诱醚为低毒产品，且对蜜蜂、鱼类、鸟类和大型藻类安全。氟苄硫缩诱醚结构新颖，合成工艺简单，且为自主创制结构新颖的植物免疫诱抗剂。图 12-1 为氟苄硫缩诱醚的合成路线及其对应的中间体及产物。

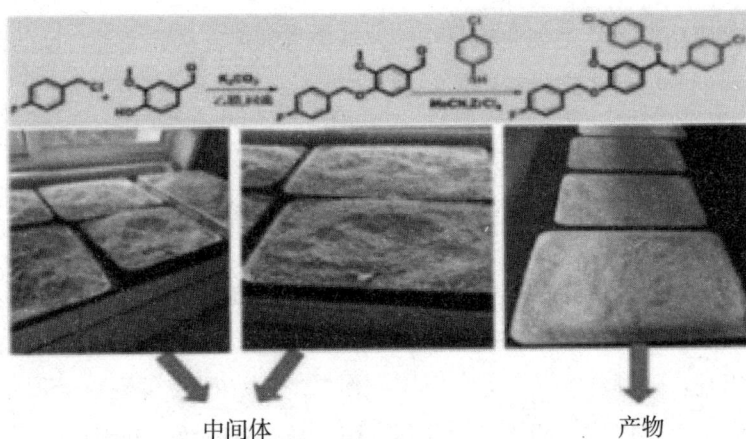

中间体   产物

图 12-1　氟苄硫缩诱醚的中间体及产物

（三）项目设计目的

目前全球人口已达 76 亿，鉴于人均耕地面积不断下降的形势，建立一个可持续的粮食生产体系、为不断增长的人口提供足够的粮食成了一个巨大挑战。然而，许多问题包括气候变化、土壤环境变化、抗性害虫、病原体和杂草等使这一挑战变得更加困难。据统计，全球每年因收割前的植物病虫害，造成的损失大约占作物产量的 16%-20%。作为最有效的防治手段之一，农药的使用可以有效控制植物病虫害与杂草的发生与危害，大幅度提高作物的质与量。21 世纪，农药依然是农业措施中提质增产难以替代的措施之一，也是我国现代农业发展的重要方向和世界农药发展的主流，但是农药的长期使用会造成病虫害抗性的增加以及对环境和非靶标生物产生不利的影响，很多农药已经或即将被禁用。因此，创制高效、高选择性、低毒性、低残留、低成本、对用户友好、对生态环境安全的绿色农药，对保障粮食、食品安全及践行绿色发展理念，建设美丽中国具有重要的战略意义（如图 12-2）。

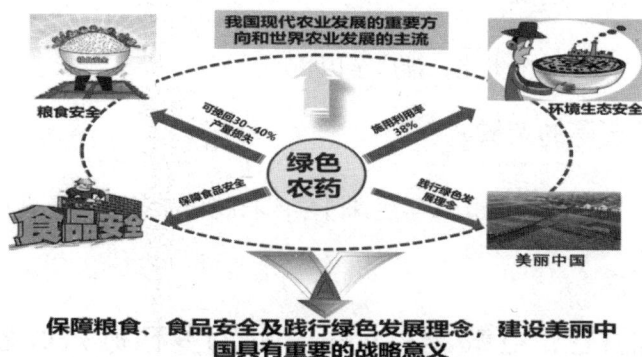

图 12-2 绿色农药开发的意义

当前，通过提升作物的免疫诱抗活性，提升植物的抗植物病毒活性，是当下植物病毒病防治的新思路和重要途径，目前开发的具有免疫诱抗功能，具有免疫诱抗功能的抗病毒剂包括毒氟磷、阿泰宁、氨基寡糖等，并广泛用于植物病毒病的防治。其中毒氟磷是由贵州大学自主研发的第一个基于绵羊体天然氨基酸仿生合成的自主知识产权品种，在我国南方水稻黑条矮缩病的防治中扮演过重要角色，并因此获得了 2014 年的国家科技进步二等奖。

当前，开发更高效的植物免疫诱抗剂，特别是能够寻找到具有多重功能的诱抗剂，依然是农药科学家关注的重点方向。因此，本发明的目的在于：基于免疫诱抗的概念，对天然产物的修饰，期待发现具有高活性、低风险性和新结构骨架的免疫诱抗剂，为高效低风险农药的创制开发奠定基础。

（四）创新点

1. 以天然产物香草醛为先导，通过简单的醚化、缩合两步反应即可得到结构新颖的含二硫缩醛的香兰素衍生物—氟苄硫缩诱醚，且该结构从未被报道；

2. 该发明产品具有优异抗植物病毒活性（烟草花叶病毒、黄瓜花叶病毒、马铃薯 Y 病毒）；

3. 该发明对玉米、水稻、黄瓜以及豇豆具有良好的促生长活性；

4. 该发明化合物处理豇豆，可使其具有良好的抗耐寒活性，抗冻效果达到 65%，优于氨基寡糖；

5. 作用机制研究表明，氟苄硫缩诱醚可作为植物免疫诱抗剂防治植物病毒病。

二、项目落地情况

项目研究已经覆盖全贵州，推广全国。

三、项目获得的荣誉

第十七届"挑战杯"全国大学生课外学术科技作品竞赛主赛道一等奖。

案例二：红酸汤番茄——助力乡村振兴计划

项目名称：非遗酸汤——种质资源创"芯"应用

项团队名称：红酸汤番茄设计育种科技创新团队

参赛组长：韦建明

参赛队员：兰高娴，李玉冰，刘俊辰，金兰，冉栋文

指导教师：李云州

项目概述：红酸汤是贵州酸汤系列特色美食的主要调料，而半野生番茄则是贵州省生产红酸汤的主要来源。得益于独特的气候条件和区位优势，半野生番茄产销成本相对较低且番茄风味浓郁，品质极佳。2019 年全省栽培面积 3.87 万平方米，产值达 42.3 亿元，已成为贵州蔬菜产业发展的一张"名片"。贵州俗话"三天不吃酸，走路打蹿蹿"，可见贵州人们对酸汤的喜爱已深入骨髓。人们对优质红酸汤番茄需求逐年增加的同时，优良红酸汤番茄品种的培育却面临着许多问题，主要有以下三大难题：1.国内高产红酸汤番茄优质种质稀缺；2.风味缺失；3.生物与非生物胁迫加剧。为解决红酸汤番茄育种"卡脖子"技术难题，筛选和创制优良品种，迫切需要科技赋能。本项目联合黔南州农业科学研究院、黔东南苗族侗族自治州农业科学院、安顺市农业科学院等多家单位收集贵州不同地区种子资源，通过测序手段，结合信息技术和人工智能技术挖掘优质抗性位点，建立了智能化精确育种系统，高通量基因编辑，高通量植物遗传转化，检测和分析，田间试验等多个平台，首次发现 MAPK6 基因优质增产新功能。经过团队的不断努力，成功研发了绿水晶、紫香玉、黔州芯品、GZ-01 的等红酸汤系列新品种，经权威检测，产品已达国家一等品标准。为推广以黔州芯品为代表的优质红

酸汤番茄品种，截止目前我们累积为 898 户农民提供了超过 4000 余人的线上与线下培训，推广范围遍布贵州省 5 市 25 各县。目前团队已经与 3 个农业合作社签订种植合作协议，与 15 个农业合作社病害诊断技术服务和技术改良服务。通过团队的努力，番茄生产取得了良好的效果，我们番茄的亩产量从 950 公斤提高到了 1500 公斤，每亩增收约 2000 元，三年累积助农增收 856 万余元；多年来我们扎根田间地头，走进乡村，贴近农民。为促进产学研一体化，助力乡村振兴，团队培养种植能手 168 人；吸引返乡创业 5 人，直接带动就业 500 人，间接带动 2000 人，以及推动科研立项和创新创业 20 余项等。

一、项目简介

（一）项目背景

1. 政策背景

2017 年 10 月 18 日，习近平总书记在党的十九大报告中提出乡村振兴战略，这是关系全面建设社会主义现代化国家的全局性、历史性任务，是新时代"三农"工作的总抓手。党的十九大报告指出，农业农村农民问题是关系国计民生的根本性问题，必须始终把解决好"三农"问题作为全党工作的重中之重，实施乡村振兴战略。

党的二十大报告指出，要加快建设农业强国，扎实推动乡村产业、人才、文化、生态、组织振兴。迈向新征程，要坚持农业农村优先发展，以更大的决心、更明确的目标、更有力的举措全面推进乡村振兴。

2021 年，国家乡村振兴局成立、《乡村振兴促进法》正式颁布，标志着这个将持续 30 余年的宏大战略大幕已徐徐拉开；近年来，中共中央、国务院连续发布中央一号文件，对新发展阶段优先发展农业农村、全面推进乡村振兴做出总体部署，为做好当前和今后一个时期"三农"工作指明方向。目前，乡村振兴战略短期的工作重心在于巩固脱贫攻坚成果，并做好与乡村振兴的有效衔接；此后围绕乡村振兴的 20 字方针，重点在产业兴旺和生态宜居，有序推动乡村振兴各项工作落地；各项保障机制也正逐步完善，使得农业成为有奔头的产业，农民成为有体面的职业，农村成为安居乐业的美好家园。

2023 年 1 月 2 日，国务院印发《中共中央国务院关于做好 2023 年全面推进乡村振兴重点工作的意见》。这是二十一世纪以来，中央连续出台的第二十个指导"三农"工作的一号文件，充分体现了党中央、国务院驰而不息重农强农的坚强决心。

2022年12月，国家自然科学基金"十四五"发展规划指出，优先发展115项优先发展领域，其中一项关于"农作物重要遗传资源基因发掘及分子设计育种的理论基础"；2023年1月14日，为加快补齐农业科技服务短板，贵州省提出开展山地农业核心技术攻关，大力推广良种、良法；2023年2月13日，中央一号文件首次提出加快生物育种商业化步伐，构建农业科技创新体系，并强化科技装备支撑，向科技要产量，要产能，助力乡村振兴，争做"藏粮于技、藏粮于地"，国家政策为我们指明前进方向，为快速培育红酸汤番茄种苗铺平了道路。

2. 行业背景

贵州红酸汤，是国家地理标志产品，也是当地苗族人千年智慧的结晶。红酸汤因贵州少数民族的独特饮食酸味而闻名于世，是贵州苗族历经千年历史的传统美食。2013年正式列入《中国地理标志产品大典》，并在2021年进入国家级非物质文化遗产代表名录，2022年获批中国地理标志产品专用标签。红酸汤是由贵州当地的高山小番茄（又称毛辣果）、红辣椒、木姜子、生姜大蒜等经365天发酵而成，酸辣鲜香。有别于普通番茄略显单一的口感，贵州当地的小番茄，体态小，酸度却远超普通番茄，它既一脉相承了"黔"贵之地的泼辣，又有着时间沉淀过的醇厚。走进贵州，你会发现无酸不欢，其中被誉为苗岭明珠的贵州凯里，有闻名遐迩的酸汤鱼、酸汤粉、酸汤肥牛、酸汤猪脚、酸汤排骨……"凯里酸汤"，汤色红艳，酸味醇厚，酸香回甜，温润悠然，让你胃口大开，欲罢不能。

酸爽入魂的酸汤是独特的千年饮食文化。《舌尖上的中国》第3季就报道过贵州凯里的红酸汤，并对红酸汤做出评价："是时光赋予人们的美食馈赠，酸辣过瘾，回味悠长。"酸汤是苗侗文化千年智慧结晶，衍生出以凯里酸汤为基础的民族产品加工业、餐饮业和餐饮文化。在央视《舌尖上的中国》播出后，红酸汤在省内外影响力进一步加大，系列产品畅销云南、深圳、上海、北京、江苏、湖北等地。一锅红酸汤带动了番茄、辣椒、生姜等农产品种植，又促进了贵州酸汤餐饮行业快速发展，解决了数以万计的就业。

3. 产业背景

随着消费市场的日益扩散，省政府将凯里酸汤产业列入《贵州省十大千亿级工业产业振兴行动方案》，在政策上予以大力支持，高度重视酸汤原材料种植和红酸汤产业发展。尽管红酸汤产业取得显著成就，但生产源头上对于核心原材料红酸汤番茄的培育仍为空白。面临番茄专属种质缺乏、番茄育种同质化、面积碎片化等问题，无法形成有影响的标志性品。而传统红酸汤番茄来源为半野生番茄（毛辣果），因其产量不高无法满足大量红酸汤酿制需求。加上传统番茄育种效率不高，耗时长，转基因仍未被广大消费者所接纳，造成番茄种苗供小于求，导致目前市场上常用樱桃番茄和粉果番茄替代半野生番茄，由此制成的红酸汤成品甜度高、风味缺欠，尚未达到半野生番茄制作效果。因此培育专属贵州红酸汤番茄种苗迫在眉睫。

（二）技术研发

1. 技术理念

贵州大学红酸汤番茄设计育种科技创新团队建立贵州本土地区红酸汤种质资源库，建立了先进的快速鉴定良种，重点在分子生物鉴定技术、基因编辑突变体库的创制、信息技术、人工智能技术 4.0 育种，病虫害绿色防控技术（开发了快速检测 LAMP 检测技术、RT-PCR 检测技术）、种植培训技术，形成育、种、治、生、产五位一体产学研创新模式，围绕贵州红酸汤番茄产业，下乡为农户、企业/合作社进行技术科普及宣传红酸汤番茄文化宣传知识，携手地方政府打造优势红酸汤品牌，促进三产融合发展，为巩固脱贫攻坚成果，接续乡村振兴贡献重要力量。

2. 研发团队构成

为顺应时代的发展，2019 年 10 月，贵州大学红酸汤番茄设计育种科技创新团队正式成立，团队科研为支撑，心系三农情怀。为解决红酸汤番茄种质稀缺、抗性低、产量低等'卡脖子'技术难题。因此团队设置一下部门，研发部是团队主要组成部分，其下设有四个技术部，分别是：

（1）红酸汤番茄设计育种研发组
（2）种质资源收集与筛选研究组
（3）红酸汤番茄病虫害绿色防控研究组
（4）红酸汤番茄技术培训与宣传研究组

3. 核心技术

略

4. 田间试验与评估

略

二、项目特色

为响应"国家种业振兴，助力乡村振兴"的号召，贵州大学红酸汤番茄设计育种科技创新团队积极发挥专业优势，推动产学研用一体化发展。一锅红酸汤连接了生产端的番茄种植和消费端的客户，不仅可以满足消费者对优质红酸汤的需求，还可以带动农户就业。红酸汤番茄设计育种科技创新团队于 2019 年 10 月成立，团队致力于解决红酸汤番茄品种的研发与推广。以贵州本土半野生番茄作为原材料，利用基因编辑、信息技术及人工智能等先进技术创制 / 培育出绿水晶、紫香玉、'黔州芯品'、GZ-01 等红酸汤系列番茄新种质。新品种具有抗生物与非生物胁迫等特点，且检测产品已达国家一等品标准。四年来团队成员扎根实验室和田间地头，为农户提供技术指导，培训了乡间种植能手，并积极与合作社签订合作协议。未来，红酸汤番茄设计育种科技创新团队将继续致力于培育番茄新品种，解决番茄病害、风味缺失和农民种植产量低等难题。这些努力将为食品和生态安全以及我国的粮食安全提供保障，并为乡村振兴做出贡献。通过创新的育种方法和技术，本团队为乡村地区提供了更多的就业机会，推动了农村经济的发展，实现了农业的可持续发展。

三、市场分析

1. 市场现状

目前，贵州生产酸汤的企业达上百家，经营酸汤的餐饮企业达上万家。预计"十四五"期间，贵州酸汤产业将从十亿迈上百亿的台阶。酸是五味之首，酸汤不单只是贵州菜，而是属于整个中国菜，酸汤会像辣椒一样烹制上万道中国菜乃至外国菜，酸汤还会作为中国味的"大美人"被越来越多的人所喜爱。在"34+"菜系发展的大背景下，贵州酸汤产业发展正面临机遇期，酸汤企业顺势而上，酸汤产业发展将会更好！

贵州是生产红酸汤主要的生产地，具有庞大的市场需求，而培育红酸汤番茄专属品种尚未登记或报道，而本团队自主研发的红酸汤番茄"黔州芯品"，解决红酸汤生产源头，提升酸汤品质，促进酸汤产业发展，弘扬酸汤文化，是黔菜出山的前哨，是黔货出山的车头，共同助力乡村振兴。

2. 竞争分析

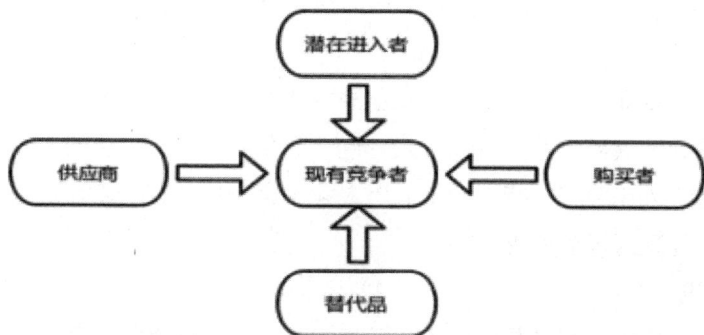

图 12-3 竞争分析

3. 项目 SWOT 分析

（1）优 势

技术优势：拥有智能化精确育种系统，高通量基因编辑，高通量植物遗传转化，检测和分析，田间试验等多个平台。先进的技术增强了团队的竞争力。

产品优势：经过团队的不断努力，成功研发了绿水晶、紫香玉、"黔州芯品"、GZ-01 等红酸汤系列新品种，经权威检测，产品已达国家一等品标准。目前种植试验已取得初步成绩，全国战略布局已基本完成。未来阶段，团队将继续以科技研发为先导，丰富团队产品体系，为我国培育品质优良的新品种。

人才优势：团队吸收了大量育种科技人才和管理人才，包括贵州大学李云洲副教授、贵州大学李向阳教授、贵州大学须文教授等为核心创建的技术团队、市场运营团队，人才优势十分突出。此外，团队制定了科学合理的人才引进计划及人才培育计划，有效保障了团队人才优势的可持续性，保证团队的长远发展。

研发优势：联合黔南州农业科学研究院、黔东南苗族侗族自治州农业科学院、安顺市农业科学院等多家单位收集贵州不同地区种子资源，通过测序手段，结合信息技术和人工智能技术挖掘优质抗性位点，本团队建立了多个平台，已初步实施工业"互联网+"模式。

（2）劣 势

资金劣势：团队成立初期融资渠道少，所需金额较大，且在日常的生产经营中也需要一定数额的流动资金，这是团队面临的一大难题。

市场营销经验不足：作为一家新成立不久的团队，在产品推广上难免经验不足，市场营销能力存在劣势。且团队新品种的知名度不高，在进入市场时，必然会引起客户群体的疑虑，对团队产品的品质、真伪等存在质疑，这为团队进入市场带来了阻碍。

缺乏农业职业经理人：开展新农业需要新农人。农村地区专业从事农业活动的人数很少，尤其是农业职业经理人。这一职业需要学习专业的技术，但农村地区大多年轻人外出务工，剩下的中老年人并没有文化和技术基础，对于培养专门的农业职业经理人极为困难。

（3）机 会

市场供不应求：酸汤是苗侗文化千年智慧结晶，衍生出以凯里酸汤为基础的民族产品加工业、餐饮业和餐饮文化。在央视《舌尖上的中国》播出后，"酸汤鱼""鱼酱酸"更是成为网红，是外来宾客到贵州品尝美食的首选，在省内外影响力进一步加大，系列产品畅销云南、深圳、上海、北京、江苏、湖北等地。随着消费市场的日益扩散，市场需求拉动企业不断提高产量，产业发展前景良好。

追求高品质生活已成趋势：随着社会的发展，人们的生活水平不断提高，保健意识也不断增强，在当前的食品消费中，消费者更加注重绿色、健康、品味、档次，追求高品质生活的趋势有利于新产品的认知度得到进一步提高，从而推动需求量增多及销售量攀升。

经济发展促使人们消费欲望增强：在强劲的经济发展势头下，必将促进新一轮的居民消费。

获得国家政策和市政府的支持：国家为企业技术研发与落实提供了政策保障，地方政府对研发技术落实的监管与精准帮扶便利了企业各项办理程序、协助指导产品研发和解决遇到的疑难问题。目前，本项目已在多地进行实验，取得了不错的成绩，得到贵阳市、黔东南州、黔南州、黔西南州、安顺市等相关部门的大力支持与推广种植。

（4）威 胁

行业竞争对手较多，竞争压力大：目前市场拥有各式各样的番茄品种，产量高，价格低，包装技术高，产销能力强，受到大众消费者的喜爱，本项目品种初期的替代能力较低。品牌效应的建立往往需要一定时间，而快速发展的社会可能会出现更多新品种的竞争者。

"互联网＋"进程不够深入："互联网＋"农业模式在农村地区推广需要专

业人员的参与、大量的流动资金。市场上存在许多番茄产品的网店和各种农产品电子商务网站集群，本技术产品目前只服务于周边市场，在网络上的推广能力尚缺。

生物与非生物胁迫加剧：病虫害以及低端环境干扰对番茄种植产生较大的困难，天时地利条件又不能完全加以控制，不可控的种植过程风险胁迫依然存在。

风味变异性：番茄育种的主要挑战之一是保持一致的风味，因为它是一个高度主观的特征，会受到土壤类型、生长条件和天气模式等多种因素的影响。风味的这种可变性使得难以生产出满足客户期望的一致产品。

抗病性：番茄作物易患各种疾病，包括 ToBRFV 等病毒感染，这会大大降低产量和质量。为了生产出优质的红酸汤番茄，育种者必须努力开发能够抵抗这些疾病的品种。

4. 项目运营模式

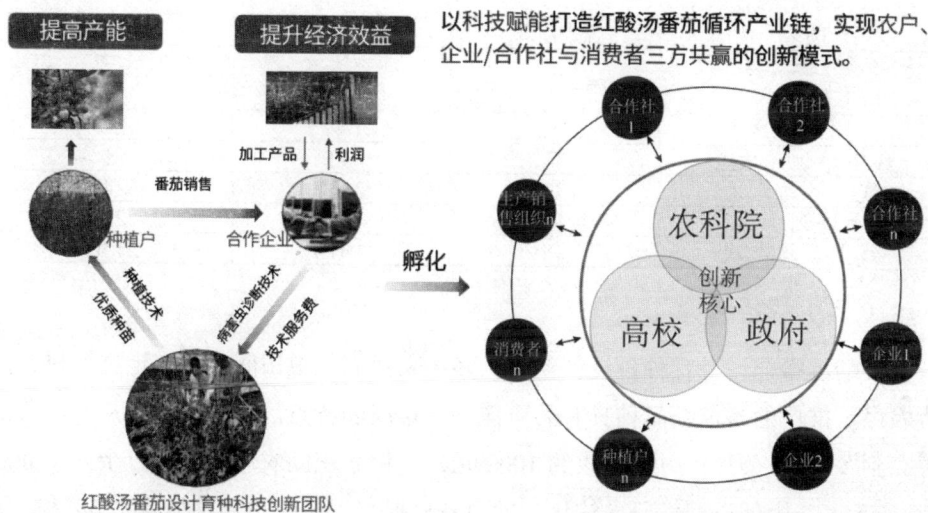

图 12-4　商业模式

四、项目的实践及成果

（一）科研成果

核心成员出版专著一份，整个研发团队发表高水平文章 70 余篇（中文 30 余篇，英文 40 余篇）。团队完成品种登记 5 项，申请到国家发明专利 7 项。在科研竞赛上，近年来完成了国家级、省级和校级大学生创新创业 /SRT 等项目 15 项，荣获第二十五届中国机器人及人工智能大赛国家级三等奖、省级二等奖，第四届"中国创翼"创新创业大赛省级三等奖，贵州省第一届高校志愿服务专项大赛赛（贵州大学专项赛）校赛一等奖，贵州大学首届"崇学杯"研究生乡村振兴科技强农 + 创新大赛校赛二等奖，第十八届"挑战杯"全国大学生课外学术科技作品竞赛校赛三等奖。

（二）社会效益

红酸汤番茄设计育种科技创新团队通过开展线上线下对农户 / 和合作社开展种植培训。截至目前我们累积为 898 户农民提供了超过 4000 余人的线上与线下培训，推广范围遍布贵州省 5 市 25 各县。目前团队已经与 3 个农业合作社签订种植合作协议，与 15 个农业合作社病害诊断技术服务和技术改良服务。

表 12-1　线上线下种植培训表

项目	2020 年	2021 年	2022 年
长顺县 / 榕江县等 /（个）	7	14	17
种植户（户）	315	649	898
线下培训（次）	36	53	61
线下参与人次	1392	2137	3241
线上培训（次）	15	19	28
线上参与人次	890	1013	2130

（三）经济效益

红酸汤番茄设计育种科技创新团队多年来我们扎根田间地头，走进乡村，贴近农民。推广的番茄新品种具有品质佳、产量高的特点。番茄亩产量从 950 公斤提高到了 1500 公斤，每亩增收约 1000 元，三年累积助农增收 256 万余元（如表 6.2 所示）。为促进产学研一体化，助力乡村振兴，团队培养种植能手 68 人，吸引返乡创业 5 人，直接带动就业 50 人，间接带动 200 人。

表 12-2　年助农增收表

年份	亩数	每亩增收（元）	总增收（万元）
2020 年	300	1000	30.00
2021 年	550	1500	82.50
2022 年	800	1800	144.00
2023 年	950	2000	190.00

案例三： "羊"眉吐气——用科技生产力浇灌产业致富花

项目名称："羊"眉吐气——用科技生产力浇灌产业致富花

　　　　　　——基于贵州 6 县（区）17 个羊肚菌种植基地的调查

项目团队介绍

团队名称：贵州大学新时代追梦人实践队

参赛组长：何金澎

参赛队员：余珊、田忠民、张镡壬

指导教师：吕梦岚、张斌

项目概述：

贵州山多地少的地理资源现状一直都是阻碍农业发展、导致农民贫困的重要因素之一。发展特色、高附加值农产品种植业是解决这一问题的有力举措，但高附加值农产品种植往往需要专业技术支撑。如何让贵州大山里的普通百姓种植高附加值农产品并实现增收是当地政府和广大科研工作者一直思考并亟待解决的问题。本次调研我们深入羊肚菌种植基地，通过实地调研、现场采访、实验分析等方式深入了解产业发展现状、倾听农民心声，切身体会党员科技工作者的担当奉献，激励同学们厚植家国情怀、坚守"科研为民"理念、坚定"科技报国"之志。

一、项目简介

（一）调研的背景

2021 年 7 月，在中国共产党 100 周年华诞之际，习近平总书记向全世界庄严宣告中国实现了全面小康，这其中包括贵州省撕掉了千年以来的"绝对贫困"标签。在这一光辉成绩的背后是无数党员干部群众的艰辛努力和无悔付出。尤其是党员科技工作者在其中发挥了至关重要的作用，他们通过"科技生产力"浇灌"产业致富花"，用"为民科研"践行"科技报国"的铮铮誓言。习近平总书记曾于 2011 年 5 月 9 日视察贵州大学并勉励广大青年"要树立远大、正确、崇高的理想，并在实践中去考验、磨炼""既志存高远又脚踏实地，在实践中经受考验，全面磨砺和提升自己，在报效祖国、服务人民的过程中获得社会的承认，体现自己的人生价值"。2022 年是建团 100 周年，在庆祝中国共青团成立 100 周年大会上，习近平总书记提到"清澈的爱，只为中国"，这句话令人无比振奋，更是每一个青年内心深处的最强音底。2022 年中，贵州大学"新时代追梦人"实践小队正式成立，实践小队由吕梦岚老师、张斌老师指导，团队成员为何金澎（贵州大学马克思主义学院研究生）、余珊（贵州大学化学与化工学院研究生）、张镈壬（贵州大学建筑与城市规划学院研究生）、田忠民（贵州大学化学与化工学院本科生）。实践小队牢记习近平总书记的重要讲话精神，在指导老师的带领下，应用自身专业知识，深入贵州 17 个羊肚菌特色示范种植基地生产一线服务、调研。

（二）调研的意义

1. 倾听农民心声，了解贵州省羊肚菌产业发展状况，强化对区域性特色产业发展的认识

2022 年初，国务院印发《关于支持贵州在新时代西部大开发上闯新路的意见》，这是推动贵州省以高质量发展统揽全局、围绕"四新"主攻"四化"的"施工图""任务书"，全省上下因这一具有里程碑意义的大事倍感振奋。作为围绕"四新"主攻"四化"的生动实践和现实缩影，羊肚菌在助力乡村振兴中取得了宝贵成效这背后是无数科技工作者的辛勤付出。这一产业发展过程以及对乡村振兴产生的积极影响是一堂值得我们深入学习的生动实践课，其中蕴含着中国共产党人宝贵的精神力量。

2. 领悟党员科技工作者在高质量发展中的责任担当

二十大报告指出："科技是第一生产力，人才是第一资源，创新是第一动力"。科技强国的实质是人才强国。培养人才的本质要求是"为党育人、为国育才"，新时代人才必须有坚定的理想信念、必须有"江山就是人民、人民就是江山"的情怀，更要有"踏平坎坷城大道"的能力本领。基层是人才干事创业的沃土，党员科技工作者投身特色产业、助力乡村振兴的实践是引领人才成长的生动课堂。科技工作者要想成 就一番事业必须把党和人民事业放在第一位，为之奋斗才能获得社会承认、体现自己的人生价值。

激励同学厚植家国情怀、坚守"科研为民"理念、坚定"科技报国"之志。

实地调研、走访羊肚菌示范种植基地，以"乡村之变"感悟"中国之治"。了解产业发展过程中所 发生的故事，感悟新时代基层党员干部群众、科技工作者的责任担当。深入探寻引领党员科技工作者攻坚克难、一心为民背后所蕴藏的精神力量。引领同学们厚植家国情怀、坚定"科技报国"之志，鼓舞更多的同学将自身发展、成长融入党和人民事业。

二、项目特色

（一）提升"党员战斗力"，把科学研究之成果与乡村振兴之需要紧密结合

广大党员科技工作者肩 负着科研创新、科技强国的重要使命，更应该勇挑重担、做推动发展的开拓者。党员的战斗力在实践中塑造、也在实践中接受检验。羊肚菌产业团队动员、鼓励团队党员充分结合自身专业特长，转化应用科研成果。团队党员主动对接地方、 了解地方需求，亲身投入生产种植一线，为农户排忧解难。 为地方发展、 乡村振兴做出了重要贡献，得到了地方和百姓的充分认可，其党员战斗力和先锋模范作用在科研和乡村振兴领域两个领域内得到彰显。事实证明，广大党员科技工作者唯有牢记"科研为民"初心，主动将科学研究之成果与乡村振兴之需要紧密结合，方能在乡村振兴的广阔舞台上建功立业。

（二）用好"科技生产力"，把"险山恶水"变成增收沃土

羊肚菌产业团队确立用 "科技生产力"浇灌 "产业致富花"的理念，坚持把科学研究主要方向与羊肚菌产业发展相 结合。 同时，通过落实 " 1+2+3"工作机制， 即一个 "党员标兵" 引领科研工作，着重抓牢 "种植前检测" 、"种植后管护"两项任务，实现"党员示范彰显""团队成果落实""百姓增收获益"三项目标。团队坚持发挥党员先锋模范作用，牢记科研工作的初心使命，以优秀党员为模范推动争先创优，打造一支胸怀祖国、服务人民的科研团队。团队通过种植前赴不同的种植基地现场采集土壤样本进行检测，精准分析各种植点土壤理化特性，并针对性提出土壤改良方案， 降低种植风险。种植后团队成员分组定点联系不同种植点，及时解决种植后出现的各类问题，全程做好保产、稳收、增收的技术支持。截至目前，在简易大棚中，羊肚菌亩产已经由 300 斤提升至 500 斤，在设施大棚中，亩产已经接近 1200 斤。充分发挥了 "科技生产力" 的效能，把险山恶水土变成了增收沃土。

（三）激发"党群凝聚力"，把党建效能转变为创业动力

众人拾柴火焰高，羊肚菌产业团队与地方党组织充分激发"党群凝聚力"，推动党建效能转变为创业动力。试验种植初期，大部分人对种植羊肚菌心存疑虑，面对可能存在的种种问题，党员干部以身作则、带头示范，让百姓看到成效、让百姓放心。进入推广期，团队与基层党组织坚持推动党建和产业融合发展，带动更多人通过土地流转分红、个人承包种植等方式扩大种植面积。充分发挥党组织的号召力、凝聚力，加强技术培训和政策宣传，推动种植科学化、精准化。通过建设"党员示范棚/组"，激发群众热情，铆足齐心协力干事业的精神头儿。得益于团队党员长期对口帮扶和悉心指导，位于贵阳市乌当区新场镇种植基地内的简易棚种植羊肚菌迎来大丰收。

（四）发挥"机制长效力"，逐步"找准路子""走稳步子"

农业产业化是加快实现农业农村现代化、推动乡村振兴的重要渠道，羊肚菌产业团队积极参与探索建立"龙头企业+合作社/村集体+种植户"的合作机制。通过土地分红、务工薪酬、加工回收等方式建立多方之间的紧密的利益联结机制，累计为4000多户农民增收5000余万元，极大巩固了脱贫攻坚成果。

三、项目落地情况

（一）科研成果

项目形成调研报告一篇；教育总结视频一部。

（二）服务社会

深入产业一线，助力农业现代化，服务于贵州省全省羊肚菌种植。羊肚菌产业团队积极参与探索建立"龙头企业+合作社/村集体+种植户"的合作机制。通过土地分红、务工薪酬、加工回收等方式建立多方之间的紧密的利益联结机制，累计为4000多户农民增收5000余万元，极大巩固了脱贫攻坚成果。

四、项目取得的荣誉

获得省级报道两次，天眼新闻1次、中国新闻网贵州1次。

荣获第十八届"挑战杯"全国大学生课外学术科技作品竞赛红色专项赛贵州省级一等奖。

五、项目点评

一是倾听农民心声，了解了贵州省羊肚菌产业发展状况，强化对区域性特色产业发展的认识。作为围绕"四新"主攻"四化"的生动实践和现实缩影，羊肚菌产业在助力乡村振兴中取得了宝贵成效，这背后是无数科技工作者的辛勤付出。这一产业发展过程以及对乡村振兴产生的积极影响是一堂值得我们深入学习的生动实践课，其中蕴含着中国共产党人宝贵的精神力量。

二是切身领悟了党员科技工作者在高质量发展中的责任担当。科技强国的实质是人才强国。培养人才的本质要求是"为党育人、为国育才"，新时代人才必须有坚定的理想信念、必须有"江山就是人民、人民就是江山"的情怀，更要有"踏平坎坷成大道"的能力本领。基层是人才干事创业的沃土，党员科技工作者投身特色产业、助力乡村振兴的实践是引领人才成长的生动课堂。科技工作者要想成就一番事业必须把党和人民事业放在第一位，为之奋斗才能获得社会承认、体现自己的人生价值。

三是极大地激励了同学们厚植家国情怀、坚守"科研为民"理念、坚定"科技报国"之志。实地调研、走访羊肚菌示范种植基地，以"乡村之变"感悟"中国之治"。了解产业发展过程中所发生的故事，感悟新时代基层党员干部群众、科技工作者的责任担当。深入探寻引领党员科技工作者攻坚克难、一心为民背后所蕴藏的精神力量。引领同学们厚植家国情怀、坚定"科技报国"之志，鼓舞更多的同学将自身发展、成长融入党和人民事业。

案例报道

天眼新闻客户端："四新""四化"微镜头 | 良种配良法 羊肚菌丰产的科技奥秘

作者：郭立 潘德玉　发布时间：2023-03-20

天眼 开天眼 阅多彩
贵州日报报刊社官方新闻客户端　下载APP

"四新""四化"微镜头 | 良种配良法 羊肚菌丰产的科技奥秘

郭立 潘德玉
2023-03-16 21:52　　　　　　　热度：★ ★ ★ ★ ☆

3月，又到了羊肚菌抢"鲜"上市的时机。贵阳市农投集团和贵州龙泉农业生物科技有限公司蔬菜大棚里的"农投1号"羊肚菌长势喜人，亩产量达到480公斤，是普通品种的两倍多。丰产的背后究竟藏着什么秘密？

"

春风和煦，生机盎然。

历时4个月的生长，贵阳市农投集团和贵州龙泉农业生物科技有限公司蔬菜大棚里的羊肚菌长势喜人，个个姿态挺拔向上。3月9日，村民们带上小刀小桶等工具，来到大棚中采摘成熟的羊肚菌。

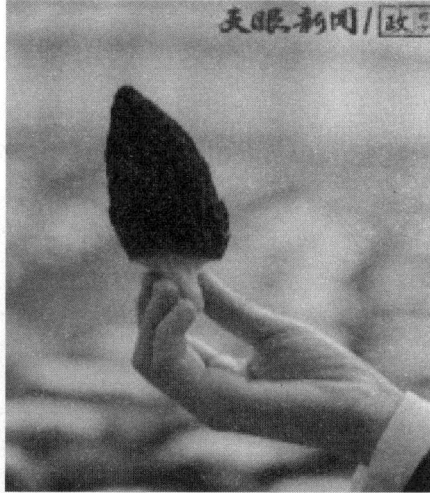

图 12-5　因口感鲜脆，大棚里的羊肚菌深受一线城市消费者青睐。图为"农投 1 号"羊肚菌。（图／郭立）

"今年的产量不错，这几天村民们都忙得很。"在大棚里，贵州省现代种业集团有限公司副总经理李显溦一边指导村民采摘，一边向记者介绍今年羊肚菌的收获情况。"棚里的品种叫'农投 1 号'。经测算，亩产量能达到 480 公斤以上，而普通品种亩产量只能达到 150 至 200 公斤。"

眼下正是羊肚菌抢"鲜"上市的时机，与普通品种相比，"农投 1 号"的种植收益更令人欣喜。而产量悬殊的背后，是藏在品种选育里的科技奥秘。

图 12-6　据介绍，此时上市的羊肚菌售价约 100 元／斤，烘干后能达到 700 元／斤。图为"农投 1 号"羊肚菌。（图／郭立）

"羊肚菌在生长过程中对光照、空气、湿度、土壤等要求较高，在高原地区种植羊肚菌的难度可不小。"为选育出更适宜在云贵高原种植的高附加值经济作物品种，进一步助农增收，近年来，中国科学院昆明植物研究所高级工程师赵琪和他的团队一直在对羊肚菌等珍稀食用菌进行良种选育及配套技术研究。

图 12-7　出菇密度高是羊肚菌稳产丰产的重要前提之一。图为大棚中的羊肚菌。（图 / 潘德玉）

"通过选育得到如抗高温、抗低温、抗湿度、抗干旱和抗病虫能力强的品种，能更好适应高原地区气候变化。"赵琪从地里摘下一根长度超过 20 厘米的羊肚菌说道，"而且还能选育出个头更大，香味更浓郁的品种，进一步提高羊肚菌附加值。"

图 12-8　个头大、香味浓是"农投 1 号"的特点。图为"农投 1 号"羊肚菌。（图 / 郭立）

自然选育、诱变育种、杂交育种和基因组分子育种是常见的育种方式，而"农投1号"有些"另类"，是航天育种的产物。赵琪介绍道，在羊肚菌选育期间，团队得到中国载人航天工程办公室大力支持，200多份羊肚菌孢子样品随神舟十二号载人飞船完成太空之旅，实现航天育种。"宇宙射线、微重力、真空等因素引起作物基因变异的概率更高、周期也更短。这也是蕴含在'农投1号'里的'黑科技'。"

图 12-9　植物生长调节剂等技术运用，为羊肚菌创造稳定适宜的生长环境。图为破土而出的"幼年"羊肚菌。（图／郭立）

好马配好鞍，良种更要配良法。贵州大学化学与化工学院吕梦岚教授团队在贵州山地特色羊肚菌标准化种植中研发的植物生长调节剂更是在"农投1号"的生长过程中发挥了重要作用。"在植物生长调节剂的促进下，出菇密度明显提高，这是羊肚菌稳产丰产的重要前提之一。"

图 12-10　长势喜人的农投1号羊肚菌。（图／郭立）

不仅如此，吕梦岚教授团队还同步研发出用于土壤修复和处理的"特效药"，通过化学和微生物菌群处理，改善土壤环境，疏松土壤、调节盐碱，有效杀死危害羊肚菌生长的各类病原菌，创造稳定适宜的羊肚菌生长环境。"希望植物生长调节剂、土壤修复和处理技术能为贵州羊肚菌产业高质量发展保驾护航。"

图 12-11　吕梦岚教授和她的"科研成果"。（图 / 郭立）

当前，贵州正朝着农业现代化的目标大步前行，吕梦岚教授团队的研究步伐也不会停歇。"接下来，团队将结合其他贵州地标农产品，继续研发土壤修复和处理方法，更好促进地标农产品提质增效，为贵州加快建设现代山地特色高效农业强省注入科技动能。"

原文链接 http://jgz.App.todayguizhou.com/news/news-news_detail-news_id-11515116113626.html

案例四：互联网 + 旅游服务商的平台——咻马 App

项目名称：互联网 + 旅游服务商的平台——咻马 App

项目团队介绍

参赛组长：李文博

参赛队员：倪惟石、王进、袁柯、刘思汛

指导教师：李锦宏

一、项目简介

本项目创立了一个互联网 + 旅游服务商的平台——咻马 App，旨在抢抓贵州推进旅游产业化和建设"强省会"的发展契机，综合运用旅游经济学、旅游市场学、智慧旅游与旅游大数据、旅游电子商务等学科基础，利用现今全域旅游及文旅融合的政策优势，解决疫情常态化及国家经济"双循环"的宏观经济大背景下，广大旅游消费者遭遇了线下旅行困境，旅游行业大平台垄断及大数据杀熟，产品供需错配，服务水平参差不齐，定制化旅游矛盾突出，云旅游市场接受度不高，短视频平台的旅游视频质量参差不齐等问题。

本项目从三个阶段进行实施。第一阶段：依托互联网技术，利用旅游资源，制作风格鲜明的优质旅游视频，破除旅游视频质量参差不齐的行业乱象，力求为解决线下旅行困境寻找突破口；第二阶段：以咻马 App 为媒介，推出多种个性化服务，致力于解决旅游行业大平台垄断及大数据杀熟、产品供需错配、服务水平参差不齐、定制化旅游矛盾突出等一系列问题；第三阶段：旨在提高云旅游市场接受度，结合互联网行业优势，综合日趋成熟的 VR/AR 技术，在全国范围内设立体验点，并且秉持着传播各地特色文化、助推各民族文化交融的原则，建立以旅游城市文化特色为主题的文创店。最终构建一条"互联网 +"特色、线上线下相结合的旅游产业链，提供优质服务、助推全域旅游。

二、项目特色

（一）突破常规

以时下流行的短视频方式为切入点，兼顾趣味性与实用性，打破了旅游市场供需错配、大数据杀熟、旅游产品结构单一同质、定制化旅游市场狭窄等乱象，创造性地将用户旅游视频观看时长与其出行票务价格相挂钩，打造了一个集各种旅游资源为一体的交互平台——咻马 App。

（二）创新旅游发展模式

App 主要包括旅游定制服务、关爱计划、分享社区、消费手账、票务购买五个大方面，基于大数据时代下的数据集成、数据分析技术，结合现有的 3D 地图技术，为用户们提供了美观、方便的旅游线路选择，真正满足了用户们的自主制定线路的需求。有效解决了当下旅游市场的有效供给不足的问题，为用户提供物美价廉的高质量旅游服务，并充分满足消费者旅游定制的个性化需求，提高定制满意度。

（三）便捷的线路规划与专业化的旅行指导

在面向一般群体的同时，本项目充分考虑了少数特殊群体的利益，根据一些特殊群体旅游的不便利性，提供更有针对性的、便捷化的线路规划以及更加专业的旅行指导。此外，为了紧密贴合群众需求，在反映问题的同时兼具分享性，本项目开设分享社区，用户可以在此分享美景和经验，不仅可以收获人气点赞还可以赚取本平台提供的相应积分，可用于抵扣在平台上进行的消费，节约用户出行成本。对于更加年轻化的受众群体而言，本项目拥有消费手账板块，帮助用户计算出行支出并记录美好旅行时光，利于用户对预算和行程进行合理规划。

（四）特色促销

充分考虑到用户使用便利性，根据出行线路，自动推荐票务购买，并且承诺会员一次回本，票价低于全网，为用户提供一站式服务的同时，利用价低来吸引客户，获取流量，在实现平台流量稳定增长的同时，抓住一批固定的消费群体，为后期经济利益持续增长奠定基础。在后期，随着平台流量的提高，各种推广和广告逐渐成为盈利来源的大头，占据主要份额。我们计划永不将主营的旅游定制作为主要盈利点，不忘初心，充分践行将旅游定制价格降低，推动旅游定制平价化、大众化、普及化的企业目标。

三、项目实践过程

（一）如何发现创新机会

通过对市场、社会和政策的调查研究我们发现：随着互联网技术的不断发展，智能手机用户覆盖，范围不断扩大，互联网用户规模巨大，人们对智能产品的依赖性渐渐提高，旅游 App 存在着巨大的潜在市场。根据智库数据监测显示，2015 年中国在线旅游市场交易规模达到 4737.7 亿元，同比增长 49.6%；中国旅游产业线上渗透率达到 11.5%，预计未来在线旅游在整体旅游产业所占的交易规模比重将进一步扩大。这意味着在线旅游服务有巨大的潜力。而老牌在线旅游服务提供商其服务覆盖范围较广，但在个性化定制旅游板块存在价格较高、受众群体有限的问题。同时，电子商务进入我国时间较晚，因此其在旅游业中的应用程度并不深入。

其次由于经济发展，人们的消费水平逐渐提高，并且由于当今社会竞争空前严重，人们对于疏解工作压力、缓解身心疲惫的需求日益增加，所以人们对旅游体验的期待值也相应提高，不再只满足于旅行社提供的旅游服务，对于旅游定制化的需求越来越多。

国家节假日制度限制了旅游时长，主要旅游城市的景点空间分布距离较远，导致游客游玩同一地区的所需时间较长，并受时间、天气、交通等客观因素影响。而今处于互联网碎片化信息时代，用户可从网络上获取大量信息，但易因获取信息量过大而产生选择困难的情况；同时，由于碎片化信息在人们生活中呈常态化，导致人们更偏向于选择通过图像来获取更直观的信息。

通过国家相关政策项目组了解以下情况：

1. 国家为了实现中国经济高质量发展，大力发展第三产业，实现绿色低碳循环经济的发展，实现绿色扶贫，从而实行全域旅游的大战略及文旅融合的大政方针；

2. 国家双循环以内循环为主的政策要求我国扩大内需，对于旅游业而言，则需要不断扩展旅游业的生存空间，创新产品形式。

3. 国家发展改革委员会同文化和旅游部等有关部门制定出台了《关于促进服务业领域困难行业恢复发展的若干政策》，其中旅游业是其中重点帮扶行业之一。贯彻"减压力增活力 稳住旅游行业基本盘"的方针。

4. 就贵州省而言，结合贵阳"强省会"政策并根据在"十四五"期间提出的"旅游产业化"发展目标，发展贵州旅游业势在必行。

（二）如何进行项目选择及确定项目

通过学习旅游经济学、旅游大数据、旅游学概论等课程，产生了应用所学旅游管理专业技能进行旅游产品创新创业的想法，在与导师李锦宏教授进行交流中，有感如今线上旅游定制服务的缺乏和层次单一等问题，结合当今贵州旅游产业化和"强省会"政策，考虑结合旅游产业和大数据产业这两个热点行业，研究制造一个"互联网＋"旅游服务商的平台，为大家提供多层次、广覆盖的优质线上旅游定制服务，并将传统旅游电商功能进行整合，方便旅游客户，提升产品服务。

（三）怎样组织的创业团队

在组建创业团队中，首先进行了项目评估，考虑到可能涉及的专业，在了解旅游产业的前提下，分别遴选了在财务、技术、创业、比赛、设计等方面有所造诣的优秀同学，首先是项目负责人李文博，具有一定的知识储备和创新性比赛的参赛经验，在第十七届贵州省挑战杯中荣获省一等奖，主管本项目的统筹规划；王进同学在校辅修财务管理专业，在财务方面具有一定的专业能力，负责财务部的相关工作；倪惟石同学曾获商业大赛二等奖，对于市场方面具有较强的把控能力和嗅觉，负责市场部工作；袁柯同学精通 PS 和 C++，负责技术部；刘思汛英语成绩优异，雅思分数高达 110+，在外资企业广告设计方面有过实习经验，负责设计部和外联工作。

此外，项目组邀请到贵州大学旅游与文化产业学院李锦宏教授担任项目指导教师，在智慧旅游和旅游大数据方面给予专业指导，最终形成了项目创业团队。

（四）如何整合创业资源（包括创业融资等）

1. 可利用资源

积极利用身边可利用资源。作为贵州大学学生利用贵州大学图书馆的资源进行文献分析及资源；利用贵州大学校园网远程访问知网、万维等资料查询网站；导师资源，通过导师指导给予相关研究方向的宏观指导与学术性辅导。

2. 可争取资源

在融资方面，我们可以通过参加大学生创新创业训练计划获得学校和政府的创业基金的支持，以此做为我们项目开展的资金支持。

（五）构建商业模式

1. 客户细分

面向现今大部分出游自主性较强以及有特殊出行需求的游客所构建的 App，通过个性定制化服务解决客户们出行中较为烦琐的各项事务，满足用户们的自主定制需求，创造独特的项目价值。

2. 价值定位

咻马 App 是基于大数据时代下的数据集成、数据整合、数据融合技术以及旅游专业知识所搭造的一款为用户们提供科学的旅游资源筛选，并且帮助用户进行旅游线路的选择，让用户们能在旅游过程中收获更舒适体验的聚合型电子商务平台。软件还具有根据用户特征制定线路的功能，使用户们能够更加精准的前往适合自身的旅游目的地，减少旅行过程中不必要的支出，提供一站式的旅游服务，让用户们轻松又便捷地展开一段说走就走的旅行。

3. 用户获取渠道

面对应用市场中数量繁多的各种 App，我们公司预通过"概念营销"＋"饥饿营销"的模式，以"咻马——您身边的旅行管家"的服务概念以及限时限量内测运行 App 的方法辅以软文营销＋视频推送，迅速占领市场完成对于咻马的相关宣传。让用户们可以通过软件商店、装机自带软件，以及视频等渠道了解到我们的 App。

4. 客户关系

基于软件自身的属性是定制类 App，在与客户建立关系的过程中，专属私人服务以及自助式服务是最基础的途径。在这个途径之上，软件通过设立分享社区板块为用户提供社区式的服务，通过社群的构建来维护客户关系，形成社群顾客关系。并且，通过分享社区，让客户参与 App 的优化，共同参与 App 的制造和更新，形成当今市场最流行的体验式、生态式的顾客关系。

5. 收益流

通过平台的宣传，在拥有一定流量的基础上与旅游产业链的下游商户进行合作，帮助这些商户进行资源的调配，精准推送顾客消费，公司从中进行分佣获利，随着人气上升，从而与更多的商户进行合作。项目通过会员费、手账制作以及票务购买，在实现平台流量稳定增长的同时，抓住一批固定的消费群体，为后期经济利益持续增长奠定基础；在后期，随着平台流量的提高，各种推广和广告逐渐成为盈利来源的大头，占据主要份额。之后，形成资金链，不断扩大平台的影响力，形成良性的资金循环。

6. 重要合伙人

通过原始股东投资以及大创奖金支持，在初期累计创业资金共七万元，通过前期、中期的发展，本项目拟定分别在两个阶段通过天使轮融资六万和 A 轮融资 200 万，顺利完成企业从设想到市场实体的过渡。目前已与华夏路神有限公司取得初步联系，之后拟与携程等各大出行类 App 以及各大连锁酒店进行合作。

（六）创业风险评估

若前期视频粉丝数量不达标，采取广告宣传及适当购买视频热度、寻求大 V 帮推等方法；平台将会协同检验部门对购买链接中的产品进行审核和定期抽样检查，一旦出现品质问题，由平台先行三倍赔付购买者，事后平台与商家按合同进行交流，涉嫌违法的移送司法机关处理；平台将雇佣专业团队进行日常服务器维护防止系统出现问题并进行定期维护；平台将会对客服等相关工作人员进行定期培训和精神情况检查，确保为客户提供优质服务。一旦出现工作人员与客户发生冲突，平台将第一时间调查冲突原因并给予解决，超出平台能力范围外的，移送消费者协会和司法机关处理；平台会定期对的内容进行检查，防止出现审核漏洞，营造绿色和谐交流平台；公司将定期对公司线上线下各个产业模块进行效益评估，根据盈利能力和发展潜力，调整对各个板块的投入力度，以及公司的经营方向；公司将严格地制定财务及税务制度，完善公关部门，力求不出现偷税漏税、贪污腐败等恶劣行径。一旦出现，将对相关人员进行开除公司职务并移送司法机关的处理，并采取相关公关措施，主动承担责任，积极面对公众舆论。

四、创业落地（新企业成立与生存管理）

项目组利用寒暑假时间进行了产业调查，完成了创业计划书编写，并成功申报立项了贵州省省级大学生创新创业训练计划，得到了财政 1 万元资金支持。

与贵州百讯智慧科技有限公司进行了初步合作，在贵合投资公司的帮助下，进行企业注册，进驻贵州大数据安全产业示范区，开展企业模拟前期运行和创业工作。

案例五："长征路铸少年魂，扬中国青年志勇担当"

项目名称：长征路铸少年魂，扬中国青年志勇担当

——贵州青少年红军长征故事收集整理与长征精神赓续

项目团队介绍

参赛组长：熊粞禾

参赛队员：季嘉明 周彦松 马颖昇 李曼琳 桂一璜 鲍洋洋

指导教师：徐刚

项目概述：

随着国家对青少年思想政治教育的不断深化，红色教育也得到了重视。我国2022年印发的《关于用好烈士褒扬红色资源 加强青少年爱国主义教育的意见》指出，要充分调动广大青少年积极性，助力英烈精神课题和宣传。全国人大代表、文化和旅游部部长胡和平表示：文化和旅游部将以党史学习教育为契机，深挖红色文化内涵、扩大革命文化传播，举办一系列传承红色基因、弘扬革命传统的活动。长征足迹遍布贵州省多地，文化资源富集，但缺乏一定的收集与整理，红色资源无法得到充分的发挥与利用。调查小组经过查阅资料与实地调研最终将

视角锁定在红军群体中的青少年。长征精神世代相传，如何基于人群细分视角对青少年红色教育进行科学指导、系统规划、创新形式，实现加强青少年红色教育从而带动长征精神赓续的新局面成为重点。

项目组以调研中发现的问题为基础，思考、创新教育形式。针对发现的问题，我们基于人群细分视角，针对青少年进行教育形式的创新，创新性地提出了通过红色故事大学习、课堂情景剧演绎、红色沙盘课堂、学校联合纪念馆培养小小讲解员、红色"电影小镇"体验等方式来让青少年更深刻地接受长征精神教育，树立文化自信，汲取长征精神力量。

一、项目简介

（一）项目背景

1. 国家政策的引导

少年强则国强。我国 2022 年印发的《关于用好烈士褒扬红色资源　加强青少年爱国主义教育的意见》指出，要充分调动广大青少年积极性，助力英烈精神课题和宣传。以新故事、新方式让青少年充分汲取红色精神养分，增强文化自信和爱国主义精神，树立报效祖国的观念是一项重要的任务。

2023 年不仅是中国全面发展复苏的一年，也是全面贯彻落实党的二十大精神的开局之年。在二十大报告中，习近平主席强调要"弘扬以伟大建党精神为源头的中国共产党人精神谱系，用好红色资源，深入开展社会主义核心价值观宣传教育，深化爱国主义、集体主义、社会主义教育，着力培养担当民族复兴大任的时代新人。"贵州省教育厅在《贵州省教育发展"十四五"规划》中也做出了相关安排，要"用好用足贵州富集的红色资源，讲好贵州红色故事，传承和弘扬红色文化，开展好爱国主义读书活动"，并且创新教育方式，"采取互动式、启发式、交流式教学，在教育灌输和潜移默化中，引导学生树立国家意识、增强爱国情感。"

2. 赓续长征精神的需要

长征精神作为中国共产党人精神谱系的重要组成部分，具有十分丰富的内涵。习近平总书记在纪念红军长征胜利 80 周年大会上指出，"伟大长征精神，就是把全国人民和中华民族的根本利益看得高于一切，坚定革命的理想和信念，坚信正义事业必然胜利的精神；就是为了救国救民，不怕任何艰难险阻，不惜付出一切牺牲的精神；就是坚持独立自主、实事求是，一切从实际出发的精神；就是顾全大局、严守纪律、紧密团结的精神；就是紧紧依靠人民群众，同人民群众生死相依、患难与共、艰苦奋斗的精神"。习近平总书记的讲话科学地总结了长征精神的内涵，其内涵可概括为以下几点，坚定的理想信念与追求；不畏艰辛与牺牲的英雄气概；实事求是的思想路线；顾全大局的集体主义精神；以及心系群众的优良作风和情怀。长征是一次在实践中检验真理的伟大远征，伟大长征精神是长征留下的弥足珍贵的精神财富，青少年走在属于自己的"长征"上，只有不断实践才能将长征精神发扬光大。要让伟大长征精神成为这一代青少年走好这一代长征路的精神之钙与胜利之钥，更生动，更沉浸式，更多样化的赓续方式助力当代青少年的"长征"实践。

3. 青少年长征精神问卷调查

本调查小组除线下调研之外，还采取了线上发放网络问卷的方法来了解人们对青少年长征故事的认识程度等相关问题。共发放 208 份调查问卷，其中有效问卷 205 份。

对青少年故事的了解程度和途径：大多数学生对长征红军中青少年群体的事迹了解程度不高，了解途径比较传统和单调，主要依托于课堂，纪念馆，互联网等。

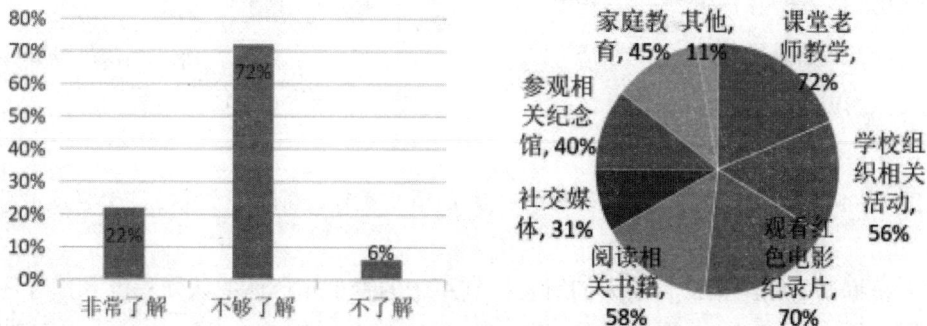

图 12-12（对青少年长征故事的了解程度）（了解青少年长征故事的主要途径）

在家庭教育方面：家长普遍表示深受青少年红军英勇事迹感染，且对本研究小组开发的各种赓续方式表示期待。

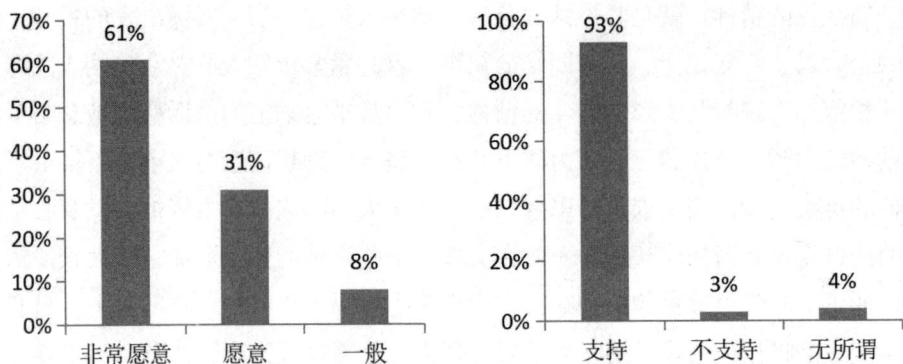

图12-13（是否愿意带后代参与长征精神学习）（对学校深入开展长征精神教育的态度）

在青少年的反响方面：多数学生表示愿意更多地了解青少年红军这一群体的事迹，大多数学生对本项目小组开发的赓续形式抱有浓厚的兴趣。

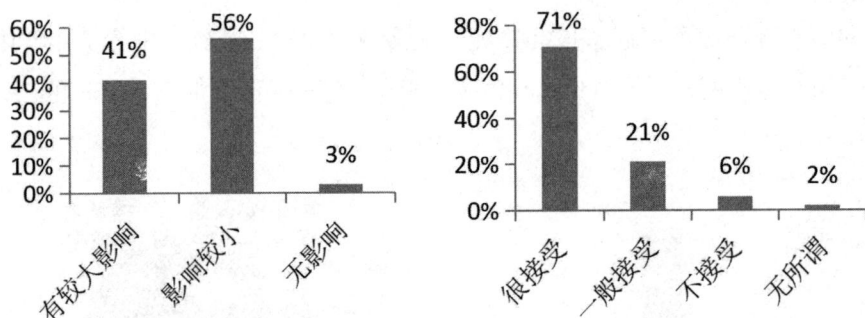

图12-14（长征精神对青少年的影响程度）（青少年对创新教育方式的接受程度）

根据调查的结果，目前人们对长征红军中的青少年群体的认知程度和途径还有待改进，但调查对象都为被这些风华正茂的小战士所折服，这一定程度上说明他们的壮烈事迹的独特魅力还需要更深层次的挖掘、传播与整理。大多数受访者也期待多样化的赓续方式出现，为长征精神注入新动力，让长征精神永远闪烁在中华民族的精神谱系中！

（二）调研的意义

中国当今的发展日新月异，国际局势变化多端，中国的青少年需要更加强大的精神支柱。长征精神是革命先辈给予我们的宝贵精神财富，长征精神的赓续与课题应该得到更多重视。

本队成员在指导老师的带领下收集整理贵州青少年红军长征故事，并且以当代青年日常生活中感兴趣的方式为基础，提出了长征精神赓续的新方法，希望同龄人的故事和有趣的教育方式能让青少年更深入地学习和发扬长征精神，在未来有更坚定的决心和意志为祖国的建设添砖加瓦。

二、项目特色

（一）贵州红军长征青少年故事收集

赓续长征精神的重要途径之一就是收集整理在长征途中发生的可歌可泣的英雄故事，但在实地调研过程中我们发现，针对青少年红军长征故事的收集整理存在缺失，纪念馆也鲜有将青少年红军作为专题单独列出，大众对于青少年红军故事的印象并不深刻。因此，我们从人群细分视角入手，对青少年红军长征故事进行收集整理，并创新出新形式。

1. 困牛山百名小红军英勇跳崖
2. 小小红军宣传员
3. 坚韧不拔的苗族队长
4. 坚贞不屈的女侠
5. 孙大娘救助小红军
6. 最小的红军战士
7. 永不凋谢的"朝阳花"
8. 舍身忘死智救红军

（二）实地调查的过程与发现

1. 实地调查过程

本课题小组成员在贵州长征文化的代表性地点开展调研走访的过程中，收集了青少年长征红军的一手资料，感受到长征精神的强大感召力，了解到不同地区对长征精神的传承方式，总结与反思长征精神赓续可能面临的问题。接着本小组追寻着"困牛山壮士"的事迹，来到了铜仁市石阡县困牛山乡，在村支书张国誉书记与驻村第一书记高成仁书记的帮助下，我们在当地展开了调查走访。

图 12-15　　与村支书交谈

　　我们先顺着泥泞的山路来到了当年困牛山英烈壮烈跳崖就义的地方，这里山势陡峭，困牛山壮士们就是在这样的绝壁上誓死战斗，最后为了保护百姓英勇就义。

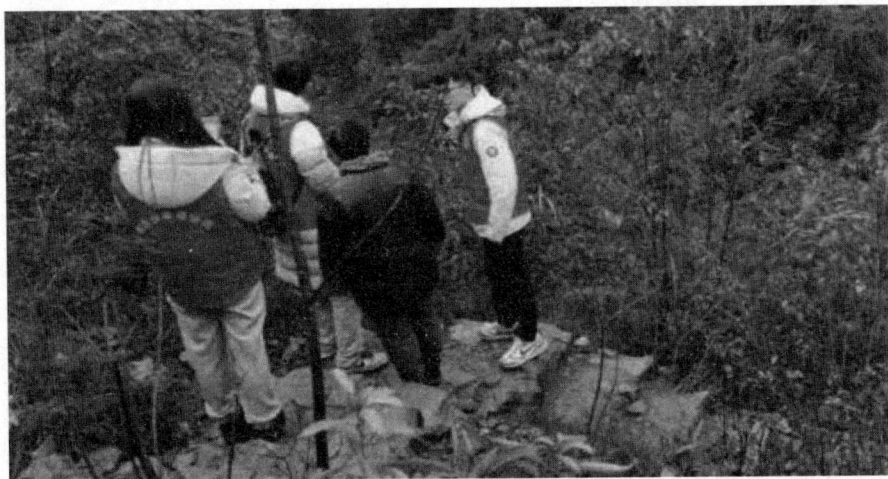

图 12-16　　重走长征路

　　在与村民访谈过程中，一位奶奶为我们揭开了这段历史的神秘面纱，讲述了她的姑姑曾亲眼目睹的战斗：国民党部队的包围受到困牛山壮士的顽强抵抗，于是便胁迫当地村民充当人质，红军战士为了人民安全，英勇跳崖。据说当时鲜血染红了整条溪流，村民冒着当地军匪威胁收敛壮士遗体时才发现，这其中有许多人都还是"娃娃"。

图 12-17 听老奶奶讲述困牛山"红军小娃娃"的故事

时至今日，仍然有年长的村民在清明时节，亲自走下那条 300 余阶的陡峭石阶，前往 70 余米深的崖底祭拜红军英灵。为了寻溯贵州的赤水之源，我们来到了当年红军一渡赤水主要渡口——元厚镇"红军渡"，这里也是当地中小学生接受长征精神教育的主要基地。我们联系到了张水副镇长，讲解员教师柳华珠为我们梳理了元厚镇的长征根脉，如当地人尽皆知的"红嫂""永不凋谢的朝阳花"等故事。

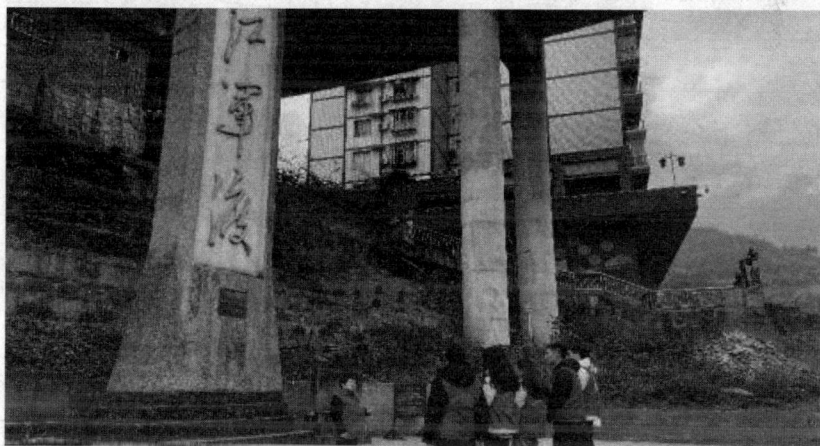

图 12-18 听柳大姐讲述"红军渡"的故事

在张水副镇长的帮助下，我们采访了当地居民和政府工作人员，感受军民情谊在当地的影响和传承。

图 12-19　听当地居民讲述红军小战士与人民之间的感情

最后我们进入长征精神相关纪念馆，了解纪念馆对长征精神的赓续情况。

图 12-20　遵义市习水县女红军纪念馆

我们来到贵州省遵义市习水县土城镇和遵义市红花岗区，走进四渡赤水纪念馆、中国女红军纪念馆、红军医院纪念馆、遵义会议会址，感受和了解纪念馆对长征精神的传播情况，思考当前传播方式存在的不足和青少年进行长征精神教育的新方式。

图 12-21　遵义会议纪念馆

2. 实地调研发现

本课题小组成员在贵州长征文化的代表性地点开展调研走访的过程中，收集到了更详细真实的青少年红军故事，感受到了长征精神的强大感召力，但在调研过程中我们发现不同地区对长征精神的传承方式和长征精神赓续可能面临的现存问题。

在走访困牛山乡和土城镇时，我们发现当地的长征红色纪念馆基础设施齐全且完善，配有大型 LED 屏与环绕式音响塑造的 VR 主题展厅，为游客与当地青少年提供了沉浸式的观赏体验，营造了长征精神代代传的文化氛围。但我们发现，虽然红色纪念馆建设完善，却少有人来参观学习。

在与村民访谈过程中，我们发现各地都非常重视红军长征精神的传承，且氛围浓厚。村民都会自发地祭拜牺牲的红军战士，逢年过节也会组织当地青少年一起悼念红军英雄。但由于地点分散，致使这种浓厚的氛围和对长征精神传承的重视只局限于本地，所以红色故事和长征精神没有得到很好的传播。

在故事收集整理的过程中，我们发现长征路上有很多生动且感人的故事，但都只将长征路上的故事泛泛地归为一类，并没有基于人群细分视角针对青少年进行故事收集与整理。这对于当代青少年的长征精神教育缺乏一定的针对性。

调研结束后，针对这些问题我们提出了新的赓续方式。

（三）赓续方式创新

我们以调研中发现的问题为基础，思考、创新教育形式。针对发现的问题，我们基于人群细分视角，针对青少年进行教育形式的创新，创新性地提出了通过红色故事大学习、课堂情景剧演绎、红色沙盘课堂、学校联合纪念馆培养小小讲解员、红色"电影小镇"体验等方式来让青少年更深刻地接受长征精神教育，树立文化自信，汲取长征精神力量。

1. 学校 + 纪念馆模式

针对红色纪念馆参观人数稀少、学校缺乏红色主题展厅的现况，我们提出了学校+纪念馆模式，红色纪念馆与学校合作，让学生成为红军长征故事的讲述者，并组建青少年讲解员队伍给游客讲述红军长征故事。

将纪念馆打造成青少年的"第二课堂"，可以让学生更好地了解红色历史和红军长征故事，让青少年在红色教育基地、革命文化中成长，促进纪念馆红色教育资源融入教育体系，让广大青少年从红军战士中汲取前进动力和榜样力量。与传统对青少年红色文化的教育不同，青少年进纪念馆去主动讲解红军长征故事，可以使青少年更深层次地认识和了解其故事和背后的精神，让红色文化真正触及青少年的心灵。同时，以一种新的形式，用学生的视角来讲述红色故事，可以更好地宣传红色文化，吸引更多人自发地前往纪念馆进行参观学习红色文化。通过组建青少年讲解队伍，加深青少年对于红色文化的理解，促进国家长征精神的传承。

图 12-22　小小红军故事讲解员

2. 课堂参与式情景剧

在参观遵义会议会址时，遵义会议的情景剧在我们的脑海中留下了深刻印象。根据遵义会议的情景剧，衍生出其他红色故事的情景剧，在课堂上根据青少年红军长征故事编排剧情，对故事中提及的人物进行角色分配，在老师的指导下由同学们切身代入演出，体会红军长征。

情景剧生动有趣，不仅增加了课堂乐趣，还赋予红军故事鲜活的生命力，灵动有趣，有助于激发青少年对红军故事的探索；另一方面，课堂情景剧表演形式简单明了，便于操作，可行性强，对环境要求限制小，局限性小，更有利于红军长征情景剧传播到各个学校。情景剧能够使红军故事更加清晰易懂，通过青少年自身对红军人物的扮演，加深同学们对红军故事的理解掌握吸收。在开展情景剧的同时，不仅锻炼了青少年基本听说能力，也是提升青少年语言综合运用能力的方式，让青少年使用情景剧在丰富知识的同时提高了自身素养，激发青少年对红军故事的兴趣，课后会有更多同学阅读了解更多红军事例，促进红军故事传播、红色精神赓续。

图 12-23　课堂参与式情景剧

3. 红色沙盘游戏课堂

我们在困牛山乡考察学习时，纪念馆中的沙盘模型深深地吸引了我们。我们创新了红色沙盘游戏课堂，以长征中的重大历史事件为主题，将红军长征的场景分割开来，以沙盘玩具的形式塑造各个不同的场景，同时，给予各个场景一定的文本，将长征故事以文本的方式初步传授给青少年。青少年通过读取文本获取事件信息，从而拼凑沙盘玩具，复现当年红军的传奇事迹，通过动手的方式将红军长征故事进一步宣传给青少年。

区别于传统宣讲、故事会而言，红色沙盘游戏课题在实际操作上取得了创新，以文本的形式让青少年了解故事，然后再通过实践的形式使青少年更深入地了解当时的背景和过程，使红军长征故事"内化于心、外化于行"。红色沙盘游戏不仅向青少年传授了红军长征故事，同时也提高了青少年的动手能力，真正使红色故事"活"在青少年群体中，引领青少年从被动接受到主动参与，体验沉浸式学习历史，使青少年不再是单纯地听故事，而是全方位、多层次、多角度地参与到红色文化的体验之中。

图 12-24　红军行军路线沙盘展示

4. 长征故事讲述视频

在访谈过程中我们发现，故事发源地的红色氛围浓厚，但不易传播进校园，为此，我们以青年大学习为原型，创新出青少年长征故事视频校园定期展播，以调研过程中收集到的红色故事为基础，拍摄长征故事讲述视频，将抽象的中国话语转化为具体可感的故事，并投放到学校每周学习视频或青年大学习中，让青少年透过鲜活的长征故事，看到真实动人的峥嵘岁月，了解长征过程中的精彩故事。

在实地调研过程中，我们发现在故事发生地都有比较详细的故事记载和良好的传承氛围。但由于地理位置较为偏远和青少年出行不便等原因，长征故事没有很好地传播。而通过拍摄当地的长征故事讲述视频，可以以视频的形式完成故事高质量传播，将当地的长征精神传递给在校园里学习的青少年们，激发青少年的爱国热情，增强精神上的凝聚力和向心力。

图 12-25 组织学习长征故事讲述视频

5. 模仿电影小镇的长征主题中型互动性展演会

模仿电影小镇的长征主题中型互动性展演会这一形式，以红色景点为场景，以长征故事为内容，以体验红军生活为核心，构建一个有明确导向的沉浸式体验场景。展演会将红军长征故事进行全方位展演，并同时进行知识科普、深度参与、熏陶感化等环节。青少年可以参与到故事当中，沉浸式体验红军长征时生活的各个场景，感受长征路途中的艰辛与不易。

模仿电影小镇的长征主题中型互动性展演会实现了"景区演艺化，演艺景区化"，将青少年与故事融为一体，实现立体的时空交互体验，完成角色沉浸，深刻体验红军长征过程。同时，展演会兼顾了活动的体验性与爱国教育的严肃性，保障了爱国教育的有效性，吸引了青少年对红军长征故事的关注，在无形中完成了对长征精神的赓续。

图 12-26　红色电影小镇

6.VR 体验式教育

在观察学习的过程中，我们通过 VR 的体验，对长征经历的艰难困苦有了更深刻的认识。由此，我们认为 VR 体验式教育能使青少年更加深刻地了解长征的艰辛。VR 体验式教育是将红色文化与 VR 技术相结合，打造 VR+ 红色文化虚拟交互平台，并同步推向中、小学课堂，让中、小学生在课堂中戴上 VR 眼镜就能感受红军长征的红色革命文化。通过这种沉浸性、交互性的形式更好地传播红军故事。

VR 体验式教育不仅有助于提升红色文化品牌实力，对拓展红色文化传播形式，加强青少年爱国主义教育、红色革命教育更具现实意义和实践价值。目前红色教育通常是围绕理论灌输教育的基本模式来实施的，方式较为传统，而 VR 体验式教育将长征故事与 VR 技术相结合，构建基于 VR 的长征红色教育互动体验式培训系统，较好实现红军长征事迹的虚拟仿真与交互，丰富了红色教育的传播形式，提升了红色教育效果。

三、项目取得的荣誉

荣获第十八届"挑战杯"全国大学生课外学术科技作品竞赛红色专项赛三等奖。

参考文献

[1] 国家发展和改革委员会 .2015 年中国大众创业万众创新发展报告 [M]. 北京：人民出版社，2016.

[2] 中国社会科学院法学研究所法制宣传教育与公法研究中心 ."大众创业万众创新"法律知识读本 [M]. 北京：中国民主法制出版社，2016.

[3][美] 杰佛里·蒂蒙斯，小斯蒂芬·斯皮内利 . 创业学 [M]. 周伟民，吕长春，译 . 北京：现代教育出版社，2010.

[4] 赵燕 . 高校创业教育研究（第一版）[M]. 北京：经济管理出版社 ，2020.

[5] 赵光峰 . 基于创新的大学创业体系建构 [M]. 北京：中国水利水电出版社，2019.

[6] 吴亚梅，龚丽萍 . 大学生创新创业教程 [M]. 重庆：重庆大学出版社，2018.

[7] 赵光峰，肖海荣 . 创新创业教育——让大学生走在时代的前沿 [M]. 北京：中国纺织出版社，2018 年 .

[8] 李成钢 . 大学生创新创业经验——模拟实践教程 [M]. 北京：中国纺织出版社，2018 年 .

[9 康桂花，姚松，罗剑波 . 创新创业实务 [M]. 北京：科学出版社，2018 年 .

[10] 刘媛 ."双创"背景下大学生创业教育与法律问题研究 [M]. 北京：中国经济出版社，2020.

[11] 奚国良，徐国华，汪争，徐林海，印文郁，林振洲 . 创新创业战略规划实训教程 [M]. 北京：清华大学出版社，2018.

[12] 朱燕空，祁德明，罗美娟 . 创业学什么——人生方向设计、思维与方法论 [M]. 北京：国家行政学院出版社，2018.

[13] 蒋得勤 . 大学生创新创业基础 [M]. 北京：北京师范大学出版社，2017.

[14] 项勇，黄桂祯，王唯洁 . 大学生创新创业素质培养机制研究 [M]. 北京：中国经济出版社，2017.

[15] 张海霞，陈江，肖俊杰，路江涌等 . 创新工程实践 [M] . 北京：高等教育

出版社，2016.

[16] 陈贞，高远. 大学生创新创业实战营 [M]. 北京：清华大学出版社，2018.

[17] 张静. 大学生创业实战指导 [M]. 北京：对外经济贸易大学出版社，2012.

[18] 西凤茹，孙云龙，李学东. 大学生创业理论与实务 [M]. 北京：北京师范大学出版社，2011.

[19] 吴运迪. 大学生创业指导 [M]. 北京：清华大学出版社，2012.

[20] 陈浩凯，万学章. 大学生就业与创业教程 [M]. 长沙：湖南科学技术出版社，2005.

[21] 李伟，张世辉. 创新创业教程 [M]. 北京：清华大学出版社，2015.

[22] 左军，金镇副. "互联网+"与大学生创新创业 [M]. 北京：科学出版社，2018.

[23] 姜进. 创新创业指导 [M]. 北京：高等教育出版社，2016.

[24] 杜永红. 大学生网络创新创业教育 [M]. 北京：北京理工大学出版社，2016.

[25] 李军凯. 大学生创新创业教程 [M]. 北京：人民出版社，2017.

[26] 刘玉威，米洁. 大学生创业精神培育研究 [M]. 吉林：吉林大学出版社，2020.

[27] 钱黎. 当代大学生创新创业发展的路径优化 [M]. 辽宁：辽海出版社，2020.

[28] 单林波. 大学生创新创业思维与方法研究 [M]. 北京：中国商务出版社，2020.

[29] 刘志. 大学生创业意向及其行为转化研究 [M]. 北京：人民出版社，2018.

[30] 吴晓义，肖伟才，何小姬，秦印，张菡副. 创业基础理论、案例与实训 [M]. 北京：中国人民大学出版社，2019.

[31] 李丽娜. 互联网背景下的大学生创业基础与实践指导 [M]. 北京：新华出版社，2017.

[32] 张伟，段辉琴，姜素兰. 大学生创业实务训练教程 [M] 北京：中国政法大学出版社，2017.

[33] 毕继东，陶虎. 创业设计与仿真实验 [M]. 北京：高等教育出版社，2019.

[34] 郑培，肖捷. 创业梦百科 [M]. 北京：中国人民大学出版社，2018.

[35] 周鹍鹏. 大学生创新创业基础 [M]. 北京：科学出版社，2018.

[36] 郑彦云，罗立军，付春晓，卢亢 . 大学生创新创业能力培养 [M]. 广州：暨南大学出版社，2017.

[37] 翟庆华，叶明海 . 大学生创业者自我效能、资源、机会与商业模式的匹配关系研究 [M]. 北京：中国经济出版社，2014.

[38] 李肖鸣 . 大学生创业基础 [M]. 北京：清华大学出版社，2009.

[39][美] 德鲁克 . 创新与企业家精神 [M]. 蔡文燕，译 . 北京：机械工业出版社，2007.

[40] 周苏，褚赟 . 创新创业：思维、方法与能力 [M]. 北京：清华大学出版社，2017.

[41] 杜永红 . 大学生网络创新创业教育 [M]. 北京：北京理工大学出版社，2016.

[42] 黄华 . 如何赢得创新创业大赛 [M]. 北京：北京工业出版社，2019.

[43] 杨治 . 产业经济学导论 [M]. 北京：中国人民大学出版社，1985.

[44] 陈小洪，金忠义 . 企业市场关系分析：产业组织理论及其应用 [M]. 北京：科学技术文献出版社，1990.

[45] 马建堂 . 结构与行为：中国产业组织研究 [M]. 北京：中国人民大学出版社，1993.

[46] 王慧炯，陈小洪 . 产业组织及有效竞争：中国产业组织的初步研究 [M]. 北京：中国经济出版社，1991.

[47] 夏大慰 . 产业组织学 [M]. 上海：复旦大学出版社，1994.

[48] 植草益 . 产业组织论 [M]. 北京：中国人民大学出版社，1998.

[49] 杨炜苗 . 大学生创新创业：企业家型创业者的培养 [M]. 北京：中国传媒大学出版社，2018.

[50] 嵇建珍 . 大学生创业实用教程（第二版）[M]. 南京：南京大学出版社，2016.

[51] 文薪燚 . 新时期大学生创业准备与创业团队管理专题研究 [M]. 北京：中国商业出版社，2017.

[52] 唐继红 . 大学生创新创业实务 [M]. 北京：高等教育出版社，2017.

[53] 董青春，孙亚卿 . 大学生创业基础 [M]. 经济管理出版社，2017.

[54] 单林波 . 大学生创新创业思维与方法研究 [M] . 北京：中国商务出版社，2020.

[55] 朱新满 . VBSE 创新创业经营决策实训教程 [M]. 北京：经济科学出版社，2019.

[56] 盘健 . 大学生创业基础与实践 [M]. 北京：清华大学出版社，2018.

[57] 宋来新，商云龙 . 化工行业大学生创新创业基础教程 [M]. 北京：化学工业出版社，2018.

[58] 吴亚梅，龚丽萍 . 大学生创新创业教程 [M]. 重庆：重庆大学出版社，2018.

[59] 丁忠明 . 大学生创业启程 [M]. 北京：机械工业出版社，2018.

[60] 团中央学校部，同济大学编 . 共挑战·创未来："挑战杯"中国大学生创业计划竞赛：1999—2012[M]. 上海：同济大学出版社，2012.

[61] 孙官耀 . 大学生就业与创业指导教材 [M]. 北京：科学出版社，2012.

[62] 孙蕊 . 创业教育指导教程 [M]. 天津：南开大学出版社，2013.

[63] 李辉，刁国庆 . 大学生创业概论 [M]. 北京：北京师范大学出版社，2013.

[64] 刘平 . 大学生创业基础 [M]. 北京：机械工业出版社，2013.

[65] 郝宏伟 . 大学生创业基础 [M]. 广州：广东高等教育出版社，2013.

[66] 王卫东 . 大学生创业基础 [M]. 北京：中国水利水电出版社，2013.

[67] 李家华 . 创业基础 [M]. 北京：北京师范大学出版社，2014.

[68] 郭占元 . 创业基础：理论应用与实训实练 [M]. 北京：北京大学出版社，2014.

[69] 沈裴敏，徐国立 . 大学生创新与创业教程 [M]. 北京：高等教育出版社，2014.

[70] 陈德明 . 大学生创业规划 [M]. 广州：广东高等教育出版社，2014.

[71] 陈永奎 . 大学生创新创业基础教程 [M]. 北京：经济管理出版社，2015.

[72] 李爱卿，叶华 . 大学生创业基础 [M]. 北京：清华大学出版社，2015.

[73] 宋来新，商云龙 . 化工行业大学生创新创业基础教程 [M]. 北京：化学工业出版社，2018.

[74] 杨复伟 . 高等院校公共课系列教材 大学生创新创业实践手册 [M]. 重庆：重庆大学出版社，2021.

[75] 朱莉，姜峰 . 赢在未来 大学生创业实务与策略 [M]. 山东：山东大学出版社，2010.

[76] 大学生创业教育委员会 . 大学生创业教程 [M]. 上海：立信会计出版社，

2010.

[77] 郭清娥 . 大学生创业概要 [M]. 北京 : 中国工商出版社，2013.

[78] 张耀辉，朱峰 . 创业基础 [M]. 广州 : 暨南大学出版社，2013.

[79] 李肖鸣 . 大学生创业基础 [M]. 北京 : 清华大学出版社，2018.

[80] 钟晓红 . 大学生创业教育 [M]. 北京 : 北京理工大学出版社，2010.

[81][美] 加里·阿姆斯特朗，菲利普·科特勒 . 市场营销学（英文 12 版）[M].
北京 : 中国人民大学出版社，2017.

[82] 曹德欣，祝木伟 . 创业学概论 [M]. 北京 : 中国矿业大学出版社，2013.

[83] 李时椿，常建坤 . 创业基础 [M]. 北京 : 清华大学出版社，2013.

[84][瑞士] 奥斯特瓦德，皮尼厄 . 商业模式新生代 [M]. 王帅，毛心宇，严威
译 . 北京 : 机械工业出版社，2011.

[85] 戴天宇 . 商业模式的全新设计 [M]. 北京 : 北京大学出版社，2016.

[86][美] 蔡斯 . 共享经济 : 重构未来商业模式 [M]. 王芮，译 . 杭州 : 浙江大
学出版社，2015.

[87] 徐明 . 创新创业管理学 : 理论与实践 [M]. 大连 : 东北财经大学出版社，
2016.

[88] 孙立新 . 风险管理 : 原理、方法与应用 [M]. 北京 : 经济管理出版社，
2014.

[89] 韩国文，陆菊春 . 创业学 [M]. 武汉 : 武汉大学出版社，2015.

[90] 李善友 . 颠覆式创新 : 移动互联网时代的生存法则 [M]. 北京 : 机械工业
出版社，2015.

[91] 许胜江 . 核心产品及其开发与评价 [J]. 系统工程，2006.

[92] 罗扬 . 从核心产品出发拓展营销创新 [J]. 管理现代化，2009.

[93] 邱红，吴诗启 . 基于核心产品的企业收缩动因分析 [J]. 研究与发展管理，
2005.

[94] 傅国华 . 运转农产品产业链 提高农业系统效益 [J]. 中国农垦经济，1996.

[95] 马建堂 . 我国企业行为研究与现代产业组织理论 [J]. 经济研究 .1991.

[96] 杨齐，乔婷 . 创业团队异质性与新创企业创新绩效——基于模糊集定性
比较 分析方法 [J]. 沈阳大学学报 (社会科学版)，2022.

[97] 沈南鹏 . 创业团队制胜之道 [J]. 风流一代，2022.

[98] 董玉杰，宋萌，钱婷 . 大学生创新创业团队的构建与培育研究 [J]. 教育教

学论坛 ,2022.

　　[99] 贾迎亚 , 周彦琪 , 厉杰 , 李智 . 创业者认知风格、团队成员建言行为与幸福感 [J]. 中国人力资源开发，2021.

　　[100] 武建 . 大学生创业团队建设及对策研究 [J]. 山西青年，2021.

　　[101]Watson K， McGowan P， Cunningham J A. An exploration of the Business Plan Competition as a methodology for effective nascent entrepreneurial learning[J]. International Journal of Entrepreneurial Behavior & Research， 2018.

　　[102] 繁玲 . 商业计划书里必备的 "2H6W" [J]. 成才与就业，2020.

　　[103] 薛建华 . 基于动机理论的大学生创业教学方法研究——以南京理工大学泰州 科技学院为例 [J]. 泰州职业技术学院学报，2019,19(03):7—9.

　　[104] 国务院 . 国务院关于大力推进大众创业万众创新若干政策措施的意见 [EB/OL].(2015-6-16)[2020-6-17].http://www.gov.cn/zhengce/centent/2015-06/16/content_9855.htm.

附件一：《国务院办公厅关于进一步支持大学生创新创业的指导意见》

国办发〔2021〕35号

各省、自治区、直辖市人民政府，国务院各部委、各直属机构：

纵深推进大众创业万众创新是深入实施创新驱动发展战略的重要支撑，大学生是大众创业万众创新的生力军，支持大学生创新创业具有重要意义。近年来，越来越多的大学生投身创新创业实践，但也面临融资难、经验少、服务不到位等问题。为提升大学生创新创业能力、增强创新活力，进一步支持大学生创新创业，经国务院同意，现提出以下意见。

一、总体要求

以习近平新时代中国特色社会主义思想为指导，深入贯彻落实党的十九大和十九届二中、三中、四中、五中全会精神，全面贯彻党的教育方针，落实立德树人根本任务，立足新发展阶段、贯彻新发展理念、构建新发展格局，坚持创新引领创业、创业带动就业，支持在校大学生提升创新创业能力，支持高校毕业生创业就业，提升人力资源素质，促进大学生全面发展，实现大学生更加充分更高质量就业。

二、提升大学生创新创业能力

（一）将创新创业教育贯穿人才培养全过程。深化高校创新创业教育改革，健全课堂教学、自主学习、结合实践、指导帮扶、文化引领融为一体的高校创新创业教育体系，增强大学生的创新精神、创业意识和创新创业能力。建立以创新创业为导向的新型人才培养模式，健全校校、校企、校地、校所协同的创新创业人才培养机制，打造一批创新创业教育特色示范课程。（教育部牵头，人力资源

和社会保障部等按职责分工负责）

（二）提升教师创新创业教育教学能力。强化高校教师创新创业教育教学能力和素养培训，改革教学方法和考核方式，推动教师把国际前沿学术发展、最新研究成果和实践经验融入课堂教学。完善高校双创指导教师到行业企业挂职锻炼的保障激励政策。实施高校双创校外导师专项人才计划，探索实施驻校企业家制度，吸引更多各行各业优秀人才担任双创导师。支持建设一批双创导师培训基地，定期开展培训。（教育部牵头，人力资源和社会保障部等按职责分工负责）

（三）加强大学生创新创业培训。打造一批高校创新创业培训活动品牌，创新培训模式，面向大学生开展高质量、有针对性的创新创业培训，提升大学生创新创业能力。组织双创导师深入校园举办创业大讲堂，进行创业政策解读、经验分享、实践指导等。支持各类创新创业大赛对大学生创业者给予倾斜。（人力资源社会保障部、教育部等按职责分工负责）

三、优化大学生创新创业环境

（四）降低大学生创新创业门槛。持续提升企业开办服务能力，为大学生创业提供高效便捷的登记服务。推动众创空间、孵化器、加速器、产业园全链条发展，鼓励各类孵化器面向大学生创新创业团队开放一定比例的免费孵化空间，并将开放情况纳入国家级科技企业孵化器考核评价，降低大学生创新创业团队入驻条件。政府投资开发的孵化器等创业载体应安排 30% 左右的场地，免费提供给高校毕业生。有条件的地方可对高校毕业生到孵化器创业给予租金补贴。（科技部、教育部、市场监管总局等和地方各级人民政府按职责分工负责）

（五）便利化服务大学生创新创业。完善科技创新资源开放共享平台，强化对大学生的技术创新服务。各地区、各高校和科研院所的实验室以及科研仪器、设施等科技创新资源可以面向大学生开放共享，提供低价、优质的专业服务，支持大学生创新创业。支持行业企业面向大学生发布企业需求清单，引导大学生精准创新创业。鼓励国有大中型企业面向高校和大学生发布技术创新需求，开展"揭榜挂帅"。（科技部、发展改革委、教育部、国资委等按职责分工负责）

（六）落实大学生创新创业保障政策。落实大学生创业帮扶政策，加大对创业失败大学生的扶持力度，按规定提供就业服务、就业援助和社会救助。加强政府支持引导，发挥市场主渠道作用，鼓励有条件的地方探索建立大学生创业风险救助机制，可采取创业风险补贴、商业险保费补助等方式予以支持，积极研究更加精准、有效的帮扶措施，及时总结经验、适时推广。毕业后创业的大学生可按规定缴纳"五险一金"，减少大学生创业的后顾之忧。（人力资源社会保障部、教育部、财政部、民政部、医保局等和地方各级人民政府按职责分工负责）

四、加强大学生创新创业服务平台建设

（七）建强高校创新创业实践平台。充分发挥大学科技园、大学生创业园、大学生创客空间等校内创新创业实践平台作用，面向在校大学生免费开放，开展专业化孵化服务。结合学校学科专业特色优势，联合有关行业企业建设一批校外大学生双创实践教学基地，深入实施大学生创新创业训练计划。（教育部、科技部、人力资源和社会保障部等按职责分工负责）

（八）提升大众创业万众创新示范基地带动作用。加强双创示范基地建设，深入实施创业就业"校企行"专项行动，推动企业示范基地和高校示范基地结对共建、建立稳定合作关系。指导高校示范基地所在城市主动规划和布局高校周边产业，积极承接大学生创新成果和人才等要素，打造"城校共生"的创新创业生态。推动中央企业、科研院所和相关公共服务机构利用自身技术、人才、场地、资本等优势，为大学生建设集研发、孵化、投资等于一体的创业创新培育中心、互联网双创平台、孵化器和科技产业园区。（发展改革委、教育部、科技部、国资委等按职责分工负责）

五、推动落实大学生创新创业财税扶持政策

（九）继续加大对高校创新创业教育的支持力度。在现有基础上，加大教育部中央彩票公益金大学生创新创业教育发展资金支持力度。加大中央高校教育教学改革专项资金支持力度，将创新创业教育和大学生创新创业情况作为资金分配重要因素。（财政部、教育部等按职责分工负责）

（十）落实落细减税降费政策。高校毕业生在毕业年度内从事个体经营，符合规定条件的，在3年内按一定限额依次扣减其当年实际应缴纳的增值税、城市维护建设税、教育费附加、地方教育附加和个人所得税；对月销售额15万元以下的小规模纳税人免征增值税，对小微企业和个体工商户按规定减免所得税。对创业投资企业、天使投资人投资于未上市的中小高新技术企业以及种子期、初创期科技型企业的投资额，按规定抵扣所得税应纳税所得额。对国家级、省级科技企业孵化器和大学科技园以及国家备案众创空间按规定免征增值税、房产税、城

镇土地使用税。做好纳税服务，建立对接机制，强化精准支持。（财政部、税务总局等按职责分工负责）

六、加强对大学生创新创业的金融政策支持

（十一）落实普惠金融政策。鼓励金融机构按照市场化、商业可持续原则对大学生创业项目提供金融服务，解决大学生创业融资难题。落实创业担保贷款政策及贴息政策，将高校毕业生个人最高贷款额度提高至20万元，对10万元以下贷款、获得设区的市级以上荣誉的高校毕业生创业者免除反担保要求；对高校毕业生设立的符合条件的小微企业，最高贷款额度提高至300万元；降低贷款利率，简化贷款申报审核流程，提高贷款便利性，支持符合条件的高校毕业生创业就业。鼓励和引导金融机构加快产品和服务创新，为符合条件的大学生创业项目提供金融服务。（财政部、人力资源和社会保障部、人民银行、银保监会等按职责分工负责）

（十二）引导社会资本支持大学生创新创业。充分发挥社会资本作用，以市场化机制促进社会资源与大学生创新创业需求更好对接，引导创新创业平台投资基金和社会资本参与大学生创业项目早期投资与投智，助力大学生创新创业项目健康成长。加快发展天使投资，培育一批天使投资人和创业投资机构。发挥财政政策作用，落实税收政策，支持天使投资、创业投资发展，推动大学生创新创业。（发展改革委、财政部、税务总局、证监会等按职责分工负责）

七、促进大学生创新创业成果转化

（十三）完善成果转化机制。研究设立大学生创新创业成果转化服务机构，建立相关成果与行业产业对接长效机制，促进大学生创新创业成果在有关行业企业推广应用。做好大学生创新项目的知识产权确权、保护等工作，强化激励导向，加快落实以增加知识价值为导向的分配政策，落实成果转化奖励和收益分配办法。加强面向大学生的科技成果转化培训课程建设。（科技部、教育部、知识产权局等按职责分工负责）

（十四）强化成果转化服务。推动地方、企业和大学生创新创业团队加强合作对接，拓宽成果转化渠道，为创新成果转化和创业项目落地提供帮助。鼓励国有大中型企业和产教融合型企业利用孵化器、产业园等平台，支持高校科技成果转化，促进高校科技成果和大学生创新创业项目落地发展。汇集政府、企业、

高校及社会资源，加强对中国国际"互联网+"大学生创新创业大赛中涌现的优秀创新创业项目的后续跟踪支持，落实科技成果转化相关税收优惠政策，推动一批大赛优秀项目落地，支持获奖项目成果转化，形成大学生创新创业示范效应。（教育部、科技部、发展改革委、财政部、国资委、税务总局等按职责分工负责）

八、办好中国国际"互联网+"大学生创新创业大赛

（十五）完善大赛可持续发展机制。鼓励省级人民政府积极承办大赛，压实主办职责，进一步加强组织领导和综合协调，落实配套支持政策和条件保障。坚持政府引导、公益支持，支持行业企业深化赛事合作，拓宽办赛资金筹措渠道，适当增加大赛冠名赞助经费额度。充分利用市场化方式，研究推动中央企业、社会资本发起成立中国国际"互联网+"大学生创新创业大赛项目专项发展基金。（教育部、国资委、证监会、建设银行等按职责分工负责）

（十六）打造创新创业大赛品牌。强化大赛创新创业教育实践平台作用，鼓励各学段学生积极参赛。坚持以赛促教、以赛促学、以赛促创，丰富竞赛形式和内容。建立健全中国国际"互联网+"大学生创新创业大赛与各级各类创新创业比赛联动机制，推进大赛国际化进程，搭建全球性创新创业竞赛平台，深化创新创业教育国际交流合作。（教育部等按职责分工负责）

九、加强大学生创新创业信息服务

（十七）建立大学生创新创业信息服务平台。汇集创新创业帮扶政策、产业激励政策和全国创新创业教育优质资源，加强信息资源整合，做好国家和地方的政策发布、解读等工作。及时收集国家、区域、行业需求，为大学生精准推送行业和市场动向等信息。加强对创新创业大学生和项目的跟踪、服务，畅通供需对接渠道，支持各地积极举办大学生创新创业项目需求与投融资对接会。（教育部、发展改革委、人力资源和社会保障部等按职责分工负责）

（十八）加强宣传引导。大力宣传加强高校创新创业教育、促进大学生创新创业的必要性、重要性。及时总结推广各地区、各高校的好经验好做法，选树大学生创新创业成功典型，丰富宣传形式，培育创客文化，营造敢为人先、宽容失败的环境，形成支持大学生创新创业的社会氛围。做好政策宣传宣讲，推动大学生用足用好税费减免、企业登记等支持政策。（教育部、中央宣传部牵头，地方

各级人民政府、各有关部门按职责分工负责）

各地区、各有关部门要认真贯彻落实党中央、国务院决策部署，抓好本意见的贯彻落实。教育部要会同有关部门加强协调指导，督促支持大学生创新创业各项政策的落实，加强经验交流和推广。地方各级人民政府要加强组织领导，深入了解情况，优化创新创业环境，积极研究制定和落实支持大学生创新创业的政策措施，及时帮助大学生解决实际问题。

国务院办公厅

2021 年 9 月 22 日

附件二：扶持高校毕业生创业就业普惠政策清单

一、鼓励高校毕业生自主创业

1. 政府投资开发的孵化器等创业载体应安排 30% 左右的场地，免费提供给高校毕业生。有条件的地方可对高校毕业生到孵化器创业给予租金补贴。

2. 高校毕业生从事个体经营的，自办理个体工商户登记当月起，在 3 年（36 个月）内按每户每年 12000 元为限额依次扣减其当年实际应缴纳的增值税、城市维护建设税、教育费附加、地方教育附加和个人所得税。限额标准最高可上浮 20%，各省、自治区、直辖市人民政府可根据本地区实际情况在此幅度内确定具体限额标准。

3. 毕业后创业的大学生可按规定缴纳"五险一金"。高校毕业生自主创业，可申请最高 20 万元创业担保贷款，对符合条件的借款人合伙创业或组织起来共同创业的，贷款额度可适当提高；对 10 万元以下贷款、获得市级以上荣誉称号以及经金融机构评估认定信用良好的大学生创业者，原则上取消反担保。对高校毕业生设立的符合条件的小微企业，最高贷款额度提高至 300 万元。

4. 实施弹性学制，放宽学生修业年限，允许调整学业进程、保留学籍休学创新创业。

5. 对小型微利企业应纳税所得额不超过 100 万元的部分，减按 12.5% 计入应纳税所得额，按 20% 的税率缴纳企业所得税；对年应纳税所得额超过 100 万元但不超过 300 万元的部分，减按 50% 计入应纳税所得额，按 20% 的税率缴纳企业所得税。个体工商户应纳税所得不超过 100 万元部分个人所得税减半征收。

6. 对月销售额 15 万元以下的小规模纳税人免征增值税。按月纳税的月销售额不超过 10 万元，以及按季纳税的季度销售额不超过 30 万元的缴纳义务人免征教育费附加、地方教育附加、水利建设基金。增值税小规模纳税人可以在 50%

的税额幅度内减征地方"六税两费"（资源税、城市维护建设税、房产税、城镇土地使用税、印花税（不含证券交易印花税）、耕地占用税和教育费附加、地方教育附加）。

7. 对首次创办小微企业或从事个体经营满 1 年以上的离校 2 年内高校毕业生，给予一次性创业补贴，具体办法由省级财政、人社部门制定。

二、鼓励企业吸纳高校毕业生

1. 小微企业当年新招用高校毕业生等符合条件人员人数达到一定比例的，可申请最高不超过 300 万元的创业担保贷款，由财政给予贴息。对小微企业吸纳离校 2 年内未就业高校毕业生就业的，按规定给予社会保险补贴。对离校 2 年内未就业的高校毕业生灵活就业后缴纳的社会保险费，给予一定数额的社会保险补贴，补贴标准原则上不超过其实际缴费的 2/3，补贴期限最长不超过 2 年。

2. 对吸纳离校 2 年内未就业高校毕业生、16—24 岁失业青年参加就业见习的单位，给予一定标准的就业见习补贴，用于见习单位支付见习人员见习期间基本生活费、为见习人员办理人身意外伤害保险，以及对见习人员的指导管理费用。对见习人员见习期满留用率达到 50% 以上的单位，可适当提高见习补贴标准。对见习期未满与高校毕业生签订劳动合同的，给予见习单位剩余期限见习补贴。

3. 对招用毕业年度高校毕业生，与之签订 1 年以上劳动合同并为其缴纳社会保险费的小微企业，给予最长不超过 1 年的社会保险补贴，不包括高校毕业生个人应缴纳部分。

4. 对企业新录用的毕业年度高校毕业生，与企业签订 1 年以上期限劳动合同、并于签订劳动合同之日起 1 年内参加由企业依托所属培训机构或政府认定的培训机构开展岗位技能培训的，取得职业资格证书后给予职工个人或企业一定标准的职业培训补贴。

三、鼓励社会支持高校毕业生创新创业

1. 各地区、各高校和科研院所的实验室以及科研仪器、设施等科技创新资源可以面向大学生开放共享，提供低价、优质的专业服务。纳税人提供技术转让、技术开发和与之相关的技术咨询、技术服务免征增值税。

2. 对国家级或省级科技企业孵化器、大学科技园和国家备案众创空间向在孵

对象提供孵化服务取得的收入，免征增值税；其自用及提供给在孵对象使用的房产、土地免征房产税和城镇土地使用

3. 符合条件的（投资 2 年以上）创业投资企业、有限合伙制创业投资企业和天使投资个人，采取股权投资方式直接投资于未上市的中小高新技术企业、初创科技型企业的，可按投资额的 70% 抵扣应纳税所得额；当年不足抵扣的，可以在以后纳税年度结转抵扣。

4. 金融机构向小型企业、微型企业及个体工商户发放小额贷款取得的利息收入，免征增值税。

附件三：2021年贵州省高校毕业生就业创业政策服务清单

一、鼓励企业吸纳就业政策

（一）一次性吸纳就业补贴。小微企业、民营经济组织和社会组织每吸纳1名登记失业的高校毕业生就业并签订1年以上劳动合同且缴纳社会保险费的，给予800元的一次性补贴。

办理途径：符合条件的小微企业、民营经济组织和社会组织申请一次性吸纳就业补贴应向注册地人力资源社会保障部门提供以下材料：营业执照原件及复印件、招用人员名单、基本身份类证明（包括身份证、《就业创业证》《就业失业登记证》、社会保障卡，政策申办对象根据实际情况选择其一提供即可，下同）复印件、劳动合同复印件、单位发放工资明细账（单）等。经人力资源社会保障部门审核后，按规定将补贴资金支付到单位在银行开立的基本账户。

（二）社会保险补贴。小微企业、民营经济组织和社会组织吸纳离校2年内未就业的高校毕业生就业并与其签订1年以上劳动合同和缴纳社会保险费的，给予最长1年的社会保险补贴。补贴范围为基本养老保险费、基本医疗保险费、失业保险费、生育保险费和工伤保险费单位缴纳部分（不包括高校毕业生个人应缴纳部分），补贴期限为企业吸纳高校毕业生就业当月起的12个月，由人力资源社会保障部门会同财政部门组织实施。

办理途径：社会保险补贴实行"先缴后补"的办法。招用离校2年内未就业的高校毕业生的小微企业、民营经济组织和社会组织，可向当地人力资源社会保障部门申请社会保险补贴，并提供以下材料：基本身份类证明（或毕业证书）复印件、劳动合同复印件等。经人力资源社会保障部门审核后，按规定将补贴资金支付到单位在银行开立的基本账户。

（三）创业担保贷款。符合条件的小微企业当年新招用含高校毕业生在内的符合创业担保贷款申请条件的人数达到企业现有在职职工人数15%（超过100人的企业达到 8%），并与其签订 1 年以上劳动合同和缴纳社会保险费的，可按规定申请最高不超过 300 万元的创业担保贷款，财政部门给予相应贷款贴息。

办理途径：向企业注册地所在市（州）、区（县）人力资源社会保障部门申请。

（四）职业培训补贴。对企业新录用的毕业年度的高校毕业生（含技工院校高级工班、预备技师班和特殊教育院校职业教育类毕业生）等五类人员，与企业签订 1 年以上期限劳动合同、并于签订劳动合同之日起 1 年内参加由企业依托所属培训机构或人力资源社会保障部门认定的培训机构开展岗位技能培训的，在取得职业资格证书（职业技能等级证书、培训合格证书或专项能力考核证书）后给予企业或职工个人一定标准的职业培训补贴。

办理途径：职业培训补贴实行"先垫后补"和"信用支付"等办法。提供参加培训人员花名册、基本身份类证明原件或复印件、职业资格证书（或培训合格证书）复印件、劳动合同复印件、培训机构出具的行政事业性收费票据（或税务发票）等向单位所在地县级人力资源社会保障部门申请。

二、基层就业政策

（五）事业单位紧（短）缺专业人才聘用优惠政策。建立原边远贫困和民族地区乡镇（不含市县区政府所在地）事业单位紧（短）缺专业人才聘用机制，在核定的编制限额内，对具有紧（短）缺专业本科学历并签订在原边远贫困和民族地区乡镇服务 5 年以上协议的优秀毕业生，可由用人单位考核考察后直接聘用，报上级职能部门完善手续纳入事业单位人员管理。

办理途径：事业单位招聘时落实。

（六）向基层倾斜的工资政策。对到我省县（市、区）及以下机关事业单位工作的高校毕业生，新录用为公务员的，试用期工资可直接按试用期满后工资确定，试用期满考核合格后的级别工资，在未列入艰苦边远的县（市、区）工作的，级别工资高定一档，在艰苦边远一至三类县（市、区）或原国家扶贫开发工作重点县工作的，级别工资高定两档；招聘为事业单位正式工作人员的，可提前转正定级，转正定级时的薪级工资，在未列入艰苦边远地区的县（市、区）工作的，薪级工资高定一级，在我省艰苦边远一至三类县（市、区）或原国家扶贫开发工作重点县工作的，薪级工资高定两级。落实对乡镇机关事业单位工作人员实行的乡镇工作补贴政策，向条件艰苦的偏远乡镇和长期在乡镇工作的人员倾斜。

办理途径：所在机关事业单位落实。

（七）专业技术职称优惠政策。对县级基层事业单位正高级专业技术岗位、乡镇事业单位副高和正高级专业技术岗位，实行"即评即聘"。对长期在基层一线工作或做出重要贡献的基层专业技术人才，可破格晋升职称等级。在中小学系列专业技术职务任职资格申报评审条件中，实行省市和县乡基层一线教师的申报评审条件分类，科学客观评价基层教师业绩水平。

办理途径：到单位所在地县级人力资源社会保障部门办理。

（八）定向基层服务项目招录聘政策。每年公务员四级联考，10%-15%考录计划面向基层项目人员定向招录；事业单位公开招聘应拿出部分岗位招聘基层项目人员。基层服务项目人员在基层服务年限计算为工龄，其参加工作时间按其到基层服务并缴纳养老保险起算。

办理途径：在每年公务员招考和事业单位招聘工作中落实。

三、鼓励支持自主创业政策

（九）创业担保贷款。符合创业担保贷款申请条件的高校毕业生自主创业，可在创业地按规定申请不超过 20 万元的创业担保贷款。对符合条件的个人创业担保贷款借款人合伙创业的，可根据合伙创业人数适当提高贷款额度，最高不超过符合条件个人贷款总额度的 10%。

办理途径：向企业注册地所在市（州）、区（县）人力资源社会保障部门申请。

（十）自主创业补贴。对首次创办小微企业或从事个体经营，且所办企业或个体工商户自工商登记注册之日起正常经营 1 年以上的离校 2 年内高校毕业生、就业困难人员、农民工、复员退伍军人，按规定给予一次性 5000 元创业补贴。引导高校毕业生到十二个农业特色优势产业领办创办农业企业，重点围绕农产品流通、农业种养殖等农业领域创业，按规定给予一次性 10000 元创业补贴。

办理途径：向注册地人力资源社会保障部门提供以下材料：基本身份类证明复印件、营业执照原件及复印件等。经人力资源社会保障部门审核后，按规定将补贴资金支付到小微企业或个体工商户在银行开立的基本账户或申请者本人个人银行账户。

（十一）创业场所租赁补贴。对租用符合规划、安全和环保要求的经营场地创业，并且未享受场地租赁费用减免的高校毕业生、就业困难人员、农民工、复员退伍军人给予每月 500 元场租补贴，对实际月租金低于 500 元的，据实补贴，补贴期限最长不超过 3 年。

办理途径：符合条件的创业人员申请一次性创业场所租赁补贴应向注册地人力资源社会保障部门提供的资料，由各地根据实际确定。一次性创业场所租赁补贴实行"先缴后补"的办法，经人力资源社会保障部门审核后，按规定将补贴资金支付到创业者本人个人银行账户。

（十二）一次性创业扶持金。鼓励举办各类创业创新大赛，对获奖的新技术、新成果、新工艺等优秀创业项目，采取以奖代补、贷款贴息等方式，给予最高不超过 3 万元的支持。

办理途径：符合条件的优秀创业项目申请一次性创业扶持金应向注册地人力资源社会保障部门提供以下材料：项目计划书、项目团队人员情况、创业创新大赛获奖证书等。经人力资源社会保障部门审核后，按规定将补贴资金支付到项目或项目团队负责人在银行开立的基本账户。

（十三）创业培训补贴。高校毕业生可免费参加人力资源社会保障部门各定点培训机构组织的创业培训。对各类技工院校学生、职业院校学生、高校学生、离校 2 年内未就业高校毕业生等有创业意愿和培训需求的城乡各类劳动者开展创业培训，培训后取得 GYB（产生你的企业想法）培训合格证书（培训时间为 3 天，含网络创业意识培训）的，按每人每天 100 元给予培训补贴；取得 SYB（创办你的企业）培训合格证书（培训时间为 10 天）的，按每人每天 120 元给予培训补贴；取得网络创业培训合格证书（培训时间为 7 天）的，按每人每天 200 元给予培训补贴（含网络创业培训教学平台使用费）；SYB 和网络创业培训后续一次性跟踪服务费为每人 500 元。

办理途径：培训补贴由培训机构代为申请，参训学员免费参加培训。由培训机构向当地人力资源社会保障部门提供以下材料：基本身份类证明原件或复印件、培训机构开具的行政事业性收费票据（或税务发票）等。

（十四）项目扶持政策。高校毕业生创办项目，可享受人力资源社会保障部门提供的政策咨询、项目开发、创业培训、创业孵化、小额贷款、开业指导、跟踪辅导的"一条龙"服务。

办理途径：向企业所在地县级人力资源社会保障部门申请。

（十五）支持事业单位人员离岗创业。对经批准到基层一线领创办企业的事业单位人员 3 年内保留人事关系，工资福利和社保保持不变，工龄连续计算，期满后需延长的，可延长 3 年。

办理途径：在具体工作中落实。

四、能力提升帮扶政策

（十六）免费职业技能培训。有培训意愿的毕业年度的高校毕业生（含技工院校高级工班、预备技师班和特殊教育院校职业教育类毕业生）在户籍地、常住地、求职就业地参加培训后取得职业资格证书、职业技能等级证书、专项职业能力证书、特种作业操作证书、培训合格证书等的，按规定向当地人力资源社会保障部门申请职业培训补贴，原则上每人每年可享受不超过 3 次，但同一职业同一等级不可重复享受。

办理途径：有培训意愿的毕业年度的高校毕业生（含技工院校高级工班、预备技师班和特殊教育院校职业教育类毕业生）可在户籍地、常住地、求职就业地县级人力资源社会保障部门登记培训意向，由当地人力资源社会保障部门统筹组织参加免费职业技能培训。

（十七）个人职业技能等级（职业资格）证书直补。全省建立统一的证书直补制度。毕业年度的高校毕业生（含技工院校高级工班、预备技师班和特殊教育院校职业教育类毕业生）等符合条件的城乡各类劳动者（包括个体工商户用工、民办非企业单位用工以及灵活就业人员）通过自学或个人缴费培训后，取得证书的按规定给予劳动者个人职业培训补贴。同一人同一工种同一等级只能享受一次补贴。

办理途径：向企业所在地或居住地县级人力资源社会保障部门申领。证书直补实施细则由各市（州）人力资源社会保障局按要求制定实施。

（十八）职业技能鉴定补贴。对通过初次职业技能鉴定并取得职业资格证书或职业技能等级证书（不含培训合格证）或专项能力证书的五类人员，给予职业技能鉴定补贴，技能鉴定补贴标准按照我省职业技能鉴定收费标准据实补贴，每人只享受一次，不得重复享受。对纳入重点产业资格和职业技能等级评定指导目录的，可适当提高补贴标准。技能鉴定补贴实行"先垫后补"，由个人先交费参加鉴定，通过后按规定补贴到个人。

办理途径：申请职业技能鉴定补贴可由本人申请，也可由培训机构代为申请。符合条件的人员申请职业技能鉴定补贴应向当地人力资源社会保障部门提供以下材料：基本身份类证明复印件、职业技能鉴定机构或职业技能等级评价机构开具的行政事业性收费票据（或税务发票）等。职业资格证书、职业技能等级证书不再提供，调整为人力资源社会保障部门内部核查；凭专项能力证书申领补贴的仍需提供复印件。培训机构申请职业技能鉴定补贴，除上述材料外，还应向当地人力资源社会保障部门提供培训人员与培训机构签订的代领职业技能鉴定补贴协议书。经人力资源社会保障部门审核后，按规定将补贴资金支付到申请者本人个人银行账户或代为申请培训机构在银行开立的基本账户。

（十九）就业见习补贴。见习时间为 3—12 个月，最长不超过一年。见习期间，见习人员生活补助费不低于当地最低工资标准，其中最低工资标准的 60% 从就业补助资金中列支。见习期间，办理人身意外伤害与住院医疗商业保险，保险费用从就业补助资金中按每人 300 元的标准进行补贴。对见习期满留用率达到 50% 以上的见习单位，适当提高见习补贴标准，按最低工资标准的 80% 进行补贴，对见习单位（基地）留用见习期满人员的按 500 元 / 人标准给予单位一次性补助。2021 年，继续实施就业见习补贴提前发放政策。支持企业扩大见习岗位规模，对见习期未满与高校毕业生签订劳动合同的，给予见习单位剩余期限见习补贴。政策受理期限截至 2021 年 12 月 31 日。

办理途径：单位申请就业见习补贴应向当地人力资源社会保障部门提供以下材料：基本身份类证明（或毕业证书）复印件、就业见习协议书、单位发放基本生活补助明细账（单）、为见习人员办理人身意外伤害保险发票复印件等。经人力资源社会保障部门审核后，按规定将补贴资金支付到单位在银行开立的基本账户。

五、就业服务

（二十）求职创业补贴。对省内普通高等院校、中等职业学校、技工院校在毕业年度有就业创业意愿并积极求职创业的就业困难应届毕业生，一次性给予每人 1000 元的求职创业补贴。补贴对象包括贵州籍城镇零就业家庭、享受最低生活保障家庭、脱贫家庭、享受特困人员救助供养待遇、在校期间申请并获得国家助学贷款、父母双方（单方）持《残疾人证》且全部或部分丧失劳动能力或本人持《残疾人证》、孤儿等 7 类困难毕业生，以及外省籍在黔就读享受城乡居民最低生活保障家庭、在校期间申请并获得国家助学贷款等 2 类困难毕业生。主要用于补助毕业生在求职创业过程中的相关费用，缓解毕业生求职创业费用压力。

办理途径：符合条件的困难毕业生向所在高校（技工院校）提出求职创业补

贴申请，提供当地人力资源社会保障部门以下材料：获得国家助学贷款（或城乡低保家庭、城镇零就业家庭、脱贫家庭、身有残疾〈残疾家庭〉、享受特困救助供养待遇、孤儿）等材料，毕业证书（或学籍证明）复印件等。申请材料经毕业生所在高校（技工院校）初审，报当地人力资源社会保障等相关部门核准后，按规定将补贴资金发放到毕业生在银行开立的个人账户。

（二十一）灵活就业社会保险补贴。支持高校毕业生从事多种形式的灵活就业，对离校2年内未就业的高校毕业生灵活就业后缴纳的社会保险费，给予一定数额的社会保险补贴，补贴标准原则上不超过其实际缴费的2/3，补贴期限最长不超过2年。

办理途径：灵活就业的离校2年内高校毕业生，申请社会保险补贴应向当地人力资源社会保障部门提供以下材料：基本身份类证明（或毕业证书）复印件、灵活就业证明材料等。经人力资源社会保障部门审核后，按规定将补贴资金支付到申 请者本人个人银行账户。

（二十二）提供服务便利。积极落实国家"先上岗、再考证"阶段性政策。推动改革完善乡村医生职业资格制度，允许临床医学等医学类专业全日制大专以上学历并有临床实践的应届毕业生（包括尚在择业期内的未就业毕业生）免试申请乡村医生执业注册。认真贯彻落实国家执业兽医资格考试、执业兽医注册、乡村兽医登记有关政策。鼓励企业为已被机关事业单位录用（聘用）的高校毕业生提供就业便利，不得设置限制或提高门槛，促进高校毕业生自由流动。

办理途径：在具体工作中落实。

（二十三）档案托管服务。对延迟离校的应届毕业生，相应延长报到接收、档案转递、落户办理时限。离校未就业毕业生可根据本人意愿，将户口、档案在学校保留2年或转入生源地公共就业人才服务机构，以应届毕业生身份参加用人单位考试、录用，落实工作单位后参照应届毕业生办理相关手续。

办理途径：在具体工作中落实。

（二十四）就业服务渠道。政策咨询渠道：请登录贵州人力资源和社会保障网（rst.guizhou.gov.cn）以及各地人力资源和社会保障网、微信公众号等平台获取相关信息，或致电12333及各地高校毕业生政策咨询电话咨询。

招聘信息查询渠道：请登录高校毕业生就业服务平台（http://job.mohrss.gov.cn/202008gx/index.jhtml）、中国公共招聘网（http://job.mohrss.gov.cn）、就业在线（https://www.jobonline.cn）、贵州人事考试信息网（www.gzpta.gov.cn）、贵州人

才博览会官网（https://rc.guizhou.gov.cn/）、贵州公共招聘网（gzggzpw.gzsrs.cn）或各地公共招聘网站，以及人力资源社会保障部门推荐认定的诚信人力资源服务机构网站。

失业登记渠道：可以登录人力资源社会保障政务服务平台办理（http://12333.gov.cn）、"掌上 12333"手机 App 等线上平台申请办理，也可以到户籍地、常住地、就业地或参保地的县级及以下公共就业服务机构现场办理。